인크레더블

독자의 1초를 아껴주는 정성!

세상이 아무리 바쁘게 돌아가더라도
책까지 아무렇게나 빨리 만들 수는 없습니다.
인스턴트 식품 같은 책보다는
오래 익힌 술이나 장맛이 밴 책을 만들고 싶습니다.

길벗이지톡은 독자여러분이
우리를 믿는다고 할 때 가장 행복합니다.
나를 아껴주는 어학도서,
길벗이지톡의 책을 만나보십시오.

독자의 1초를 아껴주는

정성을 만나보십시오.

미리 책을 읽고 따라해본 2만 베타테스터 여러분과
무따기 체험단, 길벗스쿨 엄마 2% 기획단,
시나공 평가단, 토익 배틀, 대학생 기자단까지!
믿을 수 있는 책을 함께 만들어주신 독자 여러분께 감사드립니다.

홈페이지의 '독자마당'에 오시면
책을 함께 만들 수 있습니다.

(주)도서출판 길벗 www.gilbut.co.kr
길벗 이지톡 www.gilbut.co.kr
길벗 스쿨 www.gilbutschool.co.kr

mp3 파일 다운로드 무작정 따라하기

이지톡 홈페이지 (www.gilbut.co.kr) 회원 (무료 가입) 이 되면 오디오 파일 및 관련 자료를 다양하게 이용할 수 있습니다.

| 1단계 | 로그인 후 도서명▼ [   ] 검색 에 찾고자 하는 책이름을 입력하세요. |

| 2단계 | 검색한 도서로 이동하여 〈자료실〉 탭을 클릭하세요. |

| 3단계 | mp3 및 다양한 서비스를 받으세요. |

30장면으로 끝내는
스크린 영어회화

인크레더블

스크린 영어회화 – 인크레더블
Screen English - THE INCREDIBLES

초판 1쇄 발행 · 2018년 9월 10일
초판 2쇄 발행 · 2020년 10월 10일

해설 · 라이언 강
발행인 · 김경숙
발행처 · 길벗이지톡
출판사 등록일 · 2000년 4월 14일
주소 · 서울시 마포구 월드컵로 10길 56(서교동)
대표 전화 · 02)332-0931 | **팩스** · 02)323-0586
홈페이지 · www.eztok.co.kr | **이메일** · eztok@gilbut.co.kr

기획 및 책임 편집 · 신혜원 (madonna@gilbut.co.kr) | **표지 디자인** · 최주연 | **본문 디자인** · 조영라
제작 · 이준호, 손일순 | **영업마케팅** · 김학흥 | **웹마케팅** · 이승현, 최소영 | **영업관리** · 심선숙 | **독자지원** · 송혜란

편집진행 및 교정 · 오수민 | **전산편집** · 조영라 | **오디오 녹음 및 편집** · 와이알 미디어
CTP 출력 · 북토리 | **인쇄** · 북토리 | **제본** · 신정문화사

▶ 잘못된 책은 구입한 서점에서 바꿔 드립니다.
▶ 이 책에 실린 모든 내용, 디자인, 이미지, 편집 구성의 저작권은 길벗이지톡과 지은이에게 있습니다.
   허락 없이 복제하거나 다른 매체에 옮겨 실을 수 없습니다.

ISBN   979-11-5924-184-0 03740 (길벗 도서번호 000947)

▶ 이 도서의 국립중앙도서관 출판예정도서목록(CIP)은 서지정보유통지원시스템 홈페이지(http://seoji.nl.go.kr)와
   국가자료공동목록시스템(http://www.nl.go.kr/kolisnet)에서 이용하실 수 있습니다. (CIP제어번호: CIP2018017634)

정가 18,000원

독자의 1초를 아껴주는 정성 길벗출판사
(주)도서출판 길벗 | IT실용, IT/일반 수험서, 경제경영, 취미실용, 인문교양(더퀘스트) www.gilbut.co.kr
길벗이지톡 | 어학단행본, 어학수험서 www.eztok.co.kr
길벗스쿨 | 국어학습, 수학학습, 어린이교양, 주니어 어학학습, 교과서 www.gilbutschool.co.kr

페이스북 · www.facebook.com/gilbutzigy
트위터 · www.twitter.com/gilbutzigy

30장면으로 끝내는

스크린 영어회화

DISNEP PRESENTS A PIXAR FILM

인크레더블

해설 라이언 강

길벗
이지:톡

재미와 효과를 동시에 잡는 최고의 영어 학습법!
30장면만 익히면 영어 왕초보도 영화 주인공처럼 말한다!

재미와 효과를 동시에 잡는 최고의 영어 학습법!

영화로 영어 공부를 하는 것은 이미 많은 영어 고수들에게 검증된 학습법이자, 많은 이들이 입을 모아 추천하는 학습법입니다. 영화가 보장하는 재미는 기본이고, 구어체의 생생한 영어 표현과 자연스러운 발음까지 익힐 수 있기 때문이죠. 잘만 활용한다면, 원어민 과외나 학원 없이도 살아있는 영어를 익힐 수 있는 최고의 학습법입니다. 영어 공부가 지루하게만 느껴진다면 비싼 학원을 끊어놓고 효과를 보지 못했다면, 재미와 실력을 동시에 잡을 수 있는 영화로 영어 공부에 도전해보세요!

영어 학습을 위한 최적의 영화 장르, 애니메이션!

영화로 영어를 공부하기로 했다면 영화 장르를 골라야 합니다. 어떤 영화로 영어 공부를 하는 것이 좋을까요? 슬랭과 욕설이 많이 나오는 영화는 영어 학습에는 별로 도움이 되지 않습니다. 실생활에서 자주 쓰지 않는 용어가 많이 나오는 의학 영화나 법정 영화, SF영화도 마찬가지죠. 영어 고수들이 추천하는 장르는 애니메이션입니다. 애니메이션에는 문장 구조가 복잡하지 않으면서 실용적인 영어 표현이 많이 나옵니다. 또한 성우들의 깨끗한 발음으로 더빙 되어있기 때문에 발음 훈련에도 도움이 되죠. 이 책은 디즈니-픽사의 〈인크레더블〉의 대본을 소스로, 현지에서 사용하는 신선한 표현을 배울 수 있습니다.

전체 대본을 공부할 필요 없다! 딱 30장면만 공략한다!

영화 대본도 구해놓고 영화도 준비해놨는데 막상 시작하려니 어떻게 공부를 해야 할 지 막막하다고요? 영화를 통해 영어 공부를 시도하는 사람은 많지만 좋은 결과를 봤다는 사람을 찾기는 쉽지 않습니다. 어떻게 해야 효과적으로 영어를 공부할 수 있을까요? 무조건 많은 영화를 보면 될까요? 아니면 무조건 대본만 달달달 외우면 될까요? 이 책은 시간 대비 최대 효과를 볼 수 있는 학습법을 제시합니다. 전체 영화에서 가장 실용적인 표현이 많이 나오는 30장면을 뽑았습니다. 실용적인 표현이 많이 나오는 대표 장면 30개만 공부해도, 훨씬 적은 노력으로 전체 대본을 학습하는 것만큼의 효과를 얻을 수 있죠. 또한 이 책의 3단계 훈련은 30장면 속 표현을 효과적으로 익히고 활용하는 데 도움을 줍니다. ❶ 핵심 표현 설명을 읽으며 표현에 대한 전반적인 이해를 하고 ❷ 패턴으로 표현을 확장하는 연습을 하고 ❸ 확인학습으로 익힌 표현들을 되짚으며 영화 속 표현을 확실히 익히는 것이죠. 유용한 표현이 가득한 30장면과 체계적인 3단계 훈련으로 영화 속 표현들을 내 것으로 만드세요!

Disney · PIXAR
THE INCREDIBLES

이 책은 스크립트 북과 워크북, 전 2권으로 구성되어 있습니다. 이 책은 스크립트 북으로 전체 대본과 번역, 주요 단어와 표현 설명이 포함되어 있습니다. 각 Day마다 가장 실용적인 표현이 많이 나오는 장면이 표시되어 있습니다. 이 장면을 워크북에서 집중 훈련합니다.

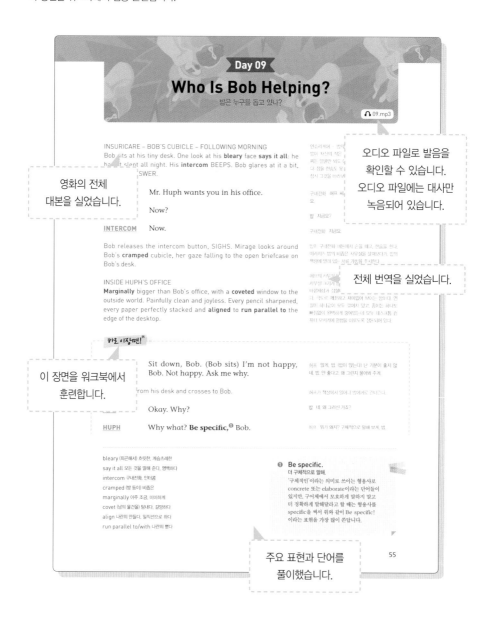

Day 09
Who Is Bob Helping?
밥은 누구를 돕고 있나?

🎧 09.mp3

INSURICARE – BOB'S CUBICLE – FOLLOWING MORNING
Bob sits at his tiny desk. One look at his **bleary** face **says it all**: he ha_n't slept all night. His **intercom** BEEPS. Bob glares at it a bit, ...SWER.

Mr. Huph wants you in his office.

Now?

INTERCOM   Now.

Bob releases the intercom button, SIGHS. Mirage looks around Bob's **cramped** cubicle, her gaze falling to the open briefcase on Bob's desk.

INSIDE HUPH'S OFFICE
Marginally bigger than Bob's office, with a **coveted** window to the outside world. Painfully clean and joyless. Every pencil sharpened, every paper perfectly stacked and **aligned** to **run parallel to** the edge of the desktop.

바로 이장면!

Sit down, Bob. (Bob sits) I'm not happy, Bob. Not happy. Ask me why.

...rom his desk and crosses to Bob.

Okay. Why?

HUPH   Why what? **Be specific,**❶ Bob.

영화의 전체
대본을 실었습니다.

오디오 파일로 발음을
확인할 수 있습니다.
오디오 파일에는 대사만
녹음되어 있습니다.

전체 번역을 실었습니다.

이 장면을 워크북에서
훈련합니다.

주요 표현과 단어를
풀이했습니다.

---

bleary (피곤해서) 흐릿한, 게슴츠레한
say it all 모든 것을 말해 준다, 명백하다
intercom 구내전화, 인터콤
cramped (방 등이) 비좁은
marginally 아주 조금, 미미하게
covet (넘의 물건을) 탐내다, 갈망하다
align 나란히 만들다, 일직선으로 하다
run parallel to/with 나란히 뻗다

❶ **Be specific.**
더 구체적으로 말해.
'구체적인'이라는 의미로 쓰이는 형용사로 concrete 또는 elaborate이라는 단어들이 있지만, 구어체에서 모호하게 말하지 말고 더 정확하게 말해달라고 할 때는 형용사를 specific을 써서 위와 같이 Be specific! 이라는 표현을 가장 많이 쓴답니다.

55

밥 Bob

최강 슈퍼히어로 미스터 인크레더블. 보통의 슈퍼히어로들과는 비교하기 어려울 정도의 엄청난 괴력을 소유하여 정의 실현에 발 벗고 나서지만, 그가 나설 때마다 크고 작은 부수적 피해로 각종 소송에 휘말리게 됩니다.

헬렌 Helen

밥의 아내이자 무한대의 유연성과 풍선처럼 부풀어 오르는 능력을 가진 슈퍼히어로 엘라스티걸. 밥과 마찬가지로 슈퍼히어로 활동을 할 수 없게 되어 평범한 세 아이의 엄마로 그녀의 능력을 감추고 살아갑니다.

바이올렛 Violet

인크레더블 가의 장녀로 같은 학교에 다니는 한 소년을 좋아하는 전형적인 사춘기 소녀. 부모님의 피를 물려받아 투명인간이 될 수 있는 능력과 자신의 주위에 에너지 장이라는 보호막을 칠 수 있는 능력이 있어요.

대쉬 Dash

초광속 스피드가 무기인 인크레더블 가의 아들. 과장하나 안 보태고 물 위를 달릴 수도 있고 빛의 속도만큼 달릴 수도 있습니다. 부모님이 슈퍼파워를 못 쓰게 해서 늘 불만이지요.

신드롬 Syndrome

소년 시절 미스터 인크레더블의 광팬이었지만 그에게 철저하게 무시당한 후 복수를 다짐하는 천재 과학자입니다. 밥뿐만 아니라 모든 슈퍼히어로들을 몰살시키려는 계획을 갖고 있어요.

에드나 모드 Edna E Mode

한때 슈퍼히어로들의 의상을 전담했던 세계적인 패션 디자이너. 지금은 히어로들이 은퇴하면서 일반 패션으로 전향했지만, 히어로 의상에 대한 애착을 버리지 못하고 있죠.

차례

Day 01 **The Incredibles**
인크레더블 영웅들
···· 10

Day 02 **Incrediboy or Buddy?**
인크레디보이인가 아니면 버디인가?
···· 14

Day 03 **Be True to Yourself!**
스스로에게 진실해져라!
···· 19

Day 04 **Bob & Helen's Wedding**
밥과 헬렌의 결혼식
···· 27

Day 05 **Dash, an Incredibly Competitive Boy**
경쟁심이 넘치는 소년, 대쉬
···· 33

Day 06 **Naughty Dash**
개구쟁이 대쉬
···· 37

Day 07 **Being Normal**
정상으로 산다는 것
···· 44

Day 08 **Performing a Public Service**
공공의 이익을 위한 행위
···· 49

Day 09 **Who Is Bob Helping?**
밥은 누구를 돕고 있나?
···· 55

Day 10 **Those Days Are Over!**
옛 시절은 이미 지났다네!
···· 61

Day 11 **Going to a Conference? Really?**
콘퍼런스를 간다고? 정말?
···· 67

Day 12 **Someone Who Is Attracted to Power**
힘에 매료된 사람
···· 72

Day 13 **A New Suit for Mr. Incredible**
미스터 인크레더블을 위한 새로운 의상
···· 79

Day 14 **A New Assignment for Mr. Incredible**
미스터 인크레더블의 새로운 임무
···· 84

Day 15 **An Important Lesson for Buddy**
버디가 배운 중요한 교훈
···· 88

Day 16 **Helen Does Not Know**   ···· 95
헬렌은 모른다

Day 17 **Violet in Charge**   ···· 101
책임을 맡은 바이올렛

Day 18 **Mr. Incredible Calling for Help**   ···· 107
도움을 요청하는 미스터 인크레더블

Day 19 **Get a Grip!**   ···· 115
정신 바짝 차려!

Day 20 **Run as Fast as You Can!**   ···· 120
최대한 빠른 속력으로 뛰어!

Day 21 **Mom and Dad in Jeopardy**   ···· 125
위기에 처한 엄마와 아빠

Day 22 **The Encounter Between Mirage and Helen** ···· 132
미라지와 헬렌의 만남

Day 23 **I'm Just Happy You Are Alive**   ···· 137
난 당신이 살아있어서 그저 기쁠 뿐이에요

Day 24 **The Greatest Adventure of Mr. Incredible** ···· 142
미스터 인크레더블의 가장 위대한 모험

Day 25 **The Greater Good**   ···· 149
공공의 이익

Day 26 **Strap Yourselves Down!**   ···· 154
안전벨트를 꽉 매라!

Day 27 **I Can't Lose You Again!**   ···· 158
난 또다시 당신을 잃을 수는 없어!

Day 28 **Just Like Old Times**   ···· 166
옛 시절과 똑같이

Day 29 **The Best Vacation Ever**   ···· 171
생애 최고의 휴가

Day 30 **Different Violet**   ···· 176
달라진 바이올렛

The Incredibles

인크레더블 영웅들

🎧 01.mp3

THE INCREDIBLES Seated in front of a **colored backing** is a **magnificent masked** man in a Superhero suit: early thirties, **ruggedly handsome** and powerfully **built**, he **fiddles with** a **clip-on microphone**.

We're watching a **faded** DOCUMENTARY, shot in 16mm. A TITLE **FADES IN**, **identifying** the man as MR. INCREDIBLE.

색감이 화려한 판을 배경으로 그 앞에 앉아있는 인크레더블 영웅들 가운데 슈퍼히어로 복장을 하고 화려한 마스크를 쓴 남자가 보인다. 30대 초반, 거친 느낌으로 잘생기고 강인하게 근육질인 그가 핀 마이크를 만지작거리고 있다.

오래되어 빛바랜 16밀리 다큐멘터리 필름이 돌아가고 있다. 제목이 점점 또렷해지면서 인크레더블의 모습이 드러난다.

바로 이장면!*

MR. INCREDIBLE   Is this on? (**muttering** to himself) I can break through walls but I can't get one of these things on...

인크레더블 이거 켜진 건가요? (혼자 웅얼거리며) 내가 벽은 뚫을 수 있는데 이런 거 켜는 것은 서툴러서 말이죠…

He finally gets the clip **secured** and **settles in**.

그가 마침내 핀 마이크를 안정적으로 고정시킨다.

INTERVIEWER (O.S.)   So, Mr. Incredible, do you have a **secret identity**?

인터뷰 진행자 (화면 밖) 그렇다면, 미스터 인크레더블, 당신도 비밀 신분이 있나요?

Incredible stops **tinkering with** the mic and looks toward CAMERA. He flashes his patented megawatt smile.

인크레더블이 만지작거리던 마이크에서 손을 떼고 카메라를 쳐다본다. 그가 자신의 백만 와트짜리 미소를 띤다.

MR. INCREDIBLE   Every superhero has a secret identity. I don't know a single one who doesn't. Who wants the pressure of being "Super" all the time?

인크레더블 모든 슈퍼히어로들은 비밀 신분이 있지요. 그게 없는 슈퍼히어로는 단 한 명도 없을걸요. 아니 도대체 누가 항상 "슈퍼"여야 하는 부담을 좋아하겠냐고요?

TITLE CARD: WALT DISNEY PICTURES PRESENTS
RESUME DOCUMENTARY: Another striking, masked Superhero, a woman this time. A TITLE identifies her as ELASTIGIRL.

제목 카드: 월트 디즈니 픽처스 제작
다큐멘터리 재개: 또 다른 굉장히 매력적인, 복면을 쓴 슈퍼히어로, 이번엔 여자다. 제목이 그녀의 이름이 엘라스티걸이라는 걸 보여준다.

---

colored 색깔이 있는

backing (물건의) 뒤를 받치는 재료, 뒤판

magnificent 장대한, 웅장한, 참으로 아름다운

masked 복면을 한

ruggedly handsome 거칠게/터프하게 잘생긴

built 근육질의

fiddle with ~을 만지작거리다

clip-on microphone 핀 마이크

faded (오래되어) 색깔/빛이 바랜

fade in 화면이 점점 또렷해지다

identify (신원 등을) 확인하다, 알아보다, 감별하다

mutter 중얼거리다, 투덜거리다

secure (단단히) 고정시키다, 안전하게 하다

settle in 자리 잡다, 적응하다

secret identity 비밀신분

tinker with 어설프게 손보다/고치다

ELASTIGIRL Of course I have a secret identity. Who'd want to go shopping as ELASTIGIRL, you know what I mean?

엘라스티걸 당연히 내겐 비밀 신분이 있죠. 엘라스티걸 복장을 하고 쇼핑을 갈 수는 없잖아요, 그렇지 않아요?

TITLE CARD: A PIXAR ANIMATION STUDIOS FILM
RESUME DOCUMENTARY: Yet another Superhero, **sleek**, black, dressed in an **ice-blue** suit. SUPER TITLE: FROZONE.

제목 카드: 픽사 애니메이션 스튜디오 영화
다큐멘터리 재개: 또 한 명의 슈퍼히어로, 날렵하고, 검은, 아주 연한 청색 복장을 하고 있다. 슈퍼히어로 이름: 프로즌.

FROZONE Super ladies always want to tell you their secret identity; think it'll **strengthen** the relationship or something. I say, "Girl, I don't want to know about your **mild-mannered alter ego** or anything like that. You tell me you're "Super Mega Ultra Lightning Babe"… that's alright with me. I'm good, I'm good.

프로즌 여성 슈퍼히어로들은 항상 자신의 비밀 신분을 노출하고 싶어 하죠. 그렇게 하면 이성 관계가 더 잘될 거로 생각하면서 말이에요. 저는 이렇게 말하고 싶네요. "이 봐요, 난 당신의 온순한 제2의 자아, 뭐 그딴 것을 알고 싶지 않아요. 내게 말해줘요. 당신은 "엄청나게 대단한 극단의 번개녀"라고… 아 괜찮아요. 걱정 마세요, 괜찮아요.

MR. INCREDIBLE No matter how many times you save the world, it always manages to get back **in jeopardy** again. Sometimes I just want it to STAY SAVED for a little bit. I feel like the maid: "I just cleaned up this mess, can we keep it clean for ten minutes?? Please. (laughs, then sighs) Sometimes I think I'd just like the simple life, you know? Relax a little, **raise a family**…

인크레더블 아무리 세상을 많이 구해도, 세상은 항상 또다시 위험에 빠지게 되어 있어요. 가끔은 저도 세상이 좀 구해진 상태로 잠시라도 머물러 있어 줬으면 좋겠다고 바랄 정도예요. 마치 가정부가 된 것 같다니까요. "그 더러운 방을 지금 방금 깨끗하게 다 청소해놨는데, 딱 10분 만이라도 깨끗한 상태로 유지할 수는 없을까?? 제발. (웃다가 한숨을 쉰다) 어떨 때는 그냥 단순한 삶을 살았으면 좋겠다는 생각도 해요. 아시죠? 조금 긴장도 풀고, 가정에 충실하면서…

ELASTIGIRL Settle down? Are you kidding? **I'm at the top of my game,**[1] I'm **right up there** with the big dogs. I mean, ca'mon! Leave saving the world to the men? I don't think so. (laughs, pause) I don't think so…

엘라스티걸 정착하라고요? 장난해요? 난 지금 엄청 잘 나간다고요. 거물들과 어깨를 나란히 하면서 말이에요. 하, 거참! 세상을 구하는 일을 남자들에게 맡기라고요? 그럴 순 없지요. (웃다가 멈춘다) 천만에요……

sleek 매끈한, 날렵한, 맵시 있게 차려입은
ice-blue [패션 용어] 아이스블루 빛깔의, 아주 연한 청색의, 담청색의
strengthen 강화하다, 더 튼튼하게 하다
mild-mannered 온화한, 온순한
alter ego 제2의 자아
in jeopardy 위기/위험에 처한
raise a family 가정을 꾸리다
right up there 일등을 다투어

[1] **I'm at the top of my game.**
난 아주 잘 나가는 중이야.
at the top of one's game은 구어체 관용표현으로 자신이 임하고 있는 일에 자신의 최고의 능력/기술 등을 발휘해서 아주 잘하고 있다는 것을 말할 때 쓰는 표현이에요.

TITLE: THE INCREDIBLES

MUNICIBERG - STREETS - MOVING - LATE AFTERNOON
SIRENS **WAIL**. Lights FLASH. We're in the middle of a classic CAR CHASE: A police car in **HOT PURSUIT** OF another car driven by armed BANK ROBBERS.
The robber **riding shotgun** primes his **SUBMACHINE GUN** and unloads on the cop car, which **SWERVES** into **oncoming traffic** to avoid the hail of bullets.

INSIDE ANOTHER CAR - NOT FAR AWAY
BOB PARR, a dashing, golden-haired man in his late twenties listens to his radio. If he looks familiar, it's because he is the same man we saw earlier: MR. INCREDIBLE sans mask and Supersuit. Suddenly the music is interrupted by an ANNOUNCER-

RADIO   We interrupt for an important bulletin: a deadly high-speed pursuit between Police and armed gunmen is underway, traveling **northbound** on San Pablo Boulevard.

Bob presses a button. The RADIO flips: converting to a screen filled with a moving aerial map of the city streets. He types in "**ISOLATE** PURSUIT". 2 RED DOTS appear, moving quickly over the map. He makes a hard right turn. Looks at the screen. A tiny "i" icon (Mr. Incredible's logo) closes in on the 2 red dots. He checks his WATCH-

BOB   I've got time.❶

--and presses another button: "AUTODRIVE" and types in "MERGE PURSUIT".
Bob takes his hands off the wheel and a rapid series of automated actions begin: the seat back drops FLAT, the passenger seat folds against the window as the driver's seat slides to the center. Bob raises his arms as metal bands lock around his waist, then SEPARATE, sliding apart toward his head and his toes, removing his clothes to REVEAL his slick, brightly colored MR. INCREDIBLE SUPERSUIT underneath...

제목: 인크레더블

뮤니시버그 - 거리 - 움직임 - 늦은 오후
사이렌이 요란하게 울린다. 불빛들이 번쩍거린다. 전형적인 자동차 추격 장면: 무장을 한 은행강도들이 운전하고 있는 차를 경찰차가 스릴 넘치게 바짝 쫓고 있다.
조수석에 타고 있는 강도가 기관단총을 집어 들어 경찰차를 향해 쏘아대고 경찰차가 총알세례를 피하다가 맞은 편에서 다가오는 차들을 향해 달려간다.

다른 차 내부 - 근거리
밥 파. 20대 후반쯤 된 멋진 금발의 남자가 라디오를 듣고 있다. 그가 낯익어 보이는 이유는 우리가 조금 전에 봤던 바로 그 남자이기 때문일 것이다: 복면과 슈퍼히어로 복장을 하지 않은 미스터 인크레더블이다. 갑자기 아나운서의 목소리가 들리면서 음악이 중단된다—

라디오 속보가 있어서 프로그램을 잠시 중단합니다: 샌 파블로가 북단에서 경찰과 무장강도들의 목숨을 건 고속추격전이 벌어지고 있습니다.

밥이 버튼을 누른다. 라디오가 돌아간다: 도시의 거리로 가득한 움직이는 항공지도로 가득한 스크린으로 변한다. 그가 "추격 따로 분리"라고 입력한다. 두 개의 빨간 점들이 나타나며 지도 위로 빠르게 움직인다. 그가 급격한 우회전을 한다. 스크린을 본다. 아주 작은 "i" 모양의 아이콘이 (인크레더블의 로고) 두 개의 빨간 점들 안으로 나가신다. 그가 그의 손목시계를 확인한다-

밥 시간은 충분해.

—그리고 또 다른 버튼을 누른다: "자동운전" 그리고 "추격 결합"이라고 입력한다.
밥이 운전대에서 손을 떼자 빠른 속도로 연재적 자동화 움직임들이 시작된다: 좌석 등받이가 바닥으로 내려앉으며, 조수석이 창문 쪽으로 접히고 운전석이 가운데로 미끄러지듯 움직인다. 밥이 팔을 올리자 메탈소재의 띠가 그의 허리에 조여지고, 다시 분리되며 그의 머리와 발가락 쪽으로 미끄러지듯 움직이고, 그의 옷이 벗겨지고, 그 안에서 그의 번드르르한 눈부시게 밝은색의 인크레더블 슈퍼히어로 복장이 드러난다.

---

wail (슬픔, 통증 때문에) 울부짖다, 통곡하다
hot pursuit 바짝 뒤쫓는 긴박한 추격전
ride shotgun (승용차, 트럭의) 조수석에 타다
submachine gun 자동소총, 기관단총
swerve 방향을 바꾸다, 방향을 홱 틀다
oncoming traffic 반대편에서 다가오는 차들)
northbound 북쪽으로 향하는, 북행의
isolate 격리하다, 고립시키다

❶ **I've got time.**
시간은 충분해.
have got은 have (가지다)와 같은 뜻인데, have보다 '소유'의 의미가 더 강한 뉘앙스가 있습니다. 즉 단순히 '시간이 있어'가 아닌 '시간이 충분해'라는 의미로 해석할 수 있지요. 참고로 have got to는 have to (해야 한다)는 의미입니다.

He presses another button: the car's **exterior** CONVERTS into the coolest **retro-futuristic vehicle** ever seen: The INCREDIBILE. MR. INCREDIBLE **looks up**:
THROUGH THE **WINDSHIELD** we see an OLD LADY **waving** us **down**.

OLD LADY   Mr. Incredible! Oh-- MR. INCREDIBLE!

RESIDENTIAL STREET
Mr. Incredible **pulls up**. His window **WHOOSHES** open.

MR. INCREDIBLE   What is it, Ma'am?

OLD LADY   (pointing to tree) My cat **Squeaker** won't come down.

Incredible **glances at** his screen: the pursuit **is headed his way**. He thinks, **making** some quick **calculations**, then-

MR. INCREDIBLE   Certainly, Ma'am. But I suggest you **stand clear**, there could be trouble.

OLD LADY   Oh no, he's quite **tame**.

그가 또 다른 버튼을 누른다: 그의 차의 외관이 세상에서 가장 멋진 복고 미래형 차로 변신한다: 인크레더빌. 인크레더블이 위로 올려본다:
차의 앞 유리를 통해서 할머니 한 분이 손짓하며 차를 세우는 모습이 보인다.

할머니 인크레더블! 오— 인크레더블!

주택가
인크레더블이 차를 세운다. 차의 창문이 쉭 소리를 내며 열린다.

인크레더블 왜 그러시죠, 부인?

할머니 (나무를 가리키며) 우리 고양이 꽥꽥이가 나무에서 내려오질 않네요.

인크레더블이 잠시 스크린을 본다: 추격전이 그의 방향으로 오고 있다. 그가 생각하며 빠르게 머릿속으로 계산을 한 후--

인크레더블 문제없습니다, 부인. 하지만 옆으로 잠시만 비켜 주시면 좋겠어요. 위험할 수도 있어서요.

할머니 오 아니에요. 우리 고양이는 얌전해서 괜찮아요.

---

exterior (건물의) 외부, 외관, 바깥쪽
retro-futuristic 복고 미래 풍의
vehicle 차량, 운송수단
look up (시선을 위로) 올려다보다
windshield (자동차, 오토바이) 앞 유리
wave down 손짓을 하여 ~을 세우다
residential 주택지의
pull up (차량이) 잠시 멈추다/서다

whoosh 쉭 하는 소리, 휙 하고 지나가다
squeak 끽하는 소리를 내다
glance at ~을 힐끗 보다
be headed one's way ~의 방향으로 다가오다
make calculation 계산을 하다
stand clear (안전 등을 위하여) 떨어져 서다
tame 길들여진, 말을 잘 듣는

Incrediboy or Buddy?
인크레디보이인가 아니면 버디인가?

🎧 02.mp3

RESUME PURSUIT – SAME MOMENT
The COP CAR pulls back in behind the robbers' car. The cops are firing now and **closing in**.

INCREDIBLE & THE CAT TREE
Nervously checking the pursuit on his video screen, Incredible rips the tree out of the ground. He **tips** it, leaning it across to the lady just as the CAR CHASE **squeals into view** at the end of the block. Incredible sees this and **hastily** SHAKES the tree, trying to **dislodge** the cat.

INTERCUT
The CAR CHASE. The cars **swerve** into view now, **bordering** the park that Incredible is in. Incredible SEES them and shakes the cat harder. Chase cars close in. Incredible. Car chase. The cat. Chase. Cat– One final SHAKE: Squeaker drops into the OLD LADY'S hands. Incredible raises the tree up and SLAMS it down on the hood of the **crooks**' car, **squashing** it like a bug.

LATER
Incredible **TAMPS** down the loose dirt at the base of the freshly **replanted** tree and smiles at his **admirers**.

COP #1　　Thank you, Mr. Incredible, you've done it again.

COP #2　　Yeah, you're the best.

MR. INCREDIBLE　I'm just here to help.

RADIO　　Attention! We have a tour bus robbery in the **vicinity** of Paradise and Solano–

추격 재개 – 같은 시간
경찰차가 다시 강도들의 차 뒤로 다가와 멈춘다. 경찰차가 연료를 태우며 점점 다가선다.

인크레더블과 고양이가 올라탄 나무
동영상 스크린으로 추격상황을 초조하게 확인하다가 인크레더블이 나무를 땅에서 뽑아버린다. 그가 나무를 할머니 쪽으로 기울이는 순간 추격전을 벌이던 차들이 저쪽 편에서 끼익하는 소리와 함께 장면에 등장한다. 인크레더블이 이 장면을 보고 마음이 급해서 고양이를 떨어뜨리려고 나무를 마구 흔들어댄다.

중간 삽입
추격전. 차들이 갑자기 방향을 틀며 인크레더블이 서 있는 공원 쪽으로 근접해온다. 인크레더블이 그들을 보고 고양이를 더 세게 흔든다. 차들이 바짝 다가온다. 인크레더블. 추격전. 고양이. 추격전. 고양이– 마지막 흔들기: 꽥꽥이가 할머니의 손 위로 떨어진다. 인크레더블이 나무를 들어올린 후 악당들의 차량 앞 덮개 위로 내려치자 차가 벌레처럼 납작해진다.

나중에
인크레더블이 새롭게 다시 심겨진 나무의 밑둥에 흩어져 있는 흙을 눌러 넣으며 그의 팬들을 향해 미소 짓는다.

경찰 #1 감사해요. 미스터 인크레더블. 또 우리를 도와주셨네요.

경찰 #2 와, 당신이 최고예요.

인크레더블 돕는 게 제 일인걸요.

통신 알림! 파라다이스와 솔라노 인근 관광버스 강도 사건이 발생했다–

---

resume 재개하다, 다시 시작하다

close in 다가오다, 접근하다

tip (물건을) 기울이다, 넘어뜨리다

squeal 끼익/꽤액/까악 소리를 내다

into view 시야에 들어오는, 보이는

hastily 급히, 서둘러서, 허둥지둥

dislodge (억지로 쳐서) 제자리를 벗어나게 하다

intercut (영화 장면 사이에 다른 장면을) 삽입하다

swerve 방향을 휙 틀다

border (국경, 경계를) 접하다, 가장자리를 이루다

crook 사기꾼, 악당

squash 짓누르다, 으깨다

tamp (특히 막힌 공간에) 다져/눌러 넣다

replant 옮겨 심다, 이식하다, 다시 심다

admirer 숭배자, 흠모자, 팬

vicinity 부근, 인근, 근처

CONTINUED:
Incredible **FROWNS** and looks at his watch. He **makes a calculation**, **muttering** to himself.

계속:
인크레더블이 좋지 않은 표정으로 손목시계를 본다. 그가 혼자 중얼거리며 계산을 한다.

<u>MR. INCREDIBLE</u> I've still got time. (**giving each admirer a nod**) Officers, Ma'am... "Squeaker."

<u>인크레더블</u> 아직 여유가 있군. (그의 팬들에게 고개를 끄덕이며) 경찰관님들, 부인... "꽥꽥이."

He jumps into the INCREDIBILE and is **startled** to find a **pudgy** kid wearing a mask and a homemade Superhero costume sitting in the **passenger seat**.

그가 인크레더빌 차에 급하게 올라탔는데 조수석에 집에서 직접 만든 슈퍼히어로 의상을 입고 가면을 쓴 땅딸막한 아이가 앉아있는 것을 보고 소스라치게 놀란다.

바로 이장면!*

<u>MR. INCREDIBLE</u> Who are you supposed to be?

<u>인크레더블</u> 넌 대체 누구니?

<u>BOY</u>   Well... I'm INCREDIBOY!

<u>소년</u> 흠… 전 인크레디보이에요!

Mr. Incredible **stares warily** at the **awkwardly** costumed kid. He's starting to **look familiar**...

인크레더블이 요상한 의상을 입은 아이를 경계하는 눈으로 바라본다. 어디선가 많이 본 얼굴인 듯한데…

<u>BOB</u>   No, no. You're that kid from the fan club. B... Bro-phy, Bud... BUDDY! Buddy??

밥 아냐, 아냐. 넌 팬클럽에서 봤던 그 애잖아. 브… 브로-피, 버드… 버디! 버디??

<u>BUDDY</u>   (frowning) My name is INCREDIBOY!

버디 (찡그리며) 제 이름은 인크레디보이에요!

<u>BOB</u>   Look, I've been nice. I've stood for photos, signed every **scrap of paper** you've pushed at me, but this is a bit–

밥 얘야, 난 친절하게 대해줬잖니. 사진도 찍어줬고, 네가 들이미는 종이 한 장 한 장에 모두 다 사인도 해 줬는데, 이건 좀 너무 한 것 아닌가–

<u>BUDDY</u>   You don't **hafta** worry about training me, I know all your **moves**, your **crimefighting** style, favorite **catchphrases**, everything! I'm your number one fan!

버디 절 가르치는 것에 대해서라면 걱정하실 필요 없어요. 전 아저씨의 모든 동작들도 다 알고, 범죄와 싸우는 스타일, 제일 좋아해서 밀고 있는 유행어를 비롯한 모든 것을 알고 있으니까요! 전 아저씨의 최고 팬이라고요!

---

frown 얼굴/눈살을 찌푸리다

make a calculation 계산하다

mutter 중얼거리다. 투덜거리다

give someone a nod 머리를 끄덕여 동의/허락을 표하다

startle 깜짝 놀라게 하다

pudgy 땅딸막한, 통통한

passenger seat 조수석

stare 응시하다. 빤히 바라보다

warily 조심하여, 방심하지 않고

awkwardly 어색하게, 서투르게

look familiar 많이 본 모습이다

a scrap of paper 종이 한 조각

hafta 해야만 한다 (have to의 속어적 표기)

move (자세의) 움직임, (체스, 보드게임) 두기, 수

crime-fighting 범죄와 싸우는

catchphrase (이목을 끄는) 유명 문구, 구호

The passenger door WHOOSHES open and "IncrediBoy" is ejected from the car. Incredible fires the **afterburners** and peels off, leaving Buddy standing alone.

CITY ROOFTOPS – MINUTES LATER
A trail of stolen goods scattered across a rooftop leads us to a THIEF. He mutters to himself as he **roots through** a stolen purse, **disregarding** some items, stuffing others into his pockets. A SHADOW **looms on** the wall behind him.

MR. INCREDIBLE (O.S.)   You know–

CONTINUED:
The **snatcher** LOOKS UP. Incredible grins.

MR. INCREDIBLE –you can **tell a lot about a woman by**[1] the contents of her purse. But maybe that's not what you had in mind...

Incredible closes in on him. The snatcher drops the purse, pulls a gun. An ARM suddenly STRETCHES into frame and **delivers a right**-cross to the snatcher's jaw– **knocking him OUT COLD**. Incredible looks up and sees a dazzling MASKED WOMAN in an equally dazzling suit. She SMILES.

MR. INCREDIBLE Elastigirl.

ELASTIGIRL   Mr. Incredible.

Elastigirl moves to the snatcher, begins to pick him up–

MR. INCREDIBLE It's alright. I've got him.

ELASTIGIRL   Sure you've got him. I just **took him out** for you.

MR. INCREDIBLE Sure you took him out. His attention was on me.

조수석이 삭 하며 열리고 인크레디보이가 차에서 튀어나간다. 인크레더블이 제트 엔진을 연소시키며 그 자리를 빠져나간다. 버디는 홀로 두고.

도시의 옥상 전경 – 몇 분 후
옥상에 흩뿌려져 있는 장물들을 따라가 보니 도둑의 모습이 보인다. 그가 훔친 지갑을 뒤적거리면서 어떤 것들은 버리고 어떤 것들은 그의 주머니에 넣으며 혼자 중얼거린다. 그의 뒤쪽 벽면 쪽으로 그림자가 드리운다.

인크레더블 (화면 밖) 이봐–

계속:
날치기가 위를 올려다본다. 인크레더블이 씨익 웃는다.

인크레더블 –지갑에 뭘 넣고 다니는지를 보면 그 여자에 대해 많은 걸 알 수 있지. 하지만 네가 원한 건 그게 아닌 것 같군…

인크레더블이 그에게 다가선다. 날치기가 지갑을 떨어뜨리고, 총을 꺼내 든다. 팔 하나가 갑자기 장면 안으로 뻗쳐 들어와 날치기의 턱을 직각으로 가격한다– 그가 나가떨어져 실신한다. 인크레더블이 위를 보니 복면을 한 눈부시게 아름다운 여인이 눈부시게 멋진 복장을 하고 서 있다. 그녀가 미소 짓는다.

인크레더블 엘라스티걸.

엘라스티걸 미스터 인크레더블.

엘라스티걸이 날치기에게 다가가 그를 일으키려 한다 –

인크레더블 괜찮아요. 제가 이놈은 처리할게요.

엘라스티걸 어련히 당신이 알아서 하시겠죠. 그런데 지금 방금 그를 처치한 건 나예요.

인크레더블 당신이 처치하고 말고요. 그는 나를 보고 있었다고요.

---

afterburner 제트엔진 재연소 장치, 애프터버너
root through (무엇을 찾기 위해) 파헤치다
disregard 무시하다, 묵살하다
loom on 흐릿하게 보이다, 불쑥 나타나다
snatcher 날치기꾼
delivers a right 오른손 펀치를 먹이다
knock someone out cold 때려서 기절시키다
take someone out ~을 죽이다, 없애다

[1] Tell someone by something.
~으로(을) 보면 누군가에 대해 알 수 있다.
어떤 사람이 입고 다니는 옷, 타고 다니는 차, 소유물, 혹은 행동 양식을 보면 그 사람에 대해서 알 수 있다고 표현할 때 쓰는 패턴이에요. 예를 들어, You can tell a man by his shoes. '그 남자의 신발을 보면 어떤 사람인지 대번에 알 수 있다' 이런 식으로 쓸 수 있지요.

ELASTIGIRL	A fact I **exploited** in order to do my job.	엘라스티걸 사실은 내 맡은 바 임무를 다하기 위해서 혹사했다고요.
MR. INCREDIBLE	My job, you mean.	인크레더블 내 임무를 말하는 거겠죠.
ELASTIGIRL	A simple "thank you" will **suffice**.	엘라스티걸 "고마워요"라고 한 마디만 하면 좋을 텐데요.
MR. INCREDIBLE	Thanks, but I don't need any help.	인크레더블 고마워요, 하지만 전 도움 따윈 필요 없다고요.

Elastigirl **assesses** him. Slowly moves closer.

엘라스티걸이 그를 살핀다. 천천히 그에게로 다가선다.

ELASTIGIRL	Whatever happened to "ladies first"?❶	엘라스티걸 "레이디 퍼스트" 예의는 어디 팔아 드셨나요?
MR. INCREDIBLE	Whatever happened to "equal treatment"?	인크레더블 "평등한 대우"라는 표현은 못 들어보셨나요?

CONTINUED:

계속:

CROOK	(regaining **consciousness**) Hey, look... the lady got me first.	악당 (의식을 되찾으며) 저기, 이봐요… 이 아가씨가 날 먼저 잡았어요.

Elastigirl **coldcocks** the crook with one stretched punch.

엘라스티걸이 펀치를 뻗어서 악당을 실신할 정도로 때린다.

ELASTIGIRL	We could share, you know.	엘라스티걸 공적을 같이 나눌 수도 있잖아요.
MR. INCREDIBLE	I work alone.	인크레더블 전 혼자 일해요.

Elastigirl smiles, moves very close to Incredible.

엘라스티걸이 미소 지으며, 인크레더블에게 가까이 다가선다.

ELASTIGIRL	Well. I think you need to be more–	엘라스티걸 글쎄요. 제 생각에 당신은 조금 더—

In one **fluid motion** she **LOOPS around** his body, suddenly behind him and before he can turn– back in front again.

아주 부드러운 유체와 같은 동작으로 그녀가 그의 몸 주변을 휘감으며 갑자기 그의 뒤로 섰다가 그가 뒤돌아보기도 전에 다시 앞으로 선다.

ELASTIGIRL	–flexible.	엘라스티걸 –유연할 필요가 있겠어요.
MR. INCREDIBLE	(dazzled) You doing anything later?	인크레더블 (황홀해 하며) 이따가 뭐 하시나요?
ELASTIGIRL	I have a previous engagement.	엘라스티걸 전 선약이 있어서요.

---

exploit (부당하게) 이용/착취하다
suffice 〈격식〉 충분하다
assess (특성, 자질 등을) 재다/가늠하다
consciousness 의식, 자각
coldcock 〈속어〉 실신할 정도로 때리다
fluid motion 유체의 운동, 유동적인 움직임
loop around 고리 모양으로 움직이다
dazzle (강한 빛이) 눈이 부시게 하다

❶ **Whatever happened to ~?**
(~에 대한 가치는) 도대체 어디로 간 걸까?
예전에 있던 것 혹은 모두가 지키던 가치에 대해서 말하면서 그런 것들이 잊혀 가고 있다고 푸념하면서 쓰는 표현이에요. 지금은 까맣게 잊힌 옛 동료나 연예인 등에 대해 궁금해할 때도 쓸 수 있어요. 예를 들어, Whatever happened to those celebrities? '그때 그 연예인들은 도대체 지금은 다 어디서 뭘 하고 사는 걸까?' 이렇게 말이죠.

She makes a little **stutter** step to the edge of the roof and jumps, **flips**, loops and STRETCHES across the rooftops like a liquid cat, disappearing into **the setting sun**.

MR. INCREDIBLE **lets out a low whistle**. That Is a woman.

MOMENTS LATER
Incredible **handcuffs** the **purse-snatcher** to a pipe.

MR. INCREDIBLE   Now you just stay right here. They usually pick up the garbage in an hour.

FROZONE (O.S.)   Hey, Incredible!

Incredible turns. A HELICOPTER **sweeps** past, **machine guns blazing** back towards its **pursuer**. FROZONE **swoops down**, **hot on its tail**, surfing a sheet of ice that **materializes** in his **path**.

MR. INCREDIBLE   Frozone!

그녀가 옥상의 가장자리로 더듬거리듯 걸어가다 가 뛰어오르며 공중제비를 하고 고리 모양을 만들 고 마치 액체 고양이처럼 옥상들 사이로 몸을 늘 어뜨리며 석양 속으로 사라진다.

인크레더블이 낮은 휘파람 소리를 낸다. 저 여자 정말 멋지네 하는 느낌으로.

잠시 후
인크레더블이 지갑 날치기를 배관에 수갑으로 채 워 묶는다.

인크레더블 여기 가만히 있어. 보통 한 시간 정도 있으면 쓰레기 수거하러 오니까.

프로존 (화면 밖) 이봐, 인크레더블!

인크레더블이 돌아본다. 헬리콥터가 날고, 추격자 를 향해 기관총이 발사된다. 프로존이 그가 지나는 곳에 형체를 띠며 나타나는 빙판 위를 서핑하며 헬리콥터에 바짝 다가서서 내리 덮친다.

인크레더블 프로존!

---

stutter 말을 더듬다, 더듬거리다

flip 홱 뒤집다, 젖히다

the setting sun 지는 해, 낙양, 일몰

let out (울음/신음 등을) 내다

a low whistle 작은/낮은 휘파람 소리

handcuff 수갑을 채우다

purse-snatcher 핸드백 날치기

sweep (방 등을 빗자루로) 쓸다, (거칠게) 휩쓸고 가다

machine gun 기관총

blaze 타오르다, (총을) 쏘아대다

pursuer 뒤쫓는 사람, 추적자, 추격자

swoop down ~에 덤벼들다, ~을 급습하다

hot on its tail (잡으려는/찾으려는 대상을) 바짝 뒤쫓아

materialize (예상대로) 실현되다, (갑자기 형체가 되어) 나타나다

path (사람, 사물이 나아가는) 길, 방향

Be True to Yourself!

스스로에게 진실해져라!

🎧 03.mp3

CONTINUED:
Frozone LEAPS, grabbing on to one of the **chopper**'s **skids**.

FROZONE　　　　Shouldn't you be getting ready?!

Incredible frowns, glancing at his watch. He yells at the **retreating copter**.

MR. INCREDIBLE　Hey, I've still got time!

Offscreen a woman screams–

WOMAN (O.S.)　　HE'S GOING TO JUMP!!

Incredible runs to the edge of the building and looks down. A large crowd is gathered on the streets below. Incredible follows their upwards gaze to the roof of a **skyscraper**, where a man stands **poised** to jump––then DOES. Incredible quickly **gages** distances, and then dives off the edge, making a spectacular LEAP–

HIGH ABOVE THE STREET –and **TACKLES** the jumper in **mid-air**. They **crash** through an enormous window on **the far side**–

INSIDE BANK BUILDING – LOBBY AREA
–and **tumble** to the floor in **a shower of** glass. Safe.

JUMPER　　　　My **collarbone**– I think you broke it...

MR. INCREDIBLE　With counseling, I think you'll **come to** forgive me. (senses something) Wait a minute...

계속:
프로존이 헬리콥터 활주부 중 하나를 잡으며 뛰어 오른다.

프로존　자네, 이제 갈 준비해야 하는 거 아닌가?!

인크레더블이 자신의 손목시계를 보며 얼굴을 찡 그린다. 그가 퇴각하는 헬리콥터를 향해 소리친다.

인크레더블　이봐, 아직 시간이 충분하다고!

화면 밖에서 한 여인이 비명을 지른다–

여자 (화면 밖)　그가 뛰어내리려고 해요!

인크레더블이 건물의 가장자리 쪽으로 뛰어가서 밑을 내려다본다. 큰 무리의 사람들이 길거리에 모 여있다. 인크레더블이 초고층 건물 옥상 쪽을 바라 보고 있는 그들의 눈빛을 따라가 보니 한 남자가 뛰어내리려 서 있다—그리고는 뛰어내린다. 인 크레더블이 순간적으로 거리를 계산한 후 모서리 에서 뛰어내리는 모습이 장관이다–

길거리 위 높은 곳 – 뛰어내린 남자를 공중에서 태클한다. 그들이 저편에 있는 거대한 창문을 부수 고 들어간다.

은행 건물 안 – 로비
– 유리 조각이 쏟아지는 가운데 바닥으로 구른다. 안전하게.

뛰어내린 남자　내 쇄골—당신이 내 쇄골을 부러 뜨린 것 같아요…

인크레더블　상담을 좀 받으면 당신이 날 용서하 게 될 거요. (뭔가를 눈치채며) 잠시만…

---

chopper 〈비격식〉 헬리콥터
skids 헬리콥터의 (하단) 활주부
retreat 후퇴/철수/퇴각하다
copter 〈비격식〉 헬리콥터
off-screen 화면 밖에서
skyscraper (초)고층건물
poise 침착, (몸의) 균형/평형, 태세를 취하다
gage 치수, 게이지, 측정기, 측정하다 (= gauge)

tackle (힘든 문제, 상황과) 씨름하다, (축구, 럭비, 등) 태클을 걸다
mid-air 공중
crash (자동차 충돌) 사고, 충돌하다
the far side 먼 쪽, 저편, 건너편
tumble 굴러떨어지다, 크게 추락하다
a shower of 빗발치듯 쏟아지는, ~세례
collarbone 쇄골
come to (총계가) ~이 되다, (상황이) 되다

Mr. Incredible slides the jumper over to a desk and **props** him **up** against it. His **acute** senses **turn his attention to** the hallway, toward the elevators. As he follows his ears we become aware of a sound: a tiny series of regular BEEPS. INCREDIBLE locates a spot on the wall and presses one ear against it. The BEEPS ACCELERATE. Bob starts to push away and– –BOOOOOOM! The hallway is filled with smoke and **debris**. A SILHOUETTE **emerges** from the newly blown hole in the wall;

CONTINUED:

a tall, **rangy** man in a mime costume carrying two **stuffed duffle bags**. He surveys the scene with a **wicked smile**. A VAULT DOOR is **embedded** into the wall directly opposite the hole. It moves aside, revealing Incredible behind it, **dazed** but **unharmed**. He sees the mime and GROWLS.

MR. INCREDIBLE Bomb Voyage!

BOMB VOYAGE (in French, **subtitled**) Mr. Incredible!

VOICE And– INCREDIBOY!

Both Mr. Incredible and Voyage turn and stare **in disbelief** at the kid, who awkwardly flies over to them.

BOMB VOYAGE "IncrediBoy"...?

BUDDY Aren't you curious about how I get around so fast? See, I have these rocket boots, they're made from–

BOB Go home, Buddy. Now.

BOMB VOYAGE (in French, subtitled) Little **oaf**!

미스터 인크레더블이 데스크 방향으로 뛰어내린 남자를 미끄러뜨리며 데스크로 그를 받친다. 그의 예리한 감각이 그를 엘리베이터가 있는 복도 방향을 주시하게 한다. 그가 자신의 귀를 따라가 보니 어떤 소리가 감지된다: 규칙적인 신호음이 아주 작게 들린다. 인크레더블이 벽에서 그 위치를 찾아내고 벽에 귀를 붙인다. 신호음이 점점 빨라진다. 밥이 그곳을 벗어나려고 하는데– 콰과광! 복도가 연기와 잔해로 뒤덮인다. 벽에 새롭게 뚫린 구멍 속에서 검은 실루엣이 나타난다.

계속:

마임 의상의 키가 크고 팔다리가 긴 남자가 속을 꽉 채운 자루 두 개를 들고나온다. 그가 사악한 미소를 지으며 주위를 살핀다. 벽 속 구멍의 정반대 방향에 금고문이 박혀있다. 이 문이 옆으로 열리고 그 뒤로 인크레더블의 모습이 보이는데, 다치진 않았지만 어안이 벙벙한 표정이다. 그는 마임 복장을 한 남자를 보며 씩씩댄다.

인크레더블 밤 보야지!

밤 보야지 (프랑스어 자막) 미스터 인크레더블!

목소리 그리고– 인크레디보이!

미스터 인크레더블과 보야지가 고개를 돌려 아주 부자연스럽게 그들에게 날아오고 있는 꼬마를 믿기지 않는다는 듯한 표정으로 바라본다.

밤 보야지 "인크레디보이"...?

버디 내가 어떻게 이렇게 빠른 속도로 움직일 수 있는지 궁금하지 않아요? 봐요, 내가 신고 있는 이 로켓 부츠는 소재가 뭐냐 하면–

밥 집에 가라, 버디. 지금 당장.

밤 보야지 (프랑스어 자막) 멍청이 꼬마녀석!

---

prop up ~을 받쳐 넘어지지 않게 하다

acute 극심한, (질병이) 급성의, (감각이) 예민한

turn one's attention to ~에 시선/주의를 돌리다

debris (무엇이 파괴된 후의) 잔해

emerge (어둠 속에서) 나오다, 모습을 드러내다

rangy 팔다리가 긴

stuffed 배가 많이 부른, 봉제된, 속을 가득 채운

duffle bag (원통형의 자루 모양 가방) 더플 백

wicked smile 음흉한/사악한 미소

vault (특히 은행의) 금고, 귀중품 보관실

embed (단단히) 박다/끼워 넣다

dazed (충격을 받아) 멍한, 아찔한

unharmed 다치지/손상되지 않은

subtitle (영화, 텔레비전 화면의) 자막

in disbelief 불신하는, 믿지 않는

oaf (특히 남자) 멍청이, 미련퉁이

바로 이장면!*

<u>BUDDY</u>	Can we talk? (he takes Bob aside) You always ALWAYS tell people, "**Be true to yourself❶**," but you never say which part of yourself to be true to! Well, I've finally **figured out** who I am and I'm your **ward**. IncrediBoy!
<u>BOB</u>	And now you've **officially carried** it **too far**, Buddy.

There is an **ugly flash** in Buddy's eyes.

<u>BUDDY</u>	It's because I don't have powers, isn't it? Not every hero has powers, you know! You can be Super without them–

CONTINUED:

<u>BUDDY</u>	(re: his rocket boots) I invented these. I can fly! Can YOU fly?
<u>**MR. INCREDIBLE**</u>	Fly HOME, Buddy. I work alone.
<u>**BOMB VOYAGE**</u>	(in French, subtitled) Yes! And your **outfit** is **ridiculous**!
<u>BUDDY</u>	Just give me one chance. I'll show you, I'll go get the police–

As Buddy jogs to the **shattered** window, Incredible sees that Voyage has clipped a SMALL BOMB onto Buddy's cape.

<u>**MR. INCREDIBLE**</u>	Buddy– DON'T–!
<u>BUDDY</u>	It'll only take a second, really!

버디 우리 얘기 좀 할까요? (그가 밥을 옆으로 데려간다) 당신은 항상, 항상 사람들에게 말하죠, "스스로에게 진실해져라", 하지만 당신은 자신의 어떤 부분에 대해서 진실해야 하는지는 절대 얘기하지 않는다고요! 전 이제 드디어 내가 누군지 깨달았어요. 전 당신의 수호자예요. 인크레디보이라고요!

밥 넌 이제 공식적으로 너무 도가 지나쳤어, 버디.

버디의 눈에 추악한 눈빛이 서린다.

버디 그건 내가 초능력이 없기 때문인 거죠, 그죠? 히어로라고 모두가 다 초능력이 있는 건 아니라고요! 초능력 없이도 특별해질 수 있다고요 –

계속:

버디 (그의 로켓 부츠와 관련하여) 이거 내가 발명한 거예요. 난 날 수 있다고요! 당신은 날 수 있나요?

인크레더블 날아서 집으로 가거라, 버디. 난 혼자 일한다.

밤 보야지 (프랑스어 자막) 맞아! 그리고 너 의상도 너무 형편없구나!

버디 딱 한 번만 저에게 기회를 줘보세요. 제가 보여드릴게요. 가서 경찰 불러올게요 –

버디가 산산조각이 난 창문 쪽으로 달려가는데 보야지가 버디의 망토에 작은 폭탄을 설치한 것을 인크레더블이 본다.

인크레더블 버디– 안 돼–!

버디 정말 빨리 다녀올 수 있다니까요, 정말로요!

---

figure out (생각한 끝에) ~을 이해하다

ward (병원의) ~실, 병동, 피보호자

officially 공식적으로

carry something too far ~의 도를 지나치게 하다

ugly flash 잠깐 스치는 험악한 표정/눈빛

outfit 옷/복장

ridiculous 우스꽝스러운, 터무니없는

shatter 산산이 부서지다

❶ **Be true to yourself!**
자신에게 진실해라!
'자신에게 진실해라'라는 말의 뜻은 뭘까요?
남들 눈이나 생각을 너무 신경 쓰지 말고
스스로가 진정으로 원하는 것이 무엇인지를
찾으라는 의미로 해석할 수 있겠죠. 여러분도
Be true to yourself! 할 수 있기를 바라요!

MR. INCREDIBLE (takes off after him) No– STOP! THERE'S A BOMB–

인크레더블 (그를 따라 뛰어오른다) 안 돼– 멈춰! 폭탄이 있다고–

He grabs Buddy's cape just as "INCREDIBOY" TAKES OFF, taking Incredible with him.

그가 버디의 망토를 잡는 순간 "인크레디보이"가 날아오르고, 그도 같이 날아오른다.

ABOVE MUNICIBERG – MOVING – NIGHT
INCREDIBLE & THE BOY rocket wildly out of control, spraying sparks in every direction, Mr. I grabbing at the cape desperately for the bomb.

뮤니시버그 위 – 이동 중 – 밤
인크레더블과 버디가 통제를 완전히 잃은 상태로 날아오르며 사방으로 불꽃을 튀기는데, 미스터 인크레디보이가 폭탄을 제거하려고 필사적으로 망토를 잡고 있다.

BUDDY Let go![❶] You're wrecking my flight pattern! Let go of my cape! You're gonna rip it!!

버디 놔요! 내 비행패턴을 망치고 있잖아요! 망토를 놓으시라고요! 찢어진단 말이에요!!

INCREDIBLE finally **grabs hold of** the bomb and **flings** it free. Both he and the BOMB fall onto the elevated train tracks below. The bomb EXPLODES, blowing away a large section of track. Incredible **groggily** LOOKS UP: A TRAIN is coming. And heading straight for the section of track that is NO LONGER THERE. Incredible **sets his jaw** and starts running toward the oncoming train, leaping the **chasm** to intercept the train before it gets there. He pulls up and plants himself. The expression on his face says it all: this is going to hurt.

인크레더블이 마침내 폭탄을 잡아 멀리 날려버린다. 그와 폭탄이 함께 고가 철도 위로 떨어진다. 폭탄이 터지면서 철도의 한쪽이 폭파된다. 인크레더블이 멍연자실한 표정으로 올려다보는데 기차가 다가오고 있다. 그리고 그 기차는 이미 폭파되어서 사라져버린 철도 쪽으로 다가오고 있다. 인크레더블이 이를 악물며 마음을 단단히 먹고 다가오고 있는 기차 쪽으로 뛰기 시작한다. 기차가 이쪽에 다다르기 전에 중간에 막아서기 위해 폭파로 생긴 골을 뛰어넘는다. 그가 멈추고 스스로 그 자리에 고정한다. 그의 표정만 봐도 어떤 상황인지 충분히 감지할 수 있다: 심하게 고통스러우리라는 것을.

The train HITS– Mr. Incredible taking the full impact. Rail ties break behind Incredible's feet, spraying in all directions as Incredible – miraculously– **wrestles the train to a stop**.

기차가 세게 부딪힌다 – 미스터 인크레더블이 그 타격을 온몸으로 받는다. 철도에 박혀있는 침목이 인크레더블의 발 뒤에서 부서지며 온 사방으로 날아가고 인크레더블은 – 기적적으로 – 힘겹게 기차를 멈추고야 만다.

STREETS BELOW TRESTLE – LATER
Police and **Paramedics** have arrived, **cordoning off** the accident scene and treating the injured. Mr. Incredible hands Buddy over to the police.

육교 밑 거리 – 나중에
경찰과 구급대원들이 도착해서 사고지점에 경계선을 설치하고 부상자들을 돌보고 있다. 미스터 인크레더블이 버디를 경찰에게 인계한다.

---

grab hold of ~을 갑자기 움켜잡다
fling (화가 나서 거칠게) 내던지다/내팽개치다
groggily 비틀거리면서, 그로기상태가 되어
set one's jaw 이를 악물다, 단단히 결심하다
chasm (땅, 바위, 얼음 속) 아주 깊은 틈/구멍
wrestle something to a stop ~을 힘들게 멈추게 하다
paramedic 긴급 의료원, 구급대원
cordon off (비상 경계선을 치고) 출입을 통제하다

❶ **Let go!**
놔라!
누군가가 내 의지에 반해 나를 잡고 있을 때, 놓으라고 하면서 외치는 표현이에요. 같은 상황에서 Let go of me! 라고 표현할 수도 있답니다.

MR. INCREDIBLE	Take this one home, and make sure his mom knows what he's been doing...	인크레더블 이 아이를 집에 데려다줘요. 그리고 이 아이가 뭘 하고 다녔는지 얘네 엄마에게도 꼭 말해주고요.
BUDDY	I could help you! You're making a mistake–	버디 난 당신을 도울 수 있었어요! 아저씨 실수한 거예요 –

The cops **shove** Buddy into the **backseat** of their car.

경찰들이 버디를 경찰차의 뒷좌석에 떠밀어 넣는다.

MR. INCREDIBLE	The injured jumper– you sent paramedics?	인크레더블 뛰어내려서 부상당한 사람— 그쪽으로 구급대원들을 보냈나요?
COP	They've already picked him up.	경찰 이미 그를 데리고 갔어요.
MR. INCREDIBLE	The **blast** in that building was caused by Bomb Voyage who I caught in the act of robbing the vault. We might be able to **nab** him if we **set up a perimeter**–	인크레더블 저 건물에서 일어난 폭발 사고는 밤 보야지가 한 짓인데 그가 금고를 훔치려고 하던 찰나에 내가 그를 발각했어요. 방어선을 구축해 놓으면 우리가 그를 잡을 수도 있을 것 같아요.
COP	You mean he **got away**??	경찰 그럼 그를 못 잡았다는 말인가요??
MR. INCREDIBLE	Well, yeah. Skippy here made sure of that.	인크레더블 어, 네. 여기 서 있는 스키피군 덕분이죠.
BUDDY	IncrediBoy!	버디 인크레디보이라니까요!
MR. INCREDIBLE	(to Buddy) You're not **affiliated with** me!	인크레더블 (버디에게) 넌 나하고 아무런 연관성이 없다니깐!

A tiny ALARM sounds. Incredible checks his **wristwatch**.

일람 소리가 작게 울린다. 인크레더블이 손목시계를 확인한다.

MR. INCREDIBLE	Holy smokes... I'm late. Listen, I've gotta be somewhere–	인크레더블 맙소사… 늦겠다. 있잖아요, 제가 좀 가봐야 할 곳이 있는데요 –

He signals the Incredibile with a remote. It **roars** into view, squeals to a stop next to him.

그가 리모컨으로 그의 차 인크레더빌에게 신호를 보낸다. 자동차가 굉음을 내며 나타나 그의 옆에 끼익하며 선다.

COP	But.... what about Bomb Voyage–?	경찰 하지만… 그러면 밤 보야지는 어쩌고요 – ?

---

shove (거칠게) 밀치다/떠밀다

backseat (차량의) 뒷자리

blast 폭발, 폭발시키다

nab (나쁜 짓을 한 사람을) 붙잡다/체포하다

set up a perimeter 방어선을 설치하다, 경계선을 정하다

get away (~에서) 탈출하다/벗어나다

affiliate with ~와 제휴하다

wristwatch 손목시계

Holy smokes! (놀람) 이런/저런! 어머나!

roar (큰 짐승 등이) 으르렁거리다/포효하다

CONTINUED:

계속:

MR. INCREDIBLE (climbing into the car) Any other night I'd **go after him** myself but I've really gotta go. Don't worry– we'll get him– EVENTUALLY!!

인크레더블 (차에 올라타며) 다른 날 같으면 제가 직접 그를 잡으러 가겠지만 오늘은 정말 빨리 가야 해서요. 걱정 마세요 – 우린 그를 잡을 거예요 – 언제가 결국은!!

He fires the afterburners. The cops watch **in dismay** as the Incredibile **roars off**.

그가 제트연소기를 가동한다. 자동차 인크레더빌이 굉음과 함께 사라지자 경찰들이 놀란 표정으로 바라본다.

A DOWNTOWN CATHEDRAL
The INCREDIBILE pulls up in front, **CONVERTING** back into a sedan.

다운타운에 있는 예배당
인크레더빌이 앞쪽으로 멈춰 서며, 다시 일반 세단 차량으로 변신한다.

INSIDE CATHEDRAL LOBBY
Mr. Incredible ENTERS, dressed smartly in a **tux**, **fumbling with** his tie.

예배당
미스터 인크레더블이 말쑥하게 턱시도를 갖춰 입고, 넥타이를 매만지며 들어온다.

LUCIUS BEST/FROZONE You're very late.

루시우스 베스트/프로존 자네 정말 늦게 오는구먼.

BOB/MR. INCREDIBLE **Is the night still young?❶** How do I look?

밥/인크레더블 아직은 초저녁인가? 내 모습 어때?

His best man LUCIUS (**aka** FROZONE) stops him before he...

그의 베스트맨 루시우스가 (프로존이라는 이름도 쓰고 있는) 그를 막아서며…

LUCIUS/FROZONE The mask! You've still got the mask—

루시우스/프로존 복면! 자네 아직도 마스크를 쓰고 있네—

Best reaches up and pulls off his Mr. Incredible mask. Bob takes a deep breath and pushes open the chapel doors–

베스트가 손을 뻗어 미스터 인크레더블 마스크를 벗긴다. 밥이 크게 심호흡을 한 후 교회 문을 열어젖힌다.

BOB/MR. INCREDIBLE Showtime–!

밥/인크레더블 시작해 보자고 –!

---

go after someone ~을 뒤쫓다/따라가다
in dismay 당황하여, 깜짝 놀라
roar off (차량 등이) 떠나다, 자리를 뜨다
convert (형태, 목적, 시스템 등을) 전환시키다
tux 예복, 턱시도 (=tuxedo)
fumble with ~을 서투르게 만지작거리다
aka ~라고도 알려진 (also known as)
show time 공연 시작 시간, 멋진 쇼 기대해

❶ **The night is still young.**
아직은 초저녁이야.
한참 놀고 싶은 나이에 자주 쓰는 표현이에요. 오랜만에 친구들과 만나 즐겁게 보내고 늦게 헤어지려고 할 때 누군가 이런 표현 꼭 하죠. 아직 9시밖에 안 됐어, 초저녁이잖아. 즉 더 늦게까지 놀고 싶을 때 쓸 수 있는 재미있는 표현이랍니다.

ELASTIGIRL

Bob & Helen's Wedding
밥과 헬렌의 결혼식

🎧 04.mp3

CHAPEL
Bob the **Groom** stands at the **altar** with his **Bride**, HELEN, who we quickly realize is also ELASTIGIRL.

예배실
신랑 밥이 신부 헬렌과 함께 제단에 서 있는데, 헬렌은 딱 봐도 엘라스티걸인 걸 알 수 있다.

바로 이장면!*

<u>REVEREND</u>	Robert Parr, will you have this woman to be your lawful wedded wife?	목사 로버트 파, 그대는 이 여성을 아내로 맞이하겠습니까?
<u>HELEN/ELASTIGIRL</u>	(low, to Bob) **Cutting it** kind of **close**, don'cha think?	헬렌/엘라스티걸 (작은 소리로, 밥에게) 좀 간당간당한 것 같군요. 안 그래요?
<u>BOB/MR. INCREDIBLE</u>	You need to be more... "flexible."	밥/인크레더블 당신은 좀 더 말이죠… "유연"해질 필요가 있어요.
<u>HELEN/ELASTIGIRL</u>	I love you, but if we're going to make this work, you've gotta be more than Mr. Incredible. You know that, don't you?	헬렌/엘라스티걸 난 당신을 사랑해요. 하지만 우리가 결혼생활을 제대로 하려면 당신은 미스터 인크레더블로만 있어서는 안 돼요. 그거 알죠, 안 그래요?
<u>REVEREND</u>	(**concluding vows**) **–as long as** you both shall live?	목사 (서약을 마무리하며) – 삶을 다하는 날까지?
<u>BOB/MR. INCREDIBLE</u>	I do.	밥/인크레더블 서약합니다.
They kiss. A crowd of SUPERHEROES cheer from the **pews**.		그들이 키스한다. 슈퍼히어로들 무리가 자리에서 환호한다.
<u>HELEN</u>	As long as we both shall live. No matter what happens.	헬렌 우리의 삶이 다하는 날까지. 어떤 일이 있더라도.
<u>BOB</u>	We're superheroes. What could happen?	밥 우리는 슈퍼히어로들이라고요. 대체 무슨 일이 생길 리 없잖아요?

chapel 예배실, 예배당
groom 신랑
altar 제단
bride 신부
reverend 목사
lawful 〈격식〉 법이 허용/인정하는, 합법적인
wedded (합법적으로) 혼인한/결혼한
cut it close (시간이 촉박한 상황) 급하게/서둘러서 무엇을 하다

conclude 결론을 내리다, 끝내다, 마치다
vow 맹세, 서약, 맹세하다
as long as ~이기만 하면, ~하는 한은
pew (교회의 길게 나무로 된) 좌석

VIDEO FOOTAGE: a narrator reports from a news desk. A **CHYRON** displays the **visage** of MR. INCREDIBLE.

NEWSWOMAN	In a stunning **turn of events**, a superhero is being sued for saving someone who, apparently, didn't want to be saved. The **Plaintiff**, Oliver sansweet, who was **foiled** in his **attempted suicide** by Mr. Incredible, has **filed suit against** the famed superhero in superior court.

FILM FOOTAGE: OUTSIDE THE COURTHOUSE
Sansweet's LAWYER stands next to him on the crowded front steps, and speaks to a cluster of REPORTERS.

LAWYER	Mr. Sansweet didn't ask to be saved, Mr. Sansweet didn't want to be saved. And the injury received from Mr. Incredible's actions causes him daily pain.

The crowd STIRS as a business-suited MR. INCREDIBLE appears and points a threatening finger at Sansweet.

MR. INCREDIBLE	I saved your life!
SANSWEET	You ruined my death!
MR. INCREDIBLE	Listen you little piece of–
INCREDIBLE'S ATTORNEY	(cuts him off) **My client has no further comments at this time!❶**

CONTINUED:
FILM FOOTAGE: SHOTS of the train accident scene.

NARRATOR	Five days later, another suit was filed by the victims of the **el**-train accident.

동영상 화면: 진행자가 뉴스데스크에서 뉴스를 전한다. 전자자막이 미스터 인크레더블의 얼굴을 보여준다.

뉴스 진행자 놀라운 반전인데요. 어떤 슈퍼히어로가 누군가를 구해줬다가 고소를 당했다고 합니다. 알고 보니 구조되기를 원하지 않았던 사람이었던 겁니다. 미스터 인크레더블에 의해 자살시도가 수포로 돌아간 고소인, 올리버 산스위트는 그 유명한 슈퍼히어로를 상대로 상급법원에 소송을 제기했습니다.

동영상 화면: 법원 밖
사람들이 많이 모여 있는 입구 계단에 산스위트의 변호사가 산스위트 옆에 서서 한 무리의 기자들에게 말한다.

변호사 산스위트 씨는 구해 달라고 요청하지 않았어요. 산스위트 씨는 구조되기를 원하지 않았다고요. 그리고 인크레더블의 행동으로 인해 생긴 부상으로 매일 고통에 시달리고 있습니다.

양복을 입은 미스터 인크레더블이 등장해 산스위트를 위협하는 듯한 손가락질을 하자 군중이 동요한다.

인크레더블 내가 당신 목숨을 구해줬잖아!

산스위트 당신이 내 죽음을 망쳤다고!

인크레더블 이 자식 말하는 것 좀 보게–!

인크레더블의 변호인 (그를 차단하며) 제 의뢰인은 지금으로선 더 이상 할 말이 없습니다.

계속:
동영상 화면: 기차 사고 현장의 장면들

내레이터 5일 후, 열차 사고의 희생자들로부터 또 다른 소송이 제기되었습니다.

---

chyron 키론 (영화, TV 화면의 전자 자막)
visage (사람의) 얼굴, 낯
turn of events 사태 전환, 반전
plaintiff 원고, 고소인
foil (불법적인 것을) 좌절시키다, 저지하다
attempted suicide 자살 기도, 자살 미수
file (a) suit against ~를 상대로 소송을 제기하다
el 〈구어〉 고가철도

❶ **My client has no further comments at this time!**
제 의뢰인은 이제 노코멘트 하겠습니다!
정치인이나 사회적으로 이슈가 되는 사람이 기자들에게 주로 하는 표현이에요. '귀찮으니 더 이상은 말하고 싶지 않다'라는 뜻이죠. 이 표현을 간단하게 익히려면 주어를 나로 바꿔서 I have no further comments. 라고 하면 좋겠네요.

FILM FOOTAGE: SHOTS of a courtroom filled with **neckbraced train-wreck** victims. A lawyer goes through his paces, often gesturing toward a **glowering** MR. INCREDIBLE.

동영상 화면: 목에 깁스를 한 열차전복 사고 희생자들로 가득 찬 법정 장면. 한 변호사가 언짢은 표정의 미스터 인크레더블을 여러 차례 가리키며 자신의 변호 실력을 뽐내고 있다.

NARRATOR   Incredible's court losses cost the government millions, and **opened the floodgates** for dozens of similar lawsuits against superheroes the world over.

내레이터   인크레더블이 재판에 계속 지게 되면서 수백만 달러의 정부예산이 지출되는데, 그로 인해 전 세계적으로 슈퍼히어로들을 상대로 한 소송이 물밀 듯이 밀려들었습니다.

A SERIES OF SPINNING NEWSPAPER HEADLINES describing the succession of lawsuits brought against Superheroes: "DynaGuy sued!", "'SUPER' DAMAGES!", "X-RAY VISION PEEPING TOM?" **Irate** Taxpayers **demonstrate**, waving placards that read: "NO MORE SUPER **BAILOUTS**!", "$UPER EXPEN$IVE!", etc.

슈퍼히어로들을 상대로 한 연쇄적인 소송들에 관해 다루는 신문의 헤드라인이 계속 회전되며 나온다: "다이너가이 고소!", "'슈퍼' 손해배상금!", "투시력 관음증 환자?"
격분한 납세자들이 "슈퍼히어로들 보석 석방은 이제 그만", "상상을 초월하는 지출!" 등의 플래카드를 흔들며 시위를 한다.

FILM FOOTAGE: A **CONGRESSMAN** addresses his colleagues from the floor of **the House of Representatives**.

동영상 화면: 국회의원 한 명이 하원 의원석에서 동료들에게 문제를 제기한다.

CONGRESSMAN   It is time for their secret identities to become their only identity. Time for them to join us, or go away.

국회의원   이제 그들의 비밀 신분이 그들의 유일한 신분이어야 할 때가 왔어요. 그들이 우리와 같은 삶을 살던지, 아니면 떠나든지 결정할 때라고요.

NARRATOR (V.O.)   Under tremendous public pressure and the crushing financial burden of an ever-mounting series of lawsuits, the government quietly **initiated** the superhero Relocation Program.

내레이터 (목소리만)   대중의 거대한 압박과 계속되는 소송들로 인한 엄청난 재정적 부담으로 인해 정부는 비밀리에 슈퍼히어로 재배치 프로그램에 착수했습니다.

FILM FOOTAGE: SUPERHEROES EXITING the public stage—as they wave goodbye (**a la** Nixon), duck into cars in a shower of popping flashbulbs, cheered by supporters, **jeered** by opponents, etc.

동영상 화면: 슈퍼히어로들이 지지자들에게는 환호, 반대자들에게는 야유를 받으며, 플래시 세례 속에서 (닉슨 대통령과 같은 방식으로) 손을 흔들며 작별인사를 하고 공개 석상을 떠난다.

NARRATOR (V.O.)   The Supers would no longer be held **accountable for** past actions in exchange for a promise to never again resume hero work. Where are they now?

내레이터 (목소리만)   슈퍼히어로들이 앞으로 다시는 영웅 행위를 재개하지 않겠다는 약속에 대한 보답으로 그들의 지난 행위들에 대한 책임은 더 이상 묻지 않기로 했습니다. 그들은 지금 어디 있을까요?

---

neck-braced 목에 깁스한. (부상자용) 목 보조기를 한

train-wreck 철도 사고

glowering 언짢은 얼굴의

open the floodgate 물밀 듯이 밀려오게 하다

irate 성난, 격분한

demonstrate 시위(데모)에 참여하다

bailout 긴급구제

congressman 국회의원

the House of Representatives 하원

initiate 개시되게 하다, 착수시키다

relocation 재배치

a la ~와 같은 식으로/풍으로

jeer 야유/조롱하다

accountable for ~에 대해 책임이 있는

FILM FOOTAGE: A **throng** of people **mill about** the city streets in diverse **anonymity**.

동영상 화면: 한 무리의 사람들이 다양한 익명성 속에서 길거리를 배회하고 있다.

NARRATOR	They are living among us, living as we do, **average** citizens, average heroes, quietly and anonymously continuing to make the world a better place...

내레이터 그들은 우리들 속에서 살고 있습니다. 우리와 똑같이 살고 있죠. 평범한 시민들, 평범한 히어로들, 조용히 그리고 익명으로 세상을 조금 더 나은 곳으로 만들기 위해.

The MUSIC **crescendoes** as camera LIFTS UP to the horizon and the sun streaming through the clouds.

음악이 점점 커지면서 카메라가 지평선 위로 들어 올려지고 태양 빛이 구름 사이로 흐른다.

CUT TO:
EXTREME CLOSEUP: AN INSURANCE FORM
A STAMP slams down, leaving the word "**DENIED**" in red ink.

장면 전환:
최대 클로즈업: 보험 양식
빨간색 잉크로 "거부"라는 단어를 남기는 도장이 쾅 하고 찍힌다.

INT. INSURICARE INSURANCE COMPANY – BOB'S **CUBICLE** – DAY
A small, **frail** woman in her mid-seventies named MURIEL HOGENSON– blinks **in shock**.

내부. 인슈리케어 보험회사 – 밥의 직무공간 – 낮
뮤리엘 호겐슨이라는 이름의 70대 중반의 작고 쇠약한 여인이 충격을 받아 눈을 깜박인다.

HOGENSON	"Denied"? You're denying my claim?

호겐슨 "거부"라고요? 내 청구를 거부하시는 건가요?

Her **claims adjuster** BOB PARR looks up. He looks familiar.

그녀의 손해사정사인 밥 파가 위쪽을 본다. 낯익은 얼굴이다.

FADE IN TITLE: FIFTEEN YEARS LATER
It's **none other than** MR. INCREDIBLE himself, now balding, sixty-four **pounds** heavier and dressed in a too-tight white collar shirt. Hogenson sits across from him, **bewildered** and upset.

제목이 점점 뚜렷해지며: 15년 후
머리가 벗겨지기 시작하고 64파운드만큼 더 살이 찌고 심하게 꼭 끼는 사무직 종사자 셔츠를 입고 있는 그는 다름 아닌 바로 미스터 인크레더블이다. 호겐슨이 당황하고 화가 난 채로 그의 맞은편에 앉아있다.

HOGENSON	I don't understand. I have **full coverage**.

호겐슨 이해가 안 되네요. 전 종합보험을 들었다고요.

BOB	I'm sorry, Mrs. Hogenson, but our **liability** is **spelled out** in paragraph 17–

밥 죄송합니다. 호겐슨 부인, 하지만 우리 회사의 법적 책임은 17조에 상세히 설명되어 있습니다만–

HOGENSON	I can't pay for this...

호겐슨 전 이걸 낼 수가 없어요…

BOB	(phone rings, he answers) Excuse me. Claims, Bob Parr.

밥 (전화벨이 울린다. 그가 받는다) 잠깐 실례할게요. 청구부서, 밥 파입니다.

---

throng 인파, 군중

mill about ~의 주위를 빙빙 돌다

anonymity 익명성

average 평범한, 평균의

crescendo (소리가) 점점 커짐

denied 거부됨

cubicle (칸막이로 구분) 좁은 방/사무실

frail 노쇠한, 약한, 쇠약한

in shock 충격에 빠져

claims adjuster 손해사정사, 보험 청구 사정인

none other than 다름 아닌 바로 ~인

pound 파운드 (0.454 kg)

bewilder 어리둥절하게/혼란스럽게 하다

full coverage 종합보험, 보험적용 범위가 넓은 보험

liability 법적 책임

spell out 철자를 말하다/쓰다, ~을 자세히 설명하다

INTERCUT: HELEN INSIDE PARR HOME – KITCHEN – SAME TIME
HELEN PARR chats **amiably** as she **bathes** her happy toddler JACK-JACK in the sink of their airy, **ranch-style** kitchen.

CONTINUED:
Her hairstyle has changed, her hips have widened a little, but Motherhood has agreed with her, and little else has changed from her Elastigirl days. A stack of empty MOVING BOXES are stacked **haphazardly** near the door.

HELEN	I'm calling to celebrate a **momentous** occasion. We are now officially moved in.

INTERCUT WITH BOB

BOB	That's great, honey. And the last three years don't count because...
HELEN	Because I finally unpacked the last box. Now it's official. Why do we have so much junk?
BOB	Listen, honey, I've got a client here–
HELEN	Say no more, go save the world one **policy** at a time, honey. I gotta go pick up the kids from school. See you tonight.
BOB	Bye, honey. (**hangs up**, turns to Hogenson) Excuse me, where were we?
HOGENSON	(beginning to weep) I'm **on a fixed income**. If you can't help me, I don't know what I'll do!

Bob stares at her, empathizing completely. He stands up and leans out of his cubicle, looks down the hallway in both directions, makes sure **the coast is clear**[1].

---

amiably 상냥하게, 친절하게
bathe (몸을) 씻다, 목욕하다
ranch-style 목장 형식의
haphazardly 되는 대로의, 무턱대고
momentous 중대한
policy 정책, 방침, 보험 증권/증서
hang up 전화를 끊다
on a fixed income 고정 수입으로 살아가는

❶ **The coast is clear.**
주변에 아무도 없다.
이 표현을 직역하면 '해안이 깨끗하다'입니다.
이 표현은 해안에 적군이나 배가 없으니
안전하게 작전을 실행해도 된다는 전쟁
용어에서 유래했습니다. 교실에서 선생님
몰래 간식을 먹을 때도 '들킬 위험이 없어,
안전해'라고 말할 수 있겠죠.

삽입: 파의 집 안에 있는 헬렌 – 주방 – 같은 시간
헬렌 파가 통풍이 잘되는 목장 스타일 주방에 있는 싱크대 위에서 행복한 아기 잭잭을 목욕시키며 온화하게 말하고 있다.

계속:
그녀의 헤어스타일이 변했고 그녀의 엉덩이는 조금 더 펑퍼짐해졌지만 엄마의 역할을 잘 감당하고 있다. 그렇지만 그 이외에는 그녀의 엘라스티걸 시절과 크게 변한 것은 없다. 이사용 박스들이 문 주위로 여기저기 쌓여있다.

헬렌 아주 특별한 날을 기념하려고 전화했어요. 우리 비로소 공식적으로 이사했어요.

밥 장면 삽입

밥 아주 잘됐네요, 여보. 그런데 왜 지난 3년간은 공식적으로 이사 온 걸로 안 치는 건지…

헬렌 왜냐하면 제가 이제야 마침내 마지막 박스를 풀었거든요. 이제 공식적으로 이사 들어온 거예요. 정말 왜 이리 쓸데없는 물건이 많은 거죠?

밥 여보, 있잖아요, 나 지금 고객님 상대 중인데–

헬렌 이만 끊어요, 여보. 천천히 한 번에 한 건씩 하면서 세상을 구해요. 난 아이들 데리러 학교에 다녀올게요. 이따가 밤에 봐요.

밥 이따 봐요, 여보. (전화를 끊고, 호겐슨에게 돌아서며) 죄송해요. 우리 어디까지 이야기했었죠?

호겐슨 (훌쩍이며) 전 고정 수입 외에는 달리 수입원이 없어요. 선생님이 날 도와주지 못하면, 난 어찌해야 할지 정말 모르겠어요!

밥이 완전히 공감하는 눈빛으로 그녀를 바라본다. 그가 일어서더니 그의 사무공간 밖으로 몸을 내밀어서 복도의 양방향을 살피며 아무도 없는지 확인한다.

BOB   Alright. Listen closely. I'd like to help you, but I can't.

He hands her a pen and a **pad** of paper. He leans closer, his voice low...

BOB   I'd like to tell you to take a copy of your policy to Norma Wilcox on the–

CONTINUED:
He stops and looks up. She's staring at him **blankly**, completely **puzzled**. Bob reaches over and **taps** her pad. Suddenly understanding, she begins to **scribble**...

BOB   –Norma Wilcox, W-I-L-C-O-X on the third floor. But I can't. I would **advise against** asking her for a WS-2475 form, which you should not **fill out** and file with a man named Oliver Jenkins in our legal department on the seventh floor. I wouldn't expect someone to get back to you quickly to **resolve the matter**. I'd like to help. (He gives her a little smile) But there's nothing I can do.

HOGENSON   Oh... thank y–

BOB   (**interrupting** loudly) I'm sorry, Ma'am. I know you're upset. (low whisper) **Pretend** you're upset.

Understanding, she smiles, stands up, and EXITS weeping. Bob grins; he's **beaten the system**. The old lady is gone for a total of six seconds when Bob's supervisor GILBERT HUPH enters. Huph, an **anal**, **micromanaging** little **troll** with a loud voice, throws a folder on Bob's desk.

밥 알겠어요. 제 말 잘 들으세요. 저도 도와드리고 싶지만 그럴 수가 없네요.

그가 그녀에게 펜과 종이 묶음을 건넨다. 그녀에게 더 가까이 다가가서, 그의 목소리를 낮추며…

밥 이 보험증권을 가지고 노르마 윌콕스 씨에게 가져가시라고 말씀드리고 싶네요–

계속:
그가 잠시 멈추고 고개를 든다. 그녀가 멍하게 그를 바라본다. 완전히 혼란스러워하며, 밥이 손을 뻗어서 그녀의 종이 묶음을 톡톡 친다. 순간 그녀가 알아차리고 종이에 쓰기 시작한다.

밥 –노르마 윌콕스, 3층에 있는 W-I-L-C-O-X. 하지만 전 할 수 없어요. 전 그녀에게 WS-2475 양식을 요청하는 것을 권하지 않아요. 그리고 그 안에 내용을 채워 넣고 그 이후 7층에 있는 법무부서에서 일하는 올리버 젠킨스라는 남자에게 주라고 조언해 드리고 싶지 않고요. 아마 그렇게 되면 이 문제를 해결하기 위해서 누군가가 당신에게 연락할 것 같지 않고요. 전 돕고 싶어요. (그가 그녀에게 작은 미소를 짓는다) 하지만 제가 할 수 있는 게 아무것도 없네요.

호겐슨 오… 감사합–

밥 (큰 목소리로 가로막으며) 죄송해요, 부인. 화가 나신 건 알아요. (작게 속삭이며) 속상한 척하세요.

이해가 된 그녀는 미소를 지으며 일어서고, 울며 나간다. 밥이 씩 웃는다; 그가 체제를 무너뜨렸다. 노부인이 나간 지 6초 만에 밥의 관리자 길버트 허프가 들어온다. 지나치게 꼼꼼하고 사소한 일까지 다 챙기는 키가 매우 작은 허프가 큰 목소리와 함께 등장해 밥의 책상에 폴더를 던진다.

---

pad 편지지/도화지/메모지 등의 묶음

blankly 멍하니, 우두커니

puzzled 어리둥절해 하는, 얼떨떨한

tap (가볍게) 톡톡 두드리다/치다

scribble 갈겨쓰다, 휘갈기다

advise against ~에 반대하다

fill out (양식, 서식)을 작성하다

resolve the matter 문제를 해결하다

interrupt 방해하다, 중단시키다

pretend ~인 척하다

beat the system 기존의 체계/규정을 교묘하게 벗어나서 원하는 것을 얻다

anal 항문의, 지나치게 꼼꼼한

micromanage 세세한 점까지 관리하다

troll (스칸디나비아 신화) 트롤/난쟁이

Dash, an Incredibly Competitive Boy

경쟁심이 넘치는 소년, 대쉬

🎧 05.mp3

| HUPH | Parr! You **authorized** payment on the Walker policy?? | 허프 팩 자네가 워커 약정에 보험금을 지급하기로 승인했나?? |

BOB Someone **broke into their house**, Mr. Huph. Their policy clearly **covers** them **against**–

밥 그 집에 도둑이 들었다고 하더라고요. 허프 씨, 그들의 약정에 분명히 그 조항이 들어–

HUPH (interrupting) I don't want to know about their **coverage**, Bob! Don't tell me about their coverage! Tell me how you're keeping Insuricare **in the black**! Tell me how that's possible with you writing checks to **every Harry Hardluck and Sally Sobstory**[1] that gives you a phone call!!

허프 (중단하며) 난 그들의 보험적용 범위에 대해서 알고 싶은 게 아냐, 밥! 내게 그들의 보험적용 범위에 대해서 말하지 매! 어떻게 인슈리케어가 흑자를 낼 수 있는지를 말해봐! 집안 형편이 어렵다고 징징대면서 전화하는 인간들 모두에게 네가 보험금을 지급해버리면 도대체 어떻게 이 회사가 흑자를 낼 수 있는지는 말해보라고!!

Huph leaves. Bob stands there **impotently**, then sits. Knocking his pencil holder over.

허프가 나간다. 밥이 잠시 무력하게 그 자리에 서 있다가 다시 앉는다. 그의 연필꽂이가 넘어진다.

CONTINUED: PRINCIPAL'S OFFICE – ADAMS SCHOOL – DAY
Helen ENTERS, and sees her son DASH (age 10, blonde hair) sitting **hunched** in a chair. Before him are two men, Dash's teacher BERNIE KROPP– balding, tense, and looking older than his 36 years, and the school's **PRINCIPAL**.

계속: 교장실 – 애덤스 학교 – 낮
헬렌이 들어와 그녀의 아들 대쉬(10살, 금발)가 등을 구부리고 의자에 앉아있는 모습을 본다. 그의 앞에 두 명의 남자가 있는데, 한 명은 머리가 빠지고, 신경이 날카롭고, 원래 나이가 36세지만 더 늙어 보이는 대쉬의 담임선생님 버니 크롭이고 다른 한 명은 학교 교장 선생님이다.

PRINCIPAL I appreciate you coming down here so quickly, Mrs. Parr.

교장 이렇게 빨리 와 주셔서 감사합니다. 파 부인.

Helen enters and takes a seat. Dash stares at the floor.

헬렌이 들어와서 자리에 앉는다. 대쉬가 바닥을 응시하고 있다.

HELEN What's this about? Has Dash done something wrong?

헬렌 무슨 일이죠? 대쉬가 뭔가 잘못했나요?

---

authorize 인가하다, 권한을 부여하다
break into someone's house 가택침입을 하다
cover against (보험회사가) ~에 대해 보상하다
coverage 커버리지, 보험 지급 대상 범위
in the black 흑자로
impotently 무력하게, 허약하게
hunched 등을 구부린, 웅크린
principal (학교의) 교장, 학장, 총장

❶ Every Tom, Dick, and Harry
개나 소나 말이나 아무나 다
위의 대본에서는 Mr. Huph가 '집안 형편이 어렵다고 징징대면서 전화하는 인간들 모두'라는 의미로 every Harry Hardluck and Sally Sobstory 라고 표현을 했는데, 이 표현은 원래 우리말 속어 중 '개나 소나 말이나 아무나 다'라는 의미와 흡사한 every Tom, Dick, and Harry 라는 영어표현을 상황에 맞게 각색했답니다.

KROPP   He's a **disruptive influence**. And he **openly mocks** me in front of the class.

DASH   He says.

KROPP   I know it's you!! (to Helen) He puts **thumbtacks** on my **stool**!

HELEN   You saw him do this?

KROPP   Well... not r– no, actually not.

HELEN   Then how do you know it was him?

KROPP   I hid a camera. This time I've got him!

Kropp **slips** a DISC out of his jacket and into a machine **hooked up to** a TV monitor. Dash REACTS; he didn't expect this. Helen sees this, **shoots Dash a sharp LOOK**.
IN THE VIDEO: Kropp approaches his stool and sits. Suddenly he JUMPS UP in pain. The students LAUGH. Kropp **whirls** to the adults in the room **expectantly**.

KROPP   See?? (gets no response) What, you don't see it?

[CONTINUED]
He is met with BLANK STARES. With an **exasperated** sound, Kropp REPLAYS the video, PAUSING IT, and pointing to a **still-seated** Dash.

KROPP   He moves!! Right THERE! Right as I'm sitting down! I don't know how he does it-

Kropp **forwards** and **rewinds**; back and forth. Though Dash's image does "pop" a bit, he remains clearly in his seat.

KROPP   –but there's no tack on my stool before he moves and after he moves there's a tack! **Coincidence?** I think NOT!!

크롭   대쉬가 다른 학생들에게 안 좋은 영향을 미치네요. 학급 앞에서 대놓고 나를 놀리기까지 한다고요.

대쉬   선생님 생각이 그런 거죠.

크롭   네가 한 짓이란 거 다 알아! (헬렌에게) 얘가 내 의자에 압정을 놓았다고요!

헬렌   얘가 그러는 걸 직접 보셨나요?

크롭   흠... 꼭 그런 것은– 아니고, 실제로 보진 못했고요.

헬렌   그렇다면 어떻게 얘가 그랬다는 것을 알 수 있죠?

크롭   제가 몰래카메라를 설치했어요. 이번엔 딱 잡았다고요.

크롭이 자신의 외투에서 디스크 한 장을 꺼내서 TV 모니터와 연결되어 있는 기계에 넣는다. 대쉬가 반응을 보인다: 이건 그가 예상하지 못했던 일이다. 헬렌이 대쉬의 반응을 보고 그를 예리한 눈초리로 쳐다본다.
동영상 장면: 크롭이 그의 의자에 다가가서 앉는다. 갑자기 그가 고통스러워하며 뛰어오른다. 학생들이 웃는다. 크롭이 기대에 찬 표정으로 교장실 안에 있는 어른들에게로 돌아선다.

크롭   봤죠?? (아무도 반응이 없다) 뭐예요, 저게 안 보여요?

(계속)
다들 멍하게 그를 빤히 보고 있다. 몹시 화가 난 소리와 함께 크롭이 동영상을 재생하다가 잠시 멈춤 버튼을 누르고 미동도 없이 가만히 앉아있는 대쉬를 가리킨다.

크롭   그가 움직이잖아요!! 바로 저기! 내가 앉는 바로 그 순간 그가 도대체 어떻게 하는 건진 모르겠지만–

크롭이 앞으로 돌리다가 다시 뒤로 돌린다: 여러 번 반복적으로, 대쉬의 모습이 아주 잠깐씩 비춰긴 하지만 그는 분명히 자기 자리에 앉아있는 상태다.

크롭   –대쉬가 움직이기 전에는 내 의자에 압정이 없었는데 그가 움직이니까 압정이 있었잖아요! 그게 과연 우연의 일치일까요? 절대 그럴 리가 없죠!!

---

disruptive influence 지장을 주는 사람/것

openly 공공연하게, 터놓고, 드러내놓고

mock (흉내를 내며) 놀리다/조롱하다

thumbtack 압정

stool (등받이와 팔걸이가 없는) 의자, 스툴

slip 넘어질 뻔하다, 미끄러지다

hook up to ~에 접속하다, 연결하다

shoot 사격하다, 발사하다, 던지다

a sharp look 예리한 눈초리

whirl 빙글 돌다, (마음, 생각 등이) 혼란스럽다

expectantly 예기하여, 기대하여

exasperate 몹시 화나게/짜증 나게 하다

still-seated 미동도 하지 않고 가만히 앉아있는

forward (영상, 오디오 재생기를) 앞으로 돌리다

rewind (영상, 오디오 재생기를) 되감다

coincidence 우연의 일치

Helen **jerks** her head toward Kropp, gives the Principal a "you see he's crazy, don't you?" look. He turns to Kropp–

헬렌이 크롭을 향해 고개를 홱 움직여, 교장 선생님을 향해 "이 사람 미친 거 아시죠, 그죠?"라는 의미의 눈빛을 보낸다. 그가 크롭에게로 돌아선다 –

PRINCIPAL   Bernie...

교장 버니…

KROPP   Don't "Bernie" me! This little rat is guilty!!

크롭 "버니"라고 부르지 말아요! 저 쥐새끼 같은 놈이 범인이라고요!!

PRINCIPAL   (to Helen) You and your son can go now, Mrs. Parr. I'm sorry for the trouble...

교장 (헬렌에게) 파 부인, 아드님 데리고 나가셔도 됩니다. 괜히 번거롭게 해드려 죄송합니다…

Helen gives the Principal a thin smile and **hustles** Dash from the room, leaving Kropp **apoplectic**.

헬렌이 교장 선생님을 향해 희미한 미소를 보이고 대쉬와 함께 재빨리 방을 나오는데, 크롭은 미치기 일보 직전이다.

KROPP   You're letting him go AGAIN? He's GUILTY! You can see it on his **smug** little face!!! Guilty guilty GUILTY!! NOOOOO!

크롭 또 저놈을 그냥 보내주는 거예요? 쟤가 범인이라고요! 의기양양한 저 녀석의 표정만 봐도 알 수 있잖아요!!! 저 녀석 소행이라니까요, 유죄예요, 유죄!! 안 돼요!

INSIDE HELEN'S CAR – MOVING
Dash stares out the window in angry silence, watching the trees go by. Helen looks at him and softens.

헬렌의 자동차 안 – 이동 중
대쉬가 화난 얼굴로 말없이 창밖으로 지나가는 나무들을 보고 있다. 헬렌이 그를 보며 부드럽게 애기한다.

바로 이장면!*

HELEN   Dash. This is the third time this year you've been sent to the office. You need to find a better **outlet**. A more **constructive** outlet.

헬렌 대쉬. 교장실에 불려간 게 올해 벌써 세 번째네. 넌 에너지를 발산할 더 좋은 방법을 찾을 필요가 있어. 좀 더 건설적인 배출구 말이야.

DASH   Maybe I could. If you'd let me go out for sports.

대쉬 어쩌면 그럴 수도 있겠죠. 엄마가 나를 스포츠 팀에 들어가게 해준다면 말이죠.

HELEN   Honey. You know why we can't do that.

헬렌 얘야. 그게 안 되는 이유는 너도 알잖니.

DASH   But I promise I'll **slow up**! I'll only be the best by a little bit...

대쉬 조금 천천히 하겠다고 약속할게요! 아주 조금 차이로만 최고가 될 거라고요…

HELEN   Dashiell Robert Parr, you are an incredibly competitive boy. And a bit of a **show-off**. **The last thing you need is temptation.**[1]

헬렌 대쉬엘 로버트 파, 넌 경쟁심이 넘치는 아이야. 게다가 잘난 척도 조금 하잖니. 너에겐 유혹이 가장 경계할 대상이야.

---

jerk (갑자기 날카롭게) 홱 움직이다
hustle (거칠게) 떠밀다/밀치다, 재촉하다
apoplectic (화가 나서) 졸도할 지경인
smug 의기양양한, 우쭐해 하는
outlet (감정, 생각) 발산/배출 수단, 할인점
constructive 건설적인
slow up 속도를 늦추다 (=slow down)
show-off 과시욕이 있는 사람

❶ The last thing you need is temptation.
네게 가장 필요 없는 것이 유혹이다.
가장 바람직하지 않은 것, 좋지 않은 것, 불필요한 것 등을 표현할 때 주어구를 〈The last thing + 주어 + 동사〉 형식으로 표현해서 쓴답니다. 예를 들어, The last thing I want is a book. '내가 가장 원치 않는 것이 책이야' 이렇게 말이에요.

DASH	You always say, "Do your best," but you don't really mean it. Why can't I do the best that I can do?
HELEN	Right now, honey, the world just wants us to fit in. And to fit in we must be like everyone else.
DASH	But Dad always said our powers **were nothing to be ashamed of,**❶ our powers made us special.
HELEN	(**wearily**) Everyone's special, Dash...
DASH	Which is another way of saying no one is.

대쉬 엄만 항상 그러시죠, "최선을 다해라"라고, 하지만 그건 진심이 아니에요. 난 왜 내가 할 수 있는 만큼 최선을 다하면 안 되는 거죠?

헬렌 지금은 말이지, 아들아, 세상은 우리가 그냥 그들과 어울리기만을 바란다. 그리고 어울리려면 우린 다른 사람들과 똑같아져야 해.

대쉬 하지만 아빠는 항상 우리의 초능력은 부끄러워할 게 아니라고, 우리의 초능력이 우리를 특별하게 만든 거라고 하셨어요.

헬렌 (피곤해하며) 사람들은 모두가 다 특별하단다, 대쉬…

대쉬 그 얘기는 결국 아무도 특별하지 않다는 뜻이네요.

EXT. WESTERN VIEW JUNIOR HIGH – DAY
Shy, **insecure** VIOLET PARR (14) waits nervously behind a **hedge** near the front entrance. The bell SOUNDS, signaling the end of the school day. Violet turns toward the door––as it swings open, and out steps TONY RYDINGER, handsome, confident and **crush-worthy**. He pauses and is immediately surrounded by friends. As Tony **descends** the steps with his pals, tossing cool nods at **flirty** girls, he passes by Violet, who peers at him over the top of some bushes. He stops, aware of being watched, and looks back– SHE'S NOT THERE.

ANOTHER ANGLE from the other side of the bush REVEALS: Violet's clothes hang in mid-air –WITH NO HEAD.

Tony looks directly at the empty space where Violet's head should be and, seeing nothing, gives up and walks away. Violet's head REAPPEARS... blushing. She touches her burning cheeks.

VIOLET He looked at me...!

A car horn HONKS offscreen. Violet hustles across the **expansive** lawn, through **the sea of** boys and girls together, to her mother's waiting station wagon.

외부, 웨스턴뷰 중학교 – 낮
수줍고 자신이 없는 바이올렛 패(14살)가 정문 근처의 울타리 뒤에서 초조하게 기다린다. 학교 수업이 모두 끝났음을 알리는 종이 울린다. 바이올렛이 문 쪽으로 몸을 돌린다—문이 활짝 열리면서 잘생기고, 자신감 넘치고, 여자아이들이 모두 반할만한 토니 라이딩저가 나온다. 그가 잠시 멈추자 순식간에 그의 주변에 친구들이 모여든다. 토니가 친구들과 함께 적극적으로 호감을 표현하는 여자아이들에게 가볍게 인사를 해주며 계단을 내려온다. 그가 나무 덤불 뒤에 숨어서 덤불 위로 그의 모습을 열심히 바라보는 바이올렛 옆을 지난다. 누군가 그를 쳐다보고 있다는 것을 느낀 그가 멈추어 서서 뒤를 돌아보는데—그녀는 거기에 없다.

덤불의 반대쪽 모습이 드러난다: 바이올렛의 옷이 공중에 걸려있는데 – 머리가 없다.
토니가 원래 바이올렛의 머리가 있어야 할 그 빈 곳을 똑바로 쳐다보는데 아무것도 보이지 않자 포기하고 다른 곳으로 간다. 바이올렛의 머리가 다시 나타난다… 얼굴이 빨개졌다. 그녀가 붉게 타오르는 자신의 양 볼을 만진다.

바이올렛 그가 나를 봤어…!

화면 밖에서 자동차 경적이 울린다. 바이올렛이 남자아이들과 여자아이들이 모여있는 넓은 잔디밭을 황급히 지나서 엄마가 기다리고 있는 스테이션 왜건으로 간다.

wearily 지쳐서, 녹초가 되어
insecure 자신이 없는, 불안정한
hedge 울타리
crush-worthy 한눈에 반할만한
descend 내려오다/가다, 하강하다
flirty 추파를 던지는, 끼 부리는
expansive 탁 트인, 넓은, 광활한
the sea of 무수한, 바다처럼 광활하게 펼쳐진

❶ **be동사 + nothing to be ashamed of** ~은 전혀 부끄럽게 여길 일이 아니다.
자신에 대해서 자신 없어 하는 사람에게 격려해주고 조언해 줄 때 자주 쓰는 표현이에요. 부끄럽게/창피하게 여길 일이 아니라 자부심을 가지라는 뜻이지요. 예를 들자면, 실수를 한 학생에게 Mistakes are nothing to be ashamed of. '실수는 전혀 창피한 게 아니야' 이렇게 쓴답니다.

Naughty Dash
개구쟁이 대쉬

🎧 06.mp3

EXT. MALANGO FREEWAY – LATE AFTERNOON
Cars stretch off into **infinity**, idling and **immobile**. It's the traffic jam from hell, and right in the middle of it, squeezed into a **scruffy** car many sizes too small, sits Bob, trying not to be angry.

EXT. PARR HOME – LATER
A pleasant, **unexceptional** home in a neighborhood full of pleasant, unexceptional homes. Bob's car pulls into the driveway, the engine **sputtering** a long time before finally expiring with a tired gasp. Bob steps out and SLIPS on a skateboard left in the driveway. He falls backward, grabbing the roof of the car to steady himself. He pushes the skateboard away, muttering darkly, and notices that he's **inadvertently** crumpled the roof with his Super-grip.

BOB　　Ohhh, great.

He decides to let it go, pushes the door closed. It won't go. He tries again, a little harder this time. No go. He SLAMS the door closed, shattering the window. **Bob LOSES IT.**❶ He seizes the car, lifting it overhead as if readying to fling it over the far horizon and STOPS––a five-year-old neighbor kid on a Big Wheel tricycle, RUSTY MCALLISTER, stares on **in** SHOCK and **AWE**. Frozen with the car overhead, Bob stares back... then sets his car down on the driveway and eases into his house as if nothing had happened.

INT. PARR DINING ROOM – NIGHT
Helen spoons baby food into the mouth of JACK-JACK (with all the facial "English" known to parents), most of which Jack-Jack squeezes back out onto his chin... where it is **adeptly** caught on Helen's spoon and reintroduced into the baby's mouth.

외부. 말랑고 고속도로 – 늦은 오후
차들이 움직이지도 않고 하릴없이 끝도 없이 늘어서 있다. 그야말로 교통지옥이 따로 없는데, 그 지옥의 정 중앙에 볼품없고 너무나도 작은 차 안에 겨우 비집고 들어가서 밥이 앉아있다. 화를 억누르려고 애쓰며.

외부. 파의 집 – 나중에
쾌적하고 지극히 평범한 집들로 가득한 동네에 쾌적하고 지극히 평범한 집이다. 밥의 차가 차고 앞으로 들어와 서자 엔진이 한참 동안 털털대다가 지쳐서 헉하고 숨을 멎듯이 멈춘다. 밥이 차에서 나와 차고 진입로에 놓여있는 스케이트보드를 밟고 미끄러진다. 뒤로 나자빠지면서 넘어지지 않으려고 차의 지붕을 잡는다. 스케이트보드를 밀쳐버리고 구시렁대며 투덜거리는데 자신도 모르게 힘을 너무 줘서 차의 지붕을 푸그러뜨려 버렸다는 것을 알아차린다.

밥　오오, 잘했군.

그냥 손을 놓기로 마음먹고 문을 닫으려고 민다. 차가 손에서 떨어지지 않는다. 다시 한번 시도한다. 이번엔 조금 더 세게. 그래도 소용이 없다. 그가 문을 거세게 쾅 하고 닫자 창문이 산산조각이 난다. 밥이 이성을 잃는다. 그가 차를 잡고 마치 저 멀리 수평선 너머로 던지기라도 할 듯이 머리 위로 들어 올리다가 멈춘다 – 바퀴가 큰 세 바퀴 자전거를 탄 옆집 5살 꼬마, 러스티 맥알리스터가 충격과 경외감에 가득 찬 눈빛으로 그 광경을 바라본다. 머리 위에 차를 든 채로 얼어붙은 밥 역시 그를 바라보는데… 그리고는 차를 진입로에 다시 내려놓고 마치 아무 일도 없었다는 듯이 유유히 집으로 들어간다.

내부. 파의 집 식당 – 밤
헬렌이 스푼으로 잭잭의 입에 이유식을 넣어주는데 ('영미권' 부모들이 모두 알고 있는 표정) 먹은 것의 대부분이 그의 볼로 흐르고… 능숙한 헬렌의 스푼에 다시 음식들이 들어오고 아기의 입으로 다시 먹인다.

---

infinity 영원
immobile 움직이지 않는
scruffy 꾀죄죄한, 지저분한
unexceptional 별스럽지 않은, 평범한
sputter (엔진 등이) 펑펑(털털)거리는 소리를 내다
inadvertently 무심코, 우연히, 부주의하게
in awe ~을 경외하여/두려워하여
adeptly 숙련되게, 뛰어나게

❶ **Bob loses it.**
밥이 뚜껑이 열린다.
매우 화가 나는 상황에 머리에서 뚜껑이 열린다고 하죠. 이 문장에서 it은 temper (성질, 기분)을 가리키는데 즉 '이성을 잃고 화를 낸다'는 의미입니다. 더 구체적으로 화내는 주체를 넣어 lose one's temper라고 표현할 수 있습니다.

DASH	Mom, you're **making weird faces**❶ again.	대쉬 엄마, 또 이상한 표정을 짓고 있어요.
HELEN	(spoons, makes a weird face) No, I'm not...	헬렌 (스푼으로 먹이며, 이상한 표정을 지으며) 나 안 그랬는데…
BOB	You make weird faces, honey.	밥 여보, 당신 이상한 표정 지어요.
HELEN	(notices Bob's newspaper) Do you have to read at the table?	헬렌 (밥이 신문을 들고 있는 것을 눈치챈다) 당신 꼭 식탁에서 신문을 읽어야 해요?
BOB	Uh huh. Yeah.	밥 음흠. 그렇죠.

Helen **SIGHS**. She turns her attention to Dash, who is wrestling with an **uncut slab** of steak.

헬렌이 한숨을 쉰다. 그녀는 다시 잘리지 않는 스테이크 한 조각을 자르려고 사투를 벌이고 있는 대쉬에게 주목한다.

HELEN	Smaller **bites**, Dash! Bob, could you help the **carnivore** cut his meat?	헬렌 작게 썰어서 먹으라고, 대쉬. 밥, 우리 육식이 아들이 고기를 좀 잘라 먹을 수 있게 도와줄래요?

Bob SIGHS, puts down the paper, grabs a knife and fork, reaches over to Dash's **plate**, and begins to cut his meat.

밥이 한숨을 쉬며, 신문을 내려놓고, 칼과 포크를 집어 든 후, 대쉬의 접시 쪽으로 손을 뻗어, 그의 고기를 자르기 시작한다.

HELEN	Dash? You have something you want to tell your father about school?	헬렌 대쉬? 학교에서 있었던 일에 대해서 아버지한테 할 말이 있지 않니?
DASH	Uh... well, we **dissected** a frog...?	대쉬 어… 음, 개구리 해부한 얘기요…?
HELEN	Dash got sent to the office again.	헬렌 대쉬가 또 교무실에 불려갔어요.
BOB	(cutting, not listening) Good... good...	밥 (고기를 자른다, 듣고 있지 않다) 잘됐네… 잘됐어…
HELEN	No Bob, that's bad.	헬렌 아니에요, 밥. 그건 나쁜 거예요.
BOB	What?	밥 뭐라고 했죠?
HELEN	Dash got sent to the office again.	헬렌 대쉬가 또 교무실에 불려갔다고요.

---

sigh 한숨을 쉬다, 한숨짓다
uncut 자르지 않은, 무삭제의
slab (두껍고 반듯한) 조각, 판
bite (이빨로) 베어 물다, 물기, 무는 행위
carnivore 육식 동물
plate (보통 둥그런) 접시, 그릇
dissect 해부하다, 절개하다

❶ **Make a weird face**
이상한/기괴한 표정을 짓다.
make a face는 '얼굴을 만들다'라는 의미가 아니라, '(무엇이 마음에 안 들어서 혹은 웃기려고) 얼굴을 찌푸리다/일그러뜨리다'라는 의미의 관용표현이에요. 그런데, 그 안에 형용사 weird를 넣어주면 '이상한/기괴한 표정을 짓다'라는 의미가 된답니다.

（ Disney · PIXAR ）

바로 이 장면!

BOB	What for?[1]	밥 무엇 때문에?
DASH	Nothing.	대쉬 아무 일도 아니에요.
HELEN	He put a **tack** on the teacher's chair. During class.	헬렌 선생님 의자에 압정을 올려놓았다는 군요. 수업 시간에.
DASH	Nobody saw me. You could **barely** see it on the tape.	대쉬 아무도 못 봤어요. 동영상에서도 거의 안 보였다고요.
BOB	They caught you on tape and you still **got away with** it? Whoa... you must've been **booking**! How fast do you think you were–	밥 그들이 영상을 확보했는데도 안 걸렸다는 거야? 우와… 네가 진짜 빨랐나 보구나! 도대체 얼마나 빨리할 수 있었던 거니–
HELEN	Bob, we are not encouraging this–	헬렌 밥, 이런 건 격려할 일이 아닌 것 같은데요–
BOB	I'm not encouraging, I'm just asking how fast he was–	밥 격려하는 게 아니라, 그냥 얼마나 빨리 했는지 물어보는 것 뿐이에요–
HELEN	Honey!!	헬렌 여보!!

A loud **CRACK** is heard. Bob stops cutting; realizing that he's **sawed** right through the table with his **dinner knife**.

뭔가 우지끈하며 갈라지는 소리가 크게 들린다: 밥이 고기를 자르던 일을 멈춘다: 그가 식사용 칼로 식탁까지 썰어버렸다는 것을 깨닫는다.

BOB	Oh, great. First the car and now I gotta pay to fix the table–	밥 오, 이런. 차까지 부수더니 이젠 식탁 수리비용까지 들겠군–
HELEN	The car? What happened to the car?	헬렌 차요? 차가 어떻게 됐는데요?

Bob rises, gives Dash his plate of food and EXITS into the kitchen.

밥이 일어나서, 대쉬에게 자기 접시를 주고 주방을 나온다.

BOB	I'm getting a new plate.	밥 접시 새 걸로 다시 가져올게요.
HELEN	(to Vi, **forced** cheerful) What about you, Vi? How was school?	헬렌 (바이올렛에게, 억지스럽게 즐거운 표정으로) 넌 어땠니, 바이? 학교 어땠어?

---

tack 압정, 압정으로 고정하다
barely 간신히, 빠듯하게, 가까스로
get away with (벌 따위를) 교묘히 모면하다
book 〈속어〉 빨리 뛰다, 질주하다
crack 갈라지다, 깨지다, (갈라져 생긴) 금
saw 썰다, 톱질하다, 톱
dinner knife (식사의) 메인 코스용 나이프
forced 강제적인, 강요된

❶ What for?
무엇 때문에?
상대방에게 '왜 그런 행동을 하느냐?'라고 물을 때, 같은 의미로 '무엇 때문에 그런 행동을 하느냐?'라고 물을 때도 있듯이, Why? 를 대체해서 What for? 를 활용할 수도 있습니다. 때로로 단어의 순서를 바꿔서 For what? 이라고 쓰는 경우도 있어요. 물론, 의미는 둘 다 같지요.

VIOLET	(shrugs) Nothing to report.	바이올렛 (어깨를 움츠리며) 보고할 게 없네요.
HELEN	You've hardly touched your food.	헬렌 음식을 거의 건드리지도 않았구나.
VIOLET	**I'm not hungry for meatloaf.**❶	바이올렛 난 미트로프는 당기지 않아요.
HELEN	Well, it is leftover night. We have steak, pasta– what are you hungry for?	헬렌 흠, 오늘 저녁은 남은 음식 먹는 날이야. 스테이크도 있고 파스타도 있는데 – 뭐가 당기니?
DASH	Tony Rydinger...	대쉬 토니 라이딘저…
VIOLET	Shut up!	바이올렛 입 다물어!
DASH	Well, you are!	대쉬 에, 맞잖아!
VIOLET	I said SHUT UP, you little insect!	바이올렛 닥치라고 했다. 이 벌레 같은 녀석아!
DASH	Well, she is!	대쉬 글쎄, 정말이라니까요!
HELEN	Do NOT shout at the table! (to Bob) Honey–?	헬렌 식탁에서 소리치지 마! (밥에게) 여보 –?
BOB (O.S.)	(disinterested) Kids, listen to your mother.	밥 (화면 밖) (관심 없는 투로) 얘들아, 엄마 말씀 들어라.

Dash and Violet swap GLARES. All resume eating. Then–

대쉬와 바이올렛이 서로 노려본다. 모두가 다시 식사를 재개한다. 그리고는 –

| DASH | She'd eat if we were having Tonyloaf. | 대쉬 토니로프 먹는 거였으면 누나도 먹었을 거예요. |
| VIOLET | THAT'S IT–!! | 바이올렛 더 이상은 못 참아–!! |

Violet **LUNGES** across the table, **VANISHING** (save for her clothes). They wrestle. Dash escapes, racing around the table in a **BLUR**, SLAPPING at the back of Vi's head before crashing into a **FORCE FIELD** she throws in his path.

바이올렛이 식탁 반대편으로 돌진한다. 사라진다 (그녀의 옷을 제외하고). 그들이 레슬링을 한다. 대쉬가 출행랑을 치는데 흐릿하게 보일 정도로 빠른 속도로 식탁 주위를 돌다가 바이의 뒤통수를 찰싹 때리다가 그녀가 쏜 포스필드에 충돌한다.

| DASH | OW!! No force fields!! | 대쉬 아위! 포스필드는 반칙이야!! |

---

shrug (어깨를) 으쓱하다
meatloaf (곱게 다진 고기, 양파 등을 섞어 오븐에 구운 것) 미트로프
disinterested 사심이 없는, 객관적인, 담담한
lunge 달려들다/돌진하다
vanish 사라지다, 없어지다
blur 흐릿한 형체, 흐릿해지다
force field 힘의 장, 자기장 (눈에 보이지 않는 힘이 작용하는 구역)

❶ **I'm not hungry for meatloaf.**
전 미트로프가 당기지 않아요.
not hungry for는 특정한 음식이 별로 당기지 않는다고 할 때 쓰는 표현이에요. 반대로 not을 빼고 hungry for라고 하면 '~에 구미가 당기는, ~에 굶주린, ~을 갈망하는'과 같은 의미가 된답니다. 예를 들어, I'm hungry for seafood. '난 해산물이 먹고 싶어' 이렇게요.

VIOLET   You started it!!❶

HELEN   Stop it! Dash! Violet!

Helen's arms **STRETCH** across the table as she **struggles** to **keep** the KIDS **apart**. Jack-Jack LAUGHS, loving the **chaos**.

바이올렛 싸움을 먼저 건 건 너야!!

헬렌 그만해! 대쉬! 바이올렛!

헬렌의 팔들이 식탁을 가로질러 죽 늘어지면서 두 아이를 갈라놓으려고 애쓴다. 잭잭이 난장판 된 것을 재미있어하며 웃는다.

---

stretch 뻗다, 늘이다

struggle 투쟁하다, 힘겹게 나아가다

keep ~ apart ~을 떼어두다

chaos 혼돈, 혼란

❶ **You started it!**
네가 먼저 싸움을 걸었잖아!
다투는 상황에서 관용적으로 많이 쓰이는
표현이에요. 상대방에게 난 가만히 있었는데
네가 먼저 시비를 걸지 않느냐고 따지는
거예요. 자녀들이 싸우다가 부모한테 꾸지람을
들을 때, He/she started it! '얘가 먼저
시작했어요!' 이렇게 말하기도 한답니다.

THE INCREDIBLES

Being Normal
정상으로 산다는 것

🎧 07.mp3

INSIDE THE KITCHEN
Oblivious to the **melee**, Bob gets a new plate from the cupboard, still **perusing** the newspaper. The headline reads: "PALADINO MISSING". With it is a photo of a lean, striking man, early forties, sporting **wraparound** sunglasses and a full head of blonde hair.

주방 안
난장판을 감지하지 못하고, 밥이 찬장에서 새 접시를 가져와서 여전히 신문을 읽고 있다. 헤드라인에 '팔라디노 실종'이라고 쓰여있다. 헤드라인과 함께 호리호리하고 매력적인 40대 초반의 남성이 멋진 금발에 선글라스를 두르고 있다.

BOB (V.O., READING) Simon J. Paladino, long an outspoken **advocate** of Superhero rights, is missing. (mutters to himself) Gazerbeam...?

밥 (목소리만, 읽으며) 사이먼 제이 팔라디노, 오랫동안 거침없고 노골적으로 표현해왔던 슈퍼히어로의 권리에 대한 지지자가 실종됐다. (혼자 중얼거린다) 게이저빔…?

HELEN (O.S.) Bob?? It's time to engage!! Do something!

헬렌 (화면 밖) 밥?? 당신이 관여할 때가 되었어요!! 뭐라도 좀 하라고요!

Bob snaps out of it,➊ turns toward the dining room.
RESUME DINING ROOM
Bob ENTERS– startled to see the CHAOS.

밥이 정신을 차리고, 식당 쪽으로 몸을 돌린다.
다시 식당
밥이 들어온다 – 난장판을 보고 놀란다.

HELEN Don't just stand there! I need you to **intervene**!

헬렌 그냥 가만히 서 있기만 하지 말고! 어서 중재하라고요!

BOB Okay– I'm intervening, I'm INTERVENING!

밥 알았어요 – 끼어들게요, 끼어든다고요!

Bob **hoists** the dinner table and everyone with it over his head. Dash and Vi dangle from Helen's tangled arms and continue to scrap. Jack-Jack **shrieks** happily.
The DOORBELL rings. Everyone FREEZES, then quickly resume their original "quiet dining" positions. Dash answers the door. LUCIUS BEST (aka FROZONE) stands in the doorway, looking sharp in a leather jacket. Like Helen, he too has weathered the post-Superhero years well.

밥이 식탁을 그의 머리 위로 들어올리는데 가족 모두가 같이 들려 올려진다. 대쉬와 바이가 헬렌의 엉킨 팔들에 매달려서 여전히 싸우고 있고 잭잭은 신나서 꺅꺅거린다.
초인종이 울린다. 모두가 다 얼어붙었다가, 잽싸게 다시 본래의 "얌전히 식사하기" 모드에 돌입한다. 대쉬가 현관문을 연다. 루시우스 베스트(또한 프로즌이라고도 알려진)가 현관에 서 있다. 멋지게 가죽점퍼를 입고 있다. 헬렌처럼, 그 역시 슈퍼히어로 이후의 세월을 비껴갈 순 없었다.

DASH Hey, Lucius!

대쉬 루시우스 아저씨!

---

oblivious 의식/감지하지 못하는

melee 아수라장 같은 곳

peruse 숙독/정독하다

wraparound 몸/허리에 두르는, 몸에 둘러서 입는

advocate (공개적으로) 지지/옹호하다, 옹호자

intervene 개입하다, 끼어들다

hoist (밧줄이나 장비로) 들어/끌어 올리다

shriek 소리/비명을 지르다

➊ **Bob snaps out of it.**
밥이 정신을 차린다.
snap out of something은 (어떤 기분이나 습관에서) '재빨리 벗어나다, 기운을 차리다'라는 의미로 쓰는 표현이에요. 부정적인 생각을 하며 계속 침울한 표정을 하는 친구에게 Snap out of it! 이라고 하면 '(이제 좀 잊고/그만 좀 침울해하고) 기운 차려!'라는 뜻이에요.

FROZONE Hey, Speedo... hey, Helen–

BOB **Ice of you to drop by!**❶

FROZONE (sarcastic) Hah. Never heard that one before–

DASH (mouth full of water) Hey, Lucius!

Lucius turns to see Dash **spurt** a mouthful of water into the air. Best's hand **flashes out**; the air CRACKS with a sudden **chill** and the water **FREEZES SOLID**. Lucius LEAPS, catches the ice before it hits the ground. Dash **sinks back**, disappointed.

DASH Aww. I like it when it shatters.

BOB (grabs his coat, bowling bag) I'll be back later.

HELEN Where are you two going?

BOB It's Wednesday.

HELEN (remembering) Bowling night. (**resigned**) Say hello to Honey for me, Lucius.

FROZONE Will do. Goodnight, Helen. Night, kids!

Bob and Lucius EXIT, closing the front door behind them. Helen turns to Dash.

바로 이장면!*

HELEN Don't think that you've avoided talking about your trip to the Principal's office, young man. Your father and I are still going to discuss it.

DASH I'm not the only kid who's been sent to the office, y'know.

프로존 어이, 쌩쌩이… 안녕하세요, 헬렌–

밥 반가워서 얼겠네!

프로존 (빈정대며) 하. 그런 표현은 처음 들어보네–

대쉬 (입 한가득 물을 품고) 루시우스 아저씨!

루시우스가 돌아서서 대쉬가 입에 머금었던 물을 허공에 내뿜는 걸 본다. 베스트의 손이 섬광처럼 나온다: 방 안의 공기가 갑자기 찬 기운으로 빠지직 갈라지더니 물이 얼어붙는다. 루시우스가 뛰어올라 얼음이 바닥에 떨어지기 전에 잡는다. 대쉬가 의자에 앉아 실망한다.

대쉬 에이, 난 얼음이 산산조각 나는 게 좋단 말이에요.

밥 (외투와 볼링 가방을 든다) 이따가 올게요.

헬렌 두 사람 어디 가시게요?

밥 오늘 수요일이잖아요.

헬렌 (기억하며) 볼링 나이트. (체념하며) 허니에게 안부 전해주세요. 루시우스.

프로존 그럴게요. 안녕히 계세요, 헬렌. 잘 자라, 얘들아!

밥과 루시우스가 밖으로 나가면서, 현관문을 닫는다.
헬렌이 대쉬를 향해 돌아선다.

헬렌 교장 선생님 방에 갔던 얘기를 아무 일 없이 잘 넘겼다고 생각하지 마라, 이 녀석. 네 아빠와 그것에 대해 다시 얘기할 거야.

대쉬 나만 교장실에 불려가는 건 아니잖아요. 아시면서.

drop by 잠깐 들르다
sarcastic 빈정대는. 비꼬는
spurt (액체, 불꽃이) 뿜어내다
flash out 비치다/번쩍이다. 번득이다
chill 냉기, 한기
freeze solid 꽁꽁 얼다
sink back 털썩 앉다
resign 체념하며 사직/사임하다. 물러나다

❶ **Ice of you to drop by!**
네가 찾아오니 차갑네! / 반가워서 얼겠네!
한글 번역이 어색하죠? 이 표현은 실제로 쓰이는 표현이 아니라, 말장난이랍니다. 프로존이 주변 세상을 '얼음'으로 만드는 초능력을 가진 친구이기 때문에, 그에게 밥이 원래 표현인 Nice of you to drop by! '우리 집에 들러주니 고맙네/반갑네'에서 nice를 ice로 바꿔서 쓴 거랍니다.

HELEN	Other kids don't have Superpowers. Now it's perfectly normal for you to feel–	헬렌 다른 아이들은 초능력이 없잖니. 네가 그렇게 느끼는 것이 완전히 정상이긴 해 그런데–
VIOLET	Normal? What do you know about normal? What does anyone in our family know about normal? The only normal one is Jack-Jack.	바이올렛 정상이요? 정상이란 것에 대해서 엄마가 뭘 안다고 그러세요? 우리 식구 중에 정상에 대해서 제대로 아는 사람이 있기는 하나요? 우리 식구 중에 정상인 사람은 잭잭이 유일하다고요.
HELEN	Now, wait a minute, young lady–	헬렌 자, 잠시만, 꼬마 아가씨–
VIOLET	We ACT normal! I want to BE normal! The only normal one is Jack-Jack, and he's not even **toilet-trained**!	바이올렛 우린 정상인 것처럼 연기한다고요! 난 연기가 아니라 정말 정상이 되고 싶어요! 유일하게 잭잭만 정상인데, 얘는 아직 똥오줌도 못 가리잖아요!

Buoyed by hearing his name, Jack-Jack gleefully spits a mouthful of baby food onto his bib and **cracks up**.

자신의 이름이 나오자 기분이 좋아져서 잭잭이 신나게 이유식을 자신의 턱받이에 내뱉고 웃는다.

DASH	Lucky. (**off Vi's and Helen's looks**) Uh, I meant about being normal.	대쉬 행운이지. (바이와 헬렌의 눈빛을 보고) 어, 그러니까 내 말은 정상이라서 행운이라는 거예요.

INSIDE LUCIUS'S CAR – CITY STREETS – MINUTES LATER
Bob and Lucius sit in Lucius's large, comfortable sedan, which is parked in a run-down city neighborhood. A portable POLICE SCANNER sits on the dashboard, volume low, occasionally interrupting his story.

루시우스의 차 안 – 도시의 거리 – 몇 분 후
밥과 루시우스가 황폐한 도시 빈민가에 주차한 크고 편안한 루시우스의 세단 자동차에 앉아있다. 계기판 위에 휴대용 경찰용 스캐너가 놓여있고, 볼륨은 작게 설정되어 있는데, 중간중간 그의 이야기를 방해한다.

FROZONE	...so now **I'm in deep trouble,**[1] I mean one more **jolt** of this death ray and I'm an **epitaph**. Somehow I manage to find cover and what does Doctor Toxic do?	프로존 ...그래서 난 지금 정말 곤경에 처했어. 한 번만 더 이 살인광선을 사용하면 내 인생은 끝이야. 어떻게든 난 일단 숨어 지내긴 하는데 닥터 독이 뭘 하고 있나?
BOB	(laughing) He starts monologuing–	밥 (웃으며) 그는 혼자 떠들고 있겠지–
FROZONE	He STARTS MONOLOGUING! He starts, like, this prepared speech about how **feeble** I am compared to him, how inevitable my defeat is, how the world will soon be his **yadda yadda yadda**–	프로존 그가 혼자 떠든다고! 그가 미리 준비한 연설 같은 걸 하는데 말이야. 내가 자기에 비하면 얼마나 허약한지. 그래서 나의 패배는 불가피하다고. 세상은 이제 곧 자신의 어쩌고저쩌고–

---

toilet-trained 용변 교육을 받은
buoy (물속에 띄우는) 부표, 기분을 좋게 하다
crack up 마구 웃기 시작하다
off one's look (대본 지문) ~의 표정/눈빛을 확인한 후
jolt 갑자기 거칠게/덜컥거리며 움직이다
epitaph 묘비명
feeble 아주 약한, 허약한
yadda-yadda-yadda 어쩌고저쩌고

[1] **I'm in deep trouble.**
난 이제 큰일 났다.
곤경에 처했을 때 in trouble이라는 표현을 쓰는데, 이 표현을 더 강하게 표현하고 싶을 때는 중간에 deep을 넣어서 in deep trouble이라고 말한답니다. 아주 깊은 수렁에 빠진 것처럼 깊은 곤경에 처했다는 표현이지요.

BOB	–yammerin'–	**밥**	–맘대로 지껄이는군–
FROZONE	YAMMERIN'!! I mean, **the guy has me on a platter**[1] and he won't shut up!	**프로존**	지껄이고 있다고!! 내 말은 그러니까, 그놈이 날 안줏거리로 삼아서 마음대로 지껄이고 있다니까!
SCANNER	Six one sam, eight Municiberg… (police response) Go ahead. (**dispatch**) …possible 2356 in progress at 115 Weatherford Way–	**스캐너**	6 1 샘, 8 뮤니시버그… (경찰이 응답한다) 진행해. (발송한다) …115 웨더포드가에서 2356이 진행되고 있을 가능성이 엿보인다–

Bob **turns up the volume**, suddenly **intense**.

밥이 볼륨을 올리고 갑자기 심각해진다.

BOB	2356. What is that– robbery?	**밥**	2356. 이건 뭐지 – 강도 사건?
FROZONE	This is just sad.	**프로존**	정말 처량하군.
BOB	Yeah, robbery. Wanna catch a robber?	**밥**	맞아. 강도 사건이야. 강도 잡으러 갈까?
FROZONE	Tell the truth, I'd rather go bowling. What if we actually did what our wives think we're doing, **for a change**?	**프로존**	솔직히 말야야, 난 차라리 볼링 치러 갔으면 좋겠어. 우리 아내들이 우리가 하고 있을 것으로 생각하는 일을 실제로 하면 어떨까, 기분전환 삼아 말이야?

EXT. LUCIUS'S CAR
WIDEN to REVEAL: the silhouette of a WOMAN watching Bob and Lucius from the driver's seat of a black sports car, **discreetly** parked in a dark **alley**. She lowers her **binoculars** and speaks into a headset.

외부. 루시우스의 차
넓어지며 드러난다: 어두운 골목에 조심스럽게 주차한 검은색 스포츠카의 운전석에 앉아서 밥과 루시우스를 보고 있는 여자의 실루엣. 그녀가 쌍안경을 내리며 헤드셋에 대고 말을 한다.

MIRAGE	He's not alone. The fat guy's still with him. They're just talking…	**미라지**	그는 혼자가 아니야. 살찐 놈이 그와 함께 있군. 둘이 그냥 대화를 나누고 있어…

RESUME FROZONE & BOB

다시 프로존과 밥

FROZONE	What're we doin' here, Bob?	**프로존**	우리 여기에서 뭘 하고 있는 거지, 밥?
BOB	We're protecting people.	**밥**	사람들을 지켜주고 있는 거지.
FROZONE	Nobody asked us.	**프로존**	아무도 우리에게 그렇게 해 달라고 요청한 사람은 없잖아.

---

yammer 훌쩍이다, 불평을 하다, 지껄여대다
dispatch (특별한 목적을 위해) 보내다, 파견하다
turn up the volume 볼륨을 올리다
intense 극심한, 강렬한, 치열한
for a change 기분 전환으로, 가끔, 때때로
discreetly 사려 깊게, 신중하게
alley 골목
binocular 쌍안경

❶ **The guy has me on a platter.**
그 남자가 날 안줏거리로 만들었어.
누군가와 대화를 할 때 그 자리에 없는 사람에 대해 얘기하거나 혹은 뒷담화를 한 적 있나요? 좋은 표현은 아니지만, 그럴 때 흔히 도마에 올려놓고 씹는다고도 하죠. 여기서는 도마 대신 platter (접시)를 써서 '안줏거리, 누군가를 안주 삼아 얘기하는' 상황을 표현했습니다.

BOB	You need an **invitation**?	밥 요청이 필요해?
FROZONE	I'd like one, yes. We keep **sneaking out** to do this and– (stops, thinks) –remember Gazerbeam? He had trouble **adjusting** to **civilian** life, too.	프로존 응. 그랬으면 좋겠어. 우린 계속 집에서 몰래 빠져나와서 이런 활동을 하고 있잖아. 그리고– (멈추고, 생각한다) – 게이저빔 기억나? 그도 평범한 시민의 삶에 적응하는 데 어려움을 겪었다고.
BOB	Yeah, there was something about him in the paper. When was the last time you saw him?	밥 알아. 신문에 그에 대한 기사가 나왔더라고. 네가 그를 마지막으로 본 게 언제지?
FROZONE	I don't see anyone from **the old days**, Bob. Just you. We're **pushing our luck as it is**. It was fun the first time, but we keep doin' this and–	프로존 난 예전에 친했던 사람들은 아무도 안 만나, 밥. 너만 만나는 거라고. 우린 지금 너무 위험한 짓을 하고 있어. 처음에는 재미있었지만 계속 이러려다가는–

The scanner **SQUAWKS** suddenly–

스캐너가 갑자기 삑삑 울린다–

SCANNER	We have a report of a fire at Fourth and Elias.	스캐너 4번가와 엘리아스 거리 사이에 화재 신고가 들어왔다.
BOB	A fire! We're close! Yeah, baby!!	밥 화재! 이 근처야! 와, 좋았어!!

Bob pulls a ski mask over his face. Shaking his head at his own **complicity**, Lucius **does likewise**.

밥이 얼굴에 스키 마스크를 착용한다. 공모하는 데 대해서 고개를 저으면서도, 루시우스도 같은 행동을 한다.

FROZONE	–we're gonna **get caught**.	프로존 –우리 언젠가 걸릴 거야.

He starts the car and U-turns toward the fire.

그가 차에 시동을 걸고 화재가 발생한 방향으로 유턴을 한다.

---

invitation (말이나 글로 하는) 초대, 초청

sneak out 몰래 빠져나가다

adjust (약간) 조정/조절하다

civilian 민간인

the old days 예전, 옛날, 옛 시절

push one's luck (과거의 행운에 기대) 자기 운을 너무 믿다, 과욕을 부려 일을 망치다

as it is 지금 현재 상태 그냥 그대로

squawk (크게) 꽥꽥/깍깍 울다

complicity 공모

do likewise (어떤 동작이나 행위를) 똑같이 하다

get caught 잡히다, 포착되다

Performing a Public Service

공공의 이익을 위한 행위

🎧 08.mp3

CITY STREETS – NIGHT – CONTINUOUS
Bob's **enthusiastic** SHOUTS echo off the darkened buildings as the sedan **peels off**... followed, **a bit later**, by the **MYSTERIOUS** BLONDE in the black sports car.

INT. APARTMENT BUILDING – MINUTES LATER
A **raging inferno**. Bob descends the burning steps, stops in the hallway. Both he and Frozone carry several **passed-out** apartment **dwellers** on their shoulders.

LUCIUS　Is that everybody?

BOB　Yeah, that's everyone!

The building is beginning to COLLAPSE. They're trapped **with no way out**. Frozone tries to ice the burning walls, but his ray is weak and **ineffective**.

BOB　Can't you **put** this **out**?

LUCIUS　I can't lay down a layer thick enough!!
　It's **evaporating** too fast!!

BOB　What? What's that mean?

LUCIUS　Means it's hot and I'm **dehydrated**, Bob!

BOB　You**'re out of** ICE??! You can't **run out of** ice!
　I thought you could use the water in the air!

LUCIUS　There IS NO water in this air! What's your excuse?? Run out of muscles?

도시의 거리들 – 밤 – 계속
밥의 열정적인 외침이 어두운 건물들 사이로 메아리치고 세단이 급하게 출발한다… 뒤따라, 잠시 후, 검은색 스포츠카를 탄 의문의 금발여인이 따른다.

내부, 아파트 건물 – 몇 분 후
불타오르는 아수라장. 밥이 불타고 있는 계단을 내려오다가 복도에 멈춰 선다. 그와 프로존, 둘 모두가 실신한 아파트 주민들 여러 명을 어깨에 짊어지고 있다.

루시우스　다 데리고 나온 건가?

밥　응, 다 데리고 나왔어!

건물이 붕괴하기 시작한다. 그들은 빠져나올 수 있는 출구 없이 갇혀버렸다. 프로존이 불타고 있는 벽들을 얼려버리려고 하는데 그의 광선이 약해서 효과가 없다.

밥　너, 이 불 끌 수 없어?

루시우스　불을 진화할 만큼 두꺼운 막을 만들 수가 없어!! 너무 빨리 증발해버린다고!!

밥　뭐라고? 그게 무슨 뜻이야?

루시우스　여기가 너무 뜨거워서 내가 탈수 상태가 됐다는 뜻이야. 밥!

밥　얼음이 다 떨어졌다는 거야? 얼음이 다 떨어지다니 말도 안돼! 난 네가 공기 중에 있는 물을 사용할 수 있는 줄 알았지!

루시우스　여기 공기 중에는 물이 전혀 없다고! 넌 핑계거리가 뭔데?? 근육이 다 떨어졌나?

---

enthusiastic 열렬한, 열광적인
peel off 벗다. (자동차가) 부웅 하며 떠나다
a bit later 조금 이따가, 조금 후에
mysterious 이해/설명하기 힘든, 기이한
rage 격렬한 분노, 격노
inferno 불/화재, 지옥, 아수라장
passed-out 의식을 잃은, 기절한
dweller 거주자, ~에 사는 동물

with no way out 헤어날 길이 없이, 꼼짝없이
ineffective 효과/효력 없는
put out (불을) 끄다
evaporate 증발하다, 증발시키다
dehydrate 건조시키다, 탈수 상태가 되다
be out of ~을 다 써서 없다. ~이 바닥나다
run out of ~을 다 써버리다. ~이 없어지다

49

BOB	I can't just go **smashing** through walls! The building's getting weaker **by the second**! It'll **come down** on top of us!!

밥 그냥 막 벽을 부수고 다닐 순 없는 노릇이잖아! 1초가 다르게 건물을 지탱하는 힘이 약해지고 있어! 건물이 무너져서 우리를 덮칠 거야!!

LUCIUS	I wanted to go bowling!!!

루시우스 난 볼링 치러 가고 싶었다고!!!

A large **chunk** of ceiling smashes to the floor in a burning **heap**. Bob looks around nervously, then fixes his gaze toward the door. He **shifts** his **stack** of **unconscious** victims to one shoulder and looks at Lucius.

천장 일부가 불타는 더미에 떨어진다. 밥이 초조하게 주위를 살피더니, 문 쪽을 향해 시선을 고정시킨다. 그가 의식을 잃은 피해자들을 한쪽 어깨로 옮기고 루시우스를 바라본다.

BOB	Alright. Stay right **on my tail**, this is going to get hot!

밥 좋아서. 내 뒤를 바짝 따라오라고, 뜨거울 거야!

Bob begins a shout that gets louder as he runs into the burning hallway, Lucius a **half-step behind** him.
TRAVELING WITH BOB & LUCIUS as they race through the flames with their unconscious loads. Suddenly a BRICK WALL APPEARS. Bob **picks up speed** and lowers his free shoulder into it.
The heroes and their rescued smash through the wall just as the building behind them collapses. Bob, Frozone and the pile of near-victims are saved. An ALARM sounds. Bob & Frozone realize they're– INSIDE A JEWELRY STORE
A **ROOKIE COP** spies the MASKED MEN and **draws his pistol**. Frozone spies a WATER COOLER. He grabs a PAPER CUP.

밥이 점점 크게 소리를 지르며 불타고 있는 복도 쪽으로 달려가고, 루시우스가 반보 뒤에서 그를 따른다.
의식이 없는 사람들을 업고 불꽃 속을 질주하는 밥과 루시우스. 갑자기 벽돌로 된 벽이 나타난다. 밥이 가속을 내면서 사람들을 업지 않은 한쪽 어깨를 내려 돌진한다.
히어로들과 구조된 사람들이 벽을 부수고 나오자 곧바로 뒤에서 건물이 붕괴한다. 밥, 프로존, 그리고 거의 죽을뻔했던 사람들이 구조되었다. 알람이 울린다. 밥과 프로존이 눈치를 챈다. 그들은 지금 - 보석가게 안에 있다는 것을.
신참 경찰이 복면을 한 남자를 알아채고 권총을 뽑아 든다. 프로존이 정수기를 본다. 그가 종이컵을 하나 집어 든다.

ROOKIE COP	FREEZE!

신참 경찰 꼼짝 마!

LUCIUS	I'm thirsty.

루시우스 목이 말라서.

Lucius moves the cup under the tap. The **jittery** ROOKIE **cocks his pistol's hammer**.

루시우스가 꼭지 밑으로 컵을 가져간다. 초조해진 경찰이 발포준비를 한다.

ROOKIE COP	I said FREEZE!

신참 경찰 움직이지 말라고 했다!

---

smash 박살 내다, 부딪히다/충돌하다	on one's tail ~의 뒤에/꼬리에 붙어
by the second 초당으로, 매초마다	half-step behind 반보 뒤에
come down 무너져내리다	pick up speed 속도를 올리다, 가속하다
chunk (두툼한) 덩어리	rookie 초보자, 신참, 새내기
heap (아무렇게나 쌓아놓은) 더미/무더기	cop 〈비격식〉 경찰관
shift (장소를) 옮기다, 이동하다	draw a pistol 권총을 뽑다/꺼내다
stack (보다 깔끔하게 정돈된) 무더기, 쌓다	jittery 〈비격식〉 초조한, 조마조마한
unconscious 의식을 잃은, 의식이 없는	cock one's pistol's hammer 권총의 공이치기를 꺾다

LUCIUS   I'm just getting a drink...

His eyes fixed on the cop,❶ Lucius slooowwwly brings the cup to his lips and drinks. His face becomes **serene**.

ROOKIE COP   Alright! You've had your drink! Now I want you to–

LUCIUS   I know, I know...

Lucius drops the cup, raising his hands in front of him.

LUCIUS   ..."freeze."

A **frigid** blast splits the air.
ON THE STREET OUTSIDE 2 fire trucks and a police car **screech**, having arrived in front. Hearing the alarm, two VETERAN COPS bust into the– INSIDE JEWELRY STORE – CONTINUOUS
Drawing their guns, the COPS are stopped by a **bewildering** sight: –a recovering heap of rescued fire victims at the base of an enormous hole in the wall. Standing watch over them is the ROOKIE, **stunned** and blinking under a layer of ice.

A BACK ALLEYWAY – SAME TIME
Bob and Lucius jump into Lucius's car, **pulling off** their ski masks.

FROZONE   **That was way too close.**❷ We are not doing that again.

They drive out of frame, REVEALING: a BLACK SPORTS CAR hidden in another alley behind. At the wheel is a beautiful, mysterious WOMAN with **platinum** blonde hair. She watches them drive off.

RADIO   **Verify** you want to switch targets? Over.

WOMAN   Trust me. This is the one he's been looking for...

루시우스   그냥 물 좀 마시려는 건데…

루시우스가 경찰을 계속 주시하면서 천천히 자신의 입으로 컵을 들어올려 마신다. 그의 얼굴이 평온해진다.

신참 경찰   재 물 다 마셨네! 이제 내가 시키는 대로 –

루시우스   알아, 안다고…

루시우스가 컵을 떨어뜨리고, 자기 손을 앞으로 든다.

루시우스   …"꼼짝 마"

몹시 찬 바람이 공기를 가른다.
밖에 거리에 두 대의 소방차와 경찰차가 끼익 소리를 내며 앞쪽에 도착했다. 알람 소리를 듣고 두 명의 베테랑 경찰들이 급습한다– 보석가게 내부 – 계속
경찰들이 총을 꺼내 들다가 당혹스러운 장면에 행동을 멈춘다: –벽에 뚫린 거대한 구멍 아래쪽에 구조된 화재희생자들 여러 명이 회복되고 있다. 신참 경찰이 보초를 서듯 그들을 지키고 있는데, 얼음 막 밑에서 정신이 멍하여 눈만 깜빡이고 있다.

뒷골목 – 같은 시간
밥과 루시우스가 스키 마스크를 벗으며 루시우스의 차 안으로 뛰어든다.

프로존   정말 아슬아슬했어. 이제 다시는 이런 거 하지 말자고.

그들의 차가 움직이며 화면 밖으로 벗어나고, 다른 것이 나타난다: 또 다른 뒷골목에 숨어있던 검정 스포츠카. 백금색 염색 머리의 아름답고 신비한 여인이 차에 타고 있다. 그녀가 그들이 떠나는 것을 지켜보고 있다.

통신   목표물을 바꾸고 싶은지 확인해줄 수 있겠는가? 오버.

여자   내 말 믿어, 그가 바로 대장이 그동안 찾고 있던 사람이야…

---

serene 고요한, 평화로운, 조용한
frigid 몹시 추운/찬
screech 팩/빽/끼익하는 소리를 내다
bewilder 어리둥절하게/혼란스럽게 만들다
stun (머리를 때려) 기절/실신시키다
pull off (정차하기 위해 도로를) 벗어나다
platinum 백금
verify (진실인지) 확인하다, 입증하다

❶ **His eyes fixed on the cop.**
그의 눈이 경찰을 예의주시하고 있다.
어떤 대상을 노려보거나 눈여겨보며 계속 주시할 때 쓰는 표현이 fix one's eyes on이에요.

❷ **That was way too close.**
너무 아슬아슬했다.
범인을 추격하거나 운동 경기에서 아슬아슬하게/아깝게 득점을 놓쳤을 때, 형용사로 close를 써요. 〈way too + 형용사〉는 '너무 심할 정도로 ~한'이라는 의미의 구어체적 표현이에요.

LIVING ROOM - NIGHT
Bob enters quietly through the kitchen, pausing in the kitchen long enough to **nab** the **remaining hunk** of chocolate cake. **Humming** pleasantly as he chews, he moves into the living room when a voice comes out of the dark–

HELEN'S VOICE You said you'd be back by eleven.

Bob FREEZES. A light snaps ON. A chair **swivels** around– it's Helen, wearing her robe and a **peeved** expression.

BOB   I said I'd be back later.

HELEN   I assumed you'd be back later. If you came back at all, you'd be "back later."

BOB   Well... I'm back. Okay?

Bob moves to go, but Helen's left arm STRETCHES and stops him, **plucking** a small, dusty **fragment** of concrete off his coat. She crosses to him, **catching up with** her hand.

바로 이장면!*

HELEN   Is this... **rubble**?

BOB   (**defensive**) It was just a little **workout**, just to **stay loose**–

HELEN   You know how I feel about that, Bob! Darn you!! We just got **settled**! We can't **blow cover** again!!

BOB   –the building was coming down anyway–

HELEN   Wha–? You **KNOCKED DOWN** A BUILDING??

거실 – 밤
밥이 조용히 주방을 통해 들어오다가, 잠시 멈추어 서서 먹다 남은 초콜릿 케이크 한 덩어리를 집어 먹는다. 즐겁게 콧노래를 부르며 케이크를 먹다가 거실 쪽으로 옮겨가는데 어둠 속에서 목소리가 들린다–

헬렌 11시까지 돌아온다고 했잖아요.

밥이 얼어붙는다. 딸깍 소리와 함께 불이 켜진다. 의자가 한 바퀴 돌고– 헬렌이다. 잠옷을 입고 화난 표정이다.

밥 나중에 돌아오겠다고 했지요.

헬렌 나중에 돌아오리라고 추정은 했어요. 만약 돌아온다면, 당연히 "나중에" 돌아올 것이라고.

밥 음… 돌아왔잖아요. 됐죠?

밥이 들어가려고 움직이자 헬렌의 왼쪽 팔이 쭉 늘어지며 그를 막아서고, 그의 외투에서 작은 먼지가 묻은 콘크리트 조각을 뽑아낸다. 그녀는 그에게 약간 화를 내고, 손을 따라 본다.

헬렌 이거… 돌 부스러기인가요?

밥 (방어적으로) 그냥 운동한 거예요. 몸 좀 풀려고–

헬렌 그런 거 내가 정말 싫어하는 거 알잖아요. 밥. 어떻게 이럴 수가 있어요!! 우리 이제야 자리 잡았는데! 또다시 우리의 정체를 들킬 수는 없어요!!

밥 –그 건물은 어차피 무너질 거였다고요–

헬렌 뭐라–? 건물을 넘어뜨렸다고요??

---

nab (나쁜 짓을 하는 사람을) 붙잡다

remain 계속/여전히 ~이다, 남다

hunk 큰 조각/덩이

hum 콧노래를 부르다, 노래를 흥얼거리다

swivel (고정된 채) 돌다/회전하다

peeved 짜증이 난

pluck (머리카락, 눈썹 등을) 뽑다

fragment 조각, 파편

catch up with 따라가다, 체포하다

rubble (허물어진 건물의) 돌무더기/잔해

defensive 방어/수비의, 방어적인

workout (건강, 몸매 유지를 위한) 운동

stay loose 평정을 유지하다, 침착하다

settle (논쟁 등을) 해결하다/끝내다

blow one's cover 정체를 드러내다

knock something down (건물을) 철거하다

BOB It **was on fire**! **Structurally unsound**! It was coming down anyway!

밥 그 건물에 불이 났었어요! 구조적으로 불안정한 상태였다고요! 어차피 무너질 건물이었어요!

HELEN Tell me it's not the police scanner again—

헬렌 설마 또 경찰 스캐너 갖고 장난친 건 아니겠죠—

BOB I performed a **public service**. You act like that's a bad thing!

밥 난 공공의 유익을 위해 나선 거예요. 당신은 마치 그게 나쁜 것처럼 행동하는군요!

HELEN It is a bad thing, Bob!! **Uprooting** our family, again, because you had to **relive** the **glory days** is a very bad thing!!

헬렌 그건 나쁜 거예요, 밥!! 당신의 예전 영광스럽던 시절을 재현하기 위해서 우리 가족을 다시 다른 곳으로 옮겨가게 만드는 것, 그건 아주 나쁜 거라고요!!

BOB Hey, reliving the glory days is better than acting like they didn't happen!!

밥 이봐요, 영광스럽던 날들을 다시 재현하는 것이 마치 그런 일이 아예 없었던 것처럼 행동하는 것보다는 낫다고요!!

HELEN Yes! They happened. But this, our family, is what's happening now, Bob! And you are missing this! I can't believe you don't want to go to your own son's **graduation**!

헬렌 네! 그런 일이 있었죠. 하지만, 지금 일어나고 있는 일은 이것, 바로 우리 가족이에요. 밥 그리고 당신은 그걸 놓치고 있다고요! 도대체 어떻게 자기 아들 졸업식에 안 가고 싶다고 할 수 있냐고요!

BOB It's not a graduation! He's moving from the fourth grade to the fifth grade!

밥 졸업식은 아니잖소! 4학년에서 5학년으로 올라가는 거잖아요!

HELEN It's a **ceremony**...

헬렌 그래도 기념식이잖아요…

BOB It's **psychotic**! They keep creating new ways to celebrate **mediocrity**, but if someone is **genuinely exceptional**, they **shut** him **down** because they don't want everybody else to feel bad!

밥 정말 별꼴이지! 사람들은 평범함을 축하할 새로운 방법들을 계속 고안해내지만, 정작 누군가가 정말로 뛰어나면 그 사람을 나서지 못하게 차단시켜버려요. 왜냐하면 보통 사람들이 열등감을 느끼게 하고 싶지 않은 거죠.

HELEN This is not about you, Bob!! This is about Dash!!

헬렌 우린 지금 당신에 관한 얘기를 하는 게 아니에요, 밥!! 대쉬에 대한 얘기를 하는 거라고요!!

BOB You wanna help Dash? Let him actually compete! Let him **go out for sports**!

밥 대쉬를 도와주고 싶어요? 그러면 그가 실제로 경쟁할 수 있게 해줘요! 스포츠 팀에 들어가게 해주라고요!

---

be on fire 불타고 있다
structurally 구조상으로, 구조적으로
unsound 부적절한, 오류가 있는
public service (교통, 보건 등의) 공공 서비스,
uproot (나무 등을) 뿌리째 뽑다, 오래 살던 곳에서 떠나다
relive (상상 속에서) 다시 체험하다
glory days (과거의) 영광스럽던 날들, 좋았던 시절
graduation 졸업, 졸업식

ceremony 의식, 식
psychotic 정신병의, 미친, 광적인
mediocrity (썩 뛰어나지 않은) 보통/평범함
genuinely 진정으로, 진짜의
exceptional 이례적일 정도로 우수한, 특출한
shut down 문을 닫다, (기계가) 멈추다/정지하다
go out for sports 스포츠 팀에 들어가려고 애쓰다

HELEN	I will not be made the **enemy** here!! You know why we can't do that!!!	헬렌 나를 나쁜 사람으로 몰고 가지 말아요!! 우리가 그럴 수 없는 이유는 당신도 알잖아요!!!!
BOB	BECAUSE HE'D BE GREAT!!	밥 왜냐하면 그 애가 너무 잘할 거니깨!
HELEN	THIS IS NOT ABOUT YOU!!!	헬렌 당신 얘기가 아니라고요!!!

An **abrupt BREEZE ripples** the air, **ruffling** some loose papers on the coffee table.

갑자기 미풍이 불며 공기 중에 파문이 일어나며, 커피 테이블 위의 종이들이 흐트러진다.

BOB	Alright, Dash. I know you're listening. Come on out.	밥 좋아, 대쉬. 듣고 있는 거 다 알아. 이리 나와.
HELEN	You too, young lady.	헬렌 너도, 꼬마 아가씨.

Dash moves out from behind a door. Violet's head REMATERIALIZES from behind the **couch**, she stands up, **embarrassed**. Bob moves next to Helen, becoming **parental**.

대쉬가 문 뒤에서 나온다. 바이올렛의 머리가 소파 뒤에서 다시 형상화되고 그녀가 부끄러워하며 일어선다. 밥이 헬렌 옆에 서며, 부모태세로 전환한다.

BOB	It's okay, kids. We're just having a discussion.	밥 걱정 마라, 얘들아. 엄마 아빠는 그냥 대화 중인 거야.
VIOLET	Pretty loud discussion.	바이올렛 상당히 시끄러운 대화네요.
BOB	But that's okay. What's important is that Mommy and I are always a team, always **united**... against... uh... (**unsure** where he's going) ...the forces of–	밥 하지만 괜찮단다. 중요한 건 엄마와 내가 항상 한 팀이라는 것, 늘 함께하고… 대항해서…어…(이야기가 어디로 흘러가는지 갈피를 못 잡는다) …그 무력에–
HELEN	**Pigheadedness**...?	헬렌 황소고집…?
BOB	I was going to say **evil** or something.	밥 사악한 세력이나 그런 거 말하려고 했어요.
HELEN	(to kids) We're sorry we woke you. Everything's okay. Go back to bed, it's late. In fact– (**pointedly** to Bob) –we should all be in bed.	헬렌 (아이들에게) 너희들 잠을 깨워서 미안해. 전혀 아무런 문제 없단다. 다시 잠자리로 가거라. 시간이 늦었어, 실은– (밥을 비난하듯이) –우리 모두 잠자리에 들 시간이에요.

Bob frowns and turns away, following the kids back toward the bedrooms.

밥이 얼굴을 찡그리며 돌아서고, 다시 침실로 향하는 아이들을 뒤따른다.

---

enemy 적
abrupt 돌연한, 갑작스러운
breeze 산들바람, 미풍
ripple 잔물결, 파문
ruffle (반반한 표면을) 헝클다, 산란하게 만들다
couch 긴 의자, 소파
embarrass 당황스럽게/어색하게 만들다
parental 부모의

united 연합한, 통합된, 단결한
unsure 확신하지 못하는, 의심스러워하는
pigheadedness 완고함, 외고집
evil 사악한
pointedly (말 등을) 날카롭게/비난하듯이

Who Is Bob Helping?

밥은 누구를 돕고 있나?

🎧 09.mp3

INSURICARE – BOB'S CUBICLE – FOLLOWING MORNING
Bob sits at his tiny desk. One look at his **bleary** face **says it all**: he hasn't slept all night. His **intercom** BEEPS. Bob glares at it a bit, then hits ANSWER.

인슈리케어 – 밥의 사무실 – 다음 날 아침
밥이 자신의 작은 책상에 앉는다. 그의 피곤함에 찌든 얼굴만 봐도 어떤 상황인지 단번에 알 수 있다: 잠을 한숨도 못 잤다. 구내전화가 울린다. 밥이 잠시 그것을 바라보다가 응답 버튼을 누른다.

INTERCOM	Mr. Huph wants you in his office.	구내전화 허프 씨께서 사무실로 오라고 하시네요.
BOB	Now?	밥 지금요?
INTERCOM	Now.	구내전화 지금요.

Bob releases the intercom button, SIGHS. Mirage looks around Bob's **cramped** cubicle, her gaze falling to the open briefcase on Bob's desk.

밥이 구내전화 버튼에서 손을 떼고, 한숨을 쉰다. 미라지가 밥의 비좁은 사무실을 살펴보다가, 밥의 책상에 열려 있는 서류 가방을 주시한다.

INSIDE HUPH'S OFFICE
Marginally bigger than Bob's office, with a **coveted** window to the outside world. Painfully clean and joyless. Every pencil sharpened, every paper perfectly stacked and **aligned** to **run parallel to** the edge of the desktop.

허프의 사무실 안
사무실 크기가 밥의 사무실보다 조금 큰 정도인데, 바깥세상과 접할 수 있는 탐나는 창문이 하나 있다. 극도로 깨끗하고 재미없어 보이는 방이다. 연필이 하나같이 모두 깎여 있고, 종이는 하나도 빠짐없이 완벽하게 쌓여있는데 모두 데스크톱 컴퓨터 모서리에 평행을 이루도록 정돈되어 있다.

*바로 이장면!**

HUPH	Sit down, Bob. (Bob sits) I'm not happy, Bob. Not happy. Ask me why.	허프 앉게, 밥. (밥이 앉는다) 난 기분이 좋지 않네, 밥. 안 좋다고. 왜 그런지 물어봐 주게.

Huph rises from his desk and crosses to Bob.

허프가 책상에서 일어나 밥에게로 건너간다.

BOB	Okay. Why?	밥 네. 왜 그런신 거죠?
HUPH	Why what? **Be specific,**❶ Bob.	허프 뭐가 왜지? 구체적으로 말해 보게, 밥.

---

bleary (피곤해서) 흐릿한, 게슴츠레한
say it all 모든 것을 말해 준다, 명백하다
intercom 구내전화, 인터콤
cramped (방 등이) 비좁은
marginally 아주 조금, 미미하게
covet (남의 물건을) 탐내다, 갈망하다
align 나란히 만들다, 일직선으로 하다
run parallel to/with 나란히 뻗다

> ❶ **Be specific.**
> 더 구체적으로 말해.
> '구체적인'이라는 의미로 쓰이는 형용사로 concrete 또는 elaborate이라는 단어들이 있지만, 구어체에서 모호하게 말하지 말고 더 정확하게 말해달라고 할 때는 형용사를 specific을 써서 위와 같이 Be specific! 이라는 표현을 가장 많이 씁니다.

Bob's eyes **are drawn to** the window: Outside, across the street, a **stocky** man **lingers suspiciously** in an alleyway.

BOB	(still watching man) Why are you unhappy?
HUPH	Your customers make me unhappy.
BOB	(turns back to Huph) You've gotten complaints?
HUPH	Complaints I can handle. What I can't handle is your customers' **inexplicable** knowledge of Insuricare's **inner** workings. They're experts! Experts, Bob! **Exploiting** every **loophole**, **dodging** every **obstacle**– (**aghast**) –they're **penetrating** the **bureaucracy**!
BOB	Did I do something illegal?
HUPH	(**irked**) No...
BOB	Are you saying we shouldn't help our customers?
HUPH	The law requires that I answer no.
BOB	We're supposed to help people.
HUPH	We're supposed to help OUR people! Starting with our **stockholders**, Bob. Who's helping them out, huh?

Huph draws a calming breath, affects a **statesman**like air.

HUPH	You know, Bob... a company is—

밥의 눈이 창문을 향해있다: 밖, 길 반대편에, 다부진 체격의 남자가 골목길에서 수상쩍게 어슬렁거리고 있다.

밥 (여전히 그 남자를 보면서) 왜 기분이 안 좋으시죠?

허프 자네의 고객들이 날 기분 나쁘게 만드네.

밥 (다시 허프를 향하여 몸을 돌리며) 불만 사항이라도 들으셨어요?

허프 불만 사항 정도라면 감당할 수 있지, 내가 감당할 수 없는 것은 자네 고객들의 납득되지 않는 수준의 인슈리케어의 내부정보에 대한 지식이야. 아주 다 전문가들이라고! 전문가들, 밥! 모든 허점을 파고들고, 장애물을 다 피해간단 말이야– (경악하며) – 그들이 체계를 침투하고 있다고!

밥 제가 뭐 불법이라도 저질렀나요?

허프 (짜증스러워하며) 아니…

밥 우리의 고객들을 돕지 말아야만 한다고 말씀하시는 건가요?

허프 규정에 의하면 난 그 질문에 대해 '아니'라고 대답해야 하네.

밥 우린 사람들을 원래 도와줘야 하는 거잖아요.

허프 우리 동료들을 도와야 하는 거지! 우선 우리 주주들부터 말이야, 밥. 그들은 누가 도와주지, 응?

허프가 마치 정치인들이 하듯이 스스로를 진정시키는 숨을 고른다.

허프 이보게, 밥… 회사라는 건 말이야—

---

be drawn to ~에 마음이 끌리다

stocky (체격이) 다부진

linger (예상보다 오래) 남다/계속되다

suspiciously (불법) 의심스럽게, 의혹을 품고

inexplicable 불가해한, 설명할 수 없는

inner 내부의, 안쪽의, 내면의

exploit (부당하게) 이용하다, 착취하다

loophole (법률, 계약서 등의 허술한) 구멍/허점

dodge (몸을) 재빨리 휙 움직이다/피하다

obstacle 장애, 장애물

aghast 경악한, 겁에 질린

penetrate 뚫고 들어가다, 관통하다

bureaucracy 불필요한 요식 체계, 관료국가

irk 〈격식〉 짜증스럽게 하다, 귀찮게 하다

stockholder 주주

statesman 정치인/정치가

BOB   Like an enormous clock.

HUPH   —like an enormous cl— Yes! Precisely. It only works if all the little cogs **mesh** together.

Bob's attention returns to the window: the stocky man is **accosting** a smaller one. Like an ATTACK DOG, Bob is suddenly ALERT; every muscle tensed and ready—

HUPH (O.S.)   Now, a clock needs to be clean, well-**lubricated**, wound tight. The best clocks have jewel movements, cogs that fit, that cooperate **by design**. I'm being **metaphorical**, Bob. You know what I mean by cooperative cogs? Bob? Bob...?

Huph follows Bob's gaze to the window. On the street, the larger man clubs the smaller man with a **mace**. He **crumples** to the sidewalk. Huph jerks Bob's face back toward his—

HUPH   Look at me when I'm talking to you, Parr!

BOB   (pointing) That man out there— he needs help!

HUPH   **Do NOT change the subject,**❶ Bob! We're discussing your attitude!

BOB   But he's getting **mugged**!

HUPH   Well, let's hope we don't cover him!

BOB   (heading for the door) I'll be right back.

HUPH   Stop RIGHT NOW OR YOU'RE FIRED!

밥 마치 거대한 시계와 같죠.

허프 —마치 거대한 시계와 같— 그래! 바로 그거라고. 모든 작은 톱니들이 함께 잘 들어맞아야만 돌아가는 거라고.

밥의 시선이 다시 창문 쪽으로 향한다: 다부진 체격의 남자가 그보다 작은 사람에게 다가선다. 마치 경찰의 전투견처럼 밥이 순간적으로 기민해진다: 온몸의 근육이 수축되면 힘쓸 준비를 한다—

허프 (화면 밖) 자, 시계는 깨끗하게 해야 하고, 기름도 잘 쳐져 있어야 하고, 태엽도 잘 감겨 있어야 하지. 최고의 시계들은 움직임이 섬세하고, 톱니들이 딱 맞으며, 협력하도록 설계되어 있어. 난 지금 은유적으로 말하는 거야, 밥. 무슨 의미로 협력하는 톱니들이라고 말한 건지 알겠지? 밥? 밥…?

허프가 밥이 창밖으로 응시하고 있는 것을 같이 본다. 거리에서 덩치 큰 사내가 작은 사내를 곤봉으로 후려치고 있다. 그가 인도에 쓰러진다. 허프가 밥의 얼굴을 흔들어 자기 쪽으로—

허프 내가 말할 땐 날 보란 말이야, 파!

밥 (가리키며) 저기 밖에 있는 저 남자— 도와줘야 해요!

허프 화제를 바꾸지 마, 밥! 자네 태도에 대해서 얘기하고 있잖아!

밥 하지만 그가 강도 당하고 있잖아요!

허프 아, 저 사람은 우리 보험금을 안 타길 바라야겠군!

밥 (문 쪽으로 향하며) 금방 돌아올게요.

허프 당장 멈추지 않으면 자넨 해고야!

---

mesh 딱 들어맞다, 그물망, 철망
accost (위협적으로) 다가가 말을 걸다
lubricate 윤활유를 바르다, 기름을 치다
by design 계획적으로, ~하게 설계된
metaphorical 은유의, 비유의
mace 곤봉 모양의 옛날 무기
crumple 구기다, 구겨지다, 쓰러지다
mug (공공장소에서) 강도짓을 하다

❶ **Do not change the subject!**
화제를 바꾸지 마!
한참 뭔가에 대해서 진지하게 이야기를 하거나 상대방을 질책 또는 충고를 하고 있는데, 상대방이 능청스럽게 다른 얘기를 꺼내면 '말 돌리지 마!' 혹은 '화제를 바꾸지 마!'라고 하죠? 그럴 때 쓰는 표현이 바로 Don't change the subject! 랍니다.

Bob **HESITATES**, his hand on the knob of the opened door, fighting back the very core of his being. Huph narrows his eyes, speaking softly...

HUPH   Close the door...

Neck cords STRAINING, Bob slowly shuts the door. He releases the knob, which he's crumpled in rage.

HUPH   Get over here... now.

Bob resumes his position in front of Huph, but his gaze inevitably returns to the scene outside the window.

BOB'S P.O.V.
The MUGGER pockets his **plunder** and runs off, leaving his victim dazed and helpless on the sidewalk.

BOB   (seething) He got away...

HUPH   **Good thing,** too. You were this close to losing your j—

Huph SQUEAKS as Bob's enormous right hand flashes out and **clamps** around his neck—
OUTER HALLWAY Huph's body BURSTS THROUGH A WALL and into another **adjacent**, tumbling face down onto a copy machine. It begins to spit out multiple copies of his pressed face. Huph has in fact gone through several walls, four in total and three adjoining offices, before skidding across the floor of the newly visible hallway beyond. The occupants of adjacent offices lean into view, **gawking** in astonishment through their shattered walls; first at Huph's **sprawled** form, then one by one back at Bob.

BOB   Uh oh...

밥이 망설이다. 그의 손이 열려 있는 문의 손잡이에 얹혀 있다. 그의 존재 자체에 대해 갈등하며, 허프가 가늘게 눈을 뜨며 부드럽게 말하는데…

허프 그 문 닫아…

목에 힘줄들에 힘을 주며 밥이 천천히 문을 닫는다. 그가 손잡이를 놓는데 손잡이가 그의 분노로 아스러졌다.

허프 이리로 와… 당장.

밥이 허프 앞에서 다시 원래의 자세를 취하지만 그의 눈은 어쩔 수 없이 창밖의 장면을 보고 있다.

밥의 시점
노상강도가 훔친 것들을 챙겨서 달아나고, 피해자는 얼떨떨해하며 무력하게 인도에 서 있다.

밥 (분노로 부글거리며) 그가 도망쳤어…

허프 그것참 잘됐네. 자네 해고당하기 직전—

밥의 거대한 오른손이 번뜩이며 허프의 목을 조여오자 그가 꽥 소리를 낸다.
복도 밖으로 허프의 몸이 벽을 뚫고 나오고 바로 옆방의 복사기 위로 얼굴을 처박으며 구른다. 얼굴이 눌리는 바람에 복사기에서 복사용지들이 출력되기 시작한다. 사실 허프는 여러 개의 벽을 관통했는데, 새롭게 보이는 저편 복도 바닥으로 미끄러지기까지 총 4개의 벽과 3개의 사무실을 뚫고 나왔다. 옆방 사무실에서 근무하던 직원들이 무슨 일인지 보려고 고개를 내미는데 산산조각이 난 벽들 사이로 나와 깜짝 놀라서 얼빠진 듯 바라보고 있다. 처음엔 큰 대자로 뻗은 허프의 모습을, 그러고 나서 한 명씩 밥을 본다.

밥 오 이런…

---

hesitate 망설이다, 주저하다
neck cords 분노할 때 나타나는 목의 힘줄
plunder 악탈/강탈하다
seethe (마음속 분노가) 부글거리다
clamp 죔쇠로 고정시키다, 꽉 물다/잡다
adjacent (지역, 건물 등이) 인접한, 가까운
gawk 〈비격식〉 얼빠진 듯이 바라보다
sprawl 큰 대자로 눕다

❶ **Good thing.**
~해서 다행이다.
〈It's a good thing + (that절)〉은 '~해서 다행이다'라는 의미의 표현이에요. 그런데, 구어체에서는 앞에 It's a 부분을 생략하고 그냥 Good thing으로 문장을 쓰는 경우가 많답니다. 예를 들어, Good thing we got here early. '우리가 일찍 와서 다행이다' 이런 식으로 말이에요.

THE INCREDIBLES

Those Days Are Over!

옛 시절은 이미 지났다네!

🎧 10.mp3

HOSPITAL – HALLWAY – HOURS LATER

Through the window in the door we can **glimpse** Huph in a full body **cast**. Bob, seated on a bench outside, looks up as RICK DICKER, a **haggard**-faced man in a black suit and tie quietly exits Huph's room. He stops, looks at Bob, then turns away, heading to the elevator. Bob follows after him.

BOB	How is he?
DICKER	He'll live.
BOB	I'm fired, aren't I?
DICKER	You think?
BOB	**What can I say,** ❶ Rick?
DICKER	Nothing you haven't said before.

바로 이장면!*

BOB	Someone was in trouble...
DICKER	Someone's always in trouble.
BOB	I had to do something...
DICKER	Yeah. Every time you say those words, it means **a month and a half** of trouble for me, Bob. **Minimum.** It means **hundreds of thousands of taxpayer dollars**...

병원 – 복도 – 몇 시간 후

문에 달린 창문 사이로 몸 전체에 깁스를 하고 있는 허프의 모습이 얼핏 보인다. 밖에 있는 벤치에 앉아 있는 밥이 검은색 양복과 넥타이를 한 초췌한 얼굴의 남자, 릭 디커가 조용히 허프의 방을 나오는 것을 올려다본다. 그가 멈추고 밥을 보다가 돌아서서 엘리베이터 쪽으로 향한다. 밥이 그의 뒤를 따른다.

밥   그의 상태는 어떤가요?

디커   죽진 않겠더군.

밥   저 해고당한 거죠, 맞죠?

디커   그리 생각하나?

밥   제가 무슨 할 말이 있겠어요, 릭?

디커   무슨 말을 해도 전에 다 했던 말이네.

밥   누군가가 곤경에 처해 있었어요…

디커   곤경에 처한 사람은 항상 있을 수밖에 없지.

밥   뭔가 해야만 했어요…

디커   그렇지, 자네가 매번 그렇게 말을 할 때마다. 난 한 달 반 동안 고생해야만 한다네. 밥, 최소가 한 달 반이야. 수십만 달러에 이르는 세금을 써야 한다는 말이기도 하고…

---

glimpse 잠깐/언뜻 봄, 잠깐 보다

cast 붕대, 깁스

haggard 초췌한, 깡마른

a month and a half 한 달 반

minimum 최소한의, 최저의

hundreds of thousands of 수십만의

taxpayer dollars 납세자들이 낸 돈, 국민 세금

❶ **What can I say?**
내가 뭐 할 말이 있겠어요?
상대방이 한 말에 대해, 특히 외모나 성격 등에 관한 불평에 대해 약간은 퉁명스럽게 비아냥거리듯 대답할 때 쓰는 표현이에요. 우리말로는 '(내가 그렇게 생겨먹은 걸) 뭐 어쩌겠어요?', '날더러 뭘 어쩌라고요?'와 같은 뉘앙스입니다.

BOB   I know.

밥 저도 알아요.

DICKER   We gotta pay to keep the company quiet. We gotta **pay damages**, erase memories, relocate your family. Every time it gets harder. Money money money. We can't keep doing this, Bob. We **appreciate** what you did in the old days, but **those days are over.**❶ **From now on, you're on your own.**❷

디커 회사 사람들이 소문내지 않도록 돈으로 입막음을 해야 해. 손해배상금도 지급해야 하고, 기억도 지워야 하고, 자네 가족도 다른 곳으로 이전시켜야 하지. 매번 점점 더 힘들어져. 돈 돈 돈 모든 게 다 돈이야. 계속 이럴 수는 없어, 밥. 예전에 자네가 했던 일들은 정말 고맙지만 그때는 이미 지나갔어. 이제부터는, 자네가 혼자 알아서 살아야 해.

The elevator doors OPEN, Dicker steps inside. Bob stares at the floor, beaten. Dicker looks at him with pity. Then—

엘리베이터 문이 열리고 디커가 안으로 들어간다. 밥이 풀이 죽은 얼굴로 바닥을 본다. 디커가 동정하는 표정으로 그를 본다. 그리고는—

DICKER   Listen, Bob... maybe I could relocate you, **for old times' sake**...

디커 잘 들어, 밥… 어쩌면 내가 자네를 이전시켜 줄 수 있을지도 몰라. 옛정 생각해서…

BOB   No. I can't do that to my family again. We just got settled. It'll be alright. I'll **make it work**. Thanks.

밥 안 돼요. 우리 가족에게 또다시 그런 짓을 할 수는 없어요. 이제야 겨우 정착했는데. 괜찮을 거예요. 어떻게든 제가 알아서 해 볼게요. 감사해요.

Dicker stares at Bob a long moment. A **bittersweet** smile—

디커가 한참 동안 밥을 응시한다. 시원섭섭한 미소—

DICKER   Take care of yourself.

디커 건강 잘 챙기게.

The elevator doors CLOSE. Bob stares at them, **numb**.

엘리베이터 문이 닫힌다. 밥이 멍하게 그 모습을 보고 있다.

EXT. BOB'S DRIVEWAY - **DUSK**
Bob climbs out of his car and is surprised to find someone watching him—
—the KID on the Big Wheel, waiting in exactly the same spot as the night before.

외부. 밥의 집 자동차 진입로 - 새벽
밥이 차에서 내리는데 누군가가 그를 쳐다보고 있어서 놀란다—
—바퀴가 큰 세발자전거를 타고 있는 그 꼬마가 전날 밤과 정확히 같은 자리에서 기다리고 있다.

BOB   What're you waiting for?

밥 뭘 기다리고 있는 거니?

KID   I **dunno**. Something amazing, I guess.

아이 글쎄요. 뭔가 놀라운 일 아닐까요. 아마도.

---

pay damages 피해보상금을 지급하다
appreciate 고마워하다
for old times' sake 옛날/옛정을 생각해서
make something work ~이 잘 돌아가게 하다
bittersweet 씁쓸하면서 달콤한, 시원섭섭한
numb (추위 등으로 신체 부위가) 감각이 없는
dusk 황혼, 땅거미
dunno 비격식 구어체로 I don't know.

❶ **Those days are over.**
그런 시절들은 다 끝났다.
예전 좋았던 시절, 잘 나갔던 시절처럼 다시 한번 재도약 할 수 있을 것이라고 희망을 품는 사람에게 일침을 놓을 때 쓰는 표현이에요.

❷ **From now on, you're on your own.** 이제부터는 네가 혼자 알아서 해야 해.
on one's own은 '혼자서, 단독으로'라는 뜻의 숙어예요. 이제 도와줄 사람이 없으니 앞으로는 혼자서 일/삶을 헤쳐나가야 한다고 할 때, You're on your own! 이라고 표현합니다.

A **rueful** smile blooms and dies on Bob's face.

BOB   Me too, kid. Me too.

INT. BOB'S DEN
A cramped, windowless museum of MR. INCREDIBLE **arcana**. Walls and shelves **cluttered** with **mementos** of his storied past: framed photos, newspaper front pages, magazines, and, displayed on the wall under Plexiglas, his MR. INCREDIBLE SUIT.
Bob enters and closes the door. He opens his briefcase, pulls out an INSURICARE EMPLOYEE'S MANUAL. Bob growls and rips it in half, tossing it in the trashcan. **On a roll** now, he begins to dump the entire contents of his briefcase into the trash when— CLUNK!
Bob **DOUBLE-TAKES**— startled by the HEAVY sound. He peers over the edge of the desk, into the trash, and SEES—
A LARGE MANILA ENVELOPE. He picks it up, and is surprised it's heavy. He opens it and pulls out a FLAT PANEL about a half-inch thick. On it is printed "THIS END UP".
He turns the panel as instructed. In the center is a small circle with writing beneath it. Bob **SQUINTS**, unable to read the tiny letters. He brings it closer—

HIS P.O.V.:
As the letters... slowly... come... into... focus:

BOB   (reading) **HOLD STILL.**❶

Suddenly, the panel projects a red GRID over Bob's face. We hear a robotic female VOICE—

VOICE   Match Mr. Incredible.

Bob DROPS the panel in surprise. It clatters to the desk, still functioning. A small foot-long rod with a metal ball at the top pops out from the panel. The ball at the tip makes a quick, single revolution, scanning the surrounding room with a vertical beam.

VOICE   Room is secure. **Commence** message.

밥의 얼굴에 씁쓸한 미소가 잠깐 피었다가 사라진다.

밥   나도 그렇단다. 꼬마야. 나도.

내부. 밥의 작업실
비좁고, 창문도 없는 미스터 인크레더블의 비밀을 간직한 박물관. 벽들과 책장에 널브러져 있는 그의 잘 알려진 과거에 대한 상징: 액자 속 사진들, 신문 1면의 사진들, 잡지들, 그리고, 플렉시 유리 속 벽에 진열된 그의 인크레더블 의상.
밥이 들어가서 문을 닫는다. 자신의 서류 가방을 열고, 인슈리케어 직원 매뉴얼을 꺼낸다. 밥이 씩씩대며 그것을 양쪽으로 찢고 휴지통에 던져버린다. 내친김에, 그가 서류 가방 속에 있는 것들을 아예 싹 다 휴지통에 버리는데—쿵!
밥이 잠시 멈췄다가 행동을 재개한다—둔탁한 소리 때문에 깜짝 놀랐다. 그가 책상 모서리 쪽을 유심히 보는데, 휴지통 안에서, 뭔가를 본다—
마닐라지로 만든 큰 봉투. 그가 그것을 집어 드는데 묵직해서 놀란다. 봉투를 열고 1/2인치 두께의 평면 모니터를 꺼낸다. 모니터 위에 "여기가 위쪽"이라고 쓰여 있다.
그가 지시에 따라 모니터를 돌린다. 중앙에 작은 원이 있는데 그 밑에 뭐라 쓰여 있다. 밥이 눈을 가늘게 뜨고 읽어보려 하는데 글씨가 너무 작아 읽을 수가 없다. 눈앞으로 더 가까이 잡아당긴다—

그의 시점:
글씨들이… 서서히… 보이기… 시작한다.

밥   (읽으며) 움직이지 마.

갑자기, 모니터에서 빨간 격자무늬의 광선이 나와 밥의 얼굴 위로 비춘다. 여성 로봇 음성이 들린다—

음성   일치: 미스터 인크레더블.

밥이 놀라서 모니터를 떨어뜨린다. 책상 위로 덜커덕하고 떨어졌지만, 계속 작동된다. 꼭대기에 금속 공이 달린 30센티미터 정도 되는 작은 막대기가 모니터에서 튀어나온다. 끝에 달린 공이 재빠르게 한 바퀴 회전하며 수직 빔으로 방 안을 스캔한다.

음성   방은 안전하다. 메시지 게시.

---

rueful 후회하는, 유감스러워하는
arcana 비밀, 신비한 것들
clutter (어수선하게) 채우다, 잡동사니
memento (사람, 장소를 기억하기 위한) 기념품
on a roll 승운을 타서, 순조롭게
double-take (놀라서 같은 반응을) 다시 함
squint 눈을 가늘게 뜨고/찡그리고 보다
commence 〈격식〉 시작되다, 시작하다

❶ **Hold still!**
가만히 있어!
still은 '조용한, 움직이지 않는, 정지한'이라는 의미의 형용사예요. 그래서, Hold still! 이라고 하면 '가만히 있어! / 움직이지 마!'라는 뜻이 된답니다. 문맥상 경찰이 범인에게 쓰는 경우가 많겠군요.

The panel **FLICKERS**. It's a VIDEO SCREEN. An IMAGE appears; the beautiful platinum blonde woman who visited Bob's office earlier that day.

모니터에서 불이 깜박거린다. 동영상 화면이다. 이미지가 나타난다. 그 날 오전에 밥의 사무실에 방문했던 아름다운 백금색 머리의 여인이다.

WOMAN   Hello, Mr. Incredible. My name is Mirage. Yes, we know who you are. **Rest assured your secret is safe with us.** ❶ Actually, we have something in common. According to the Government, neither of us exist. Please pay attention as this message is **CLASSIFIED** and will not be repeated...

여성 안녕하세요, 미스터 인크레더블. 제 이름은 미라지예요. 네, 우리는 당신을 알고 있습니다. 당신의 비밀은 안전하니 안심하셔도 됩니다. 실은 우리에겐 공통점이 있어요. 정부에 의하면 우리 둘 다 존재하지 않는다는 것이죠. 집중해서 잘 들으셔야 합니다. 이 메시지는 기밀이기 때문에 두 번 반복되지 않아요.

Bob moves closer, **mesmerized**...

밥이 더 가까이 온다. 완전 넋이 나가서…

MIRAGE   I **represent** a top-secret division of the Government, designing and testing experimental technology and— we **have need of** your **unique** abilities.

미라지 전 실험적 기술을 테스트하고 설계하는 정부의 극비 부서를 대변하는데— 우린 당신의 특별한 능력이 필요합니다.

HELEN'S VOICE   Honey??

헬렌의 목소리 여보??

Bob startles, then strains to listen to the message.

밥이 놀란다. 그리고는 메시지에 더 집중하려고 애쓴다.

MIRAGE   Something has happened at our remote testing facility.

미라지 외지에 있는 테스트 전용 시설에 문제가 생겼습니다.

BOB   What??

밥 뭐라고요??

MIRAGE   A highly experimental **prototype** robot has escaped our control—

미라지 고도의 실험적인 원형 로봇이 우리의 통제를 벗어났어요—

HELEN'S VOICE   Dinner's ready!

헬렌의 목소리 저녁 다 됐어요!

MIRAGE   Although it is contained within an **isolated area**—

미라지 고립된 지역에 억제되어 있긴 하지만—

BOB   OKAY, okay!

밥 알았어요. 알았다고요!

---

flicker 깜박거리다, (빛의) 깜박거림

classified (정보가) 기밀의

mesmerize 완전 넋을 빼놓다

represent (행사, 회의 등) 대표/대신하다

have need of/for ~을 필요로 하다

unique 독특한, 특별한, 유일무이의

prototype 원형

isolated area 고립된 지역

❶ **Rest assured your secret is safe with us.**
비밀은 꼭 지킬 테니 안심하시오.
Rest assured는 자신의 말을 강조하면서 '~임을 확신해도/믿어도 된다'라는 의미로 쓰는 표현이에요. '안심해도 좋다'라고 해석할 수도 있고요. 예를 들어, Rest assured I will keep my promise. '약속은 잘 지킬 테니 안심하시오.' 이렇게 쓸 수 있지요.

Bob grabs a pen and a scrap of paper and starts to **scribble furiously**, **only to** find the pen dry. **Cursing**, he **rummages** for a **working pen**, finds one and begins to take notes.

밥이 펜과 종이 한 장을 집어서 걱정적으로 쓰려고 하는데, 펜에 잉크가 없다. 욕을 하면서, 쓸 수 있는 펜을 찾아 뒤지다가 하나를 찾아서 쓰기 시작한다.

MIRAGE —it threatens to cause **incalculable** damage to itself and to our facilities, **jeopardizing hundreds of millions** of dollars' **worth of equipment** and research. Only someone with—

미라지 —그 로봇은 자기 자신과 우리 시설들에 헤아릴 수 없을 정도로 막대한 피해를 입힐 수 있는 위협입니다. 수억 달러의 가치가 있는 장비들과 연구를 위험에 빠뜨리고 있죠. 유일하게—

HELEN'S VOICE Is someone in there?

헬렌의 목소리 그 안에 누구 있어요?

MIRAGE —your unique abilities can contain the robot without completely destroying it.

미라지 —당신과 같은 특별한 능력을 가진 사람만이 그 로봇을 완전히 파괴하지 않으면서도 저지할 수 있습니다.

BOB The T.V.! I'm trying to watch—!

밥 TV! 지금 뭐 좀 보려고 찾는 중—!

MIRAGE Because of its highly **sensitive** nature—

미라지 아주 민감한 사안이기 때문에—

HELEN'S VOICE Well, stop trying, it's time for dinner!

헬렌의 목소리 그럼, 이제 그만 찾아요, 저녁 먹을 시간이에요!

MIRAGE —this mission does not, nor will it ever, exist.

미라지 —이 미션은 존재하지도, 앞으로도 존재하지 않을 거예요.

BOB ONE MINUTE!

밥 1분만요!

MIRAGE If you accept, your payment will be **equivalent to** your **current** annual salary.

미라지 수락하면, 사례는 당신의 현재 연봉만큼 드릴 겁니다.

Bob's jaw goes slack. He scribbles "BIG $".

밥의 턱이 벌어진다. 그가 "큰돈"이라고 쓴다.

MIRAGE Call the number on the screen. Voice matching will be used to **insure** security. The Supers aren't gone, Mr. Incredible. You're still here. You can still do great things. Or... you can listen to Police Scanners. Your choice. You have 24 hours to respond. Think about it.

미라지 화면에 있는 번호로 전화하세요. 보안을 확실하게 하려고 음성 인식을 사용할 겁니다. 슈퍼히어로들은 죽지 않았어요. 미스터 인크레더블. 당신이 여전히 살아있잖아요. 당신은 여전히 위대한 일들을 할 수 있어요. 아니면... 경찰 스캐너를 들으면서 살 수도 있겠죠. 당신의 선택입니다. 24시간 안에 응답하시면 됩니다. 고민해 보세요.

---

scribble 갈겨쓰다, 휘갈기다
furiously 미친 듯이 노하여, 맹렬히
only to 그 결과는 ~뿐
curse 욕(설), 악담
rummage 뒤지다
working pen 제대로 나오는 펜
incalculable 계산할 수 없는
jeopardize 위태롭게 하다

hundreds of millions of 수억의
worth of ~의 가치가 있는, ~에 상당하는
equipment 장비, 용품
sensitive 예민한, 민감한, 감성적인
equivalent to ~와 같음, 상응함
current 현재의, 지금의
one's jaw goes slack ~의 입이 쩍/딱 벌어지다
insure 반드시 ~하게 하다, 보장하다

Bob finishes scribbling. His mind is **reeling**. **HEROIC** MUSIC begins to **stir**. A new light comes into Bob's eyes as they turn to the— PICTURES ON THE WALL of Mr. Incredible's **gallant** past. The **robotic** voice **relays** a last message—

밥이 쓰기를 멈춘다. 그의 마음이 어지럽다. 히어로 음악이 마음을 흔들기 시작한다. 미스터 인크레더블의 용맹한 과거를 보여주는 벽에 붙은 사진들을 보고 있는 밥의 눈에 새로운 빛이 들어온다. 로봇 음성이 마지막 메시지를 전달한다—

VOICE   This message will **self-destruct**.

음성 이 메시지는 저절로 폭파될 것입니다.

---

reel 비틀/휘청거리다

heroic 영웅적인

stir 젓다, (저어가며) 섞다/넣다, 동요/충격

gallant (힘든 상황에서) 용맹한, 용감한

robotic 로봇식의, 기계 장치로 된

relay (정보, 뉴스 등) 전달하다, (TV, 라디오로) 중계하다, 계주

self-destruct (기계 등이) 저절로 폭파되다, 자폭하다

Going to a Conference? Really?

콘퍼런스를 간다고? 정말?

🎧 11.mp3

Bob's eyes fall to the panel. Uh oh. HALLWAY OUTSIDE BOB'S DEN We hear a **muffled** BOOM from inside. After a long beat the **ceiling sprinklers** come on, **followed by** the family's SHOUTS from the dining room. The den door opens and Bob **emerges** in a cloud of smoke, so **preoccupied** that he's **slow to notice** the **downpour**.

밥의 눈이 모니터를 향한다. 오 이런. 밥의 작업실 밖 복도에서 안에서 낮은 '펑'소리가 들린다. 긴 울림 이후에 천장에 스프링클러가 터지고 식당에서 가족들의 비명이 들린다. 작업실 문이 열리고 연기로 자욱한 방에서 밥이 나오는데, 너무 다른 곳에 정신이 팔려서 쏟아지는 물줄기를 잘 느끼지도 못한다.

INSIDE – LATER
Bob and Helen finish drying the inside of the house.

내부 – 나중에
밥과 헬렌이 집안 건조를 끝낸다.

바로 이장면!*

HELEN	**You're one distracted guy.**❶	헬렌	당신은 정말 정신이 산만한 남자예요.
BOB	Hmn...? Am I? Don't mean to be.	밥	흠…? 내가 그런가요? 그럴 의도는 아니었어요.

Helen looks at Bob, puts a tender arm around him.

헬렌이 밥을 바라보며, 부드럽게 그를 안는다.

HELEN	I know you miss being a hero... and your job is frustrating and... and I just want you to know how much it means to me that you stay at it anyway.	헬렌	당신이 히어로 시절을 그리워하는 것 알아요… 그리고 직장에서 스트레스도 많고… 하지만 그럼에도 불구하고 당신이 계속 직장에 붙어 있는 게 내겐 얼마나 중요한지 당신이 알았으면 해요.
BOB	Honey... about the job...	밥	여보… 직장 말인데요…
HELEN	What?	헬렌	뭐죠?
BOB	I-I... uh... something's happened—	밥	내-내가… 어… 무슨 일이 있었는데—

Helen glares at him, clearly **expecting the worst**.

헬렌이 분명 최악의 상황일 기로 예측하며, 그를 노려본다.

HELEN	Whaaat?	헬렌	뭐데요?

---

muffled (소리가 잘 들리지 않게) 죽인/낮춘
ceiling sprinkler 천장에서 물을 뿌려주는 장치/스프링클러
followed by 뒤이어, 잇달아
emerge (어둠 속에서) 나오다/모습을 드러내다
preoccupied (어떤 생각이나 걱정에) 사로잡힌/정신이 팔린
slow to notice 금방 알아보지 못하는
downpour 폭우, 호우
expect the worst 최악을 기대/예상하다

❶ **You are one distracted guy.**
당신은 정말이지 산만한 사람이에요.
상대방에 대한 평을 하면서 강조하거나 혹은 비아냥댈 때 '정말이지 넌 ~이다', '정말 넌 못 말리는 ~로구나'와 같은 뉘앙스로 표현을 할 때 You are one으로 문장을 시작한답니다. 예를 들어, You are one heck of a guy! '너는 참 대단한 남자야' 이런 식으로 쓸 수 있어요.

BOB	The company's sending me to a conference out of town. I'll be gone for a few days.	밥 회사에서 콘퍼런스가 있다고 나보고 출장을 가라네요. 며칠 동안 집에 못 올 것 같아요.
HELEN	A conference? They've never sent you to a conference before.	헬렌 콘퍼런스요? 지금껏 회사에서 단 한 번도 당신을 콘퍼런스에 보낸 적이 없었어요.

Helen **gives Bob a questioning look**. Bob tenses. Pause.

헬렌이 의심하는 듯한 눈빛으로 본다. 밥이 긴장한다. 잠시 멈춤.

HELEN	This is good, isn't it?	헬렌 좋은 일이네요, 안 그런가요?
BOB	Yes.	밥 맞아요.
HELEN	You see? They're finally recognizing your talents. You're **moving up**...! (she hugs him, then, softly) It's wonderful.	헬렌 그것 봐요? 회사에서 당신의 재능을 이제야 알아본 거라고요. 당신이 더 높이 올라가는 거예요...! (그녀가 그를 안는다, 그리고는 부드럽게) 아주 잘됐어요.
BOB	Yes. Yes, it is...	밥 맞아요, 맞아요, 그렇네요…

BOB'S DEN - LATER
Bob is on the phone, glancing at the MR. INCREDIBLE SUIT in his display case. After a ring, a female voice answers–

밥의 작업실 – 나중에
밥이 통화 중이다. 진열장에 있는 미스터 인크레더블 의상을 힐끗 보면서. 전화벨이 울리고, 여자 음성이 답한다 –

BOB	This is Mr. Incredible. **I'm in.**❶	밥 인크레더블입니다. 제안을 받아들이겠어요.

ABOVE THE CLOUDS – DAY
A sleek-looking MANTA JET slices the sky.
INSIDE THE JET
Bob, **clad** in his old (and now too-tight) Mr. Incredible suit. MIRAGE IS **ON BOARD**. SHE **DEBRIEFS** HIM.

구름 위 – 낮
매끈하게 생긴 맨타 제트기가 하늘을 가르며 날고 있다.
제트기 안
예전에 입던 미스터 인크레더블 옷을 (지금은 너무 꽉 끼는) 입고 있는 밥. 미라지가 탑승했다. 그녀가 그에게 상황을 정리해준다.

MIRAGE	The OMNIDROID 9000 is a top-secret, prototype battle robot. Its **artificial intelligence** enables it to solve any problem it's **confronted with**. And... unfortunately—	미라지 옴니드로이드 9000은 극비의 원형 전투 로봇이에요. 이 로봇에 달린 인공지능이 마주하게 되는 그 어떤 문제도 해결할 수 있게 해주죠. 그리고… 불행히도—

give someone a look ~하는 눈빛으로 보다
questioning 미심쩍어하는, 왜 그러느냐는 듯한
move up 승진/출세하다
clad ~을 입은, 차려입은, ~이 덮인
on board 탑승한, 승선한
debrief (방금 수행한 임무에 대해) 보고를 듣다
artificial intelligence 인공지능 (=A.I.)
confront with ~와 대면시키다

❶ **I'm in.**
나도 합류할게요.
상대방의 제안에 대해 특히 어떤 일이나 프로젝트를 함께 하자는 제안에 대한 대답으로 '나도 합류할게', '나도 같이 들어갈게'라는 의미로 쓰는 표현이에요. 굳이 I will join you와 같은 표현을 쓰지 말고 이 표현을 쓰면 훨씬 더 자연스럽답니다.

MR. INCREDIBLE	Let me guess. It got smart enough to wonder why it had to **take orders**.
MIRAGE	(nodding) –we **lost control**. And now it's **loose** in the jungle, threatening our facility. We've had to **evacuate** all **personnel** from the island for their own safety. They're waiting **offshore** for the **all clear**.
MR. INCREDIBLE	How am I going in?
MIRAGE	The Omnidroid's defenses have **necessitated** an **airdrop** from 5000 feet. Its **cloaking device** makes it difficult to **track**... although we're pretty sure it's on the southern half of the island. One more thing; obviously it represents a **significant investment**—
MR. INCREDIBLE	You want me to shut it down without completely destroying it.
MIRAGE	(smiles) You are Mr. Incredible.

DROP **POD BAY**
After a few unsuccessful tries, Mr. Incredible manages to squeeze his **girth** into the pod. Mirage enters the pod bay, presses the pod's speaker switch.

MIRAGE	(through speaker) Remember: it's a learning robot. Every moment you spend fighting it only increases its knowledge of how to beat you.
BOB	(through speaker) Shut it down. Do it quickly. Don't destroy it.

인크레더블 제가 추측해보죠. 자신이 왜 명령을 받아야 하는지 궁금해할 정도로 똑똑해졌군요.

미라지 (고개를 끄덕이며) –우리는 통제력을 잃었어요. 그리고 지금은 우리의 시설을 위협하며 정글에 풀려있지요. 안전상의 문제로 모든 직원을 그 섬에서 대피시켜야만 했어요. 그들은 모든 것이 안전해질 때까지 연안에서 대기 중이에요.

인크레더블 저는 어떻게 투입되는 거죠?

미라지 옴니드로이드의 방어수단 때문에 5000피트 상공에서 투하해야만 해요. 몸을 숨기는 장치 때문에 추적하기도 어렵고요… 섬의 남부부 쪽에 있다고 강하게 추정되긴 하지만 말이에요. 그리고 한 가지 더: 잘 알겠지만 이 로봇에 상당히 큰 투자비용이 들었기 때문에—

인크레더블 완전히 파괴하지는 말고 정지시켰으면 한다는 말이로군요.

미라지 (미소 짓는다) 역시 미스터 인크레더블이군요.

비행체 낙하
몇 차례 실패 후, 인크레더블이 비행기 속 유선형 공간에 용케도 굵은 허리를 밀어 넣었다. 미라지가 유선형 비행체에 들어가고 스피커 스위치를 누른다.

미라지 (스피커를 통해) 기억하세요: 이 로봇은 학습할 수 있는 로봇이에요. 당신이 그와 싸우는 매 순간에 그는 당신을 이기는 방법에 대한 지식이 점점 더 늘어난다는 것.

밥 (스피커를 통해) 정지하기, 신속하게, 파괴하지 말 것.

---

take orders 주문을 받다, 남의 명령을 받다
lose control 통제/제어를 상실하다
loose 묶여/매여있지 않은, 풀린
evacuate (위험한 장소를) 떠나다, 피난하다
personnel (조직, 군대의) 인원/직원들
offshore 앞바다의, 연안의
all clear (공습, 위험의) 경보 해제 신호
necessitate ~을 필요하게 만들다

airdrop (항공기 낙하산) 공중 투하
cloaking device 은폐하는/숨기는 장치
track (자취 등을 따라) 추적하다/뒤쫓다
significant (두드러지는) 중요한/의미 있는
investment 투자
pod 유선형 모양의 작은 비행체
bay (건물 내외에 특정 용도로 표시) 구역/구간
girth (특히 사람의) 허리둘레, 둘레 치수

MIRAGE (through speaker) And don't die.

Bob shoots Mirage a **wan** smile.

BOB Great. Thanks.

The POD is blasted from the jet and disappears into clouds above the island.

SLOW **DISSOLVE** TO:
EXT. NOMANISAN JUNGLE – MINUTES LATER
Bob **groans** as he tries to **disengage** his generous belly from the tiny pod. Finally, with a frustrated yell, he RIPS the pod in half; FREE. He stretches, does a few toe touches and twists to **shake out** the **kinks**. He's ready.

BOB Showtime.

He jogs off into the jungle to track the robot.
A SERIES OF DISSOLVES
As an **out-of-shape** Bob jogs deeper and deeper into the jungle, growing more **winded with each passing mile**.

His sides ache, and he PAUSES now and then to **catch his breath**, but he **shakes it off** and resumes his pursuit.

DISSOLVE TO: LATER
The forest is still now, and Bob's **footfalls** and **heavy breathing** are the only sounds we hear. Bob still scans the jungle, but he's tiring and he pauses to lean against a banyan tree to catch his breath...
...and notices LARGE **SLASH** MARKS in the side of the tree. He **runs his hand over** them; they're fresh. In the dirt near his feet is a giant X-SHAPED FOOTPRINT.

BOB Hmn...

미라지 (스피커를 통해) 그리고 죽지 마세요.

밥이 미라지에게 힘없는 미소를 보낸다.

밥 좋아요. 고마워요.

유선형 비행체가 제트기로부터 폭파하듯 분리되어서 섬 위 구름 속으로 사라진다.

천천히 흐려지며 화면이 바뀐다:
외부. 노마니산 정글 – 몇 분 후
밥이 이 작은 비행체에서 자신의 넉넉한 배를 빼내려고 애쓰면서 끙끙거린다. 마침내, 좌절의 비명과 함께 그가 비행체를 반 토막으로 쪼개버리고; 빠져나왔다. 그는 기지개를 켠다. 손을 뻗어 발가락에 닿기를 몇 번 하고 몸을 비틀어서 뻐근한 느낌을 털어 낸다. 그는 준비가 되었다.

밥 시작해 볼까

그가 로봇을 추적하러 정글로 뛰어든다.
화면 명암의 반복
몸이 망가진 밥이 정글 속으로 더 깊이 뛰어들어 갈수록, 점점 더 숨이 차오른다.

옆구리가 아파온다. 그리고 잠시 쉬면서 숨 고르기를 하는데, 다시 약한 모습을 떨쳐내고 추적을 재개한다.

흐려지면서 화면 전환: 나중에
숲은 고요하고 들리는 소리라고는 밥의 발소리와 거친 숨소리뿐이다. 밥이 여전히 정글을 살피지만 점점 지쳐간다. 그가 잠시 멈춰 서서 숨을 고르기 위해 반얀 나무에 기댄다… …그리고 그 나무에 크게 칼로 벤 자국이 있는 것을 알아본다. 그가 손으로 그 자국을 만져 본다. 얼마 안된 자국이다. 그의 발 주변에 흙 위로 거대한 X자 모양의 발자국이 보인다.

밥 흠…

---

wan 창백한, 파리한, 힘없는
dissolve 녹다, 용해되다, 사라지다
groan 신음/끙하는 소리를 내다
disengage (잡고 있던 것에서) 풀다/떼어내다
shake out (먼지 등을 없애기 위해) ~을 털다
kink (보통은 죽 곧은 것이) 구부러진/꼬인 것
out-of-shape 건강이 안 좋은, 몸매가 엉망인
winded 숨이 찬

with each passing mile 1마일씩 더 가면 갈수록
catch one's breath 숨을 돌리다
shake something off (병, 아픔을) 떨치다/벗어나다
footfall 발소리
heavy breathing 〈구어〉 거친 숨, 헐떡이는 호흡
slash (날카로운 것으로 길게) 긋다/베다
run one's hand over ~을 손으로 훑으며 만지다

With a loud CRACK the trees behind him split apart and the OMNIDROID is upon him. It SLASHES at him and he dodges, but not quickly enough and the bot's claw catches him in the shoulder, **drawing blood**. Fire comes into Bob's eyes and when the bot slashes again he's ready— leaping over the bot and landing on his feet on the opposite side. The bot **is caught by surprise** and in the **split second** it takes for the bot to find Bob—
—BAMMMM!!! Bob has thrown a **mammoth** punch that sends the machine flying into the nearest tree. Bob lets out a happy **snarl** that says, "You just **got schooled by** MR. INCREDIBLE, baby." Deep within its metal shell, **servos WHINE** and the bot **rights itself**, its EYE LENS fixing on Bob.

BOB　　　Uh oh.

The bot **CHARGES**. Once again Bob tries his **patented** leap— TIME SLOWS as we cut to INSIDE THE BOT'S BRAIN. A VIEWSCREEN shows the arc of Bob's leap being calculated by the bot.

RESUME WIDE SHOT
The bot swings— SWATTING Bob **mid-jump**. Bob sails into a banyan tree so hard that it splits the trunk. Bob is STUNNED: the bot has quickly learned and **countered**. The bot CHARGES again.

WITH BOB —as he **runs for his life**, the Omnidroid **hot on his tail**. Bob races through the jungle with surprising speed, but his added weight is slowing him down. He **CUTS hard** to his right and DIVES—

찍 하고 갈라지는 소리와 함께 그의 뒤에 있던 나무들이 양옆으로 쪼개지며 옴니드로이드가 그의 위에 나타났다. 그 로봇이 밥을 베려고 하는데 밥이 피한다. 하지만 완전히 피하지는 못해서 로봇의 발톱이 어깨를 파고들어 피가 흐른다. 밥의 눈이 불타오르고 로봇이 다시 베려고 할 때 그는 준비되었다—로봇 위로 뛰어올라 반대편에 착지한다. 로봇이 깜짝 놀라긴 했지만 재빨리 다시 밥을 찾는다—
—퍽, 밥이 엄청난 펀치를 날려서 로봇을 바로 옆 나무에 내동댕이쳐지게 한다. 밥이 "이 자식아, 미스터 인크레더블이 한 수 가르쳐 준 거야"라고 말하는 듯이 기분 좋게 으르렁거린다. 금속 껍질 안 깊은 곳에서 자동제어장치가 끼익끼익 하는 소리를 내며 로봇이 정상으로 돌아가고 그의 눈에 있는 렌즈가 밥에게 고정된다.

밥　오 이런.

로봇이 돌진한다. 다시 한번 밥이 자신의 특허 점프를 하려고 하는데— 로봇의 두뇌 속 장면이 나오며 시간이 느리게 흐른다. 카메라 속 뷰스크린이 밥의 점프 동선이 로봇에 의해 계산되는 것을 보여준다.

다시 전체 화면
로봇이 팔을 흔든다— 밥을 공중에서 찰싹 때리며. 밥이 반얀 나무로 너무 세게 날아가서 나무의 몸통이 반으로 쪼개진다. 밥이 놀랐다: 로봇이 바로 학습해서 반격했다. 로봇이 다시 돌진한다.

밥은 —걸음아 날 살려라 하며 도망치는데, 옴니드로이드가 바짝 뒤쫓고 있다. 밥이 놀라운 속도로 정글 사이를 질주하는데 그의 늘어난 몸무게로 인해 점점 느려진다. 그가 급하게 오른쪽으로 방향을 전환한 후 뛰어든다—

---

draw blood 피를 흘리게 하다
be caught by surprise ~에 대해 놀라다
split second 아주 짧은 순간
mammoth 매머드, 거대한, 엄청난
snarl (개 등이 이빨을 드러내며) 으르렁 소리
get schooled by 〈비격식〉 ~에게 호되게 당하다
servo 서보 기구 (기계의 자동제어장치)
whine 칭얼거리다, 우는소리를 하다

right oneself 일어나다, 똑바르게 되다
charge 돌격/공격하다
patented 전매특허인, 개인/그룹에 특정적인
mid-jump 뛰어올라 공중에 있는 상태에서
counter ~의 반대 방향에서, 역습하다
run for one's life 죽어라 도망치다
hot on one's tail 뒤에 바짝 붙어서
cut hard 급진적으로 전환하다

Someone Who Is Attracted to Power

힘에 매료된 사람

🎧 12.mp3

OFF A CLIFF

Bob tumbles and slides down the rocky, near-**vertical** face, followed by the relentless machine. It ROLLS past him and lands in his path. Bob flings **boulders** at the machine, but the bot is **a fast learner**, immediately **incorporating** Bob's moves into its own attack.
The Omnidroid leaps high in the air and nearly lands on top of Bob, who leaps clear and tumbles to the bottom of the cliffs.

LAVA FIELDS

Bob **REELS**, and before he knows what's happening, the Omnidroid is there, driving him toward the bubbling-hot pools of LAVA. Bob resists the bot **with all his might**, but his feet can't hold the **rocky surface**, and as he is pushed ever closer to the **white-hot** lava, fear begins to grip his mind.
Bob and the Omnidroid grip each other like wildly mismatched wrestlers, with Bob at lava's edge now, **losing ground**. Bob is STRAINING, **desperate**... then something in him SNAPS. He fills with rage, and with a ROAR he– jerks to one side and FLIPS the OMNIDROID into the lava. The machine hits the lava with a **hissy SPLAT**, sinks into the hot glow and disappears. Bob is wild. He laughs, pointing at the bot's grave with a gesture of **defiance** and– SNAP! –**throws his back out**. Suddenly he can't breathe.

__BOB__   Agh. My back–!

The ground EXPLODES beneath him, splitting the rock. Claws rise from the lava, grip the rock, and the **dreaded** Omnidroid draws itself out of the lava, dripping **magma**, its metal body glowing red as if it came from hell itself. Bob looks down. The ground is splitting into chunks beneath his feet.

절벽
밥이 구르며 돌로 된 거의 수직인 암벽에서 미끄러지며 떨어지며 인정사정없는 로봇에게 쫓긴다. 로봇이 구르며 밥의 옆을 지나 그의 앞에 착지한다. 밥이 로봇을 향해 돌을 던지지만, 로봇은 빠른 학습능력으로 곧바로 밥의 공격방법을 자신의 공격방법으로 만든다.
옴니드로이드가 허공 위로 높이 붕 뛰어올라 밥의 몸 위로 내려오려고 하는데 밥이 뛰어올라 공격을 피하며 절벽 맨 밑으로 구른다.

용암 들판
밥이 휘청거린다, 그리고 그가 알아차리기도 전에 옴니드로이드는 거기에 서서 그를 부글부글 끓는 뜨거운 용암 웅덩이 방향으로 몰아간다. 밥이 혼신의 힘을 다해 저항하지만, 바위 위에서 몸을 지탱하고 서 있기가 힘들다. 계속 밀리면서 점점 더 뜨겁게 끓고 있는 용암에 다가가자 밥이 두려움에 사로잡힌다.
밥과 옴니드로이드가 마치 터무니없을 정도로 서로 상대가 안 되는 레슬러들이 겨루는 듯한 모습으로 서로를 잡고 있는데, 밥이 많이 불리해지면서 용암 문턱에까지 이른다. 밥은 힘에 겨워 절박한 모습으로... 순간 밥의 마음속에서 뭔가가 불끈한다. 분노에 찬 그가 포효하며 몸을 한쪽으로 꽥 틀더니 옴니드로이드를 용암 속으로 내던진다. 로봇이 쉬익의 철퍼덕하는 소리와 함께 용암에 떨어지고, 뜨거운 불길 속으로 가라앉으며 사라진다. 밥이 신났다. 그가 도전적인 몸짓으로 로봇의 무덤을 가리키며 웃다가— 딸깍—허리가 삐었다. 갑자기 숨을 쉴 수가 없다.

밥   으아, 내 허리–!

그의 발밑의 땅이 폭파되며 바위를 가른다. 갈고리 빗톱들이 용암위로 올라와 바위를 움켜잡고 공포의 옴니드로이드가 마그마를 뚝뚝 흘리며 용암 속에서 걸어 나오는데 그의 금속으로 만들어진 몸에서 광채가 나면서 마치 지옥에서 나오는 듯한 모습이다. 그의 발밑으로 땅이 여러 갈래로 덩어리지면서 갈라지고 있다.

---

vertical 수직의, 세로의

boulder (반들반들해진) 바위

a fast learner 빨리 배우는 사람

incorporate (일부로) 포함하다

reel 비틀/휘청거리다

with all one's might 혼신의 힘을 다하여

rocky surface 바위로 된 표면

white-hot (기운, 열정이) 열렬한, 백열 상태의

lose ground 후퇴/퇴각하다

desperate 발악하는, 자포자기한, 필사적인

hissy 쉭쉭 거리는

splat 철퍼덕

defiance (공개적으로 하는) 반항/저항/도전

throw something out ~을 혼란스럽게 만들다

dreaded 두려운, 무서운

magma 마그마

In pain, barely able to move, Bob makes a desperate leap to a chunk of rock as it **breaks free**... and lands **pathetically** on top. The bot snatches him off and slams him into the ground. Then it lifts Bob up, grabbing his feet with another claw and begins to pull Bob apart. Bob strains, then– POP! –his back **realigns**! Bob is a new man! With a laugh he **jackknifes**– ripping off one of the Omnidroid's claws. He drops underneath the bot, causing the bot to open a second eye in its **underbelly** to find him. Bob ROARS, seizing the second eye, ripping it off the bot's body and flinging it in the lava pool. Before the bot can react, Bob has climbed inside the hole in the belly. The bot knows Bob is inside and begins to STAB itself wildly to **get at** him... **puncturing** itself again and again and tearing itself apart. Until... sparking and sputtering, it **staggers** and shuts down. Bob punches a hole in the top, whistling and slapping its side. The bot drunkenly **ROUSES** and makes a final grab for Bob deep within its belly, and rips out its own metallic guts... ...and **KEELS OVER**, a lifeless scrap pile. Bob **hops out**, smiling. Mr. Incredible's work is done.

IN A NEARBY TREE
An exotic BIRD, which looks strangely **out of place**, **cocks** its head to one side. CAMERA PUSHES IN to one of its eyes as a metal **IRIS** appears. It's a CAMERA LENS. A **SHADOWED FIGURE** stands with Mirage, watching this all on a bank of VIDEO SCREENS.

SHADOWED FIGURE Surprising. We must bring him back. Sound the all clear. (he exits, stops, turns back) And... invite him to dinner.

INT. DINING HALL – OUTER CORRIDOR – EARLY EVENING
A **TRANSPOD** arrives and Bob steps out, dressed in a tux.

INT. DINING HALL
Bob opens the door, peeks inside. The hall is massive, with an open terrace that overlooks the tropical forest.

고통 속에서, 겨우겨우 움직이면서 밥이 필사적으로 땅에서 떨어져 나온 덩이의 바위 위로 뛰어서 그 위에 애처롭게 착지했다. 로봇이 그를 낚아채서 땅으로 내동댕이친다. 그리고는 밥을 들어올린 후 다른 한 발톱으로는 밥의 발들을 잡고 양쪽으로 잡아당긴다. 밥이 힘겨워하는데—팩 – 그의 허리뼈가 다시 제자리로 돌아왔다. 밥이 부활했다! 그가 웃으며 옴니드로이드의 발톱들 중 하나를 뜯어내어 V자형으로 접어버린다… 자기 몸 밑으로 쓰러지는데 그로 인해 로봇이 자신의 아랫배에 있는 두 번째 눈을 뜨게 된다. 밥이 포효하며 두 번째 눈을 움켜잡고 로봇의 몸에서 그것을 잡아 뜯어서 용암 몽덩이에 던져버린다. 로봇이 반응하기 전에 밥이 로봇의 배에 있는 구멍 안으로 들어갔다. 밥이 자신의 몸속에 있다는 것을 안 로봇이 그를 공격하기 위해 스스로를 찌르기 시작한다… 자기 몸에 반복적으로 구멍을 내다가 몸이 찢어버린다. 불꽃이 일며 털털거리는 소리가 날 때까지… 로봇이 휘청대고, 그의 기능이 정지된다. 밥이 꼭대기에 구멍을 뚫고 휘파람을 불며 로봇의 옆을 찰싹 때린다. 로봇이 취한 듯이 깨어나더니 자신의 배에 있는 밥을 마지막으로 다시 한번 잡아보려고 하는데 결국 자신의 금속성 내장을 뜯어내고 만다… …그리고 쓰러진다, 생명이 없는 고철 덩어리. 밥이 미소 지으며 밖으로 깡충 뛰어나온다. 미스터 인크레더블의 임무가 끝났다.

근처의 나무
이곳과는 전혀 어울리지 않는 듯한 이국적인 느낌의 새 한 마리가 한쪽으로 고개를 젖힌다. 카메라가 이 새의 눈에 가까이 다가가지 금속성 홍채가 나타난다. 카메라 렌즈다. 어두운 그림자 형체의 사람이 미라지 옆에 서서 영상모니터들이 늘어선 곳에서 이 모든 것을 보고 있다.

그림자 형상 놀랍군. 그를 다시 데려와야겠어. '모두 통과' 신호를 울려. (그가 나가다가 멈추고 뒤로 돌아선다) 그리고 그에게 저녁 초대를 하도록.

내부. 식당 – 외부의 회랑 – 이른 저녁
수송용 비행체가 도착하고 턱시도를 입고 있는 밥이 내린다.

내부. 식당
밥이 문을 열고 안을 훔쳐본다. 열대림을 바라볼 수 있는 야외 테라스가 있는 어마하게 큰 식당이다.

---

break free 도망치다. 탈주하다

pathetically 애절하게. 불쌍하게

realign 변경/조정하다. 재편성/구성하다

jackknife 잭나이프 (접는 칼). 구부리다

underbelly (공격에) 가장 취약한 부분. 아랫배

get at ~에게 이르르다. 접하다

puncture 펑크/구멍을 내다

stagger 비틀/휘청거리다

rouse (깊이 잠든 사람을) 깨우다

keel over (몸이 좋지 않아서) 쓰러지다

hop out (자동차에서) 뛰어내리다

out of place (특정한 상황에) 부적절한

cock 위로 젖히다. 굽히다

iris 홍채

shadowed figure 그림자 모양의 사람/모습

transpod 수송용 작은 유선형 비행체

In the center of the room is an enormous dining table, placed parallel to a fall of hot LAVA. Bob checks his watch; realizes he's early. A sudden RUMBLE makes him look up. The LAVA FALL PARTS, revealing a SECRET **PASSAGEWAY**. MIRAGE emerges. Bob **instinctively** pulls back, leaving the door opened just enough to watch. A SILHOUETTED FIGURE follows after Mirage, gesturing **animatedly**. They pause at the entrance to the passageway, their talk too distant to be heard. A sound causes MIRAGE to look in Bob's direction.

INT. DINING HALL – OUTER CORRIDOR – MOMENTS LATER
Mirage, suspicious, pushes open the dining hall DOORS. Climbing out of the transpod, Bob notices her and smiles.

방 한가운데 거대한 식탁이 뜨거운 용암 폭포와 평행한 위치에 놓여있다. 밥이 손목시계를 확인하고 자신이 조금 일찍 온 걸 알게 된다. 갑자기 우르르 하는 소리가 들려 그가 고개를 든다. 용암 폭포가 갈라지면서 비밀통로가 드러난다. 미라지가 등장한다. 밥이 직관적으로 뒤로 물러서며 들여다 볼 수 있을 정도로만 문을 열린 채로 둔다. 실루엣 형체의 사람이 미라지의 뒤를 따르며 활기찬 몸짓을 하고 있다. 그들이 통로의 입구 쪽에서 잠시 멈춰 섰는데 너무 멀어 그들의 대화가 들리진 않는다. 어떤 소리가 나서 미라지가 밥이 있는 쪽으로 고개를 돌린다.

내부. 식당 – 외부 회랑 – 몇 분 후
미라지가 의심스러운 눈으로 식당 문을 밀어서 연다. 수송 비행체에서 빠져나오며 밥이 그녀를 알아보고 미소 짓는다.

바로 이장면!*

BOB	Am I **overdressed**?	**밥**	제가 너무 과하게 차려 입었나요?
MIRAGE	Actually, you look rather **dashing**.	**미라지**	솔직히 말하면 정말 멋지군요.

INT. DINING HALL
Bob and Mirage are seated at an enormous table that runs parallel to an equally large LAVA FALL.

내부. 식당
밥과 미라지가 거대한 식탁에 앉아있는데 그 사이즈가 그 옆으로 나란히 뻗은 용암 폭포만큼이나 크다.

BOB	I take it our host is–❶	**밥**	호스트께서는 아마도 못 오시는–
MIRAGE	I'm sorry. He's not able to dine with us tonight. He hopes you'll understand.	**미라지**	미안해요. 그는 오늘 밤 같이 식사를 할 수가 없답니다. 당신이 이해해주길 바라고 계세요.
BOB	Of course. I usually make it a point to know who I'm working for.	**밥**	물론이죠. 일반적으로 전 반드시 날 고용한 사람이 누군지 확인하긴 하지만요.
MIRAGE	He prefers **a certain amount** of **anonymity**. Surely you **of all people** understand that.	**미라지**	그는 어느 정도의 익명성을 선호해요. 당연히 그건 그 누구보다도 당신이 너 잘 이해하실 테죠.
BOB	I was just wondering... of all the places to settle down, why live–	**밥**	궁금한 게 있는데요… 여기 말고도 자리를 잡을 만한 좋은 곳이 많을 텐데 왜 하필 굳이–

passageway 복도, 통로
instinctively 본능적/직관적으로
animatedly 활발하게, 기운차게
overdressed 옷을 지나치게 차려입은
dashing 늠름한, 멋진, 근사한
a certain amount of 일정/어느 정도의
anonymity 익명, 익명성
of all people 하고 많은 사람 중에

❶ **I take it + (that절)**
~라고 상정/추정하다.
상대방이 처한 상황이나 입장을 추정하며
'(보아하니) 아마도 ~인 것 같군요', '아마도 ~한 상황인 것 같네요'라고 말할 때 쓰는 표현이에요. 예를 들어, I take it you are new here. '여긴 처음이신가 보군요' 이렇게 쓸 수 있어요.

MIRAGE	–with a volcano? He**'s attracted to** power. So am I. It's a weakness we share.	미라지 – 화산이 있는 곳이냐고요? 그는 힘에 매료된 분이에요. 저도 그렇고요. 우린 둘 다 약하기 때문이죠.
BOB	Seems a bit unstable.	밥 좀 불안정해 보이는군요.
MIRAGE	I prefer to think of it as misunderstood.	미라지 그건 오해라고 생각하고 싶네요.
BOB	Aren't we all?	밥 우린 모두 오해받고 살고 있지 않나요?
MIRAGE	Volcanic soil is among the most fertile on earth. Everything at the table was grown right here. **How does it compare?**❶	미라지 화산토는 지구상에서 가장 비옥한 토양 중에 하나에요. 이 식탁에 놓인 모인 것들은 다 여기서 재배한 거랍니다. 맛이 어떠세요?
BOB	Everything's delicious.	밥 모두 정말 훌륭합니다.

Bob **raises his glass**. Mirage smiles and does likewise.

밥이 유리잔을 든다. 미라지도 웃으며 유리잔을 든다.

MONTAGE: INCREDIBLE AGAIN
His **self-esteem** back, Bob returns home with renewed **vigor**. He bonds with his kids, gets **frisky** with Helen, and takes new pride in his appearance. He buys a new **snazzy** SPORTS CAR for himself, and a new car for Helen.

몽타주: 다시 인크레더블
자존감을 되찾은 밥이 다시 한번 활기에 가득 차 집으로 돌아온다. 그가 아이들과 어울리고 헬렌과도 활기차게 장난을 치는데, 외모에서도 자신감을 되찾는다. 자기를 위해 아주 멋진 스포츠카를 한 대 구입하고, 헬렌을 위해서도 차를 한 대 산다.

After he says goodbye to Helen several mornings, clearly pretending to go off to the job he no longer holds at Insuricare, we see how he's actually spending his days; dropping weight and **getting in shape**. The Superheroic workouts do their job; Bob is in the best shape he's been in many years.

며칠 동안 아침에 헬렌에게 출근한다고 인사할 때면, 너 이상 일하지도 않는 인슈리케어로 출근하는 척을 아주 잘하고 있지만, 그가 실제로 일상을 어떻게 보내는지 우리는 안다. 살을 빼고 건강한 몸을 만들고 있다는 것을. 슈퍼히어로 식의 운동법이 효력을 발휘한다; 밥은 지난 몇 년간의 그 어떤 때보다 지금 가장 건강하다.

INT. BOB'S BEDROOM – MORNING – MONTHS LATER
Bob, dressed in a more expensive and **tailored** version of his Insuricare suit, pauses to examine the torn spot on his MR. INCREDIBLE SUPERSUIT.

내부. 밥의 침실 – 아침 – 몇 달 후
인슈리케어에 나갈 때 입는, 더 값나가는 그리고 양복점에서 맞춘 정장을 입고 있는 밥이 미스터 인크레더블 슈퍼 의상에 찢어진 부분을 살펴보기 위해 잠시 멈춘다.

HELEN (O.S.) Hurry, honey, or you'll be late for work!

헬렌 (화면 밖) 서둘러요, 여보. 안 그러면 회사에 늦어요!

---

be attracted to ~에 끌리다, 매료되다
raise one's glass ~을 위해 건배하다
self-esteem 자부심, 자존심
vigor 힘, 활력, 활기, 원기
frisky 기운찬, 놀고 싶어 하는
snazzy 아주 맵시 있는/멋진/세련된
get in shape 좋은 몸 상태/몸매를 만들다
tailored (특정 개인, 목적을 위한) 맞춤의

❶ **How does it compare?**
다른 것과 비교해 어때요?
문맥 속에서는 '음식 맛이 어때요?'라고 해석을 했는데, 위의 표현은 일반적으로 이런 상황에서 많이 쓰는 표현은 아니에요. 보통 음식 맛이 어떤지 물어볼 때는 How do you like it? 이란 표현을 더 많이 씁니다.

Bob quickly **stuffs** his SUPERSUIT into his briefcase and snaps it shut.

PARR HOUSE – FRONT DOORSTEP – MORNING
Bob pauses at the **doorstep**. Helen enters and HUGS him.

<u>HELEN</u>   Have a great day, honey! Help customers, climb ladders–

<u>BOB</u>   –bring bacon–❶

<u>HELEN</u>   –all that jazz!

Helen **plants** a proud kiss on his lips. Bob exits.

밥이 재빨리 슈퍼히어로 옷을 서류 가방에 집어넣고 딸깍 걸어 잠근다.

파의 집 – 현관 앞 계단 – 아침
밥이 계단에 멈춰 선다. 헬렌이 들어와 그에게 포옹한다.

헬렌   멋진 하루 보내요, 여보! 고객들도 돕고, 승승장구도 하고–

밥   –돈도 벌어오고–

헬렌   –기타 등등!

헬렌이 자랑스러워하며 그의 입술에 키스한다. 밥이 나간다.

---

stuff 급히 쑤셔 넣다
doorstep 문간의 계단)
climb (up) the ladder 더 높은 직위에 오르다, 직장에서 점점 더 성공하다
and all that jazz ~ 기타 등등, ~ 그런 것들
plant (나무, 씨앗 등을) 심다, 꽂다

❶ **bring bacon**
생활비를 벌다, 밥벌이를 하다.
가족의 생계를 책임지기 위해서 부모가
돈벌이를 하는 것을 표현할 때, bring home
the bacon이라는 관용표현을 씁니다.
대본에서는 더 간단하게 중간 부분을
생략하고 bring bacon이라고 표현했네요.
같은 상황에서 earn/make/gain one's
living이라는 표현도 씁니다.

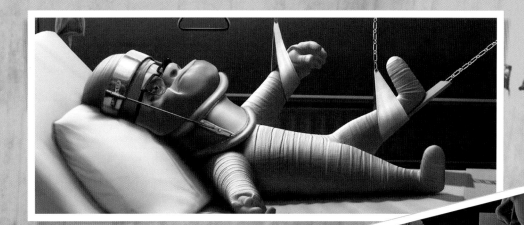

THE INCREDIBLES

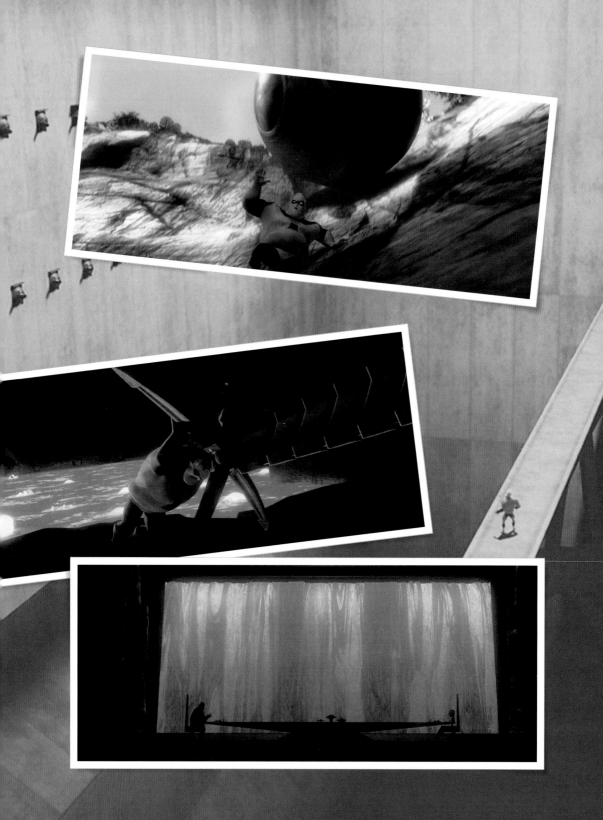

A New Suit for Mr. Incredible

미스터 인크레더블을 위한 새로운 의상

🎧 13.mp3

EXT. E'S HOUSE – DAY
Bob's new car **pulls up** to an **imposing** gate, a futuristic web of **parallel laser beams**. He turns toward a video screen and presses a button beneath it. The VIDEO SCREEN **lights up**, revealing a **BURLY** GUARD.

GUARD   Do you have an appointment?

BOB   I'm an old friend, I just wanted–

GUARD   All visitors **are required to** make arr–

The GUARD suddenly **flinches** from something below camera, and is **shooed** off-screen by a **strident**, **husky** female voice–

VOICE   Get back, Rolf! Go check the electric fence or something.

A pair of huge glasses fronting the top half of a head rises into the bottom half of the screen, **out of focus**. This is EDNA MODE, known by her friends simply as "E."

E   What is it? What do you want??

Bob removes his sunglasses and grins at the camera.

E   My God, you've gotten fat. Come in! Come!

The gate opens and Bob drives up the long driveway that **winds up the hill** to E's **tastefully arty** house.

외부, E의 저택 – 낮
밥의 새 차가 초현대적인 평행 레이저광선 망을 갖춘 인상적인 대문에 멈춘다. 그가 영상모니터 쪽으로 다가가 그 아래쪽에 있는 버튼을 누른다. 영상모니터에 불이 들어오고 건장한 경비원이 보인다.

경비원 방문 예약을 하셨나요?

밥 오래 알고 지낸 친구인데, 그냥 보려고–

경비원 모든 방문객은 꼭 예약을 해야만–

경비원이 카메라 밑에 있는 무엇인가로 인해 갑자기 움찔한다. 그리고는 '훠이, 저리 가' 라고 하는 한 여성의 거칠고 허스키한 목소리와 함께 화면 밖으로 사라진다–

목소리 돌아가, 롤프! 가서 전기 울타리나 점검하든지 하라고.

머리 위 반쪽을 덮은 거대한 안경이 화면의 하단 쪽에서 올라오는데, 초점이 잘 맞지 않는다. 친구들 사이에서는 단순히 "E"라는 호칭으로도 알려진, 에드나 모드의 모습이다.

E 뭐요? 뭘 원하나고요??

밥이 선글라스를 벗고 카메라를 향해 활짝 웃는다.

E 맙소사, 뚱뚱해졌네. 들어와! 들어오라고!

대문이 열리고 밥의 차가 언덕 위로 구불구불하게 나있는 긴 진입로를 통해 고상하게 예술적인 저택으로 향한다.

---

pull up (차를) 세우다

imposing 인상적인, 눈길을 끄는

parallel 〈두 개 이상의 선이〉 평행한

laser beam 레이저 광선

light up ~을 환하게 밝히다

burly 〈남자의 몸이〉 건장한

be required to ~하도록 요구를 받다

flinch 움찔/주춤하다

shoo 쉬이/훠이 하다 (무엇을 쫓음)

strident (소리가) 귀에 거슬리는/거친

husky 〈사람의 목소리가〉 약간 쉰 듯한

out of focus 초점/핀트가 맞지 않은

wind (도로, 강 등이) 구불구불하다

up the hill 언덕 위로

tastefully 고상하게, 멋있게

arty 〈비격식〉 예술가인 체하는, 예술적인

INT. E'S HOUSE
E leads Bob through the tasteful, **minimalistic** entrance way into her massive living room. E is in her early sixties, half German, half Japanese, and like both of those small countries, not to be **underestimated**.

E   Yes, **things are going quite well.❶** My God, **no complaints.❷** But, you know, it is not the same. Not the same at all.

BOB   Weren't you just in the news? Some show in **Prague**?

E   Milan, darling, Milan. "Supermodels"– HAH! Nothing super about them. Spoiled, stupid little stick figures with **poofy lips** who think only about themselves– FEH! I used to design for Gods! But perhaps you come with a challenge, eh? I was surprised to get your call.

내부, E의 저택
E가 고상한 미니멀리스틱 문을 통해 들어오는 그녀의 거대한 거실로 밥을 안내한다. E는 반은 독일계, 반은 일본계 혈통인데 사이즈가 작은 그 두 나라처럼 그녀도 작지만, 과소평가하면 안 된다.

E 그래, 난 아주 잘 지내고 있지. 그럼. 전혀 불만이 없다고. 하지만, 알잖아, 예전 같진 않아. 예전 하고는 전혀 다르다고.

밥 바로 얼마 전에 뉴스에 나오지 않으셨어요? 프라하에서 무슨 쇼 하신 것 같던데?

E 밀란이야, 자기야, 밀란이라고. "슈퍼모델들"– 하! 걔네들은 전혀 "슈퍼"하지 않아. 버릇없고 멍청한 막대기 같은 몸매에 입술만 부어가지고는 자기밖에 모르는 애들이야 – 쳇! 내가 옛날엔 신들의 옷을 만들었는데 말이지 아마도 네가 뭔가 어려운 과제를 들고 왔나 보네, 응? 네 전화 받고 놀랐어.

✱ 바로 이장면!

BOB   E, I just need a patch job.

Bob hands E his damaged suit. She examines it, frowning.

E   This is **megamesh**, **outmoded** but very sturdy, and you've torn **right through** it. What have you been doing, Robert? Moonlighting hero work?

BOB   Must've happened a long time ago.

E   (knowingly) I see. (re: his suit) This is a **hobo** suit, you can't be seen in this. I won't allow it. Fifteen years ago, maybe. But now...

밥 E, 난 그냥 옷에 구멍이 나서 덧댔으면 해서 온 거예요.

밥이 자신의 손상된 옷을 E에게 건넨다. 그녀가 살펴보더니 얼굴을 찌푸린다.

E 이거 메가메시잖아. 유행은 지났지만 아주 견고한 건데 네가 이걸 빵꾸 냈네. 도대체 뭘 하고 다닌 거야, 루버트? 밤에 몰래 영웅일 하고 다닌 거야?

밥 아마 분명히 오래전에 그렇게 됐을 거예요.

E (사정을 다 알고 있다는 듯이) 알겠어. (그의 옷과 관련하여) 이건 거지 옷이야. 네가 이런 걸 입고 다니게 할 수는 없지. 절대 안 돼. 15년 전이라면 모를까. 하지만 지금은…

---

minimalistic 미니멀리스트적인 (단순한 요소)

underestimate 과소평가하다

Prague 프라하 (체코의 수도)

poofy lips 부어 있는 입술

megamesh 그물조직으로 된 천 종류

outmoded 유행에 뒤떨어진, 더 이상 쓸모없는

right through 확 뚫고 지나간, 통과한

hobo (특히 농장의) 떠돌이 일꾼, 거지

❶ **Things are going quite well.**
아주 잘 지내고 있어.
구어체에서 인사말로 How are things going (with you)? '잘 지내니?'라고 물어보는 경우가 많은데, 그에 대한 대답이랍니다.

❷ **No complaints.** 불평할 게 하나도 없어.
평탄하게 잘살고 있어서 삶에 전혀 불만이 없다는 의미로 쓰입니다. I have no complaints. 또는 I have nothing to complain about. 이렇게도 쓸 수 있답니다.

E drops the suit into a trashcan. Bob **retrieves** it.

밥가 그 옷을 휴지통에 버린다. 밥이 다시 꺼낸다.

BOB   What do you mean? You designed it.

밥 무슨 말씀이세요? 당신이 디자인 한 옷이잖아요.

E   I never look back, darling. It **distracts from** the now. You need a new suit. That much is certain.

E 난 과거를 되돌아보지 않아, 자기야. 현재에 집중하지 못하게 하니까. 너에겐 새로운 옷이 필요해. 그것만은 확실해.

BOB   A new suit? **Where the heck would I get–**❶

밥 새로운 옷이라고요? 제가 어딜 가서 그런 걸 구할 수가–

E   You can't! It's impossible, I'm far too busy so ask me now, before I again become sane.

E 못 구하지! 불가능해. 내가 너무 심하게 바쁘니까 지금 당장 요청해. 내가 제정신으로 돌아오기 전에.

BOB   (confused) You... want to make me a suit?

밥 (혼란스럽다) 당신이… 제 옷을 만들고 싶으시다고요?

E   You push too hard, darling– but I accept. It will be bold. Dramatic! Heroic!

E 너무 심하게 압박을 주네, 자기야 – 하지만 받아들일게. 아주 과감한 스타일로 만들 거야. 드라마틱하고! 영웅스럽게!

BOB   Yeah. Something classic, like Dynaguy. He had a great look. The cape, the boots–

밥 네. 고전적인 스타일로, 다이너가이 것처럼. 아주 멋지더라고요. 망토에 부츠에–

E   No capes.

E 망토는 안 돼.

BOB   Isn't that my decision?

밥 그건 제가 결정할 사안 아닌가요?

Unaccustomed to being questioned, E visibly **STIFFENS**.

질문받는 것에 익숙하지 않은 E가 눈에 띄게 경직된다.

E   Do you remember... Thunderhead?

E 기억하니… 천둥머리?

FLASHBACK: MAELSTROM **IN HIS PRIME**
–beefy and **B-movie handsome**, **decked out** in a splendid outfit with elegant **floor-length** CAPE.

회상: 전성기 시절 소용돌이
– 우람하고 B급 영화에 나오는 잘생긴 외모, 우아한 바닥까지 닿는 망토를 걸친 멋진 옷을 입은 모습.

E (V.O.)   Tall, storm powers, nice man. Good with kids...

E (목소리만) 키도 크고, 폭풍을 일으키는 능력에, 참 멋진 남자였지, 아이들에게도 잘하고…

---

retrieve 되찾아오다, 회수하다
distract from (시선을) ~에서 다른 곳으로 돌리다
unaccustomed ~에 익숙하지 않은
stiffen (공포로 몸이) 뻣뻣해지다
in one's prime 전성기에
B-movie handsome B급 영화 주인공처럼 빈티 나게 잘생긴
deck out 치장하다, 갑판을 대다
floor-length (치마 등이) 바닥까지 닿는, 바닥에 끌리는

❶ **Where the heck would I get—**
도대체 내가 그런 걸 어디서 구할 수 있겠나—
의문사 뒤에 the hell을 넣는 것은 감정을
격하게 표현하기 위함인데, 해석할 때는
'도대체'를 넣어주면 된답니다. the hell이
다소 저급한 표현이기 때문에 the heck으로
대체해서 쓰는 경우도 많아요. 예를 들어, What
the heck is this? '이게 도대체 뭐야?' 이런
식으로요.

RESUME SCENE
Bob knows where this is headed and moves to speak, but is instantly cut off by E.

E   September 15th of fifty-eight—

RESUME FLASHBACK
A MADMAN aims a **MISSILE LAUNCHER** at a city across a **bay**. **Maelstrom** leaps into frame, dispatches him with a single punch and turns the missile towards the open sea. His duty done, he turns and smiles at a young lady standing nearby, failing to notice that his cape has caught on the missile—

E (V.O.)   –all was well, another day saved, when–

The rocket BLASTS **into the distance**, taking Maelstrom with it—

E (V.O.)   –his cape **snagged on** a missile **fin**. His **scorched remains** were found several hundred miles away–

INTERCUT: **comically** brief FLASHBACKS (as E describes them) of each Super being **doomed** by his or her cape–

BOB   Maelstrom **wasn't the brightest bulb** in th–

E   (cuts him off) –SLIPSTREAM: April 19th, fifty-seven.

Cape **caught in** a **jet turbine**—

BOB   E, you can't **generalize** about these th–

E (V.O.)   (**rapid-fire** FLASHBACKS)

장면 재개
이야기가 어디로 흘러가는지 밥이 알고 말을 꺼내려고 하는데, 바로 E가 저지한다.

E 58년 9월 15일 –

회상 재개
광인이 만을 가로질러 있는 도시에 미사일 발사대를 조준하고 있다. '소용돌이'가 화면 안으로 뛰어들어 광인을 펀치 한 방으로 날려 보내고 미사일을 바다를 향해 돌려놓는다. 그가 임무를 완수하고, 돌아서서 옆에 서 있는 젊은 여성에게 미소 짓는데, 그의 망토가 미사일에 걸린 것을 알아채지 못한다.

E (목소리만) – 모든 일이 순조롭고, 힘든 상황을 해결했는데, 바로 그때 –

로켓이 '소용돌이'를 데리고 저 멀리 날아간다 –

E (목소리만) – 그의 망토가 미사일의 꼬리 부분에 걸리고 말았어. 그의 그을린 유골은 몇 백마일 떨어진 곳에서 발견되었지 –

장면 삽입: 망토로 인해 생을 마감한 (E가 그 상황들을 묘사하면서) 각 슈퍼들의 익살맞게 짧은 회상 장면 –

밥 '소용돌이'가 아주 똑똑한 친구는 아니었지만 –

E (그의 말을 끊으며) – 슬립스트림: 57년 4월 19일.

망토가 제트기의 터빈에 걸렸다—

밥 E, 이런 식으로 일반화할 수는 없는 거에–

E (목소리만) (빠른 속도로 지나가는 회상 장면들)

---

missile launcher 미사일 발사대

bay 만, 구역/구간

maelstrom 대혼란/소용돌이

into the distance 저 멀리/먼 곳에

snag on ~에 걸려 찢어지다

fin 지느러미, (기계류에서 모양이 지느러미 같은 것)

scorch (불에) 그슬다

remains 남은 것/나머지, 유적, 유해

comically 익살맞게, 우습게

doomed 불운한, 불행한 운명/결말을 맞은

not the brightest bulb 그렇게 똑똑한 사람은 아닌

slipstream (빨리 달리는 차량 등의) 후류/반류

caught in ~에 걸린/휩쓸린

jet turbine 제트기의 엔진

generalize 일반화하다

rapid-fire 잇따라 쏘아대는, 속사포 같은

–MULTIMAN: express elevator, DYNAGUY: snag on **takeoff**, **SPLASHDOWN: sucked into** a **vortex**–
END FLASHBACKS. E glares at Bob, **declaring** with **unassailable** finality:

E —NO CAPES! (turns, exiting **dismissively**) Well, go on. Your new suit will be finished before your next assignment.

BOB You know I'm retired from hero work.

E As am I, Robert. **Yet here we are.**❶

BOB I only need a patch job, E. For sentimental reasons.

E (heavy sigh, takes suit) Fine. I will also fix the hobo suit.

BOB E, you're **the best of the best**.

E Yes, I know, darling. I know.

―멀티맨: 고속 엘리베이터, 다이너가이: 이륙 시 걸림, 물 위로 착수: 물 속의 소용돌이 속으로 빨려 들어감―
회상 장면 끝남. E가 더 이상 알가왈부할 수 없는 최종성을 표명하며 눈을 부릅뜨고 밥을 바라본다:

E –망토는 안 돼 (돌아서서, 무시하듯 나간다) 자, 계속해봐. 새 옷은 네 다음 임무 전에 완성될 것이야.

밥 아시다시피 전 이제 영웅 일은 은퇴했어요.

E 나도 마찬가지야, 로버트. 그럼에도 불구하고 우리가 이러고 있네.

밥 그냥 덧대기만 해주시면 돼요, E. 그냥 감성적인 이유들 때문에.

E (깊은 한숨을 쉬며, 옷을 가져간다) 좋아. 이 거지 옷도 수선해 주지.

밥 E, 당신은 정말 최고 중의 최고예요.

E 알아, 자기야. 나도 안다고.

---

takeoff 도약, 출발, 이륙

splashdown (우주선의) 착수

suck into (소용돌이 같은 것에) 휘말리게 하다/휘감기다

vortex 소용돌이

declare 선언/선포/공표하다

unassailable 난공불락의

dismissively 오만하게, 경멸적으로, 무시하는 듯하게

the best of the best 최고 중의 최고

❶ **Yet here we are.**
그럼에도 불구하고 우린 여기에 있잖아.
여러 가지 모순된 상황에도 불구하고 우리가 이런 상황에 놓여 있다고 할 때 쓰는 표현이에요. 예를 들어, You hated me. I hated you. Yet here we are living together. '너도 나를 싫어했고 나도 너를 싫어했지만, 지금은 우리가 이렇게 같이 살고 있잖아.' 이런 식으로 쓸 수 있어요.

A New Assignment for Mr. Incredible

미스터 인크레더블의 새로운 임무

🎧 14.mp3

INT. PARR HOME - **MASTER BEDROOM** - EVENING
Helen **plucks** one of Bob's enormous shirts from a stack of **freshly** cleaned **laundry** and hangs it up in their **closet**, when something **catches her eye**: A long, PLATINUM-BLONDE HAIR (Mirage's) on Bob's suit jacket. Helen plucks it off, **examining** it. The phone RINGS. She goes to answer it, **hesitating** when she hears–

내부, 파의 집 – 침실 – 저녁
헬렌이 깨끗하게 세탁한 빨래 더미 속에서 밥의 거대한 셔츠를 집어 들어 옷장에 걸어 놓는데, 뭔가가 눈에 띈다: 밥의 양복 재킷에 붙어있는 긴 백금색 머리카락 한 올 (미라지의 것). 헬렌이 뽑아내어 면밀히 살펴본다. 전화벨이 울린다. 그녀가 전화를 받으러 가다가 어떤 소리가 들려서 망설인다–

바로 이 장면!*

BOB (O.S.) I got it! Don't answer it, honey, I got it!

밥 (화면 밖) 내가 받을게요! 받지 말아요, 여보, 내가 받을게요!

Helen frowns. There's something suspicious about Bob's **eagerness**.

헬렌의 표정이 일그러진다. 밥의 열의가 왠지 의심쩍게 보인다.

INT. BOB'S DEN
Bob picks up the phone–

내부, 밥의 작업실
밥이 전화를 받는다.

BOB Hello?

밥 여보세요?

INT. CONTROL ROOM - NOMANISAN

내부, 통제실 – 노마니산

MIRAGE We have a new **assignment** for you.

미라지 당신에게 새로운 임무가 생겼어요.

INT. MASTER BEDROOM - WITH HELEN
She carefully picks up the phone, **places** a hand over the **mouthpiece**, and **listens in**...

내부, 침실 – 헬렌이 있다
그녀가 조심스럽게 수화기를 들고 손으로 전화의 송화구를 막고, 엿듣는데…

MIRAGE'S VOICE (PHONE) How soon can you get here?

미라지의 목소리 (전화) 얼마나 빨리 오실 수 있으신가요?

BOB'S VOICE (PHONE) I'll leave tomorrow morning.

밥의 목소리 (전화) 내일 아침에 출발할게요.

Helen REACTS.

헬렌이 반응한다.

---

master bedroom 부부용 침실, 큰방
pluck 뽑아내다
freshly 갓/막 ~한,
laundry 세탁물, 세탁
closet 벽장, 벽에 부착된 옷장
catch one's eye(s) 눈길을 끌다
examine 조사/검토하다
hesitate 망설이다

eagerness 열의, 열심, 열망
assignment 과제, 임무
place 장소, (조심스럽게) 놓다/두다, 설치/배치하다
mouthpiece (전화기의) 송화구, (악기에서) 입을 대는 부분
listen in (남의 대화를) 엿듣다

BOB	I understand. Goodbye.	밥 알겠어요. 안녕히 계세요.

Bob **hangs up the phone** and moves to the door, opening it. Helen is there, blocking the doorway. She **forces a smile**.

밥이 전화를 끊고 문 쪽으로 가서, 문을 연다. 헬렌이 입구를 막고 서 있다. 그녀가 억지 미소를 짓는다.

HELEN Who was that, honey? The office?

헬렌 누구 전화예요. 여보? 사무실?

BOB Another conference. Short notice, but– (smiles, shrugs) –duty calls.

밥 또 콘퍼런스가 있어요. 갑작스러운 통보라서, 하지만 – (미소를 지으며, 어깨를 으쓱한다) – 일이니까 해야죠.

Bob squeezes past her and exits. Helen stares into his den, feeling suspicious and **impotent**.

밥이 그녀 옆을 지나 비집고 나간다. 헬렌이 수상쩍게 생각하고 무력감을 느끼며 밥의 직무실을 가만히 바라본다.

INT. PARR GARAGE – MORNING
Bob is seated in his new sports car, its engine purring. He belts himself in. Helen enters, still in her robe.

내부. 파의 집 차고 – 아침
밥이 새로 장만한 스포츠카에 앉아있고 엔진이 부르릉 소리를 낸다. 밥이 안전벨트를 맨다. 헬렌이 여전히 잠옷 가운을 입은 채로 들어온다.

HELEN Bob–

헬렌 밥-

BOB Hmn? What is it, honey?

밥 응? 왜 그래요. 여보?

A storm of **conflicting** emotions play **across Helen's face**. But she **puts on a happy face** and leans down through his open window.

갈등하는 감정의 폭풍우가 헬렌의 얼굴에 비친다. 하지만 그녀는 행복한 표정을 지으며 밥의 열린 창문 사이로 몸을 숙인다.

HELEN Have a nice trip.

헬렌 출장 잘 다녀와요.

BOB Thanks, honey. **Call you when I land.**❶

밥 고마워요. 여보. 도착하면 전화할게요.

HELEN I love you... so much.

헬렌 사랑해요… 아주 많이.

Something in her voice makes Bob hesitate. He **looks back** at her, curious.

그녀의 목소리 속의 무언가가 밥을 주저하게 만든다. 그가 궁금해하며 다시 그녀를 본다.

BOB I love you too.

밥 나도 사랑해요.

He gives her a kiss, then **backs out** of the driveway, and, with a wave, drives off.

그가 그녀에게 키스하고 후진을 해서 진입로 밖으로 나서며 손을 흔들며 떠난다.

---

hang up the phone 전화를 끊다
force a smile 억지 미소를 짓다
impotent 무력한
conflict 갈등, 충돌
across one's face (생각, 표정 등이) 스치다
put on a happy face 행복한 표정을 짓다
look back 되돌아보다, 회고하다
back out (하기로 했던 일에서) 빠지다, 물러서다

❶ **Call you when I land.**
착륙하면 전화할게.
이 문장은 완전하게 쓰면 I will call you when I land. 인데 I will을 생략한 거예요. 대본에서는 비행기가 착륙하는 특정한 상황으로 동사를 land라고 했지만, 일반적으로 '도착하면 연락할게'라고 말하는 상황에서는 I'll call you when I get there. 이렇게 표현하는 경우가 많답니다.

EXT. ABOVE THE CLOUDS – DAY
The sleek-looking MANTA JET slices the sky.

INT. **MANTA** JET
Bob, leaner and meaner in his new SUPERSUIT, dips a fresh prawn into some cocktail sauce and gazes around the luxurious cabin. **He's happy as a clam.**❶

AUTOPILOT	This is your automated Captain speaking. Would you care for more Mimosa?
BOB	**Don't mind if I do.**❷ Thanks.

His glass disappears into his armrest, instantly replaced by a full glass of mimosa.

AUTOPILOT	You're welcome. Currently 78 degrees in Nomanisan. Please fasten your seat belts. We're beginning our descent.

OVER THE ISLAND
As the jet begins its descent toward the island, we begin to see its spectacular aspects: active volcano, towering snow-capped peak, tumbling waterfalls, **futuristic** monorail, etc.... a paradise on earth. Suddenly the engines cut off and the jet **PLUNGES**, **nose down**, into the sea, converting into a **SUBMERSIBLE**.

BENEATH THE WATER'S SURFACE
The **jetsub** cruises through a fantastic seascape of exotic **otherworldly** rock formations, toward the base of the island through vast curtains of bubbles created from a field of cooling lava. A massive door OPENS, revealing a huge underwater **docking bay**. The ship enters, the entrance closing behind them.

INSIDE THE DOCKING BAY
The water DRAINS. The JETSUB settles to a landing. A giant DOCKING TUBE extends from a side wall and connects to the side of the jetsub.

외부, 구름 위 – 낮
매끈하게 생긴 맨타 제트기가 하늘을 가른다.

내부, 맨타 제트기
새 슈퍼히어로 옷을 입은 더 호리호리해지고 단단해진 밥이 칵테일 소스에 신선한 새우를 찍으면서 호화로운 기내를 바라본다. 그는 무척 행복하다.

자동조종장치 저는 자동화된 선장입니다. 미모사 좀 더 드시겠습니까?

밥 그거 좋죠. 감사합니다.

유리잔이 팔걸이 속으로 사라지고 바로 미모사로 가득 찬 잔이 그것을 대체한다.

자동조종장치 천만에요. 노마니산은 현재 (화씨) 78도입니다. 안전벨트를 착용하십시오. 하강을 시작합니다.

섬 위
제트기가 섬 쪽으로 하강을 시작하는데 섬의 장관을 이루는 모습이 보인다: 꼭대기에 눈이 덮인 봉우리가 높이 솟아있는 활화산, 물이 쏟아지는 폭포들, 초현대적인 모노레일, 등등… 지구 위의 파라다이스. 갑자기 엔진이 멎더니 제트기가 갑자기 기수를 내리고 낙하한다. 바다 위로 내려앉으며 잠수정으로 변신.

바다의 수면 밑
제트기 잠수정이 이국적이고 초현실적인 바위 대형들의 환상적인 바다 경치를 항해하고 있는데, 열기가 식고 있는 용암으로 인해 만들어진 광활한 거품 장막들을 통과하며 섬의 아랫부분으로 향해 가고 있다. 거대한 문이 열리며 거대한 수중 부두 만이 드러난다. 배가 들어오고 그 뒤로 출입문이 닫힌다.

부두 만 내부
물이 빠진다. 제트기 잠수정이 착륙준비를 한다. 거대한 도킹관이 옆에 있는 벽에서 뻗어 나오며 제크기 잠수정의 옆에 연결된다.

---

manta (열대산) 큰 가오리
futuristic 초현대적인, 미래를 상상하는
plunge (앞, 아래로 갑자기) 거꾸러지다, 낙하하다
nose down (항공기 하강) 기수를 내린
submersible 물속(잠수용)에서 쓸 수 있는
jet-sub 제트기와 잠수정 겸용 비행기
otherworldly 내세의, 공상 세계의
docking bay 우주선이 결합/도킹하는 곳

❶ **He's happy as a clam.**
그는 아주 아주 행복하다.
원래 (as) happy as a clam at high tide '만조 때의 조개처럼 행복한' 이에요. 만조 때는 조개를 잡을 수 없으니까 조개들이 너무나도 행복해한다는 데 빗대어서 쓰는 표현이에요.

❷ **Don't mind if I do.** 그러면 좋겠네요.
상대방의 제의를 정중히 받아들일 때 쓰는 표현이에요. Yes, please. 와 같은 뜻이지요.

INT. JETSUB
Bob turns as a door opens, REVEALING a small side chamber and a pair of shapely LEGS. MIRAGE leans into view.

MIRAGE Welcome back, Mr. Incredible. Nice suit. You've lost weight.

BOB But not my appetite. **It's good to be back.**❶ Mirage.

Bob enters the **monopod**. The doors shut and it takes off.

EXT. NOMANISAN JUNGLE – TRAVELING WITH THE POD
The MONOPOD zooms along a track which rises from a tunnel beneath the **lagoon** and sweeps through the jungle. Although this is his second time here, Bob is **seeing the island with new eyes**. It is a WONDER. The monopod track disappears straight into a rushing WATERFALL. Suddenly the waterfall PARTS, the water separating like an enormously long chiffon curtain, revealing the **intricately** designed architecture hidden underneath. WITH THE POD as it enters a VERTICAL TUBE, and ZOOMS upward into the dark.

INT. **GUEST QUARTERS** – MOMENTS LATER
Elevator doors slide open crisply. Bob enters and takes in the room. It is small, open and tasteful, with a balcony **overlooking** a **breathtaking** view of the jungle and the ocean beyond.

MIRAGE You will be briefed about your next assignment in conference room at two. Room A113.

BOB Two o'clock. Thanks.

MIRAGE See you there.

Mirage leaves. Bob enters, throwing his case on the bed. He grabs a pear from a bowl of fresh fruit and takes a bite. He steps out on his balcony and leans against the **railing**. **He could get used to paradise.**❷

---

monopod 작은 유선형 비행체
lagoon 석호, (강, 호수 인근의) 작은 늪
see something with new eyes ~을 새로운 시각으로 보다
intricately 복잡하게, 얽혀
guest quarters 객실
overlooking 바라보는, 내려다보는
breathtaking (놀라워서) 숨이 막히는, 숨이 멎는 듯한
railing 철책

❶ **It's good to be back.** 돌아오니 좋네.
오랫동안 떠나있던 곳에 다시 돌아오게 되어 기분이 좋다는 표현이에요. 긴 여행 후 집에 돌아오거나 직장에 복귀하게 되었을 때 쓰면 딱 좋은 표현이지요.

❷ **He could get used to paradise.** 그는 파라다이스를 좋아하게 될 것 같다.
get used to는 '~에 익숙해지다'라는 표현인데, 그 앞에 조동사 can이 들어가면 '마음에 들 것 같다, 좋아할 것 같다'라고 쓸 수 있습니다.

An Important Lesson for Buddy
버디가 배운 중요한 교훈

🎧 15.mp3

INT. PARR HOME – **BASEMENT** HALLWAY – DAY
Helen vacuums. She notices some debris outside Bob's den, and vacuums it. The **vacuum bumps** the door and it **swings open**. Helen stares at the floor, pushes the vacuum forward in a **probe** of Bob's den carpet. The sound of **filthy** debris **rattles** up the vacuum tube. Helen SIGHS: she's got to vacuum the entire room.

INT. BOB'S DEN – **CONTINUOUS**
As she begins to vacuum the den floor, she notices that the door of his Mr. Incredible suit display case is **AJAR**. She pushes it closed and suddenly STOPS, looking closer at Bob's old SUPERSUIT–and sees a new rip, **expertly** and **recognizably mended**.

HELEN Edna.

INT. PARR HOUSE – KITCHEN – DAY

HELEN Hello? I'd like to speak to Edna.

E This is Edna.

HELEN E? This is Helen.

E Helen who?

HELEN Helen Parr– er, uh... you know... Elastigirl.

E DARLING! How ARE you?? How **divine** to hear from you!

내부. 파의 집 – 지하 복도 – 오후
헬렌이 진공청소기를 돌리고 있다. 그녀가 밥의 작업실 밖에 있는 잔해를 보고 청소한다. 청소기가 문에 부딪히고 문이 활짝 열린다. 헬렌이 바닥을 바라보며 밥의 작업실 카펫을 조사하며 청소기를 앞쪽으로 민다. 더러운 잔해의 소리가 달가닥거리며 청소기의 관을 타고 올라간다. 헬렌이 한숨을 쉰다: 방 안 전체를 청소해야만 한다.

내부. 밥의 작업실 – 계속
그녀가 작업실 바닥 청소를 시작하는데 미스터 인크레더블 의상 진열실 문이 약간 열려있는 것이 눈에 띈다. 그녀가 문을 밀어서 닫으려고 하다가 갑자기 멈춘다. 밥의 예전 슈퍼히어로 의상을 더 자세히 들여다보는데–찢어졌던 부분이 전문적으로 식별할 수 있을 정도로 수선되어 있는 것을 본다.

헬렌 에드나.

내부. 파의 집 – 주방 – 오후

헬렌 여보세요? 에드나와 통화하고 싶은데요.

E 에드나예요.

헬렌 E? 헬렌이에요.

E 헬렌 누구?

헬렌 헬렌 파– 어, 어... 그러니까... 엘라스티걸.

E 자기야! 잘 지냈어?? 정말 반갑네!

---

basement 지하층
vacuum 진공, 진공청소기로 청소하다
bump ~에 부딪히다
swing open 활짝 열리다
probe (철저한) 조사, 캐다/조사하다
filthy 아주 더러운, 추잡한
rattle 달가닥/덜컹거리다
continuous 계속되는, 지속적인

ajar (문이) 약간 열린
expertly 전문적으로, 훌륭하게
recognizably 곧/쉽게 알아볼 수 있을 정도로
mend 수리하다, 고치다
divine 아주 훌륭한, 멋진, 신성한, 신의

HELEN	Yes, it has been a while. Listen, there's only one person Bob would trust to patch his Supersuit, and that's YOU, E.
E	Yes yes yes. Marvelous, isn't it? Much better than those horrible pajamas he used to wear. They are all finished, when are you coming to see? **Don't make me beg,**❶ darling, I won't do it, you know!
HELEN	Beg... uh–? No, I'm calling abeg about– suit– about suit... Bob sssuit– (**frustrated** with herself) –I'm calling about Bob's suit!
E	You come in one hour, darling. **I insist.**❷ Okay? Okay, bye.

INT. NOMANISAN BASE – CONFERENCE ROOM A113
Bob opens the door. No one is there. He checks the wall clock: two o'clock. He decides to enter and takes a seat at the meeting table. There are some strange, low sounds. Then the far wall SLIDES OPEN, revealing the outdoors and –a bigger, **badder** OMNIDROID. Bob turns to run, but the OMNIDROID is fast. It grabs him and flings him into the outside air.

EXT. BASE – JUNGLE CLEARING – CONTINUOUS
Bob SAILS to the edge of the jungle, landing with a **thud**. Before he can react, the robot has him again, and slams him into the ground. A VOICE comes over a **loudspeaker**.

VOICE	It's BIGGER! It's BADDER!

The robot seizes Bob in one giant claw, turning two others into **WHIRLING** BLADES. They **close in on** Bob's neck– –when a young, chunky, **wild-haired** man in a bright Supersuit descends from the sky on jet-boots, landing on top of the enormous robot.

헬렌　네, 오랜만이에요. 저기, 밥이 슈퍼히어로 옷을 수선하도록 믿고 맡길 사람은 세상에 한 명밖에 없는데, 그건 바로 당신이지요, E.

E　그래, 맞아, 맞아. 아주 훌륭하지, 안 그래? 예전에 입던 끔찍한 잠옷 같은 옷보다 훨씬 더 좋지. 다 만들었는데, 언제 와서 볼 거야? 내가 조르게 만들지마, 자기야. 난 안 조를 거야. 너도 알잖아!

헬렌　조른다고… 어–? 아니요. 전 그러니까– 옷 때문에– 옷에 간해… 밥의 옷이– 전화하는 건데– (답답해하며) –밥의 옷 때문에 전화하는 거에요!

E　한 시간 안에 오라고, 자기야. 꼭 와야 해. 알겠지? 좋아, 안녕.

내부. 노마니산 본부 – 회의실 A113
밥이 문을 연다. 아무도 없다. 그가 벽시계를 본다: 2시다. 들어가서 회의실 탁자에 앉기로 마음먹는다. 이상하고 낮은 소리가 난다. 먼 쪽에 있는 벽이 미끄러져 열리며 야외가 보이는데 –더 크고 악한 옴니드로이드가 있다. 밥이 도망치려고 돌아서지만 옴니드로이드가 빠르다. 로봇이 그를 집어 들고 밖으로 던진다.

외부. 본부 – 정글 빈터 – 계속
밥이 미끄러지듯 정글 모서리로 쿵 하며 떨어진다. 그가 반응하기도 전에 로봇이 그를 다시 들어올려 땅에 내팽개친다. 스피커로 목소리가 들린다.

목소리　더 커졌지! 더 악해졌고!

로봇이 거대한 발톱으로 밥을 움켜잡고 다른 두 발톱은 빙빙 도는 칼날들로 변한다. 밥의 목 쪽으로 칼날들이 다가온다– –젊고 통통한 미치광이 머리 스타일의 남자가 밝은색 슈퍼히어로 옷을 입고, 제트부츠를 신고 공중에서 내려오며 거대한 로봇 위로 내려앉는다.

---

frustrated 좌절감을 느끼는
badder 〈구어〉 더 나쁜 (=worse)
clearing (숲속의) 빈터
thud 쿵. 쿵. 퍽. 쿵 치다/떨어지다
loudspeaker 스피커, 확성기
whirl 빙글 돌다. (마음, 생각 등이) 혼란스럽다
close in on ~을 포위하다. 궁지로 몰아넣다
wild-haired 머리가 미치광이 같은

❶ **Don't make me beg!**
내가 애원하지 않도록 해줘!
내가 비굴하게 빌면서 부탁하지 않게 어서 요청을 들어달라고 하는 표현이에요. 협박보다는 애교를 섞어 귀여운 어조로 하면 더 좋겠어요.

❷ **I insist.** 내 말대로 하자고.
초대/제안을 하거나 선물을 주는데 상대방이 받아들이기를 주저할 때 이 표현을 씁니다. '그러지 말고 받아, 내 말대로 하자고' 등의 뉘앙스입니다.

WILD-HAIRED MAN It's too much for Mr. Incredible! It's finally ready!

미치광이 머리의 남자 미스터 인크레더블이 감당하기엔 너무 벅차네. 드디어 준비가 됐네!

The wild-haired man **pokes** a few buttons on one of his **wristbands**. The robot's BLADES stop, the bot **stands down**.

미치광이 머리의 남자가 자신이 찬 손목 밴드에 있는 버튼을 몇 개 누른다. 로봇의 칼날이 멈추고 로봇이 물러난다.

WILD-HAIRED MAN I went through quite a few Supers to get it **worthy** to fight you, but, man... it wasn't good enough! After you trashed the last one I had to make some major **modifications**. **Sure it was** difficult, but you **are worth it**. After all... I'm your biggest fan.

미치광이 머리의 남자 당신과 겨룰만한 로봇을 만들기 위해서 슈퍼히어로들 몇 명을 해치웠지만, 아 정말... 그래도 충분하지 않더라 이거야! 당신이 지난번 로봇을 깡통으로 만들고 나서 대대적으로 수정작업을 거쳤지. 물론 힘들었지만. 당신은 충분히 그럴만한 가치가 있어. 이러니 저러니 해도... 난 당신의 가장 열렬한 팬이니까.

A dark **realization** falls over Bob's face...

어두운 깨달음이 밥의 얼굴에 깔린다...

바로 이장면!*

BOB Buddy...?

밥 버디...?

BUDDY My name's not BUDDY!

버디 내 이름은 버디가 아니야!

He presses a button on one of the thick platinum BANDS around his wrists: the OMNIDROID FLINGS Bob again.

그가 그의 손목에 찬 백금 밴드 중의 하나에 있는 버튼을 구른다: 옴니드로이드가 다시 한번 밥을 집어 던진다.

BUDDY And it's not "IncrediBoy" either. **That ship has sailed.❶** All I wanted was to help you. I only wanted to help! And what did you say to me??

버디 그리고 "인크레디보이" 또한 아니지. 그건 다 옛날 얘기야. 난 단지 당신을 돕고 싶을 뿐이었다고. 난 돕고 싶었을 뿐이라고! 그런데 당신이 나에게 뭐라고 했는지 알아??

FLASHBACK: MR. INCREDIBLE & BUDDY 15 YEARS EARLIER
A shot from the prologue, softened by memory. A young Mr. Incredible turns away from Buddy/IncrediBoy.

회상 장면: 미스터 인크레더블과 버디의 15년 전 모습
도입부에 나왔던 장면. 기억으로 옅게 보인다. 젊은 인크레더블이 버디/인크레디보이를 외면한다.

MR. INCREDIBLE Go home, Buddy. I work alone.

인크레더블 집에 가라, 버디. 난 혼자 일한다고.

---

poke (손가락으로) 쿡 찌르다
wristband 손목 밴드
stand down (직장, 직책에서) 물러나다/사임하다
worthy ~을 받을 만한. ~을 받을 자격이 있는
modification 수정, 변경
sure (+ 주어 + 동사) 확실히/틀림없이 ~을 할
be worth something ~의 가치가 있다
realization 깨달음, 자각, 인식

❶ **That ship has sailed.**
그 배는 이미 떠났어.
기회를 잃고 미련을 못 버리는 상대방에게 '(이미) 버스 떠났어'라고 하는 우리말 표현이 있죠? 그것과 같은 의미로 쓰는 영어표현이에요. 중간에 already를 넣어서 That ship has already sailed. 라고 할 수도 있어요.

FLASHBACK: BUDDY IN HIS BEDROOM
Still in his IncrediBoy costume, but without the mask, Buddy **glowers** up at his bedroom wall, a **shrine** to Mr. Incredible. He tears a poster off the wall.

BUDDY (V.O.) It tore me apart. But you taught me an important lesson: you can't **count on** anyone...

RESUME THE PRESENT - BOB & BUDDY

BUDDY ...especially your heroes.

MR. INCREDIBLE I was wrong to treat you that way. I'm sorry.

회상 장면: 자기 침실에 있는 버디
여전히 인크레디보이 의상을 입고 있는데 복면은 하고 있지 않다. 버디가 침실 벽, 미스터 인크레더블 성지가 있는 쪽을 성난 표정으로 바라본다. 그가 벽에 붙은 포스터 하나를 찢어버린다.

버디 (목소리만) 내 심장이 갈기갈기 찢어졌지. 당신은 나에게 중요한 교훈을 줬어: 아무도 믿으면 안 된다는…

현재 재개 - 밥과 버디

버디 …특히 자신의 영웅들은.

인크레더블 널 그런 식으로 대한 건 내가 잘못한 거야. 미안해.

BUDDY See? Now you respect me. Because I'm a threat. **That's the way it works.**❶ Turns out, there are a lot of people, whole countries who want respect. And they will **pay through the nose** to get it. How do you think I got rich? I invented weapons. Now I have a weapon that only I can defeat, and when I **unleash** it I'll get—

버디 알겠어? 이제야 당신이 날 존중한다고. 왜냐하면 내가 위협적인 존재이기 때문이지. 세상은 그런 식으로 돌아가더라고. 알고 보면 모든 사람이, 모든 나라가 다 존중받기를 원하지. 그리고 그들은 존중받기 위해서 너무 많은 값을 치를 거야. 내가 어떻게 부자가 됐다고 생각하나? 난 무기들을 개발했어. 지금 내겐 오직 나만이 무찌를 수 있는 무기가 있지. 내가 그걸 꺼내는 날엔 말이야—

Bob suddenly FLINGS the LOG at Buddy. He DUCKS it, and presses a button on one of his WRISTBANDS: a BEAM erupts from his index finger and HITS Bob in his chest, FREEZING him mid-action. Buddy CHUCKLES with admiration.

밥이 갑자기 버디에게 통나무를 집어 던진다. 그가 몸을 숙여 피하고 손목 밴드에 있는 버튼을 누른다: 그의 집게손가락에서 광선이 분출되더니 밥의 가슴을 가격하고, 밥이 움직이던 채로 얼어붙는다.

BUDDY You **sly dog**! You got me monologuing!

버디 이런 교활한 놈! 날 혼자 떠들게 했어!

Buddy jerks his beam-arm to his right, effortlessly hurling Bob into a tree with **tremendous** force.

버디가 광선을 쏘고 있는 팔을 오른쪽으로 홱 하며 움직이자, 전혀 힘도 들이지 않고 밥을 내던져서 엄청난 힘으로 밥이 나무와 부딪히게 한다.

BUDDY Cool, huh?? **Zero-point energy**. I save the best inventions for myself!!

버디 멋지지, 어?? 제로 포인트 에너지야. 제일 좋은 건 다 나만 쓰고 있지!!

---

glower 노려/쏘아보다
shrine 성지, 성지와 같은 곳, 사당
count on ~을 믿다, ~을 확신하다
pay through the nose 크게 바가지를 쓰다
unleash 촉발시키다/불러일으키다
a sly dog 교활한 녀석
tremendous 엄청난, 어마어마한
zero-point energy (물질의 내부 에너지) 영점 에너지

❶ **That's the way it works.**
어쩔 수 없는 거야.
일이 뜻대로 되지 않거나, 결과가 좋지 않을 때 상대방을 위로하며 '사는 게 다 그런 거지 뭐', '어쩔 수 없는 거야'라는 의미로 쓰는 표현이에요. 같은 상황에서 That's the way it goes. 라고 할 수도 있어요.

Buddy **immediately** catches Bob in the IMMOBI-RAY again, freezing him **in space**.

BUDDY   Look at THAT! Am I good enough now? (slams Bob into ground) WHO'S SUPER NOW??? (slams Bob again) I'm SYNDROME! Your **nemesis**! And–

Syndrome realizes he's lost Bob, **inadvertently** flinging him over the trees.

SYNDROME   **Brilliant.**

JUNGLE CLIFFS
Bob's body **arcs** over the **treetops**, dropping into a deep river that flows into a waterfall. He pulls himself onto a rock. Syndrome becomes visible over the distant trees. He spies Bob and **rockets** toward him. Bob takes a **running leap** off the rock, over the falls, and disappears into the **mists** below.

UNDERWATER – AT THE BASE OF THE FALLS
Bob hits the water in an **explosion** of bubbles.

AT THE TOP OF THE FALLS
Syndrome lands on the rock, pulls a tiny **electronic DEVICE** from his wristband. He hits the **primer**. The device begins to BEEP.

SYNDROME   **Try one** of these on **for size**, big boy.

He drops the device over the falls.

UNDERWATER – THE BASE OF THE FALLS
Bob's eyes widen when he sees the device entering the water. He turns and swims as fast as he can for the nearest protection: a hole in the rocks. The device EXPLODES–

UNDERWATER TUNNEL
–blowing BOB through the hole so fast that–

버디가 즉각적으로 다시 밥을 움직이지 못하게 하는 광선으로 들어올려 공중에서 얼어붙게 한다.

버디 이것 좀 보라고! 이젠 내가 좀 제대로 하는 것 같나? (밥을 바닥에 내동댕이친다) 이젠 누가 진짜 슈퍼히어로지? (다시 내동댕이친다) 난 신드롬이라고 해! 당신의 천적이지! 그리고–

신드롬이 밥을 집어 던지다가 무심코 나무 너머로 던져서 밥이 없어진 것을 알게 된다.

신드롬 아주 훌륭해.

정글 절벽들
밥의 몸을 활 모양으로 만들며 나무들 위를 넘어서 폭포수로 연결되는 깊은 강물속으로 뛰어든다. 그가 바위 위로 올라온다. 신드롬이 멀리 있는 나무들 사이로 보인다. 그가 밥을 보고 그에게 로켓처럼 날아든다. 밥이 바위에서 달리면서 뛰어내리고, 폭포를 넘어서 아래에 있는 안개 사이로 사라진다.

수중 – 폭포의 하단
밥이 폭발하듯 거품이 일어나는 물속으로 뛰어든다.

폭포의 꼭대기
신드롬이 바위에 내려앉아 손목 밴드에 있는 작은 전자기기를 당긴다. 그가 뇌관을 건드린다. 기기가 삐삐거리기 시작한다.

신드롬 덩치 씨, 이거 한번 사이즈가 맞는지 입어보시지.

신드롬이 폭포 위로 기기를 떨어뜨린다.

수중 – 폭포수 하단
기기가 물속으로 들어오는 걸 본 밥의 눈이 휘둥그레진다. 그가 돌아서서 최대한 빠른 속도로 수영해서 보호받을 수 있는 장소를 찾아간다: 바위들 속에 있는 구멍. 기기가 폭발한다–

수중 터널
–밥을 구멍에서 엄청 빠른 속도로 날려버리는데–

---

immediately 즉시, 즉각

in space 우주에서

syndrome 증후군 (영화에서는 이름으로 쓰임)

nemesis 피할 수 없는 벌, 천벌, 천적, 강적

inadvertently 무심코, 우연히, 부주의로

brilliant 훌륭한, 멋진, 눈부신, 탁월한

arc 호, 둥근/활 모양, 활 모양을 그리다

treetop 나무 꼭대기, 우듬지

rocket 로켓, 로켓처럼 가다, 돌진하다, 치솟다

running leap/jump 도움닫기 높이뛰기

mist 엷은 안개

explosion 폭발, 폭파

electronic device 전자기기

primer 뇌관, 도화선

try one for size 사이즈가 맞나 안 맞나 입어보다

THE INCREDIBLES

Helen Does Not Know
헬렌은 모른다

🎧 16.mp3

INT. CAVE
He is BLOWN into the inside of a cave. Bob **COUGHS up** some water, tries to catch his breath. He looks up to see– a **skeletal** FACE. He jumps back in surprise. It is the remains of a MAN, his only clothes the **ragged remnants** of shoulder pads, boots, and an **odd-looking** HELMET. Bob crawls over to rub some dirt from the **emblem** over the eyes: the emblem reads "G B".

BOB   Gazerbeam...

The skeleton is still sitting up, and Bob **is compelled to** follow its gaze to the adjacent cave wall. There... **presumably** in his dying moments, Gazerbeam had burned a word into the rock: "KRONOS".

BOB   Kronos...?

Just then Bob hears a sound near the **blowhole** of the cave. A tiny, flying **PROBE** rises from the hole. A scanner **detects** a body in the cave, and the probe flies toward it. It pauses in front of the skeleton, scans it, then **retreats**, exiting. Bob slowly rises from behind the skeletal remains and watches it go.

JUNGLE – TOP OF THE FALLS
Syndrome's PROBE emerges from the mist of the falls and returns to Syndrome. It BEEPS as it DOCKS with his wristband.

PROBE: **Life readings** negative. Mr. Incredible **terminated**.

Syndrome **BOWS his head in respect** to his former idol.

INSIDE E'S HOUSE – DAY
E leads Helen downstairs toward her hidden lab.

내부, 동굴
그가 동굴 안으로 날려졌다. 밥이 기침을 하며 물을 내뱉고 숨을 고르려고 애쓴다. 그가 고개를 들어보니 – 해골 얼굴이 보인다. 놀라서 뛰며 뒤로 물러선다. 한 남자의 유골인데, 남은 것이라고 다 낡아서 해진 어깨보호대와 부츠, 그리고 이상하게 생긴 헬멧뿐이다. 밥이 기어서 다가가 유골의 눈 위쪽의 먼지를 문지르니 엠블럼에 'G B'라고 쓰여 있다.

밥 게이저빔…

해골이 여전히 앉아 있는 채, 밥이 해골의 눈을 따라가며 옆 동굴 벽을 볼 수밖에 없는 상황이다. 거기엔… 아마도 게이저빔이 죽던 바로 그 순간 돌에 단어를 그을린 것 같은 흔적이 있다: '크로노스'.

밥 크로노스…?

바로 그때 밥이 폭파로 생긴 동굴구멍 근처에서 나는 소리를 듣는다. 작은 탐사 로봇이 구멍에서 날아오른다. 스캐너가 동굴 속의 몸을 탐지하고 탐사 로봇이 날아서 다가온다. 해골 앞에 잠시 멈춰 서서 스캔을 하고 뒤로 물러서며 나간다. 밥이 천천히 해골 유골 뒤에서 일어서며 탐사 로봇이 나가는 것을 본다.

정글 – 폭포의 꼭대기
신드롬의 탐사 로봇이 폭포의 연무 속에서 나타나 신드롬에게 돌아온다. 신드롬의 손목 밴드와 함께 도킹하며 탐사 로봇이 삐삐 소리를 낸다.

탐사 로봇: 생명체 확인 불가, 미스터 인크레더블 제거.

신드롬이 자신의 예전 우상에게 경의를 표하며 고개를 숙인다.

E의 저택 내부 – 오후
E가 헬렌을 이끌고 아래층에 있는 그녀의 비밀 연구실로 내려간다.

---

cough up (마지못해) 내놓다, 토해내다
skeletal 뼈대/해골의, 해골 같은
ragged 누더기가 된, 다 해진
remnant 남은 부분, 나머지
odd-looking 괴상하게 보이는
emblem (전형적인 표본이 되는) 상징, 엠블럼
be compelled to 할 수 없이 ~하다
presumably 아마, 짐작하건대

blowhole 얼어붙은 수면의 구멍, 폭파로 생긴 구멍
probe 캐묻다, 조사하다, 탐사/탐색하다
detect 알아내다, 감지하다
retreat 후퇴/철수/퇴각하다
life readings 생사 확인/측정값
terminate 끝내다, 종료되다
bow one's head 머리/고개를 숙이다
in respect 경의를 표하여, 존경하여

E   This project has completely **confiscated** my life, darling... **consumed** me as only hero work can. My best work, I must admit. Simple. Elegant, yet bold. You will die. I did Robert's suit and it turned out so beautiful I just had to continue!

E 이 프로젝트가 내 인생을 완전히 빼앗아 가버렸어, 자기야... 영웅의 옷을 만드는 일만이 내 에너지를 완전히 소진시키지. 내 최고의 작품이야, 정말로. 단순하고 우아하지만 대담하지. 꺼벅 넘어갈걸. 로버트의 옷을 만들었는데 너무 아름다워서 계속할 수밖에 없었다고!

HELEN   E, it's great to see you, but– I have no idea what you're talking about, I just–

헬렌 E, 만나서 정말 반가워요. 그런데– 무슨 말씀하시는 건지 전혀 모르겠네요. 전 그저–

E   Yes, words are useless. **Gobble** gobble gobble– there's too much of it, darling, too much! That is why I show you my work. That is why you are here!

E 그래. 말은 하나 마나야. 어쩌고저쩌고– 다들 말들이 너무 많아, 자기야, 너무 많다고! 그래서 난 작품을 네게 보여 주는 거야. 그래서 네가 여기 온 거잖아!

She turns to the wall and rapidly **executes** an **elaborate** series of **security measures**: punches a fifteen-digit code with her left hand, while– pressing her right hand against a panel. It FLASHES, as– she exposes her eyes to a **RETINAL** SCAN which– causes a MICROPHONE to extend from the wall to her lips–

그녀가 벽 쪽으로 돌아서서 정교하게 만든 보안장치들을 빠르게 실행한다: 왼손으로 15자리 코드를 입력하며 오른손은 패널에 밀착시킨다. 그녀가 망막 인식기에 눈을 가져다 대자 번쩍하는 섬광과 함께 벽에서 마이크가 나와 그녀의 입술로 다가간다–

E   (into microphone) Edna... Mode.

E (마이크에 대고) 에드나... 모드.

IN A FLASH: a CEILING PANEL OPENS, and out pops an ENORMOUS GUN, which **trains** its **sights** on Helen. E sees this, turns back to the microphone, adding **hastily**–

순식간에: 천장 패널이 열림과 동시에 거대한 총이 튀어나오며 헬렌을 향해 겨눔 장치를 조준한다. E가 이것을 보고 다시 마이크에 대고 서둘러서 한 마디 더한다.

E   And "guest."

E 그리고 "손님."

The gun retreats into the ceiling. The wall in front of them OPENS dramatically, REVEALING:
E'S TESTING LAB
A large, **ultra-sophisticated** work area, **dedicated** to the design, **fabrication**, and testing of SUPERHERO SUITS.

총이 다시 천장 안으로 퇴각한다. 그들 앞의 벽이 극적으로 열리며 드러낸다:
E의 실험 연구실
디자인, 제조, 그리고 슈퍼히어로 의상을 위한 크고 최고로 정교한 전용 직무실.

E crosses to a large, raised PLATFORM mounted to a track **running parallel to** a **glassed-in** chamber, and sits in one of the two chairs facing it. Between the chairs is a small table with a fresh pot of coffee and **assorted** cookies. E motions Helen to join her–

E가 유리를 끼운 방과 나란히 놓인 선로 위에 올려진 높이 올린 큰 플랫폼을 지나서, 그 플랫폼을 마주 보고 있는 두 개의 의자 중에 하나에 앉는다. 의자들 사이에 있는 작은 탁자에 방금 끓인 커피와 여러 종류의 쿠키들이 놓여 있다. E가 헬렌에게 이리 오라고 손짓한다–

---

confiscate 몰수/압수하다	sights 〈군사〉 겨눔 장치
consume (연료/에너지/시간을) 소모하다	hastily 급히, 서둘러서, 허둥지둥
gobble 게걸스럽게 먹다/삼키다	ultra-sophisticated (기계 등이) 극히 정밀한
execute 처형하다, 실행하다	dedicate 바치다, 전념/헌신하다, 바치다
elaborate 정교한, 정성을 들인	fabrication 제작구성, 조립, 꾸며낸 것 위조
security measures 경계/보안대책	run parallel to ~와 평행으로/병행하여 달리다
retinal 망막의	glassed-in 유리를 끼운
train (카메라, 총 등을) ~로 향하게 하다	assorted 여러 가지의, (음식이) 모둠 형식의

E   Come, sit. Cream and sugar?

Helen shakes her head, feeling a little **bewildered**, and sits as E pours and hands her a cup of coffee.

E   I started with the baby...

HELEN   "Started"?

E   Shh, darling, shh–!

Inside the chamber, a panel opens. A small, **featureless** BABY MANNEQUIN in a tiny red SUIT (sporting the same "i" **insignia** as Bob's) mounted to a **post** emerges, **tracking** slowly from one end of the chamber to the other.

E   ...I cut it a little **roomy** for the free movement, the **fabric** is comfortable for sensitive skin–

The inside of the chamber **ERUPTS in FLAMES**. Helen jumps back as E continues talking–

E   –and can also withstand a temperature of over one thousand degrees–

The flames are suddenly replaced by a **barrage** of MACHINE GUN FIRE, as the suit is blasted by hundreds of bullets–

E   –completely **bulletproof**–

The **GUNFIRE** stops.

E   –and **machine-washable**, darling, that's a **new feature**.

HELEN   What **in heaven's name** do you think the baby will be doing???

E 와서 앉아. 크림하고 설탕?

헬렌이 조금 혼란스러워하며 고개를 젓는다. 그리고 E가 커피를 잔에 따라서 그녀에게 건네주자 자리에 앉는다.

E 아기 것부터 먼저 시작했어…

헬렌 "시작"했다고요?

E 쉬이, 자기야, 쉿–!

방 안에 있는 패널 하나가 열린다. 작고 빨간 옷을 입은 작고 특색 없는 아기 마네킹이 (밥의 것과 같은 'i'라고 새겨진 배지를 입은) 말뚝 위에 올려져서 천천히 방의 끝에서 다른 쪽 끝으로 선로를 타고 움직인다.

E …자유로운 움직임을 위해 조금 널찍하게 잘랐어. 민감한 피부에도 편안한 천으로 만들었지–

방 안에 불꽃이 터진다. 헬렌이 깜짝 놀라 뛰는데 E는 계속 이야기를 하고 있다–

E –그리고 1000도가 넘는 온도도 견딜 수 있지–

불꽃이 갑자기 기관총의 집중포화로 바뀌고 옷에 수백 발의 총탄이 된다.

E –100% 방탄이고–

총격이 멈춘다.

E –그리고 세탁기로 세탁할 수 있어, 자기야. 이건 새로 넣은 특징이야.

헬렌 도대체 세상에 이 아기가 뭘 할 거라고 생각하는 거예요???

---

bewilder 어리둥절하게/당혹하게 하다
featureless 특색 없는
insignia (계급, 소속) 휘장/배지
post (병사 등의 근무) 위치/구역, 기둥
track (기차) 선로, 추적하다
roomy 널찍한
fabric 직물, 천
erupt (화산이) 분출하다, (폭력적으로) 터지다

in flames 활활 타올라서
withstand 견뎌/이겨내다
barrage 일제 엄호 사격, (질문 등의) 세례
bulletproof 방탄의
gunfire 발포, 총격
machine-washable 세탁기로 빨 수 있는
new feature 새로운 특징/기능
in heaven's name (의문문 강조) 제발, 도대체

E   Well, I'm sure I don't know, darling. **Luck favors the prepared.**[1] I didn't know the baby's powers so I covered the basics–

<u>HELEN</u>   Jack-Jack doesn't have any powers.

E   No? Well, he'll look **fabulous** anyway.

As the Baby suit exits one end, the panel REOPENS on the other side. Another MANNEQUIN Dash's size swings into the smoky chamber; its arms and legs slowly **churning** in a "running" motion which gradually accelerates into a BLUR.

E   Your boy's suit I designed to withstand enormous **friction** without **heating up** or **wearing out**, a useful feature...

The Dash suit departs into the wall as a new suit enters.

E   Your daughter's suit was **tricky**, but I finally created a sturdy material that will disappear completely as she does.

Helen's suit moves into view. ROBOT ARMS enter from above and below, CLAMP to the sleeves of arms and pants, and begin to PULL them wide apart in various **contortions**–

바로 이장면!*

E   Your suit can stretch as far as you can without injuring yourself and still retain its shape.

Two small BOMBS appear on either side of the suit and EXPLODE.

E 글쎄. 나도 잘 모르겠네, 자기야. 행운은 준비된 사람들을 선호하지. 아기가 어떤 초능력을 가지고 있는지 몰라서 그냥 기본적인 부분들만 넣었어–

헬렌 잭잭은 초능력이 없어요.

E 없어? 뭐, 그래도 이거 입으면 엄청 멋져 보일 거야.

아기의 옷이 한쪽으로 나가고 반대편에서 패널이 다시 열린다. 대쉬만한 또 다른 마네킹 하나가 연기로 자욱한 방 안으로 불쑥 들어온다. 마네킹의 팔과 다리가 "달리기" 동작으로 천천히 휘저으며 오다가 점점 더 그 속도가 빨라지며 잘 안 보일 정도가 된다.

E 네 아들의 옷은 엄청난 마찰에도 뜨거워지거나 헤지지 않고 견딜 수 있도록 디자인했지. 유용한 기능일 거야…

새로운 옷이 등장하면서 대쉬의 옷이 벽 쪽으로 들어간다.

E 네 딸 옷은 꽤 힘들었어. 하지만 결국은 내가 그녀와 함께 사라질 수 있는 튼튼한 재질의 옷을 창작해냈지.

헬렌의 옷이 볼 수 있는 곳으로 이동한다. 로봇의 팔들이 위아래에서 들어와서 윗옷과 바지의 소매/단을 침쇠로 고정한 후 다양한 뒤틀림 방식으로 양옆으로 죽 잡아당긴다.

E 네 옷은 네가 다치지 않고 늘어날 수 있는 최대범주까지 늘어날 수 있고 그러면서도 모양은 그대로 유지되지

작은 두 개의 폭탄이 옷의 양쪽에서 나타나서 폭발한다.

---

fabulous 기막히게 좋은/멋진, 엄청난
churn (물, 흙탕물 등이) 마구 휘젓다
friction 마찰, 마찰 저항
heat up 뜨거워지다, 뜨겁게 만들다, 데우다
wear out (낡아서) 떨어지다, 마모되다
tricky 힘든, 까다로운, 곤란한
contortion 뒤틀림, 일그러짐

❶ Luck favors the prepared.
행운/운은 준비된 사람들을 더 좋아한다.
준비된 사람만이 행운/기회도 잡을 수 있다는 뜻의 격언/속담과 같은 표현이에요. the prepared는 집합적으로 '준비된 사람들'을 뜻합니다. 이 표현은 그대로 외우면 좋겠네요.

E   **Virtually indestructible**, yet it breathes like **Egyptian cotton**. As an extra feature, each suit contains a homing device, giving you the precise global location of the **wearer** at the touch of a button.

The chamber goes dark, the lights return to their less dramatic setting. E **swivels** to face Helen, a cocky smile playing at the corners of her mouth.

E   Well, darling? **What do you think?❶**

HELEN   What do I think?? Bob is retired! I'm retired! Our family is underground! You helped my husband resume secret hero work behind my back??

E   I **assumed** you knew, darling! Why would he keep secrets from you?

HELEN   (defensive) He wouldn't! He didn't– doesn't!

There is a heavy PAUSE. E considers her.

E   Men at Robert's age are often unstable. **Prone to** weakness.

HELEN   What are you saying...?

E   Do you know where he is...?

HELEN   Of course.

E   Do you KNOW where he is?

E 실질적으로 파괴할 수 없고, 그러면서도 이집트 무명처럼 부드럽지. 그리고 또 다른 기능으로 각각의 옷에는 자동 유도 장치가 들어 있어서 어디를 가든지 버튼 하나만 누르면 이 옷을 입고 있는 사람의 정확한 위치를 파악할 수 있지.

방이 어두워지면서 조명이 조금은 덜 극적인 환경으로 돌아온다. E가 의자를 빙 돌리며 헬렌을 마주하는데, E의 입 주변에 잘난 척하는 듯한 미소가 스친다.

E 자, 자기야? 어떻게 생각해?

헬렌 어떻게 생각하냐고요? 밥은 은퇴했어요! 저도 은퇴했고요! 우리 가족은 숨어 살고 있어요! 당신이 나 몰래 내 남편이 영웅 일을 다시 할 수 있도록 도왔다는 건가요??

E 난 네가 알고 있는 줄 알았지, 자기야! 근데 왜 네 남편이 너한테 뭘 숨기는 거지?

헬렌 (방어적으로) 그가 숨길 리가 없죠! 안 숨겼어요– 안 숨긴다고요!

무거운 침묵이 흐른다. E가 그녀를 자세히 바라본다.

E 로버트 나이 때의 남자들은 불안정할 때가 많아. 쉽게 약해지고.

헬렌 무슨 말을 하려는 거죠..?

E 그가 어디에 있는지 아나...?

헬렌 당연하죠.

E 그가 어디에 있는지 진짜 알아?

---

virtually 사실상, 거의
indestructible 파괴할 수 없는
Egyptian cotton (식물) 이집트 목화
wearer 착용하는/사용하는 사람
swivel (고정된 채) 돌다/회전하다
assume (사실일 것으로) 추정하다
prone to ~의 경향이 있는

❶ What do you think?
네 생각은 어때? / 어떻게 생각해?
상대방에게 어떻게 생각하느냐고 의견을 물을 때 쓰는 표현이에요. '어떻게'를 영어로 주로 How로 쓰다 보니 How do you think? 라고 쓰는 사람들이 많은데, 그것은 옳지 않습니다. What을 넣어서 What do you think? 라고 해야 한답니다.

SEA CLIFFS – NOMANISAN – **DUSK**
Bob hiding in **brush** at the top of a cliff. Along the **waterline** far below, a monopod **streaks** toward him along a track which curves around the **coastline**. Bob **crouches**... and DIVES—we fall with him, **whistling** through the air until we hit a **PALM TREE**. The palm BENDS, slowing Bob's drop before he **expertly** releases it and drops into another palm directly below it.

Bob leaps onto the roof of the pod, quickly **dispatching** the guards inside, tossing them into the ocean. Bob seats himself at the controls, as the pod races toward Syndrome's base and a security **checkpoint**.

바다 절벽들 – 노마니산 – 황혼
밥이 절벽 위 덤불 속에 숨어있다. 저 멀리 아래에 물길을 따라서, 작은 유선형 비행체가 그를 향해 해안 주변으로 굽은 선로를 따라 그를 향해 쏜살같이 날아온다. 밥이 쭈그려 앉았다… 그리고 물속으로 뛰어든다—공기를 가르며 날아가는 그와 함께 우리의 눈도 그를 따라 떨어지다가 야자나무에 부딪힌다. 야자가 구부러지며 밥의 추락속도가 술게 되고 그가 능수능란하게 야자에서 손을 놓으며 바로 밑에 있는 야자로 떨어진다.

밥이 비행체 위로 뛰어올라 재빠르게 그 안에 있는 요원을 해치워 바다로 던져버린다. 비행체가 신드롬의 본부와 보안검문소가 있는 쪽으로 날아가는 동안 밥이 조종석에 있다.

---

dusk 황혼, 땅거미
brush 빗, 솔, 덤불이 우거진 땅
waterline 해안선, 지하수면, (배 양측의) 흘수선
streak (줄같이) 기다란 자국/흔적을 내다
coastline 해안지대
crouch 쭈그리다, 쭈그리고 앉다
whistle 휘파람을 불다, 호루라기
palm tree 야자나무, 종려나무

expertly 훌륭하게
dispatch (특별한 목적을 위해) 보내다, 파견하다
checkpoint 검문소

Violet in Charge

책임을 맡은 바이올렛

🎧 17.mp3

CHECKPOINT: Two GUARDS look up as they hear the monopod **approach**. A sparking **WHEEL CARRIAGE** arrives at the gate, its cab completely torn off and **missing**.

Suddenly **alert**, the GUARDS cock their guns and aim into the dark. We hear a distant **GRUNT**. A moment later the CAB falls from the sky, crashing on top of the GUARDS. Bob runs through the wrecked gate, toward the base.

EXT. BASE
Bob pulls up behind some trees. There are several GUARDS; two at the vehicle entrance, another at the balcony above. Bob thinks a bit, looks down and finds a COCONUT. With **expert precision**, he throws it at the balcony guard, **BEANING** HIM. He falls off the balcony and **hits the ground**.
The other guards rush to help him, leaving their post. Bob runs up to the vehicle entrance– it's locked tight. Bob sees shadows of guards approaching, he's **out in the open** and **about to** be caught when– the door suddenly **sweeps** up and open, taking Bob with it. An AMBULANCE moves out of the open bay, and as the door moves closed behind it we see Bob drop into the garage.

Elevator. Bob emerges in the DINING HALL and stares at the LAVA FALL. He knows there is a secret passage behind it. Picks up large **stone sculpture**. Readies to run into lava. One... two... thr–
Bob is startled by a flash of light behind the fall; the passage is opening. He loses his balance, struggling to **set** the massive sculpture **back into place** before Mirage enters. Bob rushes into the closing passage. **Jumps clear** just as passage CLOSES. A series of parallel floor lights click on. Bob follows them to an ELABORATE CHAIR in the center of the dark, lit from above. Bob sits down in the chair. A GIANT, CURVED SCREEN lights up in front of him, with a **blinking cursor** in its center.

검문소: 비행체가 다가오는 소리를 듣고 두 명의 보초가 올려다본다. 불꽃이 튀는 활송대가 입구에 도착하는데 운전석이 완전히 뜯겨서 사라진 상태다.

순간적으로 경계하며 보초들이 사격준비를 하며 암흑 속을 향해 조준한다. 멀리서 끙끙거리는 소리가 들린다. 잠시 후 뚜껑이 하늘에서 떨어지며 보초들 위로 쾅 하며 떨어진다. 밥이 파괴된 입구를 통해 본부 쪽으로 달려간다.

외부, 본부
밥이 나무들 뒤로 비행체를 세운다. 여러 명의 보초가 서 있다. 둘은 차량 입구에 서 있고, 또 다른 보초들은 위쪽 난간에 서 있다. 밥이 잠시 생각한 후 밑을 보니 코코넛이 있다. 전문가의 정확성으로 그가 난간에 있는 보초를 향해 코코넛을 던져서 머리를 맞힌다. 보초가 땅으로 떨어진다.
다른 보초들이 초소를 벗어나서 땅에 떨어진 동료를 도우러 간다. 밥이 차량 입구로 뛰어간다─굳게 자물쇠로 잠겨있다. 밥이 보초들의 그림자가 다가오는 것을 본다. 그가 완전히 노출되어 발각되기 직전인데─갑자기 문이 위로 열리며 밥이 문과 함께 끌려들어 간다. 구급차가 열린 격납고에서 나오고 문이 닫히는데 그 뒤로 밥이 차고 안으로 떨어지는 것이 보인다.

엘리베이터. 밥이 식당 안에서 나타나 용암 폭포를 바라본다. 거기에 비밀통로가 있는 것을 본다. 돌로 만든 큰 조각상을 들어올린다. 용암 속으로 뛰어들 준비를 한다. 하나… 둘… 세─
폭포 뒤에서 섬광이 비추는 것을 보고 밥이 놀란다; 비밀통로가 열린다. 그가 균형을 잃으며 미라지가 들어오기 전에 기대한 조각상을 다시 세워 놓으려고 발버둥친다. 밥이 닫히고 있는 통로 안으로 뛰어들어 간다. 통로가 닫히는 바로 그 순간 성공적으로 뛰어든다. 평행으로 설치된 바닥 조명들이 켜진다. 밥이 그 조명들을 따라가니 어두운 방 한가운데 정교한 디자인의 의자가 있는데, 위에서 조명을 비추고 있다. 밥이 의자에 앉는다. 거대하고 휘어진 스크린이 그의 앞으로 환하게 밝혀지고 화면의 가운데에는 커서가 깜박거리고 있다.

---

approach 다가가다, 다가오다

wheel carriage 활송대, 왕복대

missing 없어진, 실종된

alert 경계 하는, 경보를 발하다

grunt 끙하는 소리를 내다, 툴툴거리다

expert 전문가, 전문가의, 숙련된

precision 정확(성), 정밀(성)

bean 콩, 머리를 때리다

hit the ground 땅/바닥에 떨어지다

out in the open 공공연하게 드러난/알려진

be about to ~하려는 참이다

sweep 쓸다/청소하다, 휩쓸다, 휘몰아치다

stone sculpture 돌로 만든 조각품, 석상

set something back into place ~을 제자리로 돌려놓다

jump clear 피하다, 뛰어서 깔끔하게 피하다

blinking cursor (컴퓨터 화면) 깜박임 커서

Bob types in "KRONOS". The computer screen refreshes: Bob is IN.

RESUME E'S LAB
Helen on phone. E listens **intently** in the b.g.

<u>HELEN</u>	Hello, this is Helen Parr, Bob Parr is my husband. I was wondering if you could give me the number of the hotel he's staying at. The number I have is no good.
<u>SECRETARY</u>	Mr. Parr no longer works at Insuricare.
<u>HELEN</u>	What do you mean? He– **he's on a business trip,**[0] a company retreat–
<u>SECRETARY</u>	My records say he was terminated almost two months ago.

Helen HANGS UP **in a daze**.

<u>E</u>	So. You don't know where he is...

Helen shakes her head. E HOLDS UP the HOMING DEVICE.

<u>E</u>	Would you like to find out?

INTERCUT:
Bob enters the computer record of the development of the OMNIDROID. It **squares off** Superheroes on one half of the screen with **progressively** more advanced versions of the Omnidroid. A "TERMINATED" band **blots out** the loser of each encounter. Bob's eyes fill with horror: Syndrome has been using Superheroes to **beta-test** his Omnidroid killing machines, starting with the weaker Superheroes and **working his way up** as the robots became more **deadly**.

밥이 "크로노스"라고 입력을 한다. 컴퓨터 스크린이 다시 재생된다: 밥이 성공적으로 들어왔다.

다시 E의 의상실
헬렌이 통화 중이다. E가 뒤에서 열심히 듣고 있다.

헬렌 여보세요, 헬렌 파예요. 밥 파가 제 남편입니다. 남편이 머무는 호텔 방 전화번호를 혹시 저에게 알려 주실 수 있을지 여쭈려고요. 제가 가진 번호로 통화가 안 되네요.

비서 파 씨는 더 이상 인슈리케어에서 근무하지 않으세요.

헬렌 그게 무슨 말씀이시죠? 그는 – 출장 갔는데요, 회사에서 워크숍한다고 –

비서 기록을 보니 두 달 전에 그만두신 거로 나오는데요.

헬렌이 혼란스러워하며 전화를 끊는다.

E 그러니까. 밥이 어디에 있는지 모르는 거네…

헬렌이 고개를 젓는다. E가 자동 유도 장치를 든다.

E 알고 싶나?

중간 삽입:
밥이 옴니드로이드의 개발에 관련된 컴퓨터 기록에 접근한다. 화면의 반쪽에 이것이 점진적으로 더 발전된 버전의 옴니드로이드와 함께 슈퍼히어로들과 싸울 자세를 취하고 있다. 각각의 대결에서 패배한 슈퍼히어로들을 '종결됨'이라는 띠가 덮고 있다. 밥의 눈이 공포로 가득 찬다: 신드롬이 그의 죽음의 기계 옴니드로이드를 베타테스트하기 위해 슈퍼히어로들을 이용해왔는데, 상대적으로 약한 슈퍼히어로들부터 시작해서 로봇이 더 치명적으로 발전할수록 점점 단계를 올려왔다.

---

intently 골똘하게, 오로지, 몰두하며
in a daze 어리둥절한/혼란스러운 상태인
square off ~와 싸우다, 자세를 취하다
progressively (꾸준히) 계속해서
blot out ~을 완전히 덮다/가리다
beta-test (신제품에 대한) 베타 테스트
work one's way up 차근차근 밟아 올라가다
deadly 생명을 앗아가는, 치명적인

❶ He's on a business trip.
그는 출장 중이다.
'출장'을 영어로 business trip이라고 해요.
그리고 여행/출장을 가는 것을 표현할 때는
전치사를 to가 아닌 on을 써야 한다는 것 꼭
기억하세요.

Face after face of **deceased** Superheroes flash by: GAZERBEAM...
GAMMA JACK... EVERSEER... Bob turns away, **staggered**. He types
in the name: ELASTIGIRL. Under "**whereabouts**" the computer
answers "UNKNOWN". Bob **heaves a sigh of relief**.

INT. E'S LAB – SAME MOMENT
Helen **reluctantly** takes the **homing locator** from E and stares at it,
not sure she wants to know what it may tell her.

SYNDROME'S MASTER COMPUTER ROOM – WITH BOB
Bob is now looking at Syndrome's master plan, which seems to
indicate **unleashing** the Omnidroid on a major city. A countdown has
already started: it's happening within 24 hours. Bob rises from the
console and starts for the EXIT.

INT. E'S LAB – SAME MOMENT
Helen presses the locator button on the homing **tracker**. On the
viewscreen, the locator isolates a remote island.

WITH BOB
As the dot over the "i" on his chest-logo LIGHTS UP... beeping. Bob
looks down in surprise. An alarm sounds as the room is **awash** in
bright light. **Unwittingly** Helen has exposed him. Bob races for the
exit, but is hit by sticky balls of **goo** fired from guns lining the walls,
which **INFLATE**, quickly making it impossible to run. Bob falls to the
floor, swallowed up by the expanding goo.

BOB'S P.O.V.: The expanding goo-balls fill up the P.O.V.... but not
before Bob makes out the **recognizable** figure approaching him:
MIRAGE.

E'S KITCHEN – SEVERAL MINUTES LATER
Coffee has been made and partially consumed. The morning paper,
still rolled, rests on the table. Helen, eyes reddened from crying,
blows her nose into a wadded length of toilet paper handed her by a
mildly disgusted E.

사망한 슈퍼히어로들의 모습이 하나씩 하나씩 지
나간다: 게이저빔... 겜마 잭... 에버씨어... 밥이 휘
청거리며 고개를 돌린다. 그가 이름 하나를 입력한
다: 엘라스티걸. 컴퓨터에 '행방'이라고 쓰여 있는
문구 밑에 '알 수 없음'이라고 쓰여있다. 밥이 크게
안도의 한숨을 내뱉는다.

내부. E의 의상실 – 동시
헬렌이 마지못해 자동 유도 장치를 E에게서 건네
받고, 이것이 그녀에게 말해 줄 정보를 알고 싶은
지 확신하지 못하며 그것을 바라본다.

신드롬의 컴퓨터실 – 밥이 있다
밥이 신드롬의 종합 계획을 보고 있는데 옴니드로
이드를 주요 도시에 풀어놓는 것을 나타내는 것으
로 보인다. 이미 카운트다운이 시작되었다: 24시간
안에 진행될 것이다. 밥이 콘솔에서 일어나 출구
쪽으로 향한다.

내부. E의 의상실 – 동시
헬렌이 자동 유도 장치의 위치 버튼을 누른다. 뷰
스크린에 외딴 섬이 나타난다.

밥이 있다
가슴에 새겨진 "i" 로고 위의 점에 불이 들어오
며... 삐삐 소리가 난다. 밥이 놀라서 내려다본다.
방 한가득 밝은 불빛들이 켜지면서 알람이 울린다.
자신도 모르게 헬렌이 밥을 노출시켰다. 밥이 출구
쪽으로 질주하지만 늘어선 벽의 총들에서 발사되
는 찐득찐득한 공들에 맞는다. 공이 팽창하며 순식
간에 달릴 수 없는 상태가 된다. 밥이 바닥으로 쓰
러지고 점점 팽창하는 끈적이들에 의해 삼켜진다.

밥의 시점: 팽창하는 끈적이 공들이 그의 시야를
가득 채운다... 그 순간 밥이 알아볼 수 있는 사람
이 그에게 다가온다: 미라지다.

E의 주방 – 몇 분 후
커피가 만들어졌고 부분적으로 마신 상태다. 아직
펼쳐지지 않은 조간신문이 탁자 위에 놓여있다. 많
이 울어서 눈이 빨갛게 된 헬렌이, 조금은 혐오스
러워하며 E가 건네준 두루마리 휴지로 코를 푼다.

deceased 사망한, 고인이 된
stagger 비틀/휘청거리다
whereabouts 소재, 행방
heave 들어올리다/끌어당기다
a sigh of relief 안도의 한숨
reluctantly 마지못해, 억지로
homing 자동 유도 장치를 단
locator 위치 탐사 장치/탐지기

unleash (공격 등을) 개시하다, 풀어주다
tracker 추적자, 추적 시스템
awash 물에 뒤덮인, 넘쳐 나는
unwittingly 자신도 모르게, 부지불식간에
goo 〈비격식〉 (불쾌하게) 찐득찐득한 것
inflate (공기나 가스) 부풀다, 팽창시키다
recognizable (쉽게) 알아볼 수 있는

HELEN	I'm such an idiot. I let this happen you know. The new sports car, the getting in shape, the blonde hair, the lies!	헬렌 난 정말 멍청이에요. 저 때문에 이런 일이 생긴 거예요. 아시죠. 새 차 사고, 운동하고, 금발에다가, 거짓말까지!
E	Yes. He **attempts to relive the past**.	E 맞아. 그가 다시 과거처럼 살려고 했지.
HELEN	And now I'm losing him! (**sobbing**) What'll I do? What'll I do??	헬렌 그리고 이젠 제가 그를 잃게 된 거고요! (흐느껴 울며) 이제 어쩌죠? 이제 난 어쩌나고요??
E	What are you talking about...?	E 무슨 소리 하는 거야…?

E suddenly leaps onto the table. She **WHACKS** Helen with the **rolled-up** newspaper.

E가 갑자기 탁자 위로 뛰어오른다. 그녀가 말려진 신문으로 헬렌을 후려친다.

E	YOU ARE ELASTIGIRL! My God, **pull yourself together!!**[1] What will you do? Is this a question? You will show him you remember that he is Mr. Incredible, and you will remind him who YOU are. Well, you know where he is. Go. **Confront** the problem! FIGHT! WIN! (pleasantly) And call me when you get back, darling. I enjoy our visits.	E 넌 엘라스티걸이라고! 맙소사. 정신 차례! 네가 뭘 할 거냐고? 그게 질문이야? 그가 미스터 인크레더블이란 걸 네가 기억하고 있다는 걸 보여줘야지. 그리고 네가 누구인지도 그가 알게 해줘야 하고. 자. 그가 어디에 있는지 알잖아. 가라. 문제에 맞서야지! 싸워! 이겨라! (상냥하게) 그리고 돌아오면 연락해. 자기야. 난 방문객이 좋아.

INSIDE PARR HOUSE – HALLWAY – LATER
Readying to leave, Helen talks to Violet as they walk toward Helen's bedroom.

파의 집 내부 – 복도 – 나중에
떠날 준비를 하며 헬렌이 자신의 방으로 걸어오고 있는 바이올렛에게 말한다.

바로 이장면!*

HELEN	There's lots of leftovers you can reheat. Make sure Dash does his homework and both of you get to bed on time. I should be back tonight, late. You can be **in charge** that long, can't you?	헬렌 데워 먹으면 되는 남은 음식이 많아. 대쉬가 숙제하는 거 잊지 않게 하고 너희 둘 다 제시간에 취침해야 해. 오늘 밤에 돌아올 거야. 좀 늦겠지만. 그때까지는 네가 책임 맡아줄 수 있지. 못 하려나?
VIOLET	Yeah... but why am I in charge again?	바이올렛 네… 근데 또 왜 내가 책임을 맡게 되는 거죠?
HELEN	Nothing. Just a little trouble with Daddy.	헬렌 별것 아냐. 그냥 아빠와 관련된 문제가 조금 있어서.

---

attempt to ~하려고 시도하다

relive (상상 속에서) 다시 체험하다

the past 과거, 지난날

sob 흐느끼다, 흐느껴 울다

whack 세게 치다, 후려치다

rolled-up 원통형으로 둥글게 감은

confront (문제나 힘든 상황이) 닥치다, 맞서다

in charge ~을 맡은, ~의 담당인

❶ Pull yourself together!
정신 차례! / 침착해!
너무 흥분하거나 슬퍼서 이성을 잃고 정신을 못 차리는 사람에게 정신줄 붙들어 매라고 얘기하죠. 마음을 가다듬고 침착하라는 의미이지요. 같은 상황에서 Get a grip! 이라는 표현도 쓸 수 있습니다.

VIOLET   You mean Dad's **in trouble**? Or... Dad is the trouble?

Helen pauses outside her bedroom door.

HELEN   I mean either he's in trouble... (darkly) ...or he's going to be.

INSIDE MASTER BEDROOM
Mom enters, looks at her open travel bag, then the SUITS E made. She SIGHS, decides to pack her SUPERSUIT. Then sees Dash staring at the matching bright red outfits.

DASH   Hey what's THAT? Where'd you get that, Mom?

Mom STRETCHES to **slam the door** closed. **IMMEDIATELY** Dash is outside the sliding window, looking in.

DASH   You made a cool outfit? Hey, are those for us?? We all get cool outfits?

Mom stretches to pull the **blinds**, briefly taking her hand off the doorknob. Dash **ZOOMS** back through the door, nabs his outfit and is gone. Helen **calls after** him.

HELEN   Wait a– DASH! You come back THIS MOMENT!

The phone RINGS. Helen, expecting it, quickly picks up.

HELEN   Hey Snug! **Thanks for getting back.❶** Listen, I know this is short notice–

Violet has entered. She stares at the suits on the bed.

VIOLET   What are these?

바이올렛   아빠에게 문제가 생겼다는 거예요? 아니면… 아빠가 문제라는 거예요?

헬렌이 침실 밖에서 잠시 멈춰 선다.

헬렌   내 얘기는 그러니까 아빠에게 문제가 생겼거나… (비관적으로) …아니면 그렇게 될 수도 있다는 얘기야.

침실 내부
엄마가 들어와서 열려 있는 그녀의 여행 가방을 보고 E가 만들어준 옷들을 본다. 그녀가 한숨을 쉬다가 슈퍼히어로 옷을 챙겨 넣기로 마음먹는다. 그리고는 서로 짝을 이루는 밝은색 빨간 의상들을 바라보고 있는 대쉬를 본다.

대쉬   엄마 그거 뭐예요? 그거 어디에서 난 거예요, 엄마?

엄마가 몸을 늘어뜨려 문을 세게 닫아버리려고 한다. 그 순간 대쉬가 미닫이 창문 밖에서 안을 들여다보고 있다.

대쉬   그 멋진 걸 엄마가 만든 거예요? 엄마, 그거 우리 거예요?? 우리 다 멋진 의상을 입는 거예요?

엄마가 몸을 늘어뜨려 창문의 블라인드를 닫는데 찰나적으로 문손잡이에서 손을 뗐다. 대쉬가 잽싸게 다시 문으로 들어와서 옷을 들고 사라졌다. 헬렌이 그를 부른다.

헬렌   잠시만– 대쉬! 지금 당장 돌아와!

전화벨이 울린다. 예상이나 한 듯, 헬렌이 서둘러 받는다.

헬렌   헤이 스너그! 연락해줘서 고마워. 촉박하게 알리는 거라 미안하긴 한데–

바이올렛이 들어왔다. 그녀가 침대에 있는 옷들을 본다.

바이올렛   이것들 뭐예요?

---

in trouble 곤경에 빠진, 난처한
slam the door 문을 세게 닫다
immediately 즉시
blind (창문에 치는) 블라인드
zoom (아주 빨리) 붕/쌩/휭 하고 가다
call after ~을 부르며 뒤쫓다, ~을 뒤에서 부르다

❶ **Thanks for getting back.**
연락해 줘서 고마워요.
연락했는데 상대방이 부재중이거나 아주 바빠서 다시 연락해 주기를 부탁했는데 그쪽에서 연락했을 때 쓰는 표현이에요. 전화를 다시 해 주는 상황에 get back이라는 표현을 쓴다는 것을 기억하세요. 예를 들어, I'll get back to you later. '나중에 내가 다시 전화할게' 이렇게 쓴답니다.

Dash **ZIPS** back in, fully dressed in his suit.

DASH　　　　Look! I'm "The Dash." (zips to mirror)

대쉬가 다시 쌩하고 들어왔는데, 슈퍼히어로 의상을 입었다.

대쉬　봐봐! 난 "대쉬 님"이다. (거울로 달려간다)

The Dash likes. Helen tries to zip up her bag and return Violet's suit to the closet. Violet is back though, and SEES this.

대쉬가 마음에 들어 한다. 헬렌이 가방의 지퍼를 닫고 바이올렛의 의상을 옷장에 다시 넣으려고 한다. 하지만 바이올렛이 돌아와서 그 장면을 본다.

HELEN　　　　(into phone) Just a moment– (**irritated**, to Dash) Take that off, before somebody sees you.

헬렌　(전화에 대고) 잠시만요– (성가셔하며, 대쉬에게) 그거 벗어, 누가 보기 전에.

VIOLET　　　But you're packing one just like it. Are you hiding something? Mom?

바이올렛　하지만 엄마도 그거랑 똑같이 생긴 거 하나 짐에 넣었잖아요. 뭔가 감추고 있죠? 엄마?

HELEN　　　　Please, honey, I'm **on the phone**– DASH!

헬렌　제발, 얘야, 엄마 지금 통화 중이잖아– 대쉬!

Dash **whisks** the suit from Helen, offers it to Violet.

대쉬가 헬렌에게서 의상을 잽싸게 가로채서 바이올렛에게 내민다.

DASH　　　　This is yours! It's specially made.

대쉬　이건 누나 거야! 특별하게 만들었다고.

VIOLET　　　(to Helen) What's going on–?

바이올렛　(헬렌에게) 이게 무슨 일이냐고요–?

Helen pushes BOTH children out into the hall and SLAMS her door. Violet looks at the suit, then at Dash.

헬렌이 두 아이를 모두 복도로 밀어 버리고 문을 쾅 닫는다. 바이올렛이 의상을 보고, 대쉬를 본다.

VIOLET　　　What makes you think it's special?

바이올렛　무엇 때문에 이게 특별하다고 하는 거야?

DASH　　　　I'unno. Why'd Mom try to hide it?

대쉬　글쎄 잘 모르긴 하지만, 왜 엄마가 이걸 숨기려고 한 걸까?

Dash runs off. Violet looks at the suit, wondering. Making her hand **invisible**, she touches the suit– –it **VANISHES**. She **draws back**, taking her finger off the suit: it **REAPPEARS**. Violet stares at the suit with wide eyes: WHOA.

대쉬가 퇴장한다. 바이올렛이 궁금해하며 의상을 본다. 그녀가 의상을 만지는데 손이 보이지 않게 된다–사라졌다. 그녀가 뒷걸음질 치며 의상에서 손가락을 뗀다. 다시 손이 나타난다. 바이올렛이 휘둥그레진 눈으로 의상을 본다. 우와.

INSIDE MASTER BEDROOM

침실 내부

HELEN　　　　(into phone) Snug, **I'm calling in a solid you-owe-me.**[1]

헬렌　(전화에 대고) 스너그, 나 지금 완전히 '당신 나한테 갚을 거 있잖아'하는 마음으로 전화하는 거야.

---

zip 〈비격식〉 어떤 방향으로 쌩/휙 하고 가다
irritate 짜증 나게 하다, 거슬리다
on the phone ~와 통화 중인, 전화를 받는
whisk (달걀 등을) 휘젓다, 휘저어 거품을 내다
invisible 보이지 않는, 볼 수 없는
vanish (갑자기 불가사의하게) 사라지다
draw back ~에서 물러나다, 뒷걸음질을 치다
reappear 다시 나타나다

❶ I'm calling in a solid you-owe-me.
나한테 진 빚 갚으라고 전화한 거야.
call in은 call과 같이 '전화하다/연락하다', You owe me는 '너 나한테 빚졌다'라는 의미예요. solid는 여기서는 '순전한/완전한'이라는 의미로 쓰였네요. 상대방에게 '너 나한테 빚진 것 있으니 내 부탁 꼭 들어줘'라는 의미로 이렇게 표현했네요.

Mr. Incredible Calling for Help

도움을 요청하는 미스터 인크레더블

🎧 18.mp3

SNUG'S OFFICE – AIRPORT
Cluttered and comfortable. A **blown-in-the-bottle** museum of flying **arcana**. SNUG PORTER, lean, **leathery** and **laughlined**, **twirls** a pencil as he takes the call.

SNUG   About time. What's it been? 15 years? I was starting to get comfortable. **Whaddya** need?

HELEN   A jet. What can you get that's fast?

Snug turns to his office window, which **looks out onto** the **tarmac**, and lifts a few **venetian** blinds, REVEALING an amazingly **sleek** and powerful-looking jet.

SNUG   Let me think...

ABOVE THE CLOUDS – DAY
The JET **soars** through the golden late-afternoon sky.

INSIDE THE JET'S **COCKPIT** - SAME TIME
Helen pilots the jet as she speaks into her headset.

HELEN   Island approach, India Golf Niner niner checking in, **VFR** on top– over.

No response. Helen checks the instruments, confirms her course. She tries again.

HELEN   Island Tower. This is India Golf Niner niner requesting **vectors** vectors to the initial... over. (**static**) Huh.

스너그의 사무실 – 공항
잡동사니가 많고 편안해 보인다. 온갖 비행하는 신기한 것들을 모아놓은 진정한 박물관. 호리호리하고 가죽 같은 피부에 웃어서 생긴 주름 자국이 선명한 스너그 포터가 전화를 받으며 연필을 돌리고 있다.

스너그   드디어 때가 되었군. 얼마나 됐지? 15년 정도 됐나? 이제 좀 편해지려나 싶었다고. 필요한 게 뭔가?

헬렌   제트기. 아무거나 빠른 거로 뭐 구할 수 있어?

스너그가 활주로 쪽으로 향해 있는 창문으로 몸을 돌려, 베네치아풍의 블라인드를 몇 장 걷어 올리니 놀랍도록 매끄럽고 강력해 보이는 제트기가 드러난다.

스너그   어디 보자…

구름 위 – 오후
제트기가 황금빛으로 물든 늦은 오후 시간의 하늘을 가르며 날아오른다.

제트기의 조종석 내부 – 동시
헬렌이 헤드셋에 대고 말하면서 제트기를 조종한다.

헬렌   섬에 근접한다. 인디아 골프 나이너 나이너 확인 중. 위에는 VFR– 오버.

응답이 없다. 헬렌이 기기를 점검하며, 그녀의 비행코스를 확인한다. 다시 한번 시도한다.

헬렌   섬의 컨트롤 타워 응답하라. 인디아 골프 나이너 나이너 초기 진입로에 대해 진로를 요청한다… 오버. (정적) 허.

---

clutter (어수선하게) 채우다/집어넣다

blown-in-the-bottle 진짜의, 진정한

arcana 비밀, 신비한 것들

leathery 가죽 같은

laugh line 눈가의 주름

twirl 빙빙 돌리다, 회전시키다

Whaddya 〈비격식〉= What do you

look out onto ~에 면해있다

tarmac 타맥 (아스팔트 포장재), (공항) 활주로

venetian 베니스의, 베네치아풍/식의

sleek 윤이 나는, 매끈한

soar 급등하다, 치솟다, (허공으로) 솟구치다

cockpit 조종석

VFR 〈항공〉 유시계 비행 규칙 (=visual flight rules)

vector (비행기의) 진로

static 고정된, 정지 상태의, (수신기의) 잡음

An old sensation begins to creep into Helen's thoughts: danger. She grabs her duffle bag and zips it open, exposing the SUPERSUIT E made for her. She stares at it.

깊이 묻어 두었던 예전의 그 느낌이 스멀스멀 헬렌의 머리에 떠오르기 시작한다: 위험. 그녀가 더플 백을 집어 들고 지퍼를 여니 E가 그녀를 위해 만들어준 슈퍼히어로 의상이 보인다. 그녀가 의상을 바라본다.

HELEN   Easy, Helen. You're **overreacting**. Everything's fine. They're just– (tries an explanation) –all getting coffee at the same time...

헬렌 진정해, 헬렌. 너 지금 너무 과민 반응하는 거야. 아무 문제 없다고. 그들은 그저– (해명해 보려고 애쓴다) –모두 동시에 커피 마시러 간 거야...

Helen **mulls** the explanation. And decides it's ridiculous. She **flips a switch**– putting the jet on **AUTOPILOT**, grabs her suit and goes into the **lavatory**.

헬렌이 그 해명을 잠시 생각해본다. 말도 안 되는 해명이라고 생각한다. 그녀가 스위치를 돌린다 – 제트기를 자동운전장치에 설정해 놓은 후, 슈퍼히어로 의상을 들고 화장실로 간다.

NOMANISAN – **JAIL CELL** – SAME TIME
Bob awakens... and finds himself **bound by** huge metal **restraints**, facing a nasty looking DEVICE that looks something like an **electrified bed of nails**. Syndrome approaches Bob.

노마니산 – 지하방 – 동시
밥이 깨어난다... 자신이 거대한 금속 구속장치에 묶여 있고, 전기가 통하는 바늘방석같이 보이는 끔찍하게 생긴 기기를 마주 보고 있다는 것을 알게 된다. 신드롬이 밥에게 다가온다.

바로 이장면![*]

SYNDROME   You, Sir, truly are "Mr. Incredible"... You know, I was right to idolize you. I always knew you were tough. But tricking the probe by hiding under the bones of another Super? Ohhhh, MAN!! I'm still **geeking out** about it... (his expression SOURS) Then you had to go and just– ruin the ride. I mean, Mr. Incredible calling for help? "Help me!" **Lame** lame lame lame LAME! Alright, who did you contact?

신드롬 이봐, 신사 양반, 역시 "미스터 인크레더블"이군... 그래, 내가 당신을 우상화할 만했어. 난 항상 당신이 얼마나 터프한 지 알고 있었다고. 하지만 다른 슈퍼의 유골 밑에 숨어서 탐사 로봇을 속여? 오오, 젠쟁! 아직도 치가 떨리네... (그의 표정이 일그러진다) 그리고는 나가서 비행기를 망가뜨리고, 내 말은, 미스터 인크레더블이 도움을 요청해? "도와줘요!" 한심해. 한심해. 한심, 한심, 한심하다고! 좋아, 누구한테 연락한 거지?

Bob stares at Syndrome.

밥이 신드롬을 바라본다.

BOB   Contact? What are you talking about?

밥 연락? 그게 무슨 말이지?

Syndrome nods at a **flunky**, who presses a button. The TORTURE DEVICE **jumps to life**, **emitting** sparks as Bob **winces** in pain.

신드롬이 제복을 입은 요원에게 고갯짓하자 그가 버튼을 누른다. 고문기기에 시동이 걸리면서 불꽃을 발하자 밥이 고통에 움찔하며 놀란다.

---

overreact 과잉반응을 보이다

mull 실수, 혼란, 엉망으로 만들다, 숙고하다

flip a switch 스위치를 탁 올리다/돌리다

autopilot (항공기, 배의) 자동 조종 장치

lavatory 변기, 화장실, 공중화장실

jail cell 감옥의 수감공간

bound by 얽매여있는, 구속되어 있는

restraint 통제, 제한, (움직임을 제한하는) 장치

electrify 전기로 작동되게 하다

bed of nails 바늘방석, 엄청난 고난

geek out 〈비격식〉 끔찍해 하다, 열광하다

lame 다리를 저는, 변변찮은

flunky (경멸) 제복을 입은 고용인

jump to life 갑자기 활기를 띠다

emit (빛, 열기, 소리, 가스 등을) 내뿜다

wince (통증, 당혹감) 움찔하고 놀라다

SYNDROME	I'm **referring to** last night at 23:07 hours, while you were **snooping around**, you sent out a homing signal–	신드롬 어젯밤 23시 7분에 네가 여기저기 기웃거리다가 자동 유도 장치 신호를 보냈던 것에 대해서 얘기하는 거야–
BOB	(in pain) I didn't know... about the homing device–	밥 (고통스러워하며) 난 몰랐다고… 자동 유도 장치에 대해서는–

Syndrome **ZAPS** Bob again. He **spasms**, **grimacing**.

신드롬이 다시 한번 밥을 제압한다. 그가 얼굴을 찡그리며 발작을 일으킨다.

SYNDROME	–and now a government plane is requesting **permission** to land here! WHO DID YOU CONTACT?	신드롬 –그리고 지금 정부 비행기가 여기에 착륙하겠다고 허가를 요청하고 있다고! 누구한테 연락한 거야?
BOB	...I didn't **send for**... a plane–	밥 …난 부르지 않았어… 비행기를–
SYNDROME	(to Mirage) Play the **transmission**.	신드롬 (미라지에게) 전송장치 재생해 봐.
HELEN'S VOICE	Island approach, India Golf Niner niner checking in, VFR on top–	헬렌의 목소리 섬에 근접한다. 인디아 골프 나이너 나이너 확인 중. 위에는 VFR–

Bob's head **snaps to attention**. Syndrome sees it.

목소리를 들으며 밥이 고개를 탁 든다. 신드롬이 그것을 본다.

BOB	Helen...!	밥 헬렌…!
SYNDROME	So you do know these people. Well, then, I'll send them a little greeting...	신드롬 그래 이 사람들을 아는구먼. 자, 그럼, 내가 환영 인사를 좀 해줘야겠네…

With **flourish** and a **malicious grin**, Syndrome presses the red LAUNCH button on a control console.

과장되고 악의를 품은 미소와 함께 신드롬이 제어 콘솔에 있는 빨간 색 발사 버튼을 누른다.

MAIN CABIN
Helen emerges from the lavatory dressed in her SUPERSUIT. She throws her duffle bag **ROUGHLY** at a passenger seat.

기내
헬렌이 그녀의 슈퍼히어로 의상을 입고 화장실에서 나온다. 조수석에 더플 백을 과격하게 던진다.

VIOLET'S VOICE   Ow!

바이올렛의 목소리 아야!

---

refer to ~을 나타내다, ~와 관련 있다, ~에 대해 언급하다

snoop around 기웃거리며 돌아다니다

zap (사정없이) 제압하다/없애버리다/해치우다

spasm 경련, 쥐, 발작

grimace 얼굴을 찡그리다

permission 허락, 허가, 승인

send for (특히 도움을 청하기 위해 연락하여) ~를 부르다

transmission 전염, 전파, 전송, 송신

snap to attention 잽싸게 차려 자세를 취하다

flourish 번창하다, 잘 자라다, 잘 지내다, 과장된 동작

malicious 악의적인, 적의 있는

grin (소리 없이) 활짝/크게 웃다, 활짝/크게 웃음

roughly 거칠게, 거의, 대략

HELEN	Violet!

VIOLET (as she MATERIALIZES) It's not my fault! Dash ran away and I knew I'd **get blamed for** it and–

Dash pops up from behind the seats at the back of the cabin, immediately **engaging at the top of his lungs**.

DASH THAT'S NOT TRUE! YOU said, **"Something's up with Mom"**❶ and "We hafta find out what," and it was YOUR IDEA, YOUR IDEA, 100% ALL YOURS- ALL-THE-TIME IDEA!

VIOLET –I thought he'd try to sneak on the plane so I came here and you closed the doors before I could find him and then you took off and it's NOT MY FAULT!

HELEN Wait a minute. You left Jack-Jack ALONE??

VIOLET Yes, Mom! I'm completely stupid. Of course we got a **sitter**! Do you think I'm totally **irresponsible**? Thanks a lot!

DASH No, we got someone, Mom! Someone great! We wouldn't do that! I love my baby brother!

HELEN Well, who'd you get???

INT. PARR HOME – DAY
Sporting a ponytail, **baggy** baseball shirt and a mouthful of **orthodontia**, KARI MCKEON–thirteen, stands in the middle of the Parr living room, chatting into the phone as Jack-Jack plays happily in the background.

헬렌 바이올렛!

바이올렛 (모습이 나타나면서) 내 잘못이 아니에요! 대쉬가 도망쳤는데 그 때문에 내가 혼날 거란 걸 알아서–

대쉬가 기내 뒤쪽에 있는 좌석 뒤에서 튀어나온다. 바로 목청이 터지도록 소리를 지르며.

대쉬 그건 사실이 아니에요! 누나가 그랬잖아. "엄마가 좀 수상해" 그리고 "우리가 무슨 일인지 알아내야만 하겠어." 그리고 누나 생각이었잖아. 누나 생각. 100% 다 누나가 낸 생각이고– 항상 생각!

바이올렛 –난 대쉬가 비행기에 몰래 탈 거라고 생각해서 여기에 왔는데 내가 그를 찾기 전에 엄마가 문을 닫고 이륙해 버린 거라고요. 내 잘못 아니에요!

헬렌 잠깐. 너희들 잭잭을 혼자 두고 온 거야??

바이올렛 네. 엄마! 제가 완전히 바보거든요. 에휴. 당연히 베이비시터 구했죠! 제가 그렇게 책임감이 없어 보여요? 고맙군요!

대쉬 아녜요. 봐 줄 사람 구했다고요. 엄마! 아주 좋은 사람으로요! 우리가 그렇게는 안 하죠! 전 제 남동생을 사랑한다고요!

헬렌 그래. 누구를 불렀지???

내부. 파의 집 – 낮
말총머리를 하고, 헐렁한 야구 티셔츠를 입고, 입 한가득 교정기를 한, 카리 맥키온–13살의 소녀가 파의 집 거실의 한가운데 서서 잭잭이 뒤에서 신나게 놀고 있는 동안 전화로 수다를 떨고 있다.

---

get/be blamed for ~에 대해 비난을 받다
engage 관계를 맺다. (관심을) 끌다
at the top of one's lungs 큰 소리로
sitter 베이비시터의 준말
irresponsible 책임감이 없는, 무책임한
sport ~을 자랑스럽게 보이다/입다
baggy 헐렁한
orthodontia 치아교정기

❶ **Something's up with Mom.**
엄마에게 뭔가 (이상한) 일이 있다.
뭔가 수상한 혹은 알 수 없는 일이 일어났다는 표현을 할 때 Something's up. 이라는 표현을 썼어요. 뒤에 with를 넣어서 연결하면 '~에게 뭔가 내가 모르는/이상한/수상한 일이 있다'라는 의미가 되죠. 예를 들어, Something's up, isn't it? '뭔가 내가 모르는 일이 있는 거지, 그렇지?' 이렇게 써요.

KARI	You don't have to worry about one single thing, Mrs. Parr, I've **got** this babysitting thing **wired**. I've taken courses and learned **CPR**, and I got excellent marks and certificates I can produce **on demand**.	카리	하나도 걱정 안 하셔도 돼요. 파 부인. 제가 아기 보는 건 전문가라고요. 수업도 듣고 심폐소생술도 배웠는데, 점수도 잘 받았고 원하시면 보여드릴 수 있는 자격증도 있어요.

INTERCUT: Helen on the jet.

HELEN	Kari...

KARI	I also brought Mozart to play while he sleeps because leading experts say "Mozart makes babies smarter"–

HELEN	Kari...

KARI	–and **the beauty part** is, the babies don't even have to listen 'cause they're asleep! I wish my parents played Mozart when I slept, because **half the time** I don't know what the heck anyone's talking about!

HELEN	Kari, **I really don't feel comfortable with this.❶** I'll pay you for your trouble but I'd really rather call a service–

KARI	**There's really no need,❷** Mrs. Parr. I can handle anything this baby can **dish out**. (cooing to Jack-Jack) Can't I, little boobily boy?

RESUME JET – MAIN CABIN – SAME TIME

HELEN	Kari, I appreciate your **qualifications** and your... your **enthusiasm**, but—

A warning signal SOUNDS from the cockpit. Helen turns, recognizing it instantly.

중간 삽입: 제트기에 있는 헬렌.

헬렌 카리…

카리 아기가 자는 동안 틀어놓으려고 모차르트 음반도 가져왔어요. 유명한 전문가들이 말하기를 "모차르트를 들으면 아기가 똑똑해진다" –

헬렌 카리…

카리 –그리고 정말 좋은 점은, 아기들은 잠이 들었기 때문에 그 음악을 들을 필요도 없다는 거예요. 옛날에 내가 잘 때도 엄마 아빠가 모차르트 틀어줬으면 얼마나 좋았을까요. 왜냐하면 난 사람들 말을 거의 반쯤은 못 알아듣거든요!

헬렌 카리, 아무래도 이건 좀 아닌 것 같구나. 내가 수고한 돈은 따로 줄 테니까 서비스 센터에 전화하면 어떨까–

카리 아니에요. 그럴 필요 없어요. 파 부인. 이 아기가 늘어놓는 것 정도는 제가 다 감당할 수 있어요. (잭잭을 어르며) 안 그러니, 우리 작은 멍청한 아가야?

다시 제트기 – 기내 – 동시

헬렌 카리, 네 자격과 열성은 정말 고마운데, 하지만–

조종실에서 경고 신호가 울린다. 헬렌이 돌아서고 무엇인지 즉각적으로 알아차린다.

---

get/have something wired ~을 확보(장악)하다
CPR 심폐소생술
on demand 요구에 따라서, 요구만 있으면
the beauty part 최고 부분, 매력적인 부분
half the time 자주, 대게, 전반적으로
dish out (많은 양을) 주다, 마구 쏟아내다
qualifications 자격 요건
enthusiasm 열정, 열의

❶ **I really don't feel comfortable with this.** 아무래도 마음이 불편하네.
뭔가 내키지 않는 일에 대해서 아무래도 마음이 편하지가 않다고 말하는 표현이에요. 조심스럽게 상대방의 제의에 대해서 거절해야 하는 상황에 쓰면 유용할 거예요.

❷ **There's really no need.**
전혀 그럴 필요 없으세요.
상대방에게 '~할 필요 없으니 걱정하지 마'라고 말할 때 쓰는 표현이에요. You really don't need to do that. 으로 표현할 수도 있어요.

COCKPIT
Helen ENTERS. Through the **windshield**, a rocket's **flare** is suddenly visible above the clouds. Helen's eyes WIDEN.

조종실
헬렌이 들어온다. 앞 유리를 통해 구름 위로 갑자기 로켓의 불길이 치솟는 것이 보인다. 헬렌의 동공이 커진다.

MAIN CABIN
The "fasten seat belts" sign above Dash and Vi LIGHTS UP. They **exchange glances**, **reach for** their seat belts. The jet suddenly DIVES, throwing them into the ceiling.

조종석
대쉬와 바이 위로 "안전벨트를 매시오" 표시등이 켜진다. 서로 눈빛을 교환하며 안전벨트를 향해 손을 뻗는다. 제트기가 갑자기 거꾸로 떨어지고 그들이 천장 쪽으로 날아간다.

<u>HELEN</u>　–**Friendlies** at two zero miles south southwest of your position, angels 10. Track east, **disengage**, **over**!! Disengage!!

헬렌　–엔젤스 10, 당신의 위치에서 남남서 방향으로 20마일 지역에 아군 비행기. 동쪽으로 이동하라, 공격 중단, 오베!! 공격 중단!!

ROARING THROUGH THE CLOUDS as the jet **BANKS** suddenly, **barely** avoiding a missile that smokes past its **metallic** belly.

제트기의 금속 배를 지나 연기를 뿜는 미사일을 간신히 피하면서 구름을 뚫고 굉음을 내며 제트기가 갑자기 비스듬히 날아간다.

---

windshield 바람막이 창, (자동차) 앞 유리
flare 통 잠깐 동안) 확 타오르다, 불길/불꽃
exchange glances 눈길을 주고받다
reach for 손을 뻗다
friendly 우호적인, 친한
disengage 철수하다, 풀다/떼어내다
over (무선통신) 오버, 이상 (끝)
bank 비스듬히 날다

barely 간신히
metallic 금속의

Dɪsɴᴇʏ · PIXAR

THE INCREDIBLES

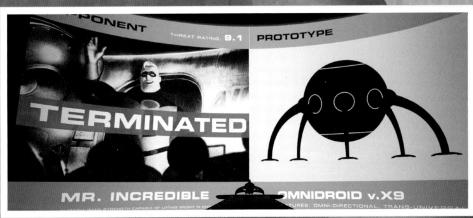

PONENT   THREAT RATING: **9.1**   PROTOTYPE

TERMINATED

MR. INCREDIBLE   **OMNIDROID v.X9**

Day 19
Get a Grip!
정신 바짝 차려!

RESUME SYNDROME'S BASE – **PRISON CELL** – SAME MOMENT

HELEN'S VOICE	India Golf Niner niner **transmitting** in the blind guard–
BOB	No–!

RESUME HELEN'S JET – SAME MOMENT
Through the windshield we see the clouds suddenly part, revealing: THE OCEAN **looming** toward us like an endless brick wall. Helen plants her feet and **YANKS** BACK on the controls–

MOVING ABOVE THE WATER'S SURFACE
The jet's **belly spanks the crests of the waves** as it struggles to pull out of its dive.
RESUME COCKPIT as the jet is **buffeted** by the **peaks** of the ocean waves, its engines **screaming** as it finally **reascends**. The jet goes vertical, throwing the kids **backwards** down the **aisle**.
Helen **stabilizes** the jet, then **DOUBLE-TAKES** as the missiles reappear on her screen. She whirls to Violet–

HELEN	Vi! I need you to throw a force field around the plane!
VIOLET	But you said never to–
HELEN	I know what I said!! Listen to what I'm saying now!!
VIOLET	–I've never done one that big before!

RESUME SYNDROME'S BASE – PRISON CELL – SAME MOMENT

다시 신드롬의 본부 – 감옥 – 동시

헬렌의 목소리 인디아 골프 나이너 나이너 계기 예만 의지한 채 전송하고 있다–

밥 안 돼–!

다시 헬렌의 제트기 – 동시
앞 유리로 갑자기 구름이 양옆으로 갈라지는 모습이 보인다: 마치 끊임없는 벽돌담처럼 어렴풋이 나타나는 바다의 모습, 헬렌이 그녀의 발을 고정시키고 다시 컨트롤을 홱 잡아당긴다–

바다 수면 위로 움직이며
제트기가 추락에서 벗어나기 위해 발버둥 치면서 파도의 윗부분을 배로 철썩철썩 내리친다.
다시 조종실, 제트기가 파도들의 꼭대기에서 뒤흔들리며 엔진이 절규하다가 마침내 다시 날아오른다. 제트기가 수직으로 날아가고 아이들이 통로의 반대쪽으로 떨어진다.
헬렌이 제트기를 안정시키는데, 미사일이 다시 화면에 나타나자 다시 깜짝 놀란다. 그녀가 바이올렛에게로 돌아선다–

헬렌 바이! 비행기 주위로 포스필드를 쏴 줘!

바이올렛 하지만 절대로 하면 안 된다고–

헬렌 내가 뭐라고 했는지는 나도 알아!! 내가 지금 하는 얘기를 들어!!

바이올렛 –그렇게 큰 건 한 번도 해 본 적이 없어요!

다시 신드롬의 본부 – 감옥 – 동시

---

prison cell 감옥의 수감 공간, 감방
transmit 전송/송신/방송하다
loom 흐릿하게 보이다/나타나다
yank 홱 잡아당기다
belly 배, (사물의) 둥그런/볼록한 부분
spank 엉덩이를 때리다, 질주하다
the crest of the wave 승승장구하는
buffet 뒤흔들다

peak 절정, 정점, 최고조, 봉우리
scream 비명을 지르다, 괴성을 지르다
reascend 다시 오르다, 올라가다
backward(s) 뒤로, 거꾸로, 반대 방향으로
aisle 통로
stabilize 안정되다, 안정시키다
double-take (놀라서 잠깐 있다가 같은 반응을) 다시 함

VIOLET (OVER RADIO)   It's not like I've been practicing!!❶

HELEN (OVER RADIO)   VIOLET!!! DO IT NOW!!

BOB   NO! Call off the missiles!! I'll do anything!!

SYNDROME   Too late. Fifteen years too late.

RESUME JET
Violet **FRETS**, not sure where to start. She uncertainly starts to form a force field, but it's small and weak.

QUICK CUTS:
HELEN whirls toward the cockpit– The jet's RADAR display shows the missiles **CONVERGING**–
The MISSILES CLOSE IN on the jet– HELEN shouts into her headset, EYES WIDENING in horror as-
The MISSILES CLOSE in on the jet's belly and– Helen throws off her headset, leaps out of her seat and– STRETCHES: enveloping her kids an instant before– the jet EXPLODES, becoming a roiling fireball as the missile cuts it in half.

RESUME SYNDROME'S BASE - PRISON CELL - SAME MOMENT
BOB REACTS in HORROR as the RADAR indicates a HIT!
RESUME JET EXPLOSION: FALLING THROUGH THE SKY
An orange-red ball emerges from the blast and slowly unfurls: it's HELEN (who's **OUT COLD**) and the KIDS, who are **WIDE AWAKE** and screaming as they **free-fall** toward the ocean. Helen COMES TO and SEES her children **plummeting** to their deaths. She STRETCHES her arms, pulling the kids in as she FORMS into a PARACHUTE to arrest their descent.

HELEN   Brace yourselves!❷

THE OCEAN
SPLASHDOWN. The Kids break the water's surface in shock, **sputtering** and splashing.

바이올렛 (무전을 통해) 제가 이런 걸 연습을 하는 것도 아니라고요!!

헬렌 (무전을 통해) 바이올렛!!! 지금 당장 해!!

밥 안 돼! 미사일을 철수시켜! 뭐든지 다 할게!!

신드롬 너무 늦었어. 15년이나 늦었어.

다시 제트기
바이올렛이 어디서부터 시작해야 할지 몰라 안절부절못하고 있다. 그녀가 확신이 없이 포스필드를 만들려고 하는데 너무 작고 약하다.

빠른 장면 전환:
헬렌이 조종석 쪽으로 몸을 빙그르르 돌린다—제트기의 레이더에 미사일들이 모여들고 있는 것이 보인다—미사일들이 제트기에 점점 다가오고 있다—헬렌이 헤드셋에 대고 소리를 지른다. 공포로 동공이 확장되면서—미사일들이 제트기의 하단 쪽으로 다가온다—헬렌이 헤드셋을 던져버리고 좌석을 걷어차고 나와– 몸을 늘어나게 한다: 바로 직전에 아이들을 감싸 안는다– 제트기가 폭발하고, 미사일이 반으로 두 동강이를 내서 제트기가 미친 듯이 날뛰는 불덩이가 된다.

다시 신드롬의 본부 – 감옥 – 동시
레이더가 타격되었음을 나타내자 밥이 충격에 휩싸인다!
다시 제트기 폭발: 하늘에서 떨어지는 중
폭발 속에서 오렌지빛을 띤 빨간색 공이 나타나 천천히 펼쳐진다: 헬렌이다 (의식을 잃고 기절한다) 그리고 아이들은, 완전히 깨어서 바다로 자유낙하 하면서 비명을 지르고 있다. 헬렌이 알아차리고 그녀의 아이들이 전속력으로 곤두박질치고 있는 것을 본다. 그녀가 팔을 늘려서 아이들을 안으로 잡아당기며 하강 속도를 늦추기 위해 낙하산을 만든다.

헬렌 마음 단단히 먹어라!

바다
착수. 아이들이 충격으로 펑펑, 첨벙대며 바다의 수면이 출렁인다.

---

fret 조마조마하다

converge (사람들이나 차량이) 모여들다

out cold 의식을 잃고, 기절하여

wide awake 완전히 깨어있는

free-fall 자유낙하

plummet 곤두박질치다

splashdown (우주선의) 착수하다

sputter (엔진 등이) 펑펑(털털)거리는 소리를 내다

❶ **It's not like I've been practicing!**
내가 뭐 계속 연습한 것도 아니잖아!
구어체에서 '~인/한 것은/도 아니잖아'라는 표현을 쓸 때 It's not like 패턴을 활용한답니다. 예를 들어, It's not like I know everything. '나라고 뭐 다 아는 건 아니잖아' 이런 식으로 쓸 수 있어요.

❷ **Brace yourselves!** 마음 단단히 먹어라!
힘든 일을 마주했을 때, 상대방에게 마음을 단단히 먹으라고 격려/충고하는 표현(힘내, 잘 준비해라)이에요.

VIOLET & DASH Mom! What're we gonna do? What're we gonna do??? (etc.)

HELEN I'll tell you what we're not going to do. We're not going to panic, and we're not goi– **LOOK OUT!!** ❶

Helen **shoves** the kids clear, diving—UNDERWATER as a chunk of **FUSELAGE** hits with a **thunderous** SPLASH. Helen watches it quickly disappear into the **depths**–

RESUME BOB'S CELL

RADIO We have a confirmed hit. Target was destroyed.

SYNDROME Ah, you'll get over it. I seem to recall you prefer to... "work alone."

With sudden RAGE Bob bursts **free of** his leg cuffs, driving his legs forward with tremendous force, and **LUNGES** for Syndrome. Mirage sees him and shoves Syndrome clear, gets **snagged** in Bob's arms. Bob is yanked back into the grid, his arm cuffs pulled in opposite directions, Mirage now **caught in the middle**.

BOB Release me. Now!!

SYNDROME Or what?

BOB I'll crush her.

SYNDROME Sounds a little dark for you. Go ahead.

MIRAGE No–

BOB It'll be easy. Like breaking a toothpick.

SYNDROME Show me.

바이올렛과 대쉬 엄마! 우리 이제 뭘 해야 하죠? 우린 뭘 할 거냐고요??? (등등)

헬렌 우리가 뭘 안 할 건지에 대해 얘기해 주마. 우린 공황상태에 빠지지 않을 것이고, 그리고 우린 – 조심해!!

헬렌이 아이들이 다치지 않게 힘껏 떠민다. 물밑으로 다이빙하며—비행기의 기체 덩어리가 우레와 같은 소리를 내며 바다에 첨벙 하고 떨어진다. 헬렌은 그것이 순식간에 심연으로 사라지는 것을 본다–

다시 밥이 갇힌 감옥으로

통신 타격 확인 완료, 목표물 파괴.

신드롬 아, 당신은 잘 극복할 거야. 내 기억에 그걸 더 좋아했던 것 같은데… "혼자 일하기."

밥은 갑작스러운 분노로 엄청난 힘으로 쇠사슬을 터트리고 신드롬을 향해 돌진하려 한다. 미라지가 그것을 보고 신드롬을 다치지 않게 떠밀다가 밥의 팔 안에 걸린다. 밥의 팔을 묶은 수갑이 반대쪽에서 잡아당겨지면서 그가 다시 격자판 쪽으로 확 잡아당겨지는데 미라지가 중간에 끼었다.

밥 날 풀어줘, 당장!!

신드롬 안 그러면 어쩔 건데?

밥 이 여자를 으스러뜨려 버릴 거야.

신드롬 당신답지 않게 좀 악한 말을 하네, 그러시던지.

미라지 안 돼–

밥 쉬울 거야, 마치 이쑤시개를 부러뜨리는 것처럼.

신드롬 어디 해봐.

---

shove (거칠게) 밀치다/떠밀다

fuselage (비행기의) 기체/동체

thunderous 우레 같은

depths 가장 깊은/극단적인/심한 부분

free of ~을 떠나서, ~에서 벗어난

lunge 달려들다, 돌진하다

snag (날카롭게 튀어나온 것에) 걸리다/찢다

caught in the middle 중간에/사이에 끼다

❶ **Look out!**
조심해!
부지중에 뭔가가 빠른 속도로 상대방에게 다가오거나 날아올 때 '(위험하니까) 조심해!'라고 외치며 쓰는 표현이에요. Watch out! '조심해!'와 동의 표현인데, 실제로 구어체에서는 Look out!을 더 많이 듣게 될 거예요.

A contest of wills as the two stare each other down. But **Bob doesn't have it in him.**❶ He lets her go. Mirage drops to the floor. Syndrome looks at Bob and **sneers**.

서로 간에 눈싸움을 하며 의지력 경쟁을 벌이고 있다. 하지만 밥은 그럴만한 자질이 없다. 그가 그녀를 보내준다. 미라지가 바닥으로 쓰러진다. 신드롬이 밥을 보며 조롱한다.

SYNDROME   I knew you couldn't do it. Even when you have nothing to lose. You're weak. I've outgrown you.

신드롬 당신이 못할 줄 알았어. 잃을 게 하나도 없는데도 말이야. 당신은 약해. 내가 당신을 앞질러버렸다고.

Syndrome EXITS, followed by the technician and, finally, Mirage. The room is empty and silent, save for the soft sound of the **suspension** arcs holding Bob. Softly, Mr. Incredible begins to WEEP.

신드롬이 나가고, 그 뒤로 기술자, 그리고 마지막으로 미라지가 따른다. 방은 텅 비고 고요하다. 밥을 매달고 있는 활 모양의 장치에서 나는 작은 소리를 제외하면, 미스터 인크레더블이 작게 흐느끼기 시작한다.

RESUME OCEAN
Dash and Violet **tread** water, **anxiously** look at Mom.

다시 바다
대쉬와 바이올렛이 물속에 서서 헤엄을 치며 걱정스럽게 엄마를 바라본다.

바로 이장면!*

VIOLET   Omigod... omigod... ! The plane! It blew up!

바이올렛 맙소사… 맙소사…! 비행기! 폭발했어!

DASH   We're dead! We're dead! We survived but we're dead!

대쉬 우린 죽었어! 우린 죽었다고! 살아남았지만 우린 죽은 목숨이야!

HELEN   STOP IT!!!!

헬렌 그만해!!!!

Helen SPLASHES their faces, startling them SILENT.

헬렌이 얼굴에 물을 끼얹고, 그들은 놀라서 입을 다문다.

HELEN   We are NOT going to die! Now both of you will **GET A GRIP**❷ or **so help me** I'll **ground** you for a month! Understand???

헬렌 우린 죽지 않을 거야! 너희 둘 다 정신 바짝 차려, 안 그러면 한 달 동안 외출금지 시킬 거야! 알겠어???

The kids NOD. Helen looks up at the missile trails.

아이들이 고개를 끄덕인다. 헬렌이 하늘을 보며 미사일의 자취를 살핀다.

HELEN   Those were **short-range** missiles. Land-based. (pointing to missiles' origin) That way is our **best bet**.

헬렌 저것들은 단거리 미사일들이었어. 육상기지에서 발사한 거지. (미사일의 근원지를 가리키며) 저쪽이 가장 확률이 높아.

---

sneer 비웃다, 조롱하다
suspension 매달아 놓는 장치
tread 디디다, 밟다
anxiously 걱정스럽게, 근심하여
so help me (법정) 맹세합니다
ground 외출하지 못하게 하다
short-range 단거리의
best bet 가장 안전하고 확실한 수단

❶ **Bob doesn't have it in him.**
밥은 그럴 만한 자질이 안돼.
have it in someone은 '~에게 ~할 만한 소질/능력이 있다'라는 표현으로 위의 표현은 그 반대 의미로 쓰였습니다.

❷ **Get a grip!** 정신 차려!
너무 들떠서 혹은 자신감에 넘쳐서 심하게 흥분한 상대방에게 '정신 (바짝) 차려!'라고 말할 때 쓰는 표현이에요. 감정을 억제하라는 의미랍니다.

DASH	You want to go toward the people that tried to kill us??	대쉬 우리를 죽이려고 했던 사람들 방향으로 가고 싶다고요??
HELEN	If it means land... yes.	헬렌 그곳이 육지라면… 응.
VIOLET	You expect us to swim there?	바이올렛 우리가 거기까지 수영해서 가길 기대하는 거예요?
HELEN	I expect you... to trust me.	헬렌 난 너희들에게 기대한다… 엄마를 믿기를.

AERIAL SHOT – MOVING OVER THE OCEAN
A BOAT gains **into the frame**, **skimming over** the water at a great speed. Violet **appears to be** the only passenger.

공중 촬영 – 바다 위를 움직이며
보트가 프레임 안으로 들어오고, 엄청나게 빠른 속도록 물 위를 스치며 지나간다. 타고 있는 사람은 바이올렛밖에 없는 것으로 보인다.

CLOSER
We see that the boat is actually HELEN, who has **contorted** herself into a **reasonable facsimile** of an **inflatable raft**, and Dash– facing backwards, his legs **pounding** the water furiously– is the **outboard** motor. Violet sits **impassively**, her long hair streaming in the wind, and tries to find something interesting to look at. The Incredi-boat **speeds away** from us, heading toward the missile trails' **origins**, and the **horizon**.

더 근접해서
알고 보니 헬렌이 보트였다. 자신의 몸을 뒤틀려서 고무보트 모양과 똑같이 만들었고, 대쉬는– 뒤쪽을 바라보며 미친 듯이 다리로 물을 차면서 선체 바깥쪽에 달린 모터 역할을 했다. 바이올렛이 무표정하게 앉아 바람에 그녀의 긴 머리를 휘날리며 뭔가 재미있는 게 없나 찾아보고 있다. 인크레디–보트가 점점 멀어지며 미사일이 발사된 근원지로, 수평선을 향해 간다.

---

aerial shot 공중에서 촬영하는 기법
into the frame 장면/프레임 안으로
skim over 대충 훑어보다
appear to be ~한 것/모습으로 보이다
contort 뒤틀리다, 일그러지다
reasonable 타당한, 합리적인
facsimile 복제, 복사
inflatable (공기나 가스로) 부풀리는

raft 뗏목, 래프트 (공기 주입 고무보트)
pound (요란한 소리로) 치다/두드리다
outboard 선체/기체 바깥쪽의
impassively 무감동하게, 냉정하게
speed away (차량 등을 타고) 서둘러 떠나다
origin 기원, 근원, 출신
horizon 수평선, 지평선

Run as Fast as You Can!

최대한 빠른 속력으로 뛰어!

🎧 20.mp3

NOMANISAN BEACH – EARLY EVENING
It is just after sunset when Helen, Dash and Violet **stagger** onto the beach, hungry and exhausted.
Helen collapses in an **ungainly**, slightly stretched out hip, spent... Her body slowly **reverting** into her usual shape. She looks at Dash with a tired smile.

HELEN　　What a **trooper**. I'm so proud of you.

Panting, Dash smiles and gives her a weak wave.

DASH　　Thanks, Mom.

INSIDE A CAVE – A LITTLE LATER
Helen and the kids **huddle around** a fire, silent and **somber**. Helen finally breaks the silence.

HELEN　　I think your father is in trouble.

VIOLET　　If you haven't noticed, Mom, **we're not doing so hot either.**❶

HELEN　　I'm going to look for him. That means you're in charge until I get back, Violet.

DASH　　What???

VIOLET　　(to Dash) You heard her.

Helen reaches into the **battered** duffle and removes three MASKS. She puts one on, hands the other two to her kids.

노마니산 해변 – 초저녁
석양이 진지 얼마 안 된 시간에 헬렌, 대쉬, 바이올렛이 배고프고 지쳐서 비틀거리며 해변으로 올라온다.
헬렌이 볼품없이 조금 늘어진 엉덩이를 하고 쓰러진다. 기진맥진해서… 그녀의 몸이 서서히 원래의 모습으로 돌아간다. 그녀가 지친 미소를 띠며 대쉬를 본다.

헬렌　출륭한 대원들이로구나. 너희들이 정말 자랑스러워.

숨을 헐떡거리며, 대쉬가 미소 짓고 그녀에게 약하게 손을 흔든다.

대쉬　고마워요. 엄마.

동굴 안 – 조금 후
헬렌과 아이들이 조용하고 침울하게 불 주변에 옹기종기 모여있다. 헬렌이 마침내 입을 연다.

헬렌　아무래도 너희 아빠가 곤경에 처한 것 같아.

바이올렛　혹시 모르시는 것 같아서 얘기하는데요, 엄마, 우리도 그리 좋은 상황은 아니거든요.

헬렌　내가 그를 찾아볼게. 그 얘기는 내가 돌아올 때까지 네가 책임을 맡아야 한다는 뜻이야, 바이올렛.

대쉬　뭐예요???

바이올렛　(대쉬에게) 엄마 말 들었지.

헬렌이 상태가 엉망이 된 더플 백에서 복면을 세 개 꺼낸다. 하나는 그녀가 쓰고 나머지 두 개는 아이들에게 건넨다.

---

stagger 비틀/휘청거리다
ungainly 어색한, 볼품없는
revert (본래 상태로) 되돌아가다
trooper 기병, 포병
pant (숨을) 헐떡이다
huddle around 주변으로 모이다
somber 어둠침침한, 거무스름한
battered 낡은, 닳은, 구타당한

❶ **We're not doing so hot either.**
우리도 그렇게 좋은 상황은 아니에요.
여기에서 쓰인 hot은 비격식적인 표현인데, 일반적으로는 well이나 great과 같은 의미로 쓰였습니다. do well, do great이라고 하면 '잘 지내다, 좋은 상태다'라는 뜻으로 위의 문장에서 쓰인 not doing do hot은 '그렇게 잘 지내고 있지 못하다'라는 의미가 됩니다.

바로 이장면!*

HELEN   Put these on. Your identity is your most valuable **possession**. Protect it. If anything goes wrong, use your powers.

헬렌   이거 써라. 너희들의 정체가 가장 소중한 자산이야. 그것을 보호해라. 혹시라도 뭔가 잘못되면, 초능력을 쓰도록 해.

VIOLET   But you said we should never–

바이올렛   하지만 엄마가 절대로 하면 안 된다고–

HELEN   **I KNOW WHAT I SAID!**❶

헬렌   내가 무슨 말 했는지는 나도 알아!

Helen regrets her **outburst** at once. She **takes a deep breath**, **composes herself**, looks at her kids.

헬렌이 화를 낸 것에 대해서 곧바로 후회한다. 그녀가 심호흡하며, 평정을 되찾고, 아이들을 바라본다.

HELEN   Remember the bad guys on those shows you used to watch on Saturday morning? (the kids NOD **eagerly**) Well, these guys are not like those guys. (the kids **deflate**) They won't **exercise restraint** because you're children. They will kill you if they get the chance. Do NOT give them that chance. Vi, I'm counting on you...

헬렌   토요일 아침에 너희들이 보던 TV에 나오던 악당들 기억하지? (아이들이 열심히 고개를 끄덕인다) 음, 이놈들은 그놈들하고는 달라. (아이들이 실망한다) 이놈들은 너희들이 아이라고 해서 봐주고 그러지 않아. 기회만 있으면 너희를 죽일 거야. 그들에게 그런 기회를 주면 안 돼. 바이, 널 믿을게...

VIOLET   Mom, I–

바이올렛   엄마, 전—

HELEN   (cuts her off, **firm**) I'm counting on you. Be strong. (beat, turns to Dash) Dash, if anything goes wrong, I want you to run as fast as you can...

헬렌   (그녀를 중단시키며, 단호하게) 널 믿을게. 강해져야 해. (잠시 정적, 대쉬에게 돌아서서) 대쉬, 혹시라도 뭔가 잘못되면 젖 먹던 힘까지 다해서 전속력으로 달려라.

DASH   (excited by this) As fast as I can??

대쉬   (이 말을 듣고 신나서) 전속력으로요??

HELEN   As fast as you can. Stay hidden. Keep each other safe. I'll be back by morning.

헬렌   전속력으로. 숨어있어. 서로를 안전하게 지켜주고, 아침까지는 돌아올게.

---

possession 소유, 소지, 소유물
outburst (감정의) 폭발/분출
take a deep breath 심호흡을 하다
compose oneself 평정을 되찾다
eagerly 열망하여, 열심히, 간절히
deflate 공기를 빼다, 기를 꺾다
exercise restraint 자제하다, 삼가다
firm 딱딱한, 단단한, 단호한

❶ **I know what I said!**
나도 내가 뭐라고 했는지 잘 알아!
내가 한 말은 누구보다 내가 더 잘 아니까 상대방에게 나한테 굳이 내가 했던 말을 반복해서 알려줄 필요는 없다고 역정 낼 때 쓰는 표현이에요. 말대꾸하지 말라는 뜻으로 볼 수 있겠네요.

Helen gives them a long hug, then turns to exit the cave. Violet, looking tortured, runs after her, stops her at the entrance. Tears **well up** in Violet's eyes.

헬렌이 그들을 길게 안아주고 동굴 밖으로 나가려고 일어선다. 바이올렛의 눈에 눈물이 고인다.

VIOLET (excruciating for her) Mom... what happened on the plane, when you asked me t– I, I wanted to– I'm sorry...

바이올렛 (몹시 괴로워하며) 엄마… 비행기에서 있었던 일은, 엄마가 나한테 요청했을 때– 저는 하고 싶었지만– 미안해요…

Helen places a finger over Vi's lips. Meets her gaze and speaks in a warm, sure tone.

헬렌이 바이의 입술에 손가락을 가져다 댄다. 그녀와 눈을 맞추고 따뜻하고 확실한 어조로 말한다.

HELEN Shh. It isn't your fault. It wasn't fair for me to suddenly ask so much of you. But things are different now. And doubt is a luxury we can't afford anymore, sweetie. You have more power than you realize. Don't think. And don't worry. **If the time comes, you'll know what to do.❶ It's in your blood.❷**

헬렌 쉬이. 네 잘못이 아니야. 내가 갑자기 너에게 그렇게 큰 부담을 주는 건 옳지 않았어. 하지만 지금은 상황이 달라. 지금 우리에겐 의심은 사치란다. 우리에겐 의심할 여유가 없어. 얘야, 네겐 네가 알고 있는 것보다 더 큰 능력이 있단다. 생각하지 마라. 그리고 걱정하지도 마라. 때가 오면 뭘 해야 할지 알 거야. 엄마 아빠 피를 물려받았으니까.

Helen gives Violet a firm nod... and disappears into the night. Violet watches her mother get swallowed by the darkness. She looks down at the mask in her hands... ...and carefully puts it on.

헬렌이 바이올렛에게 단호하게 고개를 끄덕여준다… 그리고 어두운 밤 속으로 사라진다. 바이올렛이 엄마가 암흑에 삼켜지는 모습을 지켜본다. 그녀가 손에 들고 있는 복면을 내려다본다… …그리고 조심스럽게 그것을 쓴다.

LAUNCH **OBSERVATION CENTER** – SYNDROME'S BASE – NIGHT **Lost in thought**, Syndrome stares down at the massive rocket in the center of the volcano, **poised to** launch.

발사 관측 센터 – 신드롬의 본부 – 밤 사색에 잠긴 신드롬이 화산센터에서 발사될 태세를 갖추고 있는 거대한 로켓을 내려다보고 있다.

MIRAGE He's not weak, you know.

미라지 그는 약하지 않아요, 알잖아요.

Mirage is seated at one of the many consoles, taking notes, her back to him. Syndrome **snaps out of his dream** and turns to Mirage, the only other person in the room.

미라지가 많은 콘솔 중의 하나에 앉아서, 그에게 등을 지고, 메모를 적고 있다. 신드롬이 백일몽에서 깨어나서 자신 외에 그 방에 있는 유일한 사람, 미라지에게 돌아선다.

SYNDROME What?

신드롬 뭐라고?

MIRAGE Valuing life is not weakness.

미라지 생명을 소중히 여기는 건 약점이 아니고요.

Syndrome crosses to her, **casually dismissive**.

신드롬이 그녀에게 다가가 건성으로 무시하듯 말한다.

---

well up (감정 등이) 치밀다/솟아나다

excruciate (육체적, 정신적으로) 몹시 괴롭히다

observation center 감시소

lost in thought 골똘히 생각하다

poised to ~할 만반의 태세를 갖추다

snap out of one's dream (몽상에서) 깨어나다

casually 무심코, 아무 생각 없이

dismissive 무시/멸시하는

❶ **If the time comes, you'll know what to do.**
때가 되면 네가 뭘 해야 할지 알게 될 거야.
If the time comes은 '때가 되면'인데 비슷한 표현으로 when the time comes가 있어요.

❷ **It's in your blood.**
그것은 너의 피 속에 있다.
'피는 못 속인다'라는 의미로 '집안 내력이다. 타고 난 거야' 등으로 해석할 수 있어요.

SYNDROME Hey, if you're talking about what happened in the **containment unit**, I **had everything under control**–

신드롬 이봐, 혹시 감옥에서 있었던 일에 대한 얘기라면, 그 상황은 내가 다 통제하고 있었다고–

MIRAGE And **disregarding** it... is not strength.

미라지 그리고 그것을 무시하는 것은… 장점이 아니고요.

Syndrome **sidles up** behind her, lifts her chin with a gentle hand and draws her face toward his.

신드롬이 그녀의 뒤로 쭈뼛쭈뼛 다가가서 온화한 손으로 그녀의 턱을 받쳐 들고 그녀의 얼굴을 그의 얼굴 쪽으로 당긴다.

SYNDROME I **called his bluff**, **sweetheart**, that's all. I knew he wouldn't have it in him to actually–

신드롬 난 그의 허세를 확인하려 했을 뿐이야, 자기야, 그게 전부라고. 난 그가 실제로 그렇게 할 만한 자질이 없는 것 알았거든–

Mirage shoves his hand aside, and rises to confront him.

미라지가 그의 손을 옆으로 밀쳐내고 그에게 맞서고자 일어선다.

MIRAGE Next time you gamble, bet your own life.

미라지 다음부터 도박할 때는, 당신 목숨 걸고 하세요.

She EXITS, leaving Syndrome **befuddled** and alone.

그녀가 나가고, 신드롬이 홀로 당황스러워한다.

EXT. JUNGLE – NIGHT
Helen enters a **clearing** and looks up. A monorail track **soars** high above the jungle floor. A monopod is coming. Helen throws her hands high, stretching them up to the pod passing overhead. It yanks her offscreen.

외부, 정글 – 밤
헬렌이 공터에 들어와서 위를 올려다본다. 모노레일 선로가 정글 바닥 위로 높이 솟아있다. 작은 비행체가 다가오고 있다. 헬렌이 머리 위로 지나가는 비행체에게까지 닿게 높이 손을 뻗어 늘린다. 비행체가 그녀를 화면 밖으로 홱 잡아낸다.

MOVING THROUGH THE TREES
Helen hangs **suspended** beneath the pod on long arms, alternating hands to swing around the support columns. **Gaining momentum** with each swing, she throws her body above the roof of the car, landing expertly on top.

나무 사이로 움직이며
헬렌이 긴 팔로 비행체 밑에 매달려 있다. 손을 번갈아 가며 그녀를 지탱해주는 기둥 주변을 휙 휙 돌고 있다. 한번 돌 때마다 탄력이 붙으면서 그녀가 몸을 던져 비행체의 지붕 위로 올라타는데, 전문가답게 제대로 착지했다.

ON TOP OF THE POD
Helen **squints** into the rushing wind, sees the track **slicing through** the **dense** jungle canopy and leading directly into the base of the towering volcano. A familiar HUM causes her to hide, and she slips down one side of the pod, out of view, as TWO **HOVERJETS** buzz by. Helen watches the jets descend to a **landing strip** inside the Volcano just as the pod plunges into a tunnel and—

비행체 위에서
헬렌이 세차게 불어오는 바람에 눈을 찡그리면서 밀림의 지붕을 가르며 높이 속은 화산의 맨 밑 쪽으로 바로 연결되는 선로를 본다. 낯익은 허밍 소리가 그녀를 숨게 하고, 그녀가 비행체의 한쪽으로 미끄러져 내려가서 화면에서는 보이지 않게 되고, 두 대의 정찰기가 웽하며 지나간다. 비행체가 터널 쪽으로 급강하하면서 헬렌이 제트기가 화산 안쪽에 있는 활주로로 하강하는 것을 보는데—

---

containment unit 감금실
have something under control ~을 통제/장악하다
disregard 무시/묵살하다
sidle up ~에 쭈뼛쭈뼛 다가가다
call someone's bluff ~할 테면 해 보라고 하다
sweetheart 애인, 연인을 부르는 호칭
befuddle 정신을 잃게 하다
clearing 빈터

soar 급증하다, 치솟다, 솟아오르다
suspend 매달다, 걸다
gain momentum 탄력이 붙다, 활기를 찾다
squint 눈을 가늘게 뜨고/찡그리고 보다
slice through ~을 가르다
dense 빽빽한, 밀집한, 짙은/자욱한
hover-jet (SF) 공중 위에 떠서 맴돌고 있는 제트기
landing strip 가설 활주로, 착륙장

INSIDE THE TUNNEL – MOVING WITH HELEN ON THE POD
Darkness. Suddenly an opening in the tunnel rushes by, and Helen
catches a glimpse of the ROCKET... and **WHOOSH**– the pod is back
into a tunnel. Helen **stretches** her **torso out** like a **sail**. It **catches
wind** and she **releases from** the pod, **reforms** and drops to the
tracks with **catlike grace**.

INSIDE THE BASE – TUNNEL ENTRANCE
Helen **peeks** out of the tunnel, looks out at the **heavily guarded
launch pad**.

<u>**HELEN**</u>   A rocket?

Visible inside the open tip of the rocket sits a huge metallic wing
with an enormous **circular** hole EMPTY in its center, waiting to be
filled with... what?

터널 안 – 비행체에 올라탄 헬렌과 함께 이동
윗측. 갑자기 터널에 있는 구멍이 빠르게 지나가는
데, 헬렌이 순간적으로 로켓을 목격한다… 그리고
쉭쉭– 비행체가 다시 터널 안으로 들어갔다. 헬렌
이 마치 돛처럼 자신의 몸을 늘린다. 바람을 타고
그녀가 비행체에서 벗어나고 다시 원래 모습으로
고양이처럼 우아하게 선로에 내려있는다.

본부 안 – 터널 입구
헬렌이 터널 밖을 엿보는데 경비가 삼엄한 발사대
가 보인다.

헬렌 로켓?

로켓의 안에 아주 큰 원형 구멍이 가운데가 뻥 뚫
러서 비어 있는 거대한 금속으로 만든 날개가 놓
여 있는 것이 보이는데, 그 비어 있는 공간은 채워
지기를 기다리고 있다… 무엇으로?

---

catch a glimpse 얼핏/언뜻 보다

whoosh 쉭 소리, (아주 빠르게) 휙/쉭 지나가다

stretch ~ out ~을 뻗다

torso 몸통

sail 돛, 항해하다, 나아가다

catch wind (돛이) 바람을 받다

release from ~을 놓다, 풀어 주다

reform 개혁/개선하다, 모양/모습을 바꾸다

catlike 고양이 같은

grace 우아함, 품위

peek 훔쳐보다

heavily guarded 삼엄한 경비의

launch pad 발사대

circular 원형의, 둥근

Mom and Dad in Jeopardy

위기에 처한 엄마와 아빠

🎧 21.mp3

ANOTHER **CORRIDOR** – LATER

Two **armed** GUARDS march past CAMERA. Unseen above them, Helen is stretched thin and hiding between a **cluster** of pipes which run down the center of the corridor. She watches as the guards exit through a **sliding door**. She drops like a liquid cat to the floor, and begins to move down the corridor. As Helen passes a metal door, she **catches sight of** her **reflection** in its shiny surface. She stops, FROWNS. It's been a while since her last Supersuit; her butt is a bit bigger than she remembered. She wonders if she should lose a few– –when the WHOOSH of a door surprises her... A GUARD comes through the door at **the far end** of the hall. As he enters another **junction**, we see that Helen has **contorted** herself, **arching** perfectly around the door frame.

The GUARD doesn't see her. He slides a CARD KEY through a reader to enter a **restricted** corridor. The doors WHOOSH open. Directly behind him, Helen silently REFORMS and begins to back through the doorway when the doors behind her SLIDE SHUT– –trapping HELEN'S LEG. She **winces**, **tries in vain** to pull it free. It's **stuck**. Leaving one hope– –the CARD KEY on GUARD #1'S belt. STRETCHING across the corridor, Helen **clambers** after the guard on the palms of her hands, following him into the—

INNER CHAMBER

The guard stops at the ELEVATOR and presses the call button, his back to Helen. Just behind him, stretched far and held **upright** on one hand, Helen reaches with the other for the card key. She almost has it–

또 하나의 복도 – 나중

두 명의 무장한 경비들이 카메라를 지나 행군한다. 그들 위로 안 보이게 헬렌이 복도의 중앙으로 연결된 파이프들 사이에 몸을 가늘게 만들어 숨어 있다. 그녀가 미닫이문을 통해 나가는 경비들을 보고 있다. 그녀가 마치 액체 고양이처럼 바닥으로 착지해서 복도를 타고 내려가기 시작한다. 금속으로 만든 문을 지나면서 헬렌이 금속 문에 자신의 모습이 비친 것을 본다. 그녀가 멈춰 서서 얼굴을 찡그린다. 슈퍼히어로 옷을 입어본 지가 꽤 오래 됐다. 그녀의 기억에서 보다 그녀의 엉덩이가 조금 더 크다. 살을 좀 빼야 되나 하고 생각하고 있는데– –문이 쉭 열려서 그녀가 깜빡 놀란다… 복도 끝쪽에서 경비 한 명이 문 안으로 들어오고 있다. 그가 또 다른 연결지점으로 들어올 때 헬렌이 몸을 뒤틀어서 문틀 주변으로 완벽한 활 모양으로 붙는다.

경비가 그녀를 보지 못한다. 그가 출입이 제한된 복도에 들어가려고 리더기에 카드키를 긋는다. 문이 쉭 하며 열린다. 그의 바로 뒤로 헬렌이 다시 조용히 원래 모습으로 돌아오고, 그녀의 뒤로 문이 닫히는 순간 문간 뒤로 빠져나가려는데– –헬렌의 다리가 걸린다. 그녀가 움찔하며 놀라고 다리를 빼보려 하지만 잘 안 된다. 끼인다. 희망이 하나 남았는데– –경비의 벨트에 있는 카드키 복도를 가로질러 몸을 늘리며 헬렌이 그녀의 손바닥으로 경비를 타고 기어오르며 그를 따라가는데–

내부의 방

경비가 엘리베이터 앞에 멈춰 서서 헬렌에게 등을 보이며 호출 버튼을 누른다. 그의 바로 뒤로, 한 손은 수직으로 멀리 뻗고 있고 한 손을 카드키를 쥐려고 한다. 그녀가 거의 잡았는데–

---

corridor 복도, 회랑, 통로

armed 무장한, 무기를 소지한

cluster 무리, 무리를 이루다

sliding door 미닫이문

catch sight of ~을 보다/찾아내다

reflection (거울에 비친) 상/모습, 반사

the far end 반대쪽, 정반대쪽 끝

junction (도로, 선로의) 교차로, 나들목

contort 일그러지다

arch 아치형 구조물, (몸을/이) 구부리다

restricted 제한된, 한정된, 제약을 받는

wince 움찔하다

try in vain 헛수고하다, 해봤으나 실패하다

stuck (~에 빠져) 움직일 수 없는

clamber 기어오르다, 기어가다

upright 똑바른, 꼿꼿한, 수직으로

AT THE CORRIDOR
The DOOR suddenly closes on her stretched torso. Her upper third **snaps back**, her middle third TRAPPED and now stretched across–

HALLWAY – **CENTRAL CORE**
TWO MORE GUARDS (#2 & #3) are **traveling** in a **transport**. They are suddenly **CLOTHESLINED** by HELEN'S STRETCHED TORSO.

INNER CHAMBER
–**knocking the wind out of** HELEN. Directly in front of her at the far end of the hall, the ELEVATOR opens for GUARD #1; revealing GUARD #4 inside. He SEES HELEN.

<u>**GUARD #4**</u> Hey!

Helen's arm stretches forward–

INNER CHAMBER – INSIDE ELEVATOR
IN A BLINK: her **fist** CLOCKS GUARD #4, **disarms** GUARD #1 hitting him with the **butt of his gun**. AS guard #4 drops to the floor, #1 hits the "CLOSE" button on the panel. The DOORS CLOSE on Helen's ARM. Guard #1 GRINS. Helen's HAND **FEELS AROUND**, finds GUARD #1, his chest... chin... face and– –**PUNCHES his lights out**. He DROPS.

RESUME MIDDLE CORRIDOR
The TORSO GUARDS (#2 & #3) **get to their feet**, and see HELEN, her ARM still stretched, through the glass door. They **level their guns at** her. At the same moment–

BLUE CORRIDOR
ANOTHER GUARD (#5) comes upon Helen's LEG in the closed doors. The sight is so odd, he can only stare. He decides to poke the leg with the **barrel of his machine gun**.

WITH HELEN
–as she REACTS to the poke. She **SCOWLS**–

복도에서
갑자기 문이 그녀의 늘어진 몸통 위로 닫힌다. 그녀의 상체는 되돌아오고, 몸 중간은 끼어서 죽 늘어지는데–

복도 – 중앙 중심부
경비 두 명이 더 수송차량을 타고 이동하고 있다. 그들이 갑자기 헬렌의 늘어난 몸통으로 인해 빨랫줄에 걸리듯 걸린다.

내부의 방
–헬렌의 숨을 막히게 하고, 그녀의 바로 앞으로 복도의 끝쪽에서 경비 #1이 기다리고 있던 엘리베이터가 열리는데; 그 안에 경비 #4가 타고 있다. 그가 헬렌을 본다.

경비 #4 이봐!

헬렌의 팔이 앞으로 쭉 뻗는다–

내부의 방 – 엘리베이터 안
눈 깜짝할 사이에: 그녀의 주먹이 경비 #4를 해치우고, 경비 #1의 총을 빼앗아 개머리판으로 그를 때려눕힌다. 경비 #4가 바닥으로 쓰러질 때, #1이 엘리베이터 패널에 있는 '닫힘' 버튼을 누른다. 문이 닫히면서 헬렌의 팔이 낀다. 경비 #1이 씩 웃는다. 헬렌의 손이 주위를 더듬다가 경비 #1을 찾고, 그의 가슴… 턱… 얼굴 그리고– –펀치를 날려 그를 잠재워 버린다. 그가 쓰러진다.

다시 중간 복도
몸통 경비들 (#2와 #3)가 일어나서 헬렌을 보는데 그녀의 팔이 여전히 늘어져있다, 유리문을 관통하며, 그들이 그녀에게 총을 겨눈다. 바로 그 순간–

파란색 복도
또 다른 경비 (#5)가 닫힌 문에 낀 헬렌의 다리를 발견한다. 너무나도 기이한 광경인지라 그가 물끄러미 보고 있다. 그가 그의 기관총 총열로 다리를 찔러보려고 한다.

헬렌이 있다
–그녀가 찔림에 반응하는데, 그녀가 노려본다–

---

snap back (용수철) 돌아오다

central core 중핵, 중심의 핵심

travel 여행하다/다니다, 이동하다/가다

transport 수송, 차량, 이동 (방법)

clothesline 빨랫줄, 쳐서 넘어지도록 걸다

knock the wind out of ~의 숨이 막히게 하다

in a blink 눈 깜박할 사이에

fist 주먹

disarm 무장 해제시키다

butt of a gun 총의 개머리판

feel around 여기저기 더듬거리다

punch one's light out 펀치를 날려 ~을 뻗게 하다

get to one's feet 일어서다

level one's gun at ~에게 총부리를 돌리다

barrel of a gun 포신, 총신 (총의 몸통 전체)

scowl 노려/쏘아보다

RESUME BLUE CORRIDOR

–her LEG **cocks** back and **FISHTAIL-KICKS** GUARD #5. He flies backwards, his weapon **discharging** into the card scanner. The DOOR OPENS– freeing Helen's LEGS, which sail across the corridor and– SMASH the TORSO GUARDS (#2 & #3) against the middle door. They slide down into a heap... out cold.

INSIDE ELEVATOR

Helen's arm finds one of the guards' CARD KEY, slides it into the door scanner. The doors OPEN, releasing her torso.

ACCESS CORRIDOR

Helen drags the last of the UNCONSCIOUS GUARDS over to an open wall panel and stuffs him inside with the others. She **throws her weight against** the panel, finally getting it shut.
CLOSE ON: A FORCE FIELD
–glowing purple and fluttering around a campfire, it struggles to take form and finally does, trapping the fire's smoke inside.

INSIDE THE CAVE – NIGHT

Dash watches as Violet practices intently. She releases the force field sphere; the dark smoke ball rises upwards. Vi throws another force field, **recapturing** the smoke at the roof of the cave. Dash gets to his feet, grabs a burning branch from the fire to use as a torch.

다시 파란색 복도
–그녀의 다리가 뒤로 젖혀지고 경비 #5에게 좌우-발차기를 날린다. 그가 뒤로 날아가고 그의 무기가 카드 스캐너 쪽으로 발사된다. 문이 열린다– 헬렌의 다리가 자유롭게 되면서 복도를 가로질러 나아간다 그리고– 몸통 경비들 (#2와 #3)를 중간 문에 쾅 부딪히게 한다. 그들이 미끄러지면서 서로의 위로 포개진다… 기절함.

엘리베이터 안
헬렌의 팔이 경비 중의 한 명의 카드키를 찾아 문 스캐너에 긁는다. 문이 열리고 그녀의 몸이 풀려난다.

복도 입장
헬렌이 의식을 잃은 경비들 중 마지막 한 명을 열린 벽 패널 쪽으로 끌고 가서 다른 경비들과 함께 포개놓는다. 그녀가 패널에 몸을 던지고 마침내 문이 닫힌다.
바싹 붙음: 포스필드
–보라색 빛을 내며 모닥불 주변에서 나풀거리는데, 모양이 잘 잡히지 않다가 결국 성공해서 모닥불에서 나는 연기를 안에 가둔다.

동굴 안 – 밤
바이올렛이 열심히 연습하는 것을 대쉬가 보고 있다. 그녀가 포스필드 구체를 풀자 까만 연기로 된 공이 하늘 위로 올라간다. 바이가 다시 한번 포스필드를 만들고, 동굴의 꼭대기에 있는 연기를 다시 한 번 포획한다. 대쉬가 일어나서 횃불로 이용하려고 모닥불 속에서 타고 있는 나뭇가지를 집어 든다.

바로 이 장면!

DASH   **Welp**, not that this isn't fun... but I'm gonna go look around.

대쉬 뭐, 이게 재미없는 건 아니지만… 난 가서 주변 좀 살피고 올게.

VIOLET   What do you think is going on here? **You think we're on vacation or something?** Mom and Dad's lives could be **in jeopardy**. Or **worse**... their marriage.

바이올렛 너 지금 우리가 뭘 하고 있다고 생각하고 있는 거니? 우리가 무슨 놀러 온 건 줄 아니? 엄마와 아빠의 목숨이 위태로울 수도 있어. 그 정도가 아니라… 그들의 결혼 생활이.

cock (총의) 공이치기를 잡아당기다, 굽히다
fishtail-kick 좌우로 이리저리 왔다 갔다 하며 때리는 발차기
discharge 해고/석방하다, 발사하다
throw one's weight against ~을 향해 체중을 실어 몸을 날리다
recapture 탈환하다, 다시 붙잡다
welp [인터넷 속어] well의 변형 형태
in jeopardy 위기에 처한
or worse 더 나쁜 것은, 그 정도가 아니라

❶ **You think we're on vacation or something?** 우리가 뭐 휴가라도 온 줄 아니?
휴가 중인 것을 표현할 때는 on (a) vacation이라고 해요. 그리고 문장 끝에 or something이 들어가면 '뭐 그런 거 (비슷한 거)' 정도로 해석할 수 있어요. 예를 들어, Are you okay? Do you need help or something? '괜찮으세요? 뭐 혹시 도움이 필요하시거나 그런 건가요?' 이렇게 쓰인답니다.

DASH	Their marriage? (Vi NODS sharply, PAUSE) So... the bad guys are trying to wreck Mom's and Dad's marriage??	대쉬 그들의 결혼 생활? (바이가 급격히 고개를 끄덕인다, 잠시 멈춤) 그러니까… 악당들이 엄마와 아빠의 결혼 생활을 망쳐놓으려고 한단 말이야??
VIOLET	**Forget it. You're so immature.** ❶	바이올렛 그만하자. 넌 정말 철이 없구나.
DASH	(exiting) Okay, I'm gonna go look around.	대쉬 (나가며) 알았어. 난 주변 좀 돌아보고 올게.
VIOLET	Mom said to **stay hidden**.	바이올렛 엄마가 숨어있으라고 했어.
DASH	I'm not gonna leave the cave. Sheesh!	대쉬 동굴 밖으로는 안 나갈 거야. 쳇!

ROCKET CONTROL ROOM – SAME MOMENT
Ground control technicians watch from the observation window as a GIANT METAL SPHERE, a massive version of the **dreaded** OMNIDROID... is carefully guided into place inside the top stage of the rocket. The rocket's **NOSE CONE** is lowered over the OMNIDROID and secured into place. The **cylindrical BLAST SHIELD** closes around the rocket.

로켓 제어실 – 동시
지상 통제 기술자들이 무시무시한 옴니드로이드의 육중한 버전인 거대한 금속 구체가 조심스럽게 로켓의 가장 꼭대기에 있는 자리에 설치되는 것을 관측 창을 통해 보고 있다. 로켓의 원추형 앞부분이 옴니드로이드 쪽으로 내려지고 자리가 잡혔다. 원통형의 폭풍막이가 로켓 주변을 닫는다.

INSIDE THE CAVE
Lighting his way with a burning branch, Dash explores the depths of the cave. Suddenly the floor becomes smooth. Dash looks down, then holds his **torch** up. He's inside an enormous man-made TUNNEL.

동굴 안
불타는 나뭇가지를 들고 앞을 밝히면서 대쉬가 동굴의 깊이를 탐색하고 있다. 갑자기 바닥이 부드러워진다. 대쉬가 아래를 보면서 횃불을 높이 쳐든다. 그는 거대한 인공터널 안에 있다.

DASH	Cool...	대쉬 멋지다…

His voice ECHOES a bit. Dash **brightens**. He calls again, louder this time.

그의 목소리가 약간 메아리친다. 대쉬가 얼굴에 생기가 난다. 그가 다시 한번 외친다, 이번에는 더 큰 목소리로.

DASH	COOL!	대쉬 멋지네!

His voice ECHOES "Cool! Cool! Cool!"

메아리치는 그의 목소리 "멋지네! 멋지네! 멋지네!"

---

stay hidden 계속 숨어있다
dreaded 무서운, 두려운
nose cone 로켓, 항공기 등의 원추형 앞부분
cylindrical 원통(실린더)형의
blast shield [항공우주공학] 폭풍막이
torch 손전등, 횃불
brighten 밝아지다, 반짝이다

❶ **Forget it. You're so immature.**
됐어. 넌 정말 철이 없구나.
중요하지 않으니 걱정하지 말라는 뜻이나
상대방이 말을 못 알아들어 답답해서 더 이상
얘기 나누기 힘드니 그만두자고 할 때 '됐어!',
'관두자!' 라는 의미로 Forget it! 이라는
표현을 씁니다.

CONTROL ROOM – SAME MOMENT
Syndrome shoves a **PASS KEY** into the **control board**, gives the key a twist... then presses the LAUNCH button.

LAUNCH TUBE
The rocket's engines FIRE. The sound is **deafening** as the rocket's **massive** weight slowly lifts into the air...

INSIDE THE CAVE – TUNNEL ENTRANCE
A low **RUMBLE** and a **subtle** push of warm wind **emanate** from the **depths** of the tunnel, which begins to **GLOW**. Dash's smile drops as he realizes it's an **enormous FIREBALL** rocketing towards him. He turns and RUNS.

WITH VIOLET
Vi is still practicing force fields when the depths of the cave begin to rumble and glow. She looks up.

DASH'S VOICE   Vi!!! Vi Vi Vi Vi Vi!!!

VIOLET   (Vi sees cave **brightening**) What did you DO?!

제어실 – 동시
신드롬이 제어보드에 마스터키를 밀어 넣고 비튼다... 그리고는 발사 버튼을 누른다.

발사관
로켓의 엔진이 불을 뿜는다. 로켓의 육중한 무게가 서서히 공중으로 올라가는 소리가 귀를 먹먹하게 한다.

동굴 안 – 터널 입구
낮게 우르르 울리는 소리와 뜨거운 바람의 미묘한 밀림이 터널의 깊은 곳으로부터 나오다가 빛나기 시작한다. 거대한 불덩이가 그를 향해 로켓처럼 날아오고 있다는 걸 알아챈 대쉬의 얼굴에서 미소가 사라진다. 그가 돌아서서 뛴다.

바이올렛이 있다
동굴의 깊은 곳에서 우르르 소리가 나고 빛이 날 때 바이는 여전히 포스필드를 만드는 연습을 하고 있다. 그녀가 고개를 들어 위를 본다.

대쉬의 목소리   바이!!! 바이 바이 바이 바이 바이!!!

바이올렛   (바이가 동굴이 밝아지는 걸 본다) 너 대체 뭘 한 거야?!

---

pass key 열쇠, 마스터키

control board 제어반

deafening 귀가 먹먹한

massive 거대한

rumble 우르렁 거리는 소리

subtle 미묘한, 감지하기 힘든

emanate (어떤 느낌을) 발하다/내뿜다

depth 깊이, 가장 깊은

glow 빛나다, 타오르다

enormous 거대한

fireball 불덩이, 화구

brighten 반짝이다, 번쩍이다

THE INCREDIBLES

The Encounter Between Mirage and Helen

미라지와 헬렌의 만남

🎧 22.mp3

OUTSIDE THE CAVE
Dash and Violet race out of the cave, **getting clear** just as an enormous wall of FLAMES erupts after them. They look down with a **shudder** at how close they came. A roar behind them causes them to turn– a ROCKET emerges from the center of the volcano, and soars into the night sky.

CONTROL ROOM – **DETENTION BLOCK**
Helen looks down from some **vents** in the ceiling. Silently she stretches her neck until her head **dangles** down behind the guards. HER P.O.V.: Helen scans the detention grid... and notices a tremendous **spike** of power to **restrain** the **prisoner** in cell 13.

HELEN   Bob...

Helen quickly pulls her head back up through the vent in the ceiling and EXITS.

GUARD #1   Huh? What...?

GUARD #2   I didn't say anything.

ABOVE THE EARTH
The final stage of the Omnidroid's **capsule** separates. The Omni ship begins to descend below the **cloud layer**, toward the city.

EXT. NOMANISAN JUNGLE – THE NEXT MORNING
Dash awakens, **discovering** to his **horror** that he's **curled up** with Violet. **Repulsed**, he JUMPS UP and shudders.

O.S. VOICE   Identification?

동굴 밖
거대한 불꽃 장벽이 대쉬와 바이올렛 뒤에서 폭발하는데 그들이 동굴 밖으로 질주해서 그곳을 벗어난다. 아슬아슬했던 순간에 대해서 아찔해 하며 그들이 고개를 떨군다. 그들 뒤에서 굉음이 나고 그들이 돌아보는데– 화산의 중심에서 로켓이 나타나고 밤하늘 위로 치솟아 오른다.

제어실 – 구금 시설
헬렌이 천장의 환풍구를 통해 밑을 본다. 조용히 그녀가 자신의 머리를 경비들 뒤에서 달랑거릴 때까지 목을 늘린다.
그녀의 시점: 헬렌이 구금 공간을 살펴보는데… 13호 감옥에 좌수를 제지하기 위해 설치해 놓은 엄청나게 강력한 못이 눈에 띈다.

헬렌 밥…

헬렌이 서둘러 천장의 환풍구를 통해 자신의 머리를 끌어당기고 그곳을 벗어난다.

경비 #1 응? 뭐라고…?

경비 #2 나 아무 말도 안 했는데.

땅 위
마지막 단계에 이른 옴니드로이드 캡슐이 갈라진다. 옴니호가 구름 단층 아래로 하강하기 시작하여 도시 쪽으로 향한다.

외부, 노마니산 정글 – 다음 날 아침
대쉬가 깨어났는데 바이올렛과 자신의 몸이 엉켜 있는 것을 보고 경악한다. 짜증을 내며, 그가 펄쩍 뛰며 몸서리친다.

화면 밖 목소리 신원?

---

get clear 벗어나다, 안전하게 피하다

shudder 몸을 떨다, 몸서리치다

detention block 구금/감금 시설

vent 통풍구, 환기구

dangle 매달리다, 달랑거리다

spike 못, (못같이) 뾰족한 것

restrain 저지/제지하다

prisoner 재소자, 죄수, 포로

capsule 캡슐, 작은 플라스틱 용기

cloud layer 구름층

discover 발견하다, 찾다, 알아내다

horror 공포, 경악

curl up 동그랗게 말리다/말다, 몸을 웅크리다

repulse 구역질 나게 하다, 혐오감을 주다

Startled, Dash turns toward the sound. A brightly colored BIRD **perches** in a nearby tree.

대쉬가 놀라서 소리가 나는 쪽으로 몸을 돌린다. 밝은 색의 새가 부근의 나무에 앉아있다.

BIRD   Identification, please...?

새 신원을 밝혀 주세요…?

DASH   (laughs, **NUDGES** Vi) Hey, Violet! Look! It talks!

대쉬 (웃으며, 바이를 팔꿈치로 찌르며) 바이올렛 누나! 봐봐! 얘가 말을 하네!

VIOLET   (**half asleep**) Hmn? What...

바이올렛 (반쯤 잠든 상태로) 으응? 뭐라고…

DASH   (pointing) There... that one.

대쉬 (가리키며) 저기… 저것 말이야.

Violet walks up and stares, also **beguiled** by the bird.

바이올렛이 다가가서 보는데 그녀 역시 새에게 관심이 간다.

BIRD   Voice key **incorrect**.

새 음성 인식 불일치.

Dash **chortles**. Violet's smile starts to FADE–

대쉬가 깔깔거린다. 바이올렛의 표정에서 웃음기가 희미해지기 시작한다–

VIOLET   "Voice key"...? Wait a second...

바이올렛 "음성 인식"…? 잠깐…

The bird's head slowly **SWIVELS** toward the kids with a soft **COMPUTING** SOUND. Its eyes LIGHT UP RED as its **beak** drops open, and it lets out a **shrill** electronic ALARM.

작은 컴퓨터 연산 소리와 함께 새의 머리가 천천히 아이들을 향해 돌아간다. 새의 눈에 빨간 불이 켜지고 부리가 열리면서, 날카로운 전자 알람 소리를 요란하게 울린다.

RESUME JUNGLE – DASH & VIOLET
Violet **backs away** from the shrieking bird, Dash **following after** her, **panicking**.

다시 정글 – 대쉬와 바이올렛
바이올렛이 꽥꽥 소리를 지르는 새로부터 멀어지고 대쉬도 당황하며 그녀를 따른다.

DASH   What do we do??

대쉬 어떻게 해야 하는 거지??

VIOLET   RUN!

바이올렛 뛰어!

DASH   Where are we going??

대쉬 어디로 가는 건데??

VIOLET   Away from here!!

바이올렛 여기서 멀리 떨어진 곳으로!!

They turn and RUN. The SHRIEKING BIRD **takes wing**, following after them.

그들이 돌아서 달린다. 꽥꽥 소리를 지르는 새가 날개를 펴고, 그들을 쫓는다.

---

perch (새가 나뭇가지 등에) 앉아 있다
nudge (특히 팔꿈치로 살짝) 쿡 찌르다
half asleep 반쯤 잠든 상태의
beguile 구슬리다. (마음을) 끌다
incorrect 부정확한, 맞지 않는
chortle 깔깔거리다
swivel (고정된 채) 돌다/회전하다
computing 컴퓨터를 사용하는, 연산하는

beak (새의) 부리
shrill (목소리 등의 소리가) 날카로운
back away 뒷걸음질 치다, 피하다
follow after ~을 따라가다
panic 극심한 공포
take wing (멀리) 날아가다

133

INT. SYNDROME'S BASE – MONITORING STATION
Alarms sound. A section of the island grid LIGHTS UP, **locating** the KIDS. A guard hits the **SCRAMBLE** button.
INSIDE SYNDROME'S BASE – SAME MOMENT
Helen hears the alarm, watches as the guards scramble.
EXT. BASE – MOMENTS LATER
Guards on VELOCIPODS **zoom out** into jungle.

INT. CONTAINMENT UNIT
Bob hangs, **defeated**, in the suspension beams. The cell door slides OPEN. A FIGURE is silhouetted there– MIRAGE. She switches off the suspension ray. Bob drops to the floor. Bob just **sits** there **on his knees**, his eyes **cast downward**. Mirage crosses to him, kneels down...

MIRAGE　　There isn't much time–

Bob's hand **flashes** out and **CLAMPS** around her throat. He RISES, holding her dangling body **aloft** with one hand.

BOB　　No, there isn't. In fact, there's no time at all.

MIRAGE　　(**gasping**) ...pl–ease...

BOB　　Why are you here? How can you possibly **bring me lower**? What more can you take away from me??

MIRAGE　　(struggling to speak) F–amily... **survived the crash**... they're here– on the island...

BOB　　...they're– alive??

Bob **releases his grip**, Mirage drops to the floor, gasping **raggedly**. Bob lifts her up and EMBRACES her. Mirage **drinks it in**, then REACTS at the sight of a figure in the doorway. Bob LOOKS UP.

내부. 신드롬의 본부 – 감시소.
알람이 울린다. 섬의 운영체계 중 일부에 불이 들어오며 아이들의 위치를 나타낸다. 경비 하나가 긴급상황 버튼을 누른다.
신드롬의 본부 안 – 동시
헬렌이 알람 소리를 듣고 경비들이 허둥지둥 급하게 움직이는 모습을 본다.
외부. 본부 – 잠시 후
빠른 비행체를 탄 경비들이 정글로 빠른 속도로 날아간다.

내부. 감금실
밥이 매달아 놓는 광선에 녹초가 되어 매달려있다. 감방문이 열린다. 사람의 실루엣이 보인다–미라지다. 그녀가 매달아 놓는 광선의 전원을 끈다. 밥이 바닥으로 떨어진다. 밥이 무릎을 꿇고 있어있고 눈은 바닥을 향하고 있다. 미라지가 그에게로 다가서 무릎을 꿇으며...

미라지　시간이 얼마 없어요 –

갑자기 밥의 손이 올라오더니 그녀의 목을 조른다. 그가 일어나고, 그녀의 몸을 한 손으로 잡아 공중에 달랑달랑 매달고 있다.

밥　아니, 시간이 없지. 실제로는, 시간이 아예 없어.

미라지　(숨을 헐떡이며) ...제 –발...

밥　당신이 왜 여기에 있지? 날 얼마나 더 비참하게 만들려고? 아직도 나에게서 빼앗아갈 게 남아있나??

미라지　(말하려고 몸부림치며) 가 – 족이... 사고에서 살아남았어요... 그들이 여기에 있어요 – 이 섬에...

밥　...그들이 – 살아있다고??

밥이 미라지를 잡고 있던 손을 놓자 미라지가 바닥에 떨어진다. 거칠게 숨을 쉰다. 밥이 그녀를 들어올려 껴안는다. 미라지가 그 넋을 잃고 있다가, 입구 쪽에 사람이 서 있는 것을 보고 반응한다. 밥이 올려본다.

---

locate ~의 정확한 위치를 찾아내다

scramble 재빨리 움직이다, 신호를 변환하다

zoom out (영상을) 급히 축소하다

defeated 패배한, 기운이 빠져 축 처진

sit on one's knees 무릎을 꿇고 앉다

cast ones' eyes down(ward) 눈을 내리깔다

flash 잠깐 번쩍이다, 휙 움직이다

clamp 죔쇠로 고정시키다, 꽉 물다/잡다

aloft 〈격식〉 하늘 (위로) 높이

gasp 숨이 턱 막히다, 헉하고 숨을 쉬다

bring someone low ~을 쇠퇴/몰락하게 하다

survive the crash (자동차 사고 등에서) 살아남다

release one's grip 손에서 놓다

raggedly 불규칙하게, 고르지 못하게

drink something in 넋을 잃고 ~을 보다

바로 이장떼!*

BOB　　Helen–?

Mirage and Bob push apart, Mirage composing herself.

MIRAGE　　Hello! You must be Mrs. Incr–

Helen's fist flies across the room and CRACKS across Mirage's jaw. Mirage spins and crashes to the ground. Bob seizes Helen's stretched wrist–

BOB　　She was helping me to escape–

HELEN　　No, that's what I was doing!

Bob pulls her to him. She resists, pushing him away with her **stretchy limbs** like a cat being forced into a bath as–

HELEN　　Let go of me– LET GO– you **lousy**, lying, **unfaithful**, **creep**, I–

–Bob **smothers** her protests with a big kiss.

BOB　　How could I betray the perfect woman?

HELEN　　(still **irked**) Oh, you're referring to me now...

BOB　　Where are the kids?

Mirage sits up, holding her jaw.

MIRAGE　　They might've **triggered** the alert. Security's been sent into the jungle. **You'd better get going.** ❶

HELEN　　What?? Now our kids are in danger??

밥　헬렌–?

미라지와 밥이 서로를 밀치고, 미라지가 평정을 되찾는다.

미라지　안녕하세요! 당신이 미스터 인크레–

방을 가로질러 헬렌의 주먹이 날아와서 미라지의 턱을 강타한다. 미라지가 한 바퀴 빙 돈 후 바닥에 뻗는다. 밥이 헬렌의 늘어진 손목을 잡는다–

밥　그녀는 내가 탈출할 수 있도록 돕고 있었어요–

헬렌　아니요, 그건 내가 하고 있었던 일이죠!

밥이 그녀를 잡아당긴다. 그녀가 마치 억지로 욕조에 들어가야 하는 고양이처럼 늘어난 팔다리로 그를 밀치며 저항한다–

헬렌　이거 놔요– 놓으라고요– 이런 못된, 거짓말에, 바람 피우는, 재수 없는 놈, 난–

–밥이 그녀의 항의를 거친 키스로 질식시켜버린다.

밥　이렇게 완벽한 여자를 내가 어떻게 배신하겠어요?

헬렌　(여전히 짜증 내며) 오, 지금 내 얘기하는 거예요…

밥　아이들은 어디 있어요?

미라지가 턱을 만지며 일어난다.

미라지　아이들이 경보장치를 작동되게 했을 수도 있어요. 보안 요원들이 정글에 투입됐어요. 어서 가보셔야 해요.

헬렌　뭐라고?? 이젠 우리 아이들이 위험에 처했다는 거야??

---

stretchy 신축성 있는

limb (하나의) 팔/다리, (새의) 날개

lousy 엉망인, 형편없는

unfaithful 외도를 하는, 바람을 피우는

creep 살금살금 움직이다, 싫은 사람

smother 질식시켜 죽이다

irk 짜증스럽게/귀찮게 하다

trigger 도화선, 촉발/유발시키다

❶ **You'd better get going.**
이제 가 보는 게 좋을 거야.
이 문장의 시작 부분에 있는 You'd better에서 ~'d는 had를 줄인 것이에요. 'had better + 동사' 패턴은 꼭 그래야 한다는 의도를 담아 '~하는 것이 좋을 거야'라는 의미로 쓰이는 표현이지요. 예를 들어, You'd better go home. '집에 가는 게 좋을 거야' 이렇게 쓸 수 있답니다.

Bob and Helen turn to exit, **bickering** as they do.

BOB   If you **suspected** danger, why'd you bring them?

HELEN   I didn't bring them; they **stowed away**! And I don't think you're **striking the proper tone** here–

밥과 헬렌이 말다툼을 하며 출구 쪽으로 향한다.

밥 위험을 예상했다면 아이들은 왜 데려온 거예요?

헬렌 내가 데려온 게 아니에요, 걔네들이 몰래 탄 거라고요! 그리고 당신 말투가 좀 불손한 것 같군요–

---

bicker (사소한 일로) 다투다
suspect (믿지 못하고) 수상쩍어하다
stow away (배, 비행기 등을) 몰래 타다
strike the proper tone 적절한 말투로 말하다

I'm Just Happy You Are Alive

난 당신이 살아있어서 그저 기쁠 뿐이에요

🎧 23.mp3

JUNGLE – WITH DASH AND VI – SAME MOMENT
Running **blindly**. The kids are suddenly **confronted** by GUARDS on three **manned** VELOCIPODS. **Glancing at** the GUARDS, Violet speaks quietly to Dash.

정글 – 대쉬와 바이 – 동시
앞도 보지 않고 달린다. 아이들이 3인승 초고속 비행체에 올라탄 경비들과 맞닥뜨린다. 경비들을 힐끗 보고 바이올렛이 대쉬에게 조용히 말한다.

바로 이장면!＊

VIOLET	Dash. Remember what Mom said.

바이올렛 대쉬. 엄마가 했던 말 기억해.

DASH	What...?

대쉬 뭘…?

LEAD GUARD	Stop talking!

경비 대장 말하지 마!

Abruptly Vi VANISHES. Dash looks around in surprise.

갑자기 바이가 사라진다. 대쉬가 놀라서 주변을 돌아본다.

VIOLET'S VOICE	Dash!! RUN!!

바이올렛의 목소리 대쉬!! 뛰어!

Suddenly understanding– Dash **BOLTS**, jumping from the transport and **vanishing** into the jungle. It happens FAST: The GUARD'S head snaps toward the sound of Vi's VOICE. He swings his **rifle**– we hear a heavy **THUD** as Violet's (invisible) body is knocked from the transport: a **cloud** of **dust** surrounds an **impression** in the dirt.

갑자기 눈치를 채며 – 대쉬가 번쩍하며 차량에서 뛰어내려 정글로 사라진다. 정말 빠르다: 한 경비가 바이의 목소리가 나는 쪽으로 고개를 돌린다. 그가 소총을 휘두른다 – 둔탁한 쿵 소리가 들리고 바이올렛의 (보이지 않는) 몸이 차량에서 떨어진다: 먼지구름이 흙 속에 있는 형상을 둘러싼다.

GUARD #2	They're SUPERS!

경비 #2 슈퍼히어로들이다!

LEAD GUARD	GET THE BOY!

경비 대장 꼬마 녀석을 잡아!

3 GUARDS **take off** after Dash on VELOCIPODS.

세 명의 경비들이 초고속 비행체에 올라 대쉬를 쫓는다.

LEAD GUARD	Show yourself!

경비 대장 모습을 드러내라!

---

blindly 앞이 안 보이는 채
confront 마주치다, 닥치다
manned (사람이 기계 운영/조작) 유인의
glance at 흘깃 보다, 훑다
abruptly 갑자기
bolt 빗장, 볼트, (갑자기) 달아나다
vanish 사라지다
rifle 소총, 라이플총

thud 쿵, 퍽, 퉁
cloud 자욱한 것, 구름
dust 먼지, 티끌, 가루
impression 인상, 느낌, 감동, 자국/형상
take off 떠나다, 이륙하다

RACING THROUGH THE JUNGLE
Dash BLASTS through the **foliage** on foot, unbelievably FAST, a manned VELOCIPOD **hot on his tail**. But the **terrain** is dense, **uneven** and difficult, and Dash is forced to **adhere** to the thin TRAIL winding through the growth.

UP AHEAD a **SWARM** of flies fusses in the air. Suddenly Dash bursts into view; rocketing RIGHT THROUGH the SWARM! BUGS **splatter** Dash's face like an **interstate** windshield–

DASH   AGGCCHH!!!

Dash STUMBLES, **careens end over end through** the **undergrowth** like an **Indy 500** car crash, and finally tumbles to a stop. Unharmed, but thoroughly REPULSED, Dash wipes his bug-**spattered** face and teeth.

DASH   Achpppt!! PtTHWAAAGH! PTHPT!

A Velocipod bursts out of the brush after him and he TAKES OFF, tearing through the jungle. Running fast, Dash grabs a LONG VINE– which sends him out in a wide arc that surprises the trailing GUARD. HE SHOOTS PAST Dash and roars off into the undergrowth. Dash releases the vine, tumbling roughly to his feet, and RUNS. A Velocipod bursts out of the brush and is on top of him. Impossibly, Dash ACCELERATES, staying just ahead of it. He sees ANOTHER VINE, grabs it and is **PROPELLED** UPWARDS– ABOVE THE TREES Dash explodes out of the canopy, **flailing**, out of control. He looks down and sees– –the treetops suddenly **DROP AWAY**. Dash is FALLING OFF A CLIFF, SCREAMING his ten-year-old lungs out as he– –LANDS ON A VELOCIPOD!! **Fleetingly** astonished by his good luck, DASH LOOKS UP as the startled GUARD whirls around to face him. The guard SWINGS. Dash DUCKS and reluctantly throws a PUNCH at the guard's face. It lands!

정글을 관통해 질주하며
대쉬가 나뭇잎들 사이를 뚫고 폭발하듯 달린다. 말도 안 될 정도로 빠른 속도로, 초고속 비행체가 바짝 뒤쫓고 있다. 하지만 지형이 나무가 빽빽하고, 땅은 평평하지 않고 힘들어서, 대쉬가 어쩔 수 없이 울창하게 자란 식물들 사이를 뚫고 구불구불한 좁은 신길로만 달려간다.

앞쪽으로는 파리떼가 공중에서 소란이다. 갑자기 대쉬가 딱히고 나타나 파리떼 사이를 관통하며 질주한다. 마치 주간 고속도로에서 자동차 앞창문에 벌레들이 후드득 튀기듯이 대쉬의 얼굴에 벌레들이 튄다.

대쉬 으아아악!!!

대쉬 발을 헛디뎌 마치 인디 500 자동차경주 대회의 사고처럼 위태롭게 180도 빙글빙글 회전하면서 덤불 사이를 달리다가, 결국 구르며 멈춰 선다. 다치진 않았지만, 완전히 역겨워하며 대쉬가 벌레로 범벅이 된 얼굴과 치아를 손으로 닦아낸다.

대쉬 에퉤퉤페!!! 프퉤웩! 페퉤!

초고속 비행체가 갑자기 덤불에서 날아오르며 그를 쫓고, 그가 다시 정글을 거칠게 헤치며 질주한다. 빠르게 달리다가 대쉬가 긴 넝쿨을 잡는데– 그가 넓은 호를 그리며 날아가고 따라오던 경비가 놀란다. 그가 쏜살같이 대쉬 옆을 지나서 덤불로 포효하며 들어간다. 대쉬가 넝쿨을 손에서 놓고, 일어서서 거칠게 구르다가 달린다. 초고속 비행체가 덤불에서 씽 하고 나와서 그의 위로 올라선다. 불가능한 정도의 속도로 대쉬가 속력을 내며 비행체보다 아주 조금 더 앞서간다. 그가 또 다른 넝쿨을 보고, 그것을 잡으니 프로펠러처럼 위쪽으로 올라간다–나무 위로 대쉬가 지붕에서 폭발하듯 나오며 제어력을 잃고 팔을 마구 흔든다. 그가 밑을 내려다než본다– 나무꼭대기 부분이 갑자기 사라지는 것을 본다. 대쉬가 절벽에서 떨어지며, 10살짜리가 낼 수 있는 최소로 큰 녹소리로 미친 듯이 비명을 지르다가– 초고속 비행체에 착지한다!! 순식간에 벌어진 그의 행운에 놀라 대쉬가 고개를 들고 위를 보니 놀란 경비가 그를 마주하기 위해 빙그르르 돈다. 경비가 주먹을 날린다. 대쉬가 몸을 숙여 피하고 마지못해 경비의 얼굴을 향해 주먹을 날린다. 제대로 맞았다!

---

foliage (나뭇잎과 줄기를 총칭) 나뭇잎

hot on one's tail ~의 뒤를 바짝 뒤쫓는

terrain 지형, 지대

uneven 평평하지 않은, 울퉁불퉁한

adhere 〈격식〉 들러붙다, 부착되다

swarm (곤충의) 떼/무리

splatter (큰 액체 방울이) 후드득 떨어지다

interstate 주와 주 사이를 연결하는, 주간의

careen (차량이 위태롭게) 달리다

end over end (through) 빙글빙글 회전하여

undergrowth 덤불, 관목

Indy 500 자동차 경주대회 (Indianapolis 500)

spatter (액체, 방울 등을) 튀기다

propel (몰아서) 나아가게 하다

flail 마구 움직이다, 흔들다

drop away 줄어들다, 약해지다

fleetingly 빨리, 순식간에

Thrilled that his raw speed renders the guard powerless to dodge or return his punches, Dash LAUGHS and, growing more confident with each punch, socks the GUARD again and again, blissfully unaware that NO ONE IS DRIVING. Dash LOOKS UP. His jaw drops: a ROCK WALL looms ahead! Dash POINTS at it. The GUARD sees an opening and SOCKS Dash in the face, knocking him off just as– –the velocipod slams into the cliff face, vaporizing in a FIREBALL! Dash FALLS: making desperate, flailing GRABS as he HITS limb after limb of an enormous tree, finally getting hold of a branch and arresting his descent. He pants, heart racing, and looks down to see– –his feet dangling about a yard off the jungle floor. **Elated** about his survival, Dash drops to the ground and lets out a loud WHOOP, immediately alerting–

TWO GUARDS ON VELOCIPODS nearby to his presence. They turn their V-pods after him. WITH DASH as he BOLTS again, accelerating to **breakneck speed**. He smashes through an endless succession of FOLIAGE—nearly **colliding** with tree trunks and rocks and SUDDENLY– A **LAGOON** lies in front of him. Dash REACTS: the V-PODS are on his tail, **he has nowhere to go,**❶ so he takes a deep breath and **STEPS ON IT–**❷ –and has enough **velocity** to RUN ACROSS THE WATER! Amazed and **exhilarated**, Dash blasts across the water's surface, weaving like a speedboat around the large volcanic ROCKS jutting out of the water. Velocipods OPEN FIRE... **strafing** the water as Dash is pursued into a CAVE. VELOCIPOD #2 pulls up short at the cave entrance, and chooses to go around.

INSIDE THE CAVE

Dash runs, Velocipod on his heels. Weaves around rocks, manages to put some distance between himself and Velocipod when he sees– V-POD #2 coming straight at him! Dash wheels around, his legs churning the water like an eggbeater. He SEES V-POD #1 closing fast. HE HAS NOWHERE TO GO and, like a **deer in headlights**, Dash STOPS– –suddenly dropping beneath the water's surface as the Velocipods COLLIDE– BOOOM!

그의 엄청난 스피드가 경비를 피하지도 되받아치지도 못할 정도로 무력하게 만든다는 사실에 신나서 대쉬가 웃는다. 그리고, 펀치를 날릴 때마다 점점 더 자신감이 붙어서 경비를 반복적으로 계속 가격하는데 기쁨에 겨워 아무도 운전하고 있지 않다는 사실을 인지하지 못한다. 대쉬가 올려다본다. 깜짝 놀라 그의 입이 떡 벌어진다: 바로 앞에 돌 벽이 다가온다! 대쉬가 그것을 가리킨다. 경비가 틈이 생긴 것을 보고 대쉬의 얼굴을 가격해 그를 쓰러뜨리는데– – 초고속 비행체가 절벽의 전면에 전속력으로 충돌하고 불덩이가 되어 증발한다! 대쉬가 떨어진다: 필사적으로 허우적대며 뭔가 붙잡으려고 애쓰는데, 거대한 나무의 가지들에 이리저리 부딪히다가 마침내 그의 추락을 막아줄 가지 하나를 잡는다. 그의 숨이 가빠지고 심장 박동수가 빨라지는데 아래를 보니– 그의 발이 정글 바닥에서 약 1야드(약 91.4cm) 정도 떨어진 거리에 달랑달랑 매달려있다. 살았다는 안도감에 기뻐하며, 대쉬는 바닥에 무사히 착지하며 앗싸 소리를 지르는데, 바로 그때 알람이 울린다–

초고속 비행체를 타고 있는 두 명의 경비들이 그의 주변에 있다. 그를 추격하려고 비행체의 머리를 돌린다. 대쉬가 다시 한번 맹렬한 속도로 속력을 올리며 전광석화처럼 달린다. 그가 끝도 없이 계속되는 나뭇잎들을 치며 나아가는데–거의 나무들과 바위들과 부딪힐 뻔하다가 갑자기– 그의 앞에 작은 호수가 나타난다. 대쉬가 반응한다: 초고속 비행체들이 그의 바로 뒤에 있고 더 이상 피할 곳이 없어서 그가 숨을 한번 크게 쉬더니 가속페달을 밟는다– –물위를 가로지르며 달릴 수 있을 정도의 속도가 난다! 놀라고 흥분되어, 대쉬가 엄청난 속도로, 물위로 튀어나온 큰 화산들 주위를 쾌속정처럼 좌우로 비껴가면서 질주한다. 초고속 비행체가 발포한다... 대쉬가 동굴 속으로 쫓기는 가운데 그에게 폭격을 가한다. 초고속 비행체 #2가 동굴의 입구에 갑자기 멈추어 서더니 옆으로 돌아가기로 결정한다.

동굴 안

대쉬가 뛴다. 초고속 비행체가 그의 바로 뒤로 쫓아온다. 바위들 주변으로 요리조리 피해가며 초고속 비행체와의 거리를 벌리고 있는데 그의 눈앞으로– 초고속 비행체 #2가 그를 향해 직진으로 돌진하는 모습이 보인다. 그가 급회전하며 마치 달걀을 저어 거품을 일게 하는 기구처럼 초고속으로 물을 젓는다. 초고속 비행체 #1이 더 가까이 다가오고 있는 것이 보인다. 더 이상 물러날 곳이 없다. 그 순간 마치 달리는 자동차 헤드라이트 앞에 놓인 사슴처럼, 대쉬가 멈춰 선다– –갑자기 물속으로 쏙 들어가 버리니 초고속 비행체들이 충돌한다– 쾅!

---

elate 고무하다, 기운을 북돋아 주다

breakneck speed 위험할 정도로 빠른 속도

collide 충돌하다, 부딪히다

lagoon 석호 (강, 호수 인근의) 작은 늪

velocity 속도, 빠른 속도

exhilarate 아주 신나게 만들다

strafe (저공비행) 폭격을 가하다, 공습하다

deer in headlights 공포 순간에 당황하는 상황

❶ **He has nowhere to go.**
그는 갈 곳이 없다.
막다른 골목에 다다르거나, 사면초가에 빠졌다는 식으로 큰 궁지에 몰렸을 때 쓰는 표현이에요.

❷ **Step on it!** 액셀을 밟아!
어디에 늦어서 빨리 차를 몰아야 하거나, 신나게 달리고 싶거나, 다른 차를 추격할 때 '더 세게 (가속페달을) 밟아!' 하는 표현입니다.

SOMEWHERE IN THE JUNGLE – MOVING – SAME MOMENT
Bob and Helen run, not tired but breathing hard–

BOB   I should've told you I was fired, I admit it, but I didn't want you to worry–

HELEN   You didn't want me to worry?? And now we're **running for our lives** through some **godforsaken** jungle!

BOB   You keep trying to **pick a fight**, but I'm still just happy you're alive–

ANOTHER PART OF THE JUNGLE – VIOLET & THE GUARD
The remaining GUARD waits, his machine gun **at the ready**. Suddenly the dirt MOVES. The guard FIRES, strafing the ground just behind a SUCCESSION OF FOOTPRINTS that **streak** toward the river moments before a SPLASH appears.

THE RIVER – UNDER THE WATER'S SURFACE
We see a Violet-shaped **DISTORTION** as BULLET TRAILS furiously slice the surrounding water.
WITH THE GUARD –still **firing**. He STOPS, **unnerved** and **adrenalized**. **Tensed** and ready, he nervously scans the river.

GUARD #1   I know you're there, little Miss. Disappear. You can't hide from me...

Training his gun where he last saw Violet, the GUARD grabs **a handful** of dirt from the **riverbank** and throws it into the water. He **shoulders** his RIFLE, watching the dirt turn into a brown CLOUD as it travels **downstream**... ...making visible a VIOLET-SHAPED POCKET.

GUARD #1   ...there you are...

정글 속 어딘가 – 이동 중 – 동시
밥과 헬렌이 달리는데, 지치진 않았지만 기쁜 숨을 쉬고 있다.

밥 해고당했다고 당신에게 얘기했어야만 했어요, 나도 인정해요. 하지만 당신에게 걱정을 끼치고 싶지 않았어요 –

헬렌 걱정을 끼치고 싶지 않았다고요?? 그래서 지금 우리가 이런 끔찍한 정글 속에서 살아남기 위해 뛰고 있는 건가요!

밥 당신을 계속 시비를 걸려고 하고 있지만, 난 당신이 살아있다는 것에 그저 행복할 뿐이에요 –

정글의 또 다른 위치 – 바이올렛과 경비
남은 경비가 기다리며 기관총을 쏠 준비를 하고 있다. 갑자기 흙이 움직인다. 경비가 깡까지 기다란 자국을 내며 이어져 있는 발자국 뒤로 폭격을 퍼붓는데 잠시 뒤 첨벙 하며 물이 튀어 오른다.

강 – 수면 아래
바이올렛 모양의 물속에 뒤틀린 형상이 보이고 총알이 미친 듯이 쏟아져 그 주변의 물을 갈라놓으며 그녀를 추적하고 있다.
경비가 여전히 총을 쏘고 있다. 불안감과 흥분된 감정을 같이 느끼며 그가 멈춘다. 긴장하며 준비된 자세로 그가 초조하게 강을 살핀다.

경비 #1 너 거기에 있는 거 다 알아, 꼬마 투명 아가씨. 숨어 봤자야…

그가 마지막으로 바이올렛의 모습을 보았던 곳을 향해 총을 거누며, 경비가 강기슭에서 흙을 한 줌 집어서 물속으로 던진다. 그가 소총을 어깨에 걸처 메고 흙이 하류 쪽으로 흘러내려 가면서 갈색 무리로 변하는 것을 본다… …바이올렛 모양의 형체가 드러난다.

경비 #1 …거기 있었군…

---

run for one's life 필사적으로 도망치다
godforsaken 신도 버린, 재미없는, 우울한
pick a fight 싸움/시비를 걸다
at the ready 준비 완료된, 대기 상태의
streak (줄같이) 기다란 자국/흔적을 내다
distortion (모양을) 찌그러뜨림
fire 발포하다
unnerve 불안하게 만들다

adrenalize 흥분시키다, 자극하다
tensed 정신적으로 긴장한, 신경이 곤두선
a handful of 한 줌의, 한 움큼의
riverbank 강둑, 강기슭
shoulder 어깨, (책임을) 짊어지다
downstream 하류로/에/의

The guard TAKES AIM and– DASH **BLURS PAST–**

DASH   HEY!

–KNOCKING the guard's gun barrel **skyward** as it FIRES. The guard swings around– strafing the ground at DASH'S heels as he plunges back into the jungle.

A SPLASH explodes from the river as INVISIBLE VIOLET **makes a break for** it. THE GUARD sees this and swings the gun toward her as– DASH blasts out of the jungle and knocks the Guard's legs out from under him. They TUMBLE and **scrap**, Dash **redeeming** his lack of size with **lightning-fast** punches and **feints**.

DASH   *Stay away from* my sister!!

Disoriented, the guard swings and– –CONNECTS– **knocking Dash off his feet**. He tumbles backward, dazed. The guard shoulders his rifle, leveling it at Dash. Dash looks up; sees he's **screwed**. The guard GRINS **wickedly**... and pulls the trigger– Violet suddenly APPEARS in mid-air, diving in front of Dash as she THROWS A FORCE FIELD around them! **A hail of** bullets **ricochet** off the force field.

경비가 총을 조준하는데– 대쉬가 흐릿한 형체로 지나간다–

대쉬 이봐!

– 때려서 발포되고 있는 총열이 하늘로 향하게 한다. 경비가 빙그르르 돌더니– 대쉬의 발뒤꿈치 뒤의 땅을 향해 쏘는데 그가 다시 정글로 뛰어든다.

보이지 않는 바이올렛이 안전한 곳으로 달아나면서 강에서 첨벙 하는 소리가 난다. 경비가 그것을 보고 총구를 돌려 그녀에게로 향하는데– 대쉬가 정글에서 갑자기 뛰쳐나와 밑에서 경비의 다리를 걸어서 넘어뜨린다. 그들이 구르며 싸우는데 대쉬가 작은 사이즈를 전광석화처럼 빠른 펀치와 속이는 동작으로 만회한다.

대쉬 우리 누나한테서 떨어져!!

방향감각을 잃고 경비가 아무 데나 막 주먹을 휘두르는데– –제대로 맞는다– 대쉬가 나가떨어진다. 그가 아찔해 하며 뒤로 구른다. 경비가 총을 어깨에 걸쳐 매고 대쉬를 향해 조준한다. 대쉬가 위를 올려다보니; 이젠 끝장이다. 경비가 사악하게 씨익 웃는다... 그리고는 방아쇠를 잡아당긴다– 바이올렛이 갑자기 공중에 나타나더니 대쉬 앞으로 뛰어들며 그들의 주변으로 포스필드를 쏜다! 빗발치는 총알들이 포스필드에 맞고 다 튕겨 나간다.

---

blur 흐릿한 것/형체, 흐릿해지다

past 지나간, (한쪽에서 다른 쪽으로) 지나서

skyward 하늘 쪽으로

make a break for ~쪽으로 내달리다

scrap (종이, 옷감 등의) 조각, 폐기하다, 버리다

redeem (결함 등을) 보완/벌충/상쇄하다

lightning-fast 번개처럼 빠른

feint (스포츠에서) 상대방을 속이는 동작

stay away from ~를 가까이하지 않다

disoriented 혼란에 빠진, 방향감각을 잃은

knock someone off his/her feet ~을 때려서 넘어뜨리다

screwed 〈속어〉 완전히 망한, 곤경에 빠진

wickedly 나쁘게, 부정하게, 엄청나게

a hail of 쏟아지는, 퍼붓는

ricochet (움직이는 물체가) ~에 맞고/스치고 튀어나오다

The Greatest Adventure of Mr. Incredible
미스터 인크레더블의 가장 위대한 모험

🎧 24.mp3

INSIDE THE FORCE FIELD
Dash looks up, sees Violet SUSPENDED IN MID-AIR in the center of the ELECTRIC **SPHERE**.

DASH   How are you doing that???

VIOLET   I don't know!

DASH   Well, whatever you do– DON'T STOP!

WIDER as Dash starts to walk within the force field like a **gerbil** on a **wheel**. Violet spins ever faster in the sphere's **hub** as Dash accelerates into a run. The GUARDS empty their **clips** at the ROLLING SPHERE **with no effect**. It rumbles past them and straight into the jungle. MOVING WITH THE ROLLING FORCE FIELD as it **carries** Dash and Vi down a **steep hillside** into the path of two speeding VELOCIPODS, who FIRE at the sphere. It's clipped by one Velocipod– which then **spirals** into a rock and EXPLODES.

A JUNGLE CLEARING, NOT FAR AWAY – SAME MOMENT
Bob and Helen hear the EXPLOSION'S echo, and STOP, worried. That's when they hear the RUMBLE. Before they can get clear, the ROLLING FORCE FIELD bursts out of the brush–

INSIDE THE SPHERE
The children REACT as their surprised PARENTS **flatten** against the force field like **dough** against a **rolling pin, revolving in and out of view**.

VIOLET & DASH   Mom!! DAD!!

포스필드 안
대쉬가 고개를 들어 바이올렛이 전자 구체 중심부의 공중에 매달려있는 것을 본다.

대쉬 그건 어떻게 하는 거야???

바이올렛 나도 몰라!

대쉬 흠, 어떻게 한 건지는 모르겠지만 – 멈추지 마!

대쉬가 마치 실험용 쥐가 쳇바퀴를 굴리는 것처럼 걷기 시작하자 더 넓어진다. 대쉬가 달리기를 하며 가속도를 붙이자 구체의 중심에서 바이올렛이 정말 빠르게 회전한다. 경비들이 굴러가고 있는 구체에 총알 세례를 퍼붓지만 소용없다. 우르릉거리며 그들 옆을 지나 정글로 직진한다. 대쉬와 바이올렛을 태운 포스필드가 가파른 언덕을 굴러 내려가며 빠르게 날아오며 총을 쏘고 있는 초고속 비행체 방향으로 달려가고 있다. 포스필드가 초고속 비행체와 부딪히는데 – 비행체가 빙빙 돌며 바위에 충돌하며 폭발한다.

정글의 빈터, 멀지 않은 곳 – 동시
밥과 헬렌이 폭발음의 메아리를 듣고 걱정하며 멈춰 선다. 우르르 소리가 들리기 시작한다. 그들이 피하기 전에 구르던 포스필드가 숲속에서 불쑥 튀어나온다 –

구체 안
놀란 부모가 마치 밀방망이 밑에 깔린 밀가루 반죽처럼 포스필드 밑에 깔려 납작해져서 회전하며 보였다가 안 보였다가 하는 것을 보고 아이들이 반응한다.

바이올렛과 대쉬 엄마!! 아빠!!

---

sphere 구체, 구
gerbil 게르빌루스 쥐 (실험/애완용)
wheel 바퀴
hub (특정 장소, 활동의) 중심지, 중추
clip 장전된 총알 한 세트, 잘라내다
with no effect 아무 효과가 없는
carry 나르다, 휴대하다, 실어 나르다
steep 가파른, 비탈진

hillside (작은 산/언덕의) 비탈, 산비탈
spiral 나선(형), (비유적으로) 소용돌이
flatten 납작해지다
dough 밀가루 반죽
rolling pin 밀방망이
revolve (축을 중심으로) 돌다/회전하다
in and out of view 보였다가 안 보였다가

RESUME WIDE VIEW
Violet VANISHES the force field and the entire family tumbles to the jungle floor.

BOB & HELEN KIDS!!

There is a **frantic**, joyful exchange of hugs and kisses, unfortunately **cut short** when– VELOCIPODS explode out of the foliage! The INCREDIBLES instantly jump to their feet: Helen throws a STRETCHED **SCISSORS KICK** which catches a guard in the chest, knocking him out of his V-pod. Bob CHOPS a second passing velocipod– it **PLOWS straight** into the soft jungle floor. Before its PILOT can react– –Helen's arm is **coiled** around him. She YANKS him from the vehicle, **whiplashing** him into another guard, knocking them both out cold. Bob grabs the crashed V-pod and **Frisbees** it into a V-pod emerging from the trees– BOOOOM! And it's OVER. Bob and Helen had forgotten how good they were. They exchange **lustful** glances.

BOB & HELEN (to each other) I love you...

Suddenly the jungle is filled with GUARDS and VELOCIPODS. And just as quickly the INCREDIBLES turn as one against them, a hurricane blur of SUPERPOWERS, suddenly brought to a CRASHING **HALT**–

–AS IMMOBI-RAYS strike the Incredibles, **SUSPENDING** them all, **motionless**, in MID-AIR.

SYNDROME Whoa whoa WHOA– **TIME OUT**!!

Syndrome keeps his wrists **crossed**; one BEAM trained on the SUSPENDED COUPLE, the other on the SUSPENDED KIDS.

SYNDROME What have we here? Matching uniforms??

He glances between the four faces. His eyes narrow as he **zeroes in** on Helen. An astonished smile **splits** his face.

다시 전체 모습
바이올렛이 포스필드를 사라지게 하고 가족 모두가 정글 바닥에서 뒹군다.

밥과 헬렌 얘들아!!

미친 듯이 기뻐 날뛰며 서로 부둥켜안고 키스를 퍼붓는다. 불행하게도 오래 지속되지는 못한다– 나뭇잎들 속에서 초고속 비행체가 갑자기 튀어나온다! 인크레더블 가족이 재빨리 일어난다: 헬렌이 늘린 다리로 시저킥을 날려 경비의 가슴을 공격하고, 경비가 비행체 밖으로 나가떨어진다. 밥이 두 번째 초고속 비행체를 내려친다– 비행체가 부드러운 징글 땅바닥으로 곤두박질친다. 조종사가 대응하기도 전에– –헬렌의 팔이 그를 휘감는다. 그녀가 비행체에서 그를 잡아 빼서 또 다른 경비를 그의 몸으로 후려치니 둘 다 실신한다. 밥이 사고가 난 비행체를 잡아서 나무에서 나타난 또 다른 비행체를 향해 원반던지기를 한다—펑. 그걸로 끝장이다. 밥과 헬렌은 자신들이 얼마나 대단한지 잊고 있었다. 그들이 서로 욕정에 가득 찬 눈빛을 나눈다.

밥과 헬렌 (서로에게) 사랑해요…

갑자기 정글이 경비들과 초고속 비행체로 가득 찼다. 바로 그 순간 인크레더블 가족이 서로의 등을 지며 하나로 뭉친다, 슈퍼파워들의 허리케인 형체, 갑자기 급정거를 한다–

–임모비광선이 인크레더블 가족을 공격하여 그들을 공중에 움직일 수 없게 매달아 놓는다.

신드롬 워 워 워– 잠깐 중지!!

신드롬이 팔목을 계속 교차하고 있다: 한쪽 광선이 매달려 있는 커플에게 향하고 있고 또 다른 광선은 매달려 있는 아이들에게 향하고 있다.

신드롬 이게 뭐지? 다 같이 유니폼을 맞춰 입고 있잖아??

그가 네 명의 얼굴을 훑어본다. 헬렌에게 초점을 맞춘 그의 눈이 가늘어진다. 깜짝 놀란 그의 얼굴에 미소가 떠오른다.

---

frantic 미친 듯이 서두는	lustful 욕정에 가득 찬
cut short 갑자기 끝내다, 가로막다	halt 멈추다, 서다, 세우다, 중단시키다
scissors kick 시저스킥 (점프하면서 한쪽 발로 공을 차는 것)	suspend 매달다, ~속에 떠 있다
plow 갈다, 경작하다, 충돌하다	motionless 움직이지 않는, 가만히 있는
straight 똑바로, 곧장, 곧바로	time out (운동경기 중간의) 잠시 중단
coil (고리 모양으로) 감다/휘감다	crossed 십자 모양으로 놓은, 교차한
whiplash 채찍질, 채찍질하듯 후려치다	zero in (총 따위의) 조준을 바로잡다
Frisbee 프리스비 (플라스틱 원반)	split (작은 부분들로) 나누다/나뉘다, 찢다

SYNDROME	Oh...... NO– Elastigirl?? (laughing, turns to Bob) You... married Elastigirl? (he stops, sees the kids) And got **BIZ-ZAY**! It's a whole FAMILY of Supers! Looks like I've **hit the jackpot**! Oh, this is just TOO GOOD!!	신드롬 오…. 말도 안돼– 엘라스티걸?? (웃으며, 밥을 향해) 당신… 엘라스티걸과 결혼했어? (그가 멈추고 아이들을 본다) 그리고 부지런히 애들 낳았구만! 슈퍼 가족이 한꺼번에 다 모였네! 오늘 내가 대박을 터뜨렸네! 오, 너무너무 좋아!!

ON A GIANT SCREEN:
NETWORK NEWS FOOTAGE of a crowd gathered around a **smoldering hulk** resting at the base of a large building. The TV channel CHANGES. Another reporter is covering the same story. Camera WIDENS: SYNDROME is **delightedly channel surfing** with a remote control of his own invention.

거대한 화면:
큰 건물의 아래에 검은 연기를 피우고 있는 거대한 형체 주변으로 사람들이 모여 있는 뉴스 영상. TV채널이 바뀐다. 또 다른 기자가 같은 뉴스를 전하고 있다. 카메라에 잡힌 화면이 넓어진다: 신드롬이 자신이 개발한 리모컨으로 흥겨워하며 이리저리 채널을 돌리고 있다.

We are in the–
PRISON CHAMBER - SYNDROME'S BASE – DAY
The Incredibles– Bob, Helen, Violet and Dash– are all **imprisoned side by side** in SUSPENSION BEAMS.

우리가 있는 곳은–
감옥 – 신드롬의 본부 – 오후
인크레더블 가족– 밥, 헬렌, 바이올렛과 대쉬– 모두가 나란히 광선에 매달려 있다.

SYNDROME	(turns to Incredibles) Huh? HUH?? Oh, come on, you've gotta admit this is cool! Just like a movie! The robot will emerge dramatically, do some damage, **throngs** of screaming people, and just when all hope is lost, Syndrome will **save the day**. I'll be a bigger hero than you ever were!	신드롬 (인크레더블 가족에게) 응? 응?? 오, 왜 이래, 정말 멋진 것은 인정하라고! 완전 영화 같잖아! 로봇이 극적으로 등장해서, 파괴하고, 수많은 사람들이 비명을 지르고, 모두가 다 절망에 빠져 있을 때, 신드롬이 모두를 구해 주는 거야. 내가 너희들보다 훨씬 더 멋진 영웅이 되는 거지!
BOB	You mean you killed off real heroes so that you could pretend to be one???!!	밥 그렇다면 네가 영웅인 척하기 위해서 지금까지 진짜 영웅들을 다 죽여버렸다는 얘기야???!!
SYNDROME	Oh I'M REAL! Real enough to defeat YOU! And I did it without your **precious gifts**, your **oh-so-special** powers! I'll give them **heroics**, I'll give 'em the most spectacular heroics anyone's ever seen! And when I'm old and I've had my fun, I'll sell my inventions, so everyone can be Superheroes, everyone can be Super! And when everyone's Super– (he turns) –no one will be.	신드롬 오 난 진짜야! 당신과 싸워 이길 정도로 진짜라고! 게다가 난 당신의 그 대단한 재능 없이, 엄청나게 특별한 그 초능력 따위 없이 당신을 이겼다고! 난 지금껏 아무도 본 적 없었던 대단한 영웅적인 모습을 보여줄 거야! 그리고 내가 늙어서 이런 것도 더 이상 재미가 없어지면, 내 발명품들을 다 팔 거야. 그러면 모두가 다 슈퍼히어로가 될 수 있겠지, 모두가 다 초능력을 갖게 되는 거야! 그리고 모두가 다 슈퍼히어로가 되면 – (그가 돌아선다) –아무도 슈퍼히어로가 아닌 거지.

---

bizzay busy를 재미있게 표현한 것	**throng** 인파, 군중
hit the jackpot 잭팟/대박이 터지다	**save the day** 곤경/실패를 면하게 하다
smolder 그을려서 검게 하다, 연기 피우다	**precious** 귀중한, 값비싼, 소중한
hulk 거대한 사람, 헐크	**gift** 재능, 재주
delightedly 기뻐서, 기꺼이	**oh-so-special** 지극히 특별한
channel surfing (리모컨으로) 채널을 자주 바꾸다	**heroics** 영웅적인 행동, 용감무쌍한 행동
imprison 투옥하다, 감금하다	
side by side 나란히	

Syndrome EXITS, **cackling**.

신드롬이 낄낄 웃으며, 퇴장한다.

RESUME CONTAINMENT UNIT
The Incredibles hang in mid-air, defeated... as a live NEWSCAST covers the **terrifying** Omnidroid attack.

다시 감금실
인크레더블 가족이 공중에 매달려 있다. 실의에 빠진 채로… 뉴스에서 끔찍한 옴니드로이드의 공격 소식을 전하는 가운데.

바로 이장면! *

BOB   I'm sorry.

밥 미안하구나.

The others look up **in dull surprise** at Bob's **confession**.

다른 가족들이 밥의 고백에 힘없이 놀란 표정으로 올려다본다.

BOB   This is my fault. I've been a lousy father. **Blind... to** what I have.

밥 내 잘못이야. 난 형편없는 아버지였어. 보지 못했어… 내가 가진 것을.

Behind Bob, Violet begins to rock back and forth, revealing that she's suspended not in Syndrome's Ray, but in the center of her own force field!

밥의 뒤로, 바이올렛이 앞뒤로 흔들흔들 거리기 시작하는데, 그녀는 신드롬의 광선에 매달려 있는 것이 아니라, 그녀의 포스필드 가운데 매달려 있던 것이 드러난다!

BOB   So **obsessed with** being **undervalued** that I undervalued all of you.

밥 스스로 저평가되고 있다는 생각에 사로잡혀서 너희들 모두를 저평가했어.

DASH   Dad–

대쉬 아빠–

HELEN   Sh! Don't interrupt.

헬렌 쉬! 말씀하시는데 끊지 마.

BOB   So **caught up in the past**[1] that I, I– (Bob hesitates, sincere) –you are my greatest adventure. And I almost missed it.

밥 과거에 너무 얽매여서 내가, 내가– (밥이 망설인다. 진지하게) –너희들이 나의 가장 위대한 모험이야. 그런데 난 그걸 거의 잊고 살았어.

Violet has gathered enough **momentum** to ROLL her sphere out of the suspension beam and over to the control panel.

바이올렛이 광선에서 구체를 벗어나게 해서 굴러서 제어패널까지 갈 수 있도록 충분한 탄력을 얻었다.

BOB   I swear I'm gonna get us out of this if–

밥 맹세코 내가 우리 가족을 여기서 구해낼 거야 만약–

---

cackle 낄낄 웃다, 꼬꼬댁 울다
terrifying 겁나게 하는, 무서운
in dull surprise 무표정으로 놀란 듯 연기하는
confession 고백
blind to ~을 알지 못하는
be obsessed with ~에 집착하다/사로잡히다
undervalue 과소평가하다, 경시하다
momentum 가속도, 운동량

❶ be caught up in the past
과거에 얽매이다/사로잡히다
'be/get + caught up in ~'은 ~에 휘말린/사로잡힌/휩쓸린/얽매인'이라는 의미로 쓰이는 표현이에요. 예를 들어, Jack is caught up in a fantasy. '잭은 환상에 사로잡혔다' 이렇게 쓰지요.

VIOLET   (interrupting) Well. I think Dad has **made** some excellent **progress** today. But it's time to **wind down** now–

바이올렛 (말을 끊으며) 음. 제 생각에 아빠가 오늘 아주 많이 발전하셨네요. 그런데 이제 좀 슬슬 멈춰 주셔야겠는데요 –

Violet throws a switch, releasing the Incredibles from the BEAM. They DROP to the floor.

바이올렛이 스위치를 눌러 광선으로부터 인크레더블 가족을 풀어준다. 그들이 바닥으로 떨어진다.

LAUNCHING BAY – NOMANISAN – DAY
The Incredibles race through an empty corridor.

발사구역 – 노마니산 – 오후.
인크레더블 가족이 빈 복도를 통해 질주한다.

BOB   We need to get back to the **mainland**.

밥 육지로 돌아가야 해.

HELEN   I saw an **aircraft hangar on my way** in. **Straight ahead**, I think–

헬렌 이쪽으로 들어오다가 비행기 격납고를 봤어요. 쭉 직진하면 나올 것 같아요 –

Bob's hands **pry open** the heavy metal doors, **crunching** them like **foil**. The INCREDIBLES enter the huge HANGAR **unmolested**.

밥의 손이 무거운 철문을 호일처럼 으스러뜨리며 비집어 연다. 인크레더블 가족이 아무도 지키고 있지 않은 거대한 격납고로 들어간다.

BOB   Where are all the guards? (to family) Go... go!

밥 경비들이 다 어디 간 거지? (가족에게) 가… 가라고!

Laughter **drifts** out of a large **Winnebago crowned with transmission arrays** parked near the **launchpad**.

로켓발사대 옆에 주차된 여러 대의 송신장치들을 실은 큰 캠핑용 차량에서 웃음소리가 흘러나온다.

---

make progress 진행하다, 전진하다

wind down 긴장을 풀고 쉬다, 서서히 줄이다

mainland 본토

aircraft hanger 항공기 격납고

on one's way 도중에, ~하는 중에

straight ahead 똑바로 앞으로, 직진으로

pry open 비집어 열다

crunch 아작아작/오도독 씹다, 우그러뜨리다

foil (음식을 싸는 알루미늄) 포장지, 호일

unmolest 방해/공격받지 않는

drift (물, 공기에) 떠가다, 표류/부유하다

Winnebago 캠핑카의 한 종류

crowned with ~을 머리에 쓴, ~으로 덮인

transmission 전송, 송신

array 집합체/모음/무리

launch pad (우주선 등의) 발사대

THE INCREDIBLES

The Greater Good

공공의 이익

🎧 25.mp3

INSIDE THE WINNEBAGO
The GUARDS watch **live coverage** of the OMNIDROID attack on a video monitor. **Champagne is popped:**[1] the cork is **unexpectedly** CAUGHT by someone standing in the doorway– –MR. INCREDIBLE. The guards **fall SILENT**...

OUTSIDE THE MOBILE UNIT
The vehicle ROCKS as Bob quickly punches out the guards within. In moments Bob emerges, whistles to his family that the coast is clear.

HELEN   This is the hangar, but I don't see any jets.

BOB   A jet's not fast enough.

HELEN   What's faster than a jet?

DASH   How about a rocket?

The other Incredibles follow Dash's finger to an enormous **shield-shaped** ROCKET, **identical to** the one launched earlier– **save for** a perfect circular hole in the center.

HELEN   Great. I can't fly a rocket.

VIOLET   You don't have to. Use the **coordinates** from the last launch.

Bob & Helen BEAM at their daughter's **cleverness**. Then Bob's smile FADES.

캠핑 차량 안
경비들이 모니터로 옴니드로이드 공격을 생중계 하는 뉴스를 본다. 샴페인이 터진다: 샴페인 뚜껑이 문간에 서 있던 누군가에게 예상치 못하게 잡힌다 – –미스터 인크레더블이다. 경비들이 조용해진다…

차량 외부
밥이 안에 있던 경비들을 재빠른 펀치로 나가떨어지게 하면서 차량이 흔들린다. 잠시 후 밥이 나와서 휘파람을 불며 가족들에게 상황이 종료되었음을 알린다.

헬렌 여기가 격납고는 맞는데 제트기가 하나도 없네요.

밥 제트기 속도로는 충분하지 않아요.

헬렌 제트기보다 빠른 게 뭐죠?

대쉬 로켓은 어떨까요?

인크레더블 가족들이 대쉬의 손가락이 가리키는 방향을 보니 거대한 방패 모양의 로켓이 있다. 조금 전에 발사되었던 로켓과 똑같은 모양이다 – 정 가운데에 뚫려 있는 완벽한 원형 구멍만 제외하면.

헬렌 좋군. 난 로켓 조종은 못 하는데.

바이올렛 몰라도 돼요. 먼저 발사된 로켓의 좌표를 이용해요.

밥과 헬렌이 그들의 딸의 영리함에 활짝 웃는다. 밥의 미소가 서서히 사라진다.

---

live coverage 생중계, 실황방송
unexpectedly 뜻밖에, 예상외로
fall silent 잠잠해지다, 입을 다물어 버리다
shield-shaped 방패 모양의
identical to ~와 동일한
save for ~을 제외하고는
coordinate 조직화/편성하다, 좌표
cleverness 영리함, 총명함

❶ Champagne is popped.
삼페인이 터졌다.
풍선같은 것이 빵/펑하고 소리 나며 터지는 것을 묘사할 때 pop이라는 동사를 써요. pop the champagne '샴페인을 터뜨리다' 이렇게 관용적으로 쓰이기도 하지요.

BOB   Wait. I'll bet Syndrome's changed the password by now. How do I get into the computer?

A VOICE comes over the loudspeaker.

VOICE   Say please.

The Incredibles turn and look up. MIRAGE stands in the monitoring station above the launchpad, smiling.

INT. HIGH RISE APARTMENT – MUNICIBERG – SAME MOMENT
The stereo plays soft jazz as LUCIUS BEST (aka FROZONE) dresses for dinner. He **slaps** some **aftershave** on his face, **checking his look in the mirror**. A low series of BOOMS grows louder, causing him to look up to see– –the OMNIDROID **lumbering** past the soaring windows of his fifth floor apartment, a **MILITARY CHOPPER** strafing it with machine-gun fire. Immediately goes through his **dresser drawers**.

FROZONE   Honey?

HONEY'S VOICE   What?

바로 이장면!*

FROZONE   Where's my supersuit?

HONEY'S VOICE   What?

FROZONE   WHERE. IS. MY. SUPER. SUIT?!

HONEY'S VOICE   I **put it away**!

The MILITARY CHOPPER, now **on fire**, spirals past the picture window and EXPLODES, **lighting up** the room.

밥 잠깐. 분명히 지금쯤이면 신드롬이 비밀번호를 바꿔놨을 거야. 이 컴퓨터 어떻게 접속하지?

스피커에서 목소리가 들린다.

목소리 부탁한다고 말해요.

인크레더블 가족이 돌아서 올려다본다. 미라지가 미소를 지으며 발사대 위쪽의 감시구역에 서 있다. 내부. 고층 아파트 – 뮤니시버그 – 동시 루시우스 베스트(프로존으로도 알려진)가 저녁을 먹으러 나가기 위해 옷을 입는 가운데 잔잔한 재즈가 흐르고 있다. 그가 거울에 비친 자신의 얼굴을 보며 애프터셰이브 로션을 손바닥으로 착착 치며 바르고 있다. 작게 들리던 펑 펑하는 소리가 점점 커지며 그가 위를 올려다보게 되고– –그의 5층 아파트의 날아오르는 창문들을 지나 옴니드로이드가 육중한 몸으로 느릿느릿 다가오고 군용헬기가 기관총으로 그에게 폭격을 가하고 있다. 그 즉시 총알들이 그의 옷장 서랍을 뚫고 지나간다.

프로존 허니?

허니의 목소리 왜요?

프로존 내 슈퍼히어로 옷 어디에 있어요?

허니의 목소리 뭐라고요?

프로존 어디. 있냐고. 나의. 슈퍼히어로. 옷?!

허니의 목소리 내가 치워버렸어요!

불이 붙은 군용헬기가 전망창을 지나 추락하며 폭발하고, 방이 환해진다.

---

slap (손바닥으로) 철썩 때리다/치다
aftershave 애프터셰이브 로션 (면도 후 바르는 화장수)
check one's look in the mirror 거울에 자신의 모습을 확인하다
lumber (육중한 덩치로) 느릿느릿 움직이다
military chopper 군용헬기
dresser 위쪽에 화장대가 있는 옷(서랍)장
drawer 서랍
put something away 넣다, 치우다

on fire 불타고 있는
spiral 나선형, 소용돌이
light up ~을 환하게 밝히다

FROZONE	WHERE?!
HONEY'S VOICE	Why do you need to know?
FROZONE	I NEED it!

Frozone is running now, down the hallway, going in and out of view, **frantically** searching rooms and closets.

HONEY'S VOICE	Huh-uh! You better not be thinking about doing no **derring-do**! We've been planning this dinner for two months!
FROZONE	**The public** is **in danger**!
HONEY'S VOICE	My evening's in danger!
FROZONE	Tell me where my suit is, woman! We're talking about the **greater good**!
HONEY'S VOICE	"Greater good"?! I am your wife! I am the greatest good you are ever going to get!

프로존 어디에다?!

허니의 목소리 왜 그걸 알려고 하는데요?

프로존 옷이 필요해요!

프로존이 복도를 뛴다. 보였다가 안 보였다가, 방들과 옷장들을 미친 듯이 뒤진다.

허니의 목소리 허-에! 용감한 짓은 할 생각 말아요! 오늘 저녁은 두 달 동안이나 계획했던 거예요!

프로존 사람들이 위험에 처했다고요!

허니의 목소리 내 저녁 시간이 위험에 처했네요!

프로존 마누라, 내 옷 어디에 있는지 말해요! 공공의 이익에 관한 거라고요!

허니의 목소리 "공공의 이익"이라고요?! 전 당신의 아내예요! 당신에게 세상 그 무엇보다 더 중요한 것은 바로 나라고요!

EXT. CITY STREETS – MOMENTS LATER
The driver of a **gasoline TANKER TRUCK screeches to a halt**, his **eyes bugging out** at the **rampaging** ROBOT.

외부. 도시의 거리 – 잠시 후
휘발유를 실은 대형트럭 운전사가 난동을 부리는 로봇을 보고 눈이 휘둥그레지며 끼익하며 차량을 멈춘다.

TRUCKER	RUN!

트럭 운전사 뛰어!

He jumps from the truck just as the robot **seizes** the tanker in a giant claw, and flings it down the street. A YOUNG MOTHER sees it arcing toward her **baby carriage**.

로봇이 거대한 발톱으로 트럭을 잡고 내동댕이치는 순간에 운전사가 트럭에서 뛰어내린다. 젊은 아기엄마가 트럭이 유모차 쪽으로 활처럼 날아오는 것을 본다.

---

frantically 미친 듯이, 흥분하여
derring-do 대담한 행동
the public 일반 사람들, 대중
in danger 위험에 빠진
greater good 사적인 이익보다는 공공의 이익
gasoline tanker truck 휘발유를 실은 대형 트럭
screech to a halt (자동차 등이) 끼익하며 멈추다
eyes bug out 눈이 휘둥그레지다

rampage (파괴) 광란, 난동을 부리다
seize 꽉 붙들다
baby carriage 유모차

YOUNG MOTHER My baby!

The CROWD is immediately **electrified** by the sight of the red-haired Superhero. "The Supers have returned!" "Is that Fi-Ronic?" "No, Fi-Ronic has a different outfit!"

젊은 엄마 내 아기!

빨간 머리의 슈퍼히어로의 모습이 보이자 바로 군중이 열광한다. "영웅들이 돌아왔다!" "저기 파이로닉인가?" "아냐, 파이로닉은 옷이 좀 달라!"

SYNDROME No, no... I'm a new Superhero!
I'm SYNDROME!!

신드롬 아니, 아니… 난 새로운 슈퍼히어로야! 난 신드롬이야!!

Syndrome carelessly flings the tanker truck behind him with a **flourish**. It EXPLODES, frightening the crowd.

신드롬이 과장된 동작으로 대형트럭을 아무렇지도 않은 듯 뒤로 날려버린다. 트럭이 폭발하고 군중들이 공포스러워 하며 놀란다.

SYNDROME Alright, stand back!

신드롬 좋아, 뒤로 물러서!

The Omnidroid reaches a massive claw toward Syndrome, who presses a series of buttons on his power cuff. The robot FREEZES suddenly, IDLING. Syndrome smiles, pressing another series of buttons on his remote.

옴니드로이드가 신드롬을 향해 거대한 발톱을 뻗는 순간, 신드롬이 그의 초능력 밴드에 있는 버튼들을 누른다. 로봇이 갑자기 얼어붙으며 가동을 멈춘다. 신드롬이 웃으며, 그의 리모컨에 있는 여러 개의 버튼을 누른다.

SYNDROME Someone needs to teach this **hunk** of metal a few manners!!

신드롬 이 쇳덩이 놈한테 매너가 뭔지 좀 가르쳐 줘야겠군!!

Putting on a good show,❶ Syndrome FLIES around the idling bot, and **delivers a punch** to one of its leg sockets.

근사한 쇼를 하며, 신드롬이 가동하지 않고 멈춰 있는 로봇 주변을 날아다니다가, 다리에 있는 관절 중 한 곳에 펀치를 날린다.

OMNIDROID'S P.O.V.:
TECHNICAL **READOUTS** spray across its viewscreen as it confirms Syndromes instructions:
RESTRAIN BATTLE MODE. **DETACH** ARM AT SIGNAL.

옴니드로이드의 시점:
신드롬의 지시를 확인하며 뷰스크린에 기술 데이터가 펼쳐진다:
전투모드 제지. 신호에 맞춰 팔을 분리하라.

RESUME EXT. OMNIDROID
On cue, one of the OMNIDROID'S limbs suddenly FALLS out of its socket, thudding uselessly to the ground. As Syndrome **revels** in the CHEERS of the crowd, we PUSH IN on the OMNIDROID. It's watching SYNDROME. And THINKING...

다시 외부, 옴니드로이드
큐 사인에 맞춰, 옴니드로이드의 팔 중 하나가 갑자기 관절에서 떨어져 나오며 공연히 땅에 쿵 하며 떨어진다. 신드롬이 군중의 환호를 한껏 즐기고 있을 때, 옴니드로이드를 보여준다. 로봇이 신드롬을 보고 있다. 그리고 생각하는데…

---

electrify 전기로 움직이게 하다, 흥분시키다

flourish 번창하다, 과장된 동작

hunk 큰 덩이/조각

deliver a punch 펀치를 한 방 먹이다

readout (정보의) 해독, 판독, 해독된 정보

detach 떼다, 분리하다

on cue (연극, 영화) 신호/큐 사인에 맞춰, 때맞춰

revel 흥청거리며 놀다, 흥청대다

❶ **put on a show**
쇼를 (공연/상연)하다, 가장하다
우리말로도 쇼를 한다고 하면 실제로 공연을 한다는 뜻이기도 하지만, 때때로 상대방의 행동에서 진실성이 느껴지지 않을 때 비꼬는 어조로 '쇼하고 있네'라는 표현을 쓰듯이 영어표현 put on a show 역시 두 가지 상황에서 다 쓰일 수 있답니다.

OMNIDROID'S P.O.V.:
TECHNICAL READOUTS spray across its viewscreen as it **analyzes**:
CONTROL STOLEN BY **EXTERNAL** SIGNAL
LOCATE SOURCE: EXTERNAL SIGNAL

Columns of NUMBERS are **crunched**. The OMNIDROID'S **lens-eye**
ZOOMS IN on the CONTROL BANDS around Syndrome's wrist—
SIGNAL SOURCE: REMOTE CONTROL
–and comes to a **logical conclusion**:
OVERRIDE EXTERNAL CONTROL
DESTROY REMOTE CONTROL

옴니드로이드의 시점:
로봇이 분석하는 기술적인 데이터 내용이 뷰스크
린을 가득 채운다:
외부의 신호에 의한 제어장치 도난
출처 위치 확인: 외부 신호

세로줄로 나열된 숫자들이 컴퓨터에서 고속으로
처리된다. 옴니드로이드의 렌즈 눈이 신드롬의 손
목에 있는 제어 밴드에 초점이 맞춰진다—
신호 출처: 원격 제어
–그리고 합리적인 결론에 이른다:
외부 제어를 무시하라
원격 제어를 파괴하라

---

analyze 분석하다, 해석하다

external 외부의

column of numbers 숫자 열

crunch 중대 상황/정보, (정보를) 고속으로 처리하다

lens-eye 렌즈로 만들어진 눈

zoom in (줌 렌즈로) 확대하다, 클로즈업하다

logical conclusion 합리적인 결론

override (결정, 명령 등을) 기각/무시하다, 중단시키다

destroy 파괴하다

Strap Yourselves Down!

안전벨트를 꽉 매라!

🎧 26.mp3

RESUME EXT. OMNIDROID
The OMNIDROID FIRES a precise laser shot, blasting the REMOTE right off Syndrome's wrist. It **clatters** to the street. Syndrome whirls around in horror as the BOT goes after him.

OMNIDROID **TROUNCES** SYNDROME knocking him out cold. Robot then resumes its **havoc**.
FROZONE appears on the scene.

HIGH ABOVE THE EARTH
another ROCKET, identical to the first one, descends from the clouds. Again, it SEPARATES into quarters which fall away, revealing the **landing craft** inside– –and only then do we notice what's different about it: in the center of the large, perfectly round hole designed to **house** the OMNIDROID is– –A WINNEBAGO... **precariously held in place** by a very stretched, very stressed HELEN.

INSIDE THE VAN
Bob is **at the wheel**, Vi and Dash are seated at a small table in the back.

다시 외부. 옴니드로이드
옴니드로이드가 정확한 레이저 광선으로 신드롬의 손목에 있는 리모컨을 맞추어 날려버린다. 리모컨이 길거리에 덜그럭거리며 떨어진다. 로봇이 신드롬을 추격하자 그가 공포에 휩싸여 빙빙 돈다.

옴니드로이드가 신드롬을 완파하며 그를 졸도시킨다. 로봇이 다시 대파괴를 재개한다. 프로존이 등장한다.

지면 위 높은 곳
첫 번째 것과 같은 또 하나의 로켓이 구름을 뚫고 하강한다. 다시 한번, 로켓이 네 부분으로 갈라지고 그 안에 상륙용 주정이 나타난다– –바로 그 순간 전과는 뭔가 다른 것이 눈에 띈다: 옴니드로이드를 태우기 위해 제작된 크고 완벽한 원형 구멍의 중앙에– –캠핑 차량을… 심하게 몸이 늘어지고 스트레스를 받으며 위태롭게 고정시키고 있는 헬렌의 모습이 보인다.

밴 내부
밥이 운전석에 있고, 바이와 대쉬가 뒤쪽에 있는 작은 탁자에 앉아있다.

바로 이장면!*

DASH   **Are we there yet?❶**

대쉬 아직도 더 가야 하나요?

BOB   We get there when we get there!

밥 그냥 도착하면 도착하는 줄 알아!

Bob opens his window. Wind RUSHES in, scattering loose debris everywhere.

밥이 창문을 연다. 바람이 강하게 불며, 파편들을 이리저리 흩뿌리고 있다.

---

clatter 덜커덕/쨍그랑하는 소리를 내다
trounce 〈격식〉 완파하다
havoc 대파괴, 큰 혼란, 큰 피해
landing craft 상륙용 주정
house 거처를 제공하다, 보관/소장하다
precariously 불안정하게, 위태롭게
hold in place 움직이지 않게 고정시키다
at/behind the wheel (자동차의) 운전하여

❶ **Are we there yet?**
아직 다 안 왔나요?
가족 여행을 할 때 아이들이 종종 하는 말이죠. '아직 멀었어요? / 아직 도착 안 했어요?' 그럴 때 쓰는 표현이 Are we there yet? 이에요. 부모는 보채지 말라고 하면서 이렇게 대답하죠. We get there when we get there! '그냥 도착하면 도착하는 줄 알아!'

EXT. VAN
Bob **leans out the window**, shouts to Helen up on the roof.

BOB   HOW YOU DOING, HONEY???

HELEN   DO I HAVE TO ANSWER???

The GIANT WING is **descending**, **gliding** closer to the water, as the CITY looms closer directly ahead.

INT. VAN

BOB   KIDS? **STRAP** YOURSELVES DOWN LIKE I TOLD YOU!

The kids move to the seats at the monitor panels, **belting** themselves in. Bob opens his window, **yells** up to Helen–

BOB   HERE WE GO, HONEY! (back inside) Ready, Violet?

Violet holds a hand over a giant, **jerry-rigged** release switch.

BOB   READY... NOW!!!

Vi slams the switch.

EXT. VAN
The **explosive** bolts FIRE, **separating** the wing. Helen LETS GO with a **pained** shout, swings inside through the window.

INT. VAN
Bob **steps on the gas**. The van wheels SPIN. Bob **tenses** as he watches the **speedometer** move past 110... 120... 130...

BOB   THIS IS GOING TO BE **ROUGH**!

외부. 밴
밥이 창밖으로 몸을 내밀어 지붕 위에 있는 헬렌에게 소리친다.

밥 괜찮아요, 여보???

헬렌 대답을 해야 하나요???

거대한 날개가 내려오며 물 위로 더 가깝게 활강하는데 바로 앞으로 도시가 서서히 다가오고 있다.

내부. 밴

밥 애들아? 아빠가 말한 대로 안전벨트 꽉 매라!

아이들이 모니터 패널이 있는 곳으로 이동해서 안전벨트를 맨다. 밥이 창문을 열고 헬렌에게 고함친다 –

밥 자 이제 다 왔어요, 여보! (다시 내부) 준비됐니, 바이올렛?

바이올렛이 거대한 응급장비로 된 탈출 스위치에 손을 얹는다.

밥 준비… 지금이야!!!

바이가 스위치를 쾅 하고 누른다.

외부. 밴
폭발 볼트가 터지고, 날개가 갈라진다. 헬렌이 고통스러운 외침과 함께 손을 놓고 창문을 통해 안으로 쌩하며 들어온다.

내부. 밴
밥이 액셀을 밟으며 속력을 낸다. 밴의 바퀴가 거세게 돈다. 속도계의 숫자가 110… 120… 130… 점점 올라가는 것을 보며 밥이 긴장한다.

밥 좀 거친 운전이 될 거야!

---

lean out the window 창밖으로 얼굴/상체를 내밀다
descend 내려오다
glide 미끄러지듯 가다, 활공하다
strap 끈/줄/띠로 묶다
belt 벨트(허리띠)/안전벨트를 매다
yell 소리치다, 고함치다
jerry-rigged 응급장비의, 임시방편으로 만든
explosive 폭발성의, 폭발하기 쉬운, 폭발물

separate 분리되다
pained 괴로운, 화난
step on the gas 속력을 내다
tense 긴장하다
speedometer 속도계
rough 힘든, 거친,

EXT. CITY STREETS – MOVING WITH THEM
The VAN SAILS over an overpass, clipping a light pole, and crashes to the pavement in a shower of sparks. FLIES down the street at 200 MPH. Fighting to keep control, Bob hits the BRAKES. SMOKE erupts from the **wheel wells**.

외부, 도시의 거리들 – 그들과 함께 이동하며
밴이 고가도로 위를 달리며 가벼운 핏대 하나를 떼어내고 한바탕 불꽃을 튀기며 차도에 쾅 하고 떨어진다. 시속 200마일로 날아가듯 도로를 질주한다. 통제를 잃지 않으려고 애쓰며 밥이 브레이크를 밟는다. 바퀴 부분에서 연기가 분출된다.

I/E VAN – MOVING WITH THEM

밴의 내부외 외부 – 그들과 함께 이동하며

BOB The robots in the **financial district**. Which exit do I take?

밥 금융가에 로봇들이 있어. 어느 길로 빠져야 하지?

HELEN **Traction** Avenue.

헬렌 트랙션가.

BOB That'll take me downtown! I take Seventh, don't I?

밥 그러면 다운타운으로 들어가게 돼요! 7번가 타야 되겠는데, 안 그래요?

Bob **cranks the wheel** and cuts across several lanes toward the Seventh Street exit.

밥이 7번가 쪽 출구로 가기 위해 핸들을 꺾으며 여러 개의 차선을 가로질러간다.

HELEN DON'T TAKE SEVENTH!!!

헬렌 7번가로 빠지지 말아요!!!

Bob **aborts** the exit, **swerving** hard to avoid **collision**.

밥이 출구로 나가다가 갑자기 멈추며 사고를 피하기 위해 핸들을 급하게 꺾는다.

BOB (furious) Great! We missed it!!

밥 (몹시 화를 내며) 오 이런! 놓쳤잖아!!

HELEN You asked me how to get there and I told you: exit at Traction!

헬렌 어떻게 가는 건지 물어봐서 얘기해 줬잖아요: 트랙션에서 빠지라고요!

BOB That'll take me downtown!

밥 그러면 다운타운으로 들어간다니까요!

HELEN **It's coming up!**[1] Get in the right lane! SIGNAL!

헬렌 바로 나올 거예요! 우측 차선으로 들어가요! 신호!

BOB (changing lanes) We don't exit at Traction!

밥 (차선을 변경하며) 트랙션에서 빠지면 안 된다니까요!

HELEN YOU'RE GONNA MISS IT!!

헬렌 지나친다고요!!

---

wheel well 바퀴집
I/E [대본] 내부/외부 (=Int./Ext.)
financial district 금융가
traction 끌기, 견인, 견인력 (여기서는 거리 이름)
crank the wheel 핸들을 돌려 움직이게 하다
abort 도중하차하다, 중단시키다, 낙태시키다
swerve (자동차가 갑자기) 방향을 바꾸다/틀다
collision 충돌, 부딪힘

❶ It's coming up!
다가오고 있다!
뭔가가 목전으로 다가오고 있을 때 외치는 표현입니다. 관용적으로 식당에서 손님에게 '다 됐습니다! / 음식 나옵니다!'라고 외칠 때도 쓰인다는 것도 알아두면 좋을 것 같아요. 그리고 이 상황에서는 주로 It's를 빼고 그냥 Coming up! 이렇게 씁니다.

BOB   EEEYAAAAHHHH!

EXT. FREEWAY – MOVING WITH THE VAN
The VAN takes a violent SWERVE across six lanes, barely making the **offramp**! Sparks spray as the van slams into the metal railing. The VAN careens off the railing and into traffic, **narrowly** missing a **SEMI. HORNS BLARE.**

INT. VAN
Bob's teeth **clench** as he fights to slow the car down. He **STOMPS** BOTH FEET on the BRAKES.

EXT. VAN
Its tires smoking, the Van **pulls** sideways and **loses it**, TUMBLING down the center of the street, spraying metal pieces in its **wake**. It rolls into an **open parking space**, and lands– miraculously upright, **stripped** like **an ear of** eaten **corn.**

INT. VAN
Bob and Helen sit up **woozily**. Bob turns to the kids.

BOB   Is everybody okay back there...?

Violet and Dash pull themselves upright. They look as if they've emerged from an **industrial tumble dryer**.

VIOLET   Super-duper, Dad...!

DASH   Let's do that again!

밥 으아아애

외부. 고속도로 – 밴과 함께 이동하며
밴이 6개의 차선을 가로지르며 과격하게 방향을 틀면서 겨우 출구를 빠져나온다. 밴이 철책을 박고 사방으로 불꽃이 튄다. 밴이 철책을 벗어나 위태롭게 달리며 차도로 들어오다가 트레일러와 거의 부딪힐 뻔한다. 빵빵 하며 경적이 울린다.

내부. 밴
밥이 힘겹게 속도를 줄이려고 하며 치아를 악문다. 그가 두 발로 브레이크를 꽉 밟는다.

외부. 밴
타이어에서 연기가 나고 밴이 옆으로 쏠리다가 제어력을 잃고 거리의 중심부로 뒹굴며 지나가며 금속 파편들을 흩날린다. 차가 없는 주차공간으로 굴러가서 착지한다– 다 먹어서 뜯긴 옥수수 대처럼 벗겨진 상태로 기적적으로 넘어지지 않고 서 있다.

내부. 밴
토할 것 같은 밥과 헬렌이 똑바로 앉는다. 밥이 아이들을 향해 몸을 돌린다.

밥 그 뒤에는 다 괜찮니...?

바이올렛과 대쉬가 똑바로 앉는다. 그들이 공업용 회전식 건조기에서 나온 것처럼 보인다.

바이올렛 너무너무 괜찮아요, 아빠...!

대쉬 한 번 더 해주세요!

---

off-ramp (고속도) 진출/출구 차선
narrowly 가까스로, 아슬아슬하게
semi. 세미 트레일러 (=semitrailer)
horns blare 경적이 울리다
clench (주먹을) 꽉 쥐다, (이를) 악물다
stomp 쿵쿵거리며 걷다, 발을 구르다
pull (차량 등이 한쪽으로) 쏠리다, 틀다
lose it 제어력/자제력을 잃다

wake (수면 위의) 배가 지나간 항적/흔적
open parking space 빈 주차공간
strip (막, 껍질 등을) 벗기다, 뜯어내다
an ear of corn 옥수수 한 대
woozy (정신이) 멍한, (머리가) 띵한
industrial tumble dryer 공업용 회전식 건조기
super-duper 기막히게 좋은, 훌륭한

I Can't Lose You Again!

난 또다시 당신을 잃을 수는 없어!

🎧 27.mp3

The OMNIDROID comes into view through the cracked windshield. Bob releases his seat belt, turns to Helen.

금이 간 앞 창문을 통해 옴니드로이드의 모습이 보인다. 밥이 안전벨트를 풀고 헬렌에게 돌아선다.

바로 이장면!＊

BOB	Wait here and stay hidden. I'm going in.	밥 여기 숨어서 기다려요. 내가 들어갈게요.

EXT. VAN
Bob **grimly starts after** the Omnidroid. Helen stretches an arm out and grabs his shoulder, **spinning him around**.

외부. 밴
밥이 거칠게 옴니드로이드 뒤를 쫓는다. 헬렌이 팔을 늘려 뻗어 그의 어깨를 잡고 그를 휙 돌린다.

HELEN	While what? I watch **helplessly from the sidelines**? I don't think so.	헬렌 뭐 하는 동안에요? 난 옆에 멀찌감치 떨어져서 무력하게 지켜보고 있는 동안에요? 그렇게는 안 되죠.
BOB	I'm asking you to wait with the kids.	밥 아이들과 함께 기다려달라고 부탁하는 거예요.
HELEN	And I'm telling you **"not a chance."**❶ You're my husband. I'm with you. **For better or worse.**	헬렌 그리고 난 "절대 안 돼요" 라고 말하는 거예요. 당신은 내 남편이에요. 난 당신과 함께예요. 좋을 때나 나쁠 때나.
BOB	I have to do this alone.	밥 이 일은 나 혼자 해야만 하는 일이에요.
HELEN	What is this to you? **Playtime**?	헬렌 이게 당신에게 뭔데요? 노는 시간인가요?
BOB	No.	밥 아니요.
HELEN	So you can be Mr. Incredible again??	헬렌 그래서 뭐 당신이 또 미스터 인크레더블이 될 수 있게요??
BOB	No!!	밥 아니라고요!!

grimly 무섭게, 험악하게, 엄하게
start after ~을 쫓다
spin something around ~을 휙 돌리다
helplessly 어찌해 볼 수도 없이, 무력하게
from the sidelines (관여는 하지 않고) 지켜보는
for better or worse 좋건 나쁘건, 좋든 싫든
playtime 노는 시간, 쉬는 시간

❶ **Not a chance!**
절대 안 돼!
상대방의 말에 대한 부정적인 반응으로 '어림없다! / 전혀 가능성이 없다!'라는 뜻으로 쓰는 표현이에요. 같은 상황에서 Absolutely not! 또는 No way! 와 같은 표현들도 자주 쓰인답니다.

HELEN	Then WHAT? What is it???	헬렌	그러면 뭔데요? 뭐냐고요???

HELEN Then WHAT? What is it???

BOB I'm... I'm not–

HELEN Not what??

BOB –not strong enough!

HELEN "Strong enough"?? And this will make you stronger??

BOB Yes– NO!!

HELEN That's what this is? Some **sort of** workout?!!

BOB (grabbing her suddenly) I CAN'T LOSE YOU AGAIN!!!

헬렌 그러면 뭔데요? 뭐냐고요???

밥 난… 난 아니에요 –

헬렌 뭐가 아니에요???

밥 –그렇게까지 강한 사람이 아니에요!

헬렌 "그렇게까지 강한"?? 그러면 이렇게 하면 당신이 더 강해지는 건가요?

밥 네 – 아니요!!

헬렌 이게 그거였어요? 근육 운동 같은 거?!!

밥 (갑자기 그녀를 잡으며) 난 또다시 당신을 잃을 자신이 없어요!!!

Helen is stunned. She stares at Bob, whose head is **bowed** like a child.

헬렌이 놀란다. 그녀가 아이처럼 고개를 숙이고 있는 밥을 바라본다.

BOB I can't. Not again... (a **whisper**) ...I'm not strong enough.

밥 난 할 수 없어요. 다시는 안 돼요… (속삭임) …난 그만큼 강하지 못해요.

Helen searches Bob's eyes, deeply **touched**. She throws her arms around him, kissing him.

헬렌이 깊게 감동하며 밥의 눈길을 찾는다. 그녀가 팔을 던져 그를 감싸 안으며, 그에게 입을 맞춘다.

HELEN If we work together you won't have to be.

헬렌 우리가 같이 싸우면 당신이 그만큼 강할 필요는 없어요.

Bob **looks into her eyes,**❶ equally **tender**.

밥 역시 헬렌과 같은 부드러운 눈으로 그녀의 눈을 바라본다.

BOB I don't know what'll happen.

밥 무슨 일이 일어날지 난 모르겠어요.

HELEN Hey, we're Superheroes. What could happen?

헬렌 여보, 우리는 슈퍼히어로예요. 우리에게 무슨 일이 일어날 수 있겠어요?

---

sort of 일종의 ~, 어느 정도, 다소
bow (허리 굽혀) 절하다, (고개를) 숙이다
whisper 속삭이다, 소곤거리다
touched 감동한
tender 상냥한, 다정한 애정 어린

❶ **look into someone's eyes**
~의 눈을 바라보다, 눈을 맞추다
사랑하는 사람과 눈을 지긋이 마주치거나 바라볼 때는 look into someone's eyes라고 하지만, 상대방을 혼내거나 다그치며 '내 눈 똑바로 봐'라고 할 때는 look me in the eye라고 표현한답니다. 두 표현이 어감이 많이 다르니 구별해서 써 주세요.

Violet SCREAMS. She and Dash jump clear just as the van is CRUSHED by the Omnidroid's metal foot. The INCREDIBLES run. Another Omnidroid foot SMASHES into the street, **blocking the kids way**. Bob and Helen stop, whirling–

<u>HELEN</u>　　Vi, Dash– NO!!

The OMNIDROID is now **fully focused on** the kids, pounding Violet's force field **relentlessly** with its giant claws. The shield HOLDS. The BOT **draws itself up**, and DROPS– the **entirety** of its massive **bulk** SLAMS into the force field– –knocking Vi **UNCONSCIOUS**. Her force field **FLICKERS** OUT.

<u>DASH</u>　　Violet...?

Again the BOT draws itself up to **deliver** the crushing **blow**. Dash **cringes** and the bot DROPS– –and HITS an **obstacle halfway** down. Dash looks up—

<u>DASH</u>　　Dad!

Bob is underneath the bot, on his **back**, his arms and legs straining under the weight of it.

<u>BOB</u>　　Go... go–!

Vi comes to, and is instantly **YANKED** out from under the machine and into Helen's arms. Dash follows them around the corner. Straining, Bob lifts the BOT enough to get his feet underneath him. The bot **snatches** Bob out from underneath and flings him at a building across the street.

INT. BUILDING – EIGHTH FLOOR OFFICES
The windows **SHATTER** as Bob's body tumbles across the floor, scattering desks and chairs.

바이올렛이 비명을 지른다. 옴니드로이드의 금속 발에 밴이 으스러질 때 그녀와 대쉬가 피하며 뛰어나온다. 인크레더블 가족이 달린다. 옴니드로이드의 또 다른 발이 쾅 하고 땅에 떨어지며 아이들의 앞을 가로막는다. 밥과 헬렌이 멈춰 서며 돌아본다–

헬렌　바이, 대쉬– 안 돼!!

옴니드로이드가 아이들에게 온전히 집중하며 바이올렛의 포스필드를 무자비하게 그의 거대한 발톱으로 내려친다. 방패가 버틴다. 로봇이 몸을 든 후 떨어진다– 육중한 그의 몸 전체가 포스필드를 쿵 하고 내려친다– –바이가 의식을 잃는다. 그녀의 포스필드가 사라진다.

대쉬　바이올렛···?

다시 한번 로봇이 몸을 들어 강력한 한 방을 날리려고 한다. 대쉬가 움찔하고 로봇이 떨어지는데– –반쯤 떨어졌을 때 장애물과 충돌한다. 대쉬가 올려다본다–

대쉬　아빠!

밥이 밑에서, 그의 등으로 로봇을 지탱하며 로봇의 무게 때문에 팔과 다리에 안간힘을 쓰고 있다.

밥　가··· 가라고–!

바이가 의식을 차리고 곧바로 기계의 밑에서 홱 잡아당겨지며 헬렌의 품에 안긴다. 대쉬가 가까운 곳에서 그들을 쫓는다. 힘겨워하며 밥이 로봇을 들어올려 겨우 로봇의 발이 그의 밑으로 들어가게 한다. 로봇이 밑에서 밥을 와락 붙잡아 거리 저편에 있는 건물로 날려버린다.

내부. 건물 – 8층 사무실들
창문이 산산조각이 나고, 밥의 몸이 책상들과 의자들을 밀쳐 어지럽히며 바닥으로 구른다.

---

block one's way ~의 길을 가로막다

fully focused on 완전히 초점을 맞춘

relentlessly 가차 없이, 무자비하게

draw oneself up 직립하다, 똑바로 서다

entirety 〈격식〉 전체, 전부

bulk ~의 대부분, (큰) 규모/양

unconscious 의식을 잃은

flicker (전깃불이나 불길이) 깜박거리다, 스침

deliver a blow 일격을 가하다

cringe (겁이 나서) 움츠리다/움찔하다

obstacle 장애, 장애물

halfway (거리, 시간) 중간쯤에, 부분적으로

back 등, 허리

yank 홱 잡아당기다

snatch 와락 붙잡다, 잡아채다, 강탈하다

shatter 산산이 부서지다

EXT. CITY STREETS

Helen **rounds a corner** out of the Omnidroid's view and carefully sets Violet down. She looks at Dash and Vi.

HELEN   (firm) Stay here. Okay?

Helen turns away, charging back toward the robot. Vi and Dash watch their **fearless** mother **in amazement**.

WITH BOB AND THE OMNIDROID

as the bot pulls itself up the building to look for Bob. Bob charges the bot, hitting it with enough force to **dislodge** it from the building. It FALLS, crashing into the street with an earth-shattering BOOM. Bob falls with it but rolls and lands on his feet. The familiar sound of cracking ice causes Bob to look up—

BOB   Frozone! YEAH!!

A narrow sheet of ice streaks across the pavement and FROZONE skates past, joining the fight.

FOLLOWING FROZONE

He moves to the Omnidroid, expertly **icing** its **joints** as it tries to get up. The machine **WHINES** as its motors strain against the ice.

FURTHER DOWN THE STREET

Helen rushes up to Bob.

HELEN   Bob–

Just then Frozone sails into frame and crashes into the roof of a parked car. Bob turns angrily toward the robot–

BOB   HEY–!!

외부. 도시의 거리

헬렌이 모퉁이를 돌아 옴니드로이드의 눈을 피하고 조심스럽게 바이올렛을 내려놓는다. 그녀가 대쉬와 바이를 본다.

헬렌 (단호하게) 여기 있어, 알았지?

헬렌이 그들에게서 몸을 돌려 로봇을 향해 돌진한다. 바이와 대쉬가 놀라서 두려움 없는 엄마의 모습을 본다.

밥과 옴니드로이드

로봇이 건물을 오르며 밥을 찾고 있다. 밥이 있는 힘을 다해 로봇을 공격해서 건물에서 떨어지게 한다. 로봇이 지구가 흔들릴 정도의 충격과 함께 길거리로 떨어진다. 밥이 로봇과 함께 떨어지며 굴러서 발로 착지한다. 얼음을 깨뜨리는 귀에 익은 소리에 밥이 눈을 들어 본다 –

밥 프로존! 예!!

도로 위로 가는 얼음 판자가 길게 이어지고 프로존이 그 위를 스케이트 타듯 지나가면서, 싸움에 합류한다.

프로존을 따르며

그가 옴니드로이드에게 다가가 숙련된 솜씨로 일어나려고 하는 로봇의 관절을 얼어붙게 한다. 로봇의 모터가 얼음 때문에 잘 움직이지 않자 로봇이 낑낑거린다.

길거리 저편

헬렌이 재빨리 밥에게로 다가간다.

헬렌 밥–

바로 그 순간 프로존이 화면에 나타나며 주차된 차의 지붕에 충돌한다. 밥이 분노하며 로봇에게로 향한다 –

밥 헤이–!!

---

round a corner 모퉁이를 돌다

fearless 두려움을 모르는, 용감한

in amazement 놀라서, 어이가 없어서

dislodge 제자리를 벗어나게 만들다

narrow 좁은

a sheet of ice 얇은 얼음층

ice 얼리다

joint 관절

whine 징징/칭얼거리다, 끼익끼익 하는 소리

further down 훨씬 더 내려가서, 저쪽 아래쪽에

–and is immediately SMACKED by the robot. Bob flies into the side of a building and tumbles to the street. Frozone and Helen **distract** the robot, **heckling** it and spreading out. It goes after them like an **enraged** beast. Dazed, Bob looks up and sees a strange device on the ground in front of him. He examines it, his eyes widening when he realizes what it is. He holds it up, yelling **excitedly** to the others—

BOB   SYNDROME'S REMOTE!!

WHAM! The bot **comes down** on Bob like **a ton of bricks**, lifting him high above the ground. Miraculously, Bob has **held on to** the remote, and he quickly **stabs at** the buttons, hoping to **get lucky**. With a BOOM one of the bot's limbs RELEASES, sending it– and Bob– crashing to the ground.

AROUND THE CORNER
Violet sees this. She turns to Dash.

VIOLET   The remote controls the robot!

WITH BOB AND THE OMNIDROID
The Omnidroid knows this too, and it fires laser blasts at Bob to try to stop Bob from using the remote. Bob jumps clear, then hears his son from down the street.

DASH   Hey, Dad! Throw it! Throw it!!

BOB   GO LONG!!

Bob gives the remote a MONSTER THROW, flinging it high into the air and across the river. Dash **pivots** and takes off after it. The Omni sees Dash and starts firing after him.

WITH DASH
as he hits the water, jetting across the water's surface as the Omni **fires away**. The water EXPLODES around Dash, but he concentrates on the remote, following it into his hands like an **NFL receiver**.

— 그리고 그 즉시 로봇에게 강타당한다. 밥이 건물 옆으로 날아가 버리고 길 위를 뒹군다. 프로존과 헬렌이 로봇에게 야유를 퍼부어 정신을 빼앗고 양옆으로 갈라선다. 로봇이 격분한 짐승처럼 그들을 추격한다. 멍한 상태에서 밥이 고개를 드니 그의 앞 땅 위에 이상한 기기가 보인다. 살펴보다가 그것이 무엇인지 알아차린 순간 그의 눈이 커진다. 그가 그것을 들고 흥분해서 다른 이들에게 소리친다—

밥 신드롬의 리모컨이야!!

쾅! 로봇이 1톤짜리 벽돌처럼 밥 위로 덮치고 그를 공중 위로 들어올린다. 기적적으로 밥이 리모컨을 놓치지 않았고 그가 행운이 깃들기를 바라며 잽싸게 버튼들을 마구 누른다. 쾅 소리와 함께 로봇의 팔 하나가 떨어지면서 밥과 함께 땅바닥에 쿵 하고 떨어진다.

모퉁이 저편
바이올렛이 이 장면을 본다. 그녀가 대쉬에게 돌아선다.

바이올렛 리모컨이 로봇을 조종해요!

밥과 옴니드로이드
옴니드로이드 역시 그 사실을 알고 밥이 리모컨을 사용하지 못하도록 밥에게 레이저 광선을 쏜다. 밥이 피하면서, 그의 아들이 길거리 저편에서 부르는 소리를 듣는다.

대쉬 여기요, 아빠! 그거 던져요! 던지라고요!!

밥 멀리 던질 테니 뛰어!!

밥이 엄청나게 세게 리모컨을 던져서 강을 건너 공중 저 높이 날아가도록 한다. 대쉬가 축을 중심으로 회전하며 리모컨을 쫓아간다. 옴니가 대쉬를 보고 그에게 발포하기 시작한다.

대쉬의 모습
그가 물을 만나자 옴니가 총격을 가하는 동안 수면 위를 질주한다. 대쉬 주변으로 물이 폭발하지만 대쉬는 리모컨에만 집중하며 마치 NFL 리시버처럼 손으로 잡으려 하며 쫓아간다.

---

distract (주의를) 딴 데로 돌리다, 산만하게 하다

heckle 방해하다, 야유를 퍼붓다

enrage 격분하게 만들다

excitedly 흥분하여, 격분하여, 신이 나서

wham 쾅, 꽝, 쿵

come down on ~을 공격하다

a ton of bricks 엄청난 힘으로, 맹렬히

hold on to ~에 매달리다/의지하다

stab at (칼로) 마구 찌르다

get lucky 운이 좋다

go long 풋볼에서 긴 패스를 시도하는 것

pivot (축을 중심) 회전하다/돌다

fire away ~을 겨냥하여 마구 쏘다

NFL receiver 프로 미식축구에서 공을 받는 포지션

DASH   I GOT IT!!

Dash crosses the river and hits the streets **on the other side**, **seemingly home free**. But the Omni is still FIRING, and it hits some cars in Dash's path, **igniting** their **gas tanks**. Suddenly Dash is surrounded by **a wall of FLAMES**!

WITH BOB
He runs toward Helen, who is closer to the Omnidroid.

BOB   HONEY! **TAKE OUT ITS GUNS!!**

HELEN hears him. She grabs a heavy **MANHOLE COVER**, winding her **elastic** arm around a light pole to fling it– like an **arrow**– at the OMNIDROID'S gun. **Bull's-eye**.

대쉬 잡았어요!!

대쉬가 강을 건너 반대편에 있는 길거리에 서 있는데 캐치에 성공한 듯 보인다. 하지만 옴니가 여전히 총격을 계속하고 있는 가운데, 탄환이 대쉬 방향에 있는 차들에 맞아 연료탱크에 불이 붙는다. 갑자기 대쉬가 화염 벽 속에 갇히게 된다!

밥의 모습
그가 옴니드로이드와 더 가까이 있는 헬렌 쪽으로 달려간다.

밥 여보! 그 로봇의 총들을 없애요!!

헬렌이 그의 목소리를 듣는다. 그녀가 무거운 맨홀 뚜껑을 잡으며, 그녀의 고무 같은 팔로 가벼운 막대기 하나를 감아서 맨홀 뚜껑을 날리기 위해– 마치 화살처럼– 옴니드로이드의 총에, 명중.

---

on the other side 건너/반대편에

seemingly 외견상으로, 겉보기에는

home free 〈비격식〉 성공이 확실한, 낙승의

ignite 불이 붙다, 점화되다

gas tank 가스탱크, 연료탱크

a wall of flames 화염의 벽, 엄호포화

take out one's gun 총을 꺼내 들다

manhole cover 맨홀 뚜껑

elastic 고무밴드, 고무로 된, 탄력/신축성 있는

fling 내던지다, 던지다

arrow 화살

bull's-eye 과녁의 한복판/흑점, 명중한 화살

Just Like Old Times
옛 시절과 똑같이

🎧 28.mp3

ACROSS THE RIVER

What follows **amounts to a game of hot potato** between the Supers and the robot over the remote: Frozone saves Dash from the circle of burning cars. The Robot sees this and goes after them. With Dash on his back, Frozone races across the river, freezing it in front of him as he goes.

The robot JUMPS– almost on top of them, creating a MASSIVE WAVE and throwing Dash and Frozone high into the air. Thinking fast, Frozone turns the wave into a wall of SNOW. It crashes over the streets, cushioning their fall.

IN THE STREET – NEARBY

The remote **clatters** to the ground. Bob sees it and runs for it. The bot sees Bob and fires a claw– catching Bob just as he was reaching for the remote.

The CLAW– with Bob inside– tumbles end over end down the street. With Bob **out of the way**, the bot heads for the remote. Frozone ices the robot's path, causing the bot's metal feet to **slip** and **slide**. Helen runs ahead of the bot, stretching herself into a **tripwire** across the stumbling robot's path. It CRASHES to the street. The bot LOOKS UP. The remote lies on the street just in front of it, easily **within its grasp**. The bot reaches out with a claw to destroy the remote. The remote magically JUMPS CLEAR.

The bot tries again, and again the remote **darts away**. **Riled** now, the bot **rears up** and STABS wildly at the remote with all of its arms. We hear VIOLET shriek, as the remote repeatedly **eludes** the robot's grasp: finally **tangling** its legs so **badly** that it **topples over**. Vi REAPPEARS, running back to **rejoin** the group in the middle of the street.

강 건너편
이어지는 장면은 리모컨을 사이에 두고 슈퍼히어로들과 로봇 간에 벌어지는 뜨거운 감자 게임 (물건을 던져서 서로 잡으려고 하는 게임)과 같은 장면이다: 프로존이 원형으로 둘러싸인 불타고 있는 차들 사이에서 대쉬를 구한다. 로봇이 그것을 보고 그들을 추격한다. 대쉬를 업고, 프로존이 그의 앞에 나타나는 강물을 얼리면서 질주한다.
로봇이 뛰어올라– 거의 그들 위를 덮치는데, 엄청나게 큰 파도가 대쉬와 프로존을 공중으로 높이 날아가게 한다. 프로존이 신속하게 머리를 써서, 파도를 눈으로 이루어진 벽으로 변하게 한다. 눈 벽이 길거리에 떨어지면서, 그들이 푹신하게 낙하할 수 있도록 돕는다.

거리에서 – 근처
리모컨이 땅으로 쨍그랑하며 떨어진다. 밥이 그것을 보고 잡으려고 달려간다. 로봇이 밥을 보고 발톱을 발사해서– 그가 리모컨을 손에 넣으려는 순간 밥을 잡는다.

발톱이– 밥이 그 안에 있다– 빙글빙글 돌며 길거리에 구른다. 밥이 발톱에서 벗어나고 로봇이 리모컨을 향해 움직인다. 로봇의 앞길을 프로존이 얼려버리니 로봇의 발이 미끄러진다. 헬렌이 로봇보다 먼저 달려가서 자신의 몸을 늘려 덫으로 쳐 놓는 철사처럼 비틀거리는 로봇의 앞에 선다. 로봇이 땅바닥에 쾅 하며 부딪힌다. 로봇이 위를 올려본다. 리모컨이 그의 바로 앞에, 손을 뻗으면 잡을 수 있는 거리에 놓여있다. 로봇이 자신의 발톱을 뻗어 리모컨을 부수려고 한다. 마법같이 리모컨이 뛰면서 발톱을 피한다.

로봇이 계속 시도하는데, 리모컨이 잽싸게 달아난다. 짜증이 난 로봇이 자리를 박차고 일어나 자신의 모든 팔들을 이용해 리모컨을 향해 미친 듯이 찔러댄다. 리모컨이 반복적으로 로봇의 발톱을 빠져나가면서 격하게 끽끽거리는 소리가 들린다: 마침내 다리가 심하게 엉켜서 로봇이 고꾸라진다. 바이가 다시 나타나 달려오며 길거리 한가운데에 있는 가족과 합류한다.

---

amount to (합계가) ~에 이르다/달하다

a game of hot potato 물건(공)을 던져서 서로 잡는 게임

clatter 덜커덩/쨍그랑하는 소리를 내다

out of the way (더 이상 방해가 안 되도록) 비켜

slip 미끄러지다

slide 미끄러지듯이 움직이다

tripwire 덫으로 쳐 놓은 철사

within its grasp 손이 미치는 곳에

dart away 잽싸게 도망가다

rile 귀찮게/짜증 나게 하다

rear up 자리를 박차고 일어나다

elude (교묘히) 피하다/빠져나가다

tangle 헝클리다, 혼란스럽게 꼬이다/얽히다

badly 심하게

topple over 넘어지다, 쓰러지다

rejoin 재가입하다, 다시 합류하다

VIOLET   Mom, I got it! I got the remote!

FROZONE A remote? A remote that controls what?

Violet begins to **fiddle with** the remote's **CLICK-WHEEL**, poking its buttons **to no effect**. The robot has **gotten to its feet** and lunges toward them. Violet shrieks and presses the button a last time. ROCKETS FIRE **underneath** the robot's clawed feet, lifting the enormous machine into the air.

FROZONE The ROBOT???

Everyone **ducks** as the robot rockets overhead, crashing into a building at the end of the street. Like a **woozy prizefighter**, the Omnidroid gets back on its feet.

DASH   It's coming back!

Dash snatches the remote from Violet, aims it at the robot, spins the click-wheel and presses a button. Behind Dash (and unseen by all) the claws on the robot's detached arm **SPRING OPEN**– **flinging** Bob into the air.

DASH   That wasn't right.

VIOLET   (snatching remote back) Give me that!

DOWN THE STREET – WITH BOB
He climbs to his feet, **muttering** to himself.

BOB   We can't stop it...! The only thing hard enough to **penetrate** it is...

A thought hits him. He turns, staring at the metal claw.

BOB   ...itself.

바이올렛 엄마, 내가 잡았어요! 리모컨을 가져왔어요!

프로존 리모컨? 뭘 조종하는 리모컨인데?

바이올렛이 리모컨의 클릭휠을 만지작거리며 버튼을 누르는데 아무 효과가 없다. 로봇이 일어나서 그들을 향해 돌진한다. 바이올렛이 꺄악 소리를 지르며 마지막으로 한 번 더 버튼을 누른다. 로봇의 갈고리 발톱 밑에서 로켓이 발사되며 거대한 로봇을 공중으로 들어올린다.

프로존 저 로봇을???

로봇이 머리 위로 날아갈 때 모두가 다 몸을 수그리며 피하고, 로봇은 길 끝에 있는 건물에 충돌한다. 머리가 띵한 프로권투선수처럼 옴니드로이드가 다시 두 발을 딛고 일어선다.

대쉬 다시 돌아오고 있어요!

대쉬가 바이올렛에게서 리모컨을 낚아채고 로봇을 향해 조준한 후, 클릭휠을 돌리며 버튼을 누른다. 대쉬 뒤로 (아무도 못 본 상태에서) 떨어져 나간 로봇의 팔에 있는 발톱이 쫙 벌어지며—밥을 공중으로 던져버린다.

대쉬 이건 아니네요.

바이올렛 (다시 리모컨을 가로채며) 그거 내놔!

길거리 저편 – 밥의 모습
그가 혼자 투덜대며 일어선다.

밥 우린 로봇을 멈출 수가 없어…! 이 로봇을 관통할 만큼 강한 것은 유일하게…

어떤 생각이 불현듯 떠오른다. 그가 돌아서서 금속 발톱을 응시한다.

밥 …로봇 자신뿐이야.

---

fiddle with ~을 만지작거리다

click-wheel 클릭휠 (바퀴형식의 기기가 있는 장치)

to no effect 아무 효과가 없는

get to one's feet 일어서다

underneath ~의 밑에

duck 숙이다

woozy 멍한

prizefighter (상금을 놓고 벌이는) 프로 권투 선수

spring open 쫙 열리다

fling (화가 나서 거칠게) 내던지다/내팽개치다

mutter 중얼거리다

penetrate 뚫고 들어가다, 관통하다

a thought hit someone 불현듯 어떤 생각이 들다

WITH FROZONE, HELEN & THE KIDS
Helen has the remote now and is trying to **figure** it **out**. The Omnidroid **has them all in its sights** and is lumbering toward them. The kids are starting to panic.

HELEN   No, this'll work! This'll work! (to Frozone) Lucius, try to **buy** us some **time**!

FROZONE   (re button, exiting) Try the one next to it!

Lucius takes off, throwing ice and skating **down the street** toward the **approaching** robot. He JUMPS off an ice ramp, his skates **CONVERTING** into a **circular ski-disc** in mid-air. He lands, throwing a massive ICE WALL in front of the robot.

WITH BOB
As he closes the claw into a massive **arrowhead** and starts **charging** down the street.

WITH HELEN & THE KIDS
Helen **dials** the click-wheel on the remote, pokes a button.

RESUME BOB
The back of the claw suddenly FIRES a rocket engine. Bob **veers** crazily, trying to control it.

RESUME HELEN & THE KIDS
She pokes the button again. Now close to the group, Bob's claw rocket SWITCHES OFF. Bob gets an idea.

BOB   Wait a minute–! (yells to Helen) Press that button again!

Helen presses a button. The claw **blades** start to spin.

BOB   No– the other one! The FIRST ONE!

HELEN   First button– got it!

프로존, 헬렌, 그리고 아이들의 모습
이제 헬렌이 리모컨을 들고 있고 이렇게 해야 할지 생각하고 있다. 옴니드로이드가 그들을 모두 시야에 포착한 후 느릿느릿 다가오고 있다. 아이들이 당황하여 어쩔 줄 모른다.

헬렌 아냐, 이렇게 하면 되겠다! 이렇게 하면 될 거야! (프로존에게) 루시우스, 시간 좀 끌어봐요!

프로존 (버튼과 관련하여, 나가며) 그 옆에 있는 것을 한번 눌러봐요!

루시우스가 출발해서 다가오고 있는 로봇을 향해 얼음을 던지며 스케이트를 탄다. 그가 얼음 경사로에서 뛰어내리고, 그의 스케이트가 공중 위에서 원형 스키로 변신한다. 그가 로봇 앞에 커다란 얼음 벽을 던지며 착지한다.

밥의 모습
그가 발톱을 닫아 거대한 화살촉을 만들고 돌진하며 내려오기 시작한다.

헬렌과 아이들 모습
헬렌이 리모컨에 있는 클릭휠을 돌리며 버튼을 누른다.

다시 밥
로봇의 발톱 뒤쪽에서 갑자기 로켓 엔진이 발사된다. 밥이 미친 듯이 방향을 바꾸며 그것을 제어하려고 한다.

다시 헬렌과 아이들 모습
그녀가 다시 버튼을 누른다. 그들과 가까운 곳에서 밥의 발톱 로켓이 꺼진다. 밥이 하나의 아이디어를 떠올린다.

밥 잠깐–! (헬렌에게 외친다) 그 버튼 다시 눌러봐요!

헬렌이 버튼을 누른다. 발톱에 붙은 칼날이 회전하기 시작한다.

밥 아니– 다른 버튼! 첫 번째 것!

헬렌 첫 번째 버튼– 알았어요!

---

figure out (생각한 끝에) ~을 이해하다/알아내다
have something in one's sights ~에 조준을 맞추다
buy time 시간을 벌다
down the street 길 아래로
approach 다가가다
convert (형태, 목적 등을) 전환시키다/개조하다
circular 원형의, 둥근
ski-disc 동글납작한 판 형식의 스키

arrowhead 화살촉
charge 돌격/공격하다
dial 다이얼을 돌리다, 전화를 걸다
veer (특히 차량이) 방향을 확 틀다/바꾸다
blade (칼, 도구 등의) 날

The Omnidroid has broken through the first ice wall, and pounding away at a second one. Though Frozone's **giving it all he's got**, the robot's starting to get through.

옴니드로이드가 첫 번째 얼음벽을 뚫었고 이제 두 번째 벽도 제거하고 있다. 프로존이 최선을 다하고 있지만, 로봇이 뚫고 나오고 있다.

바로 이장면!*

FROZONE HELEN???

프로존 헬렌???

Helen looks at the remote, gestures at her kids.

헬렌이 리모컨을 보며 아이들에게 손짓한다.

HELEN Get outta here, kids! Find **a safe spot**!

헬렌 여기서 벗어나, 얘들아! 안전한 곳으로 피해!

VIOLET **We're not going anywhere!**❶

바이올렛 우린 아무 데도 안 갈 거예요!

BOB (FROM DOWN THE STREET) PRESS THE BUTTON!

밥 (길거리 저편에서) 버튼을 눌러요!

HELEN NOT YET!

헬렌 아직 아니에요!

The Omnidroid is pounding through the second wall. Bob shouts from behind them.

옴니드로이드가 두 번째 벽을 뚫고 들어오고 있다. 밥이 그들 뒤에서 소리친다.

BOB WHAT'RE YOU WAITING FOR??!

밥 뭘 기다리고 있는 거예요??!

HELEN A CLOSER TARGET! YOU GOT ONE SHOT!

헬렌 과녁이 더 가까워질 때까지요! 기회는 딱 한 번뿐이라고요!

The Omnidroid SHATTERS the last wall– it's almost on top of them. Helen presses the button. The claw-rocket FIRES. Bob **aims** it **directly at** the Omnidroid's metal **underbelly**–

옴니드로이드가 마지막 벽을 산산조각냈다– 거의 그들을 덮치려고 하고 있다. 헬렌이 버튼을 누른다. 발톱 로켓이 발사되었다. 밥이 그것을 옴니드로이드의 금속 아랫배를 향해 정조준했다.

BOB EVERYBODY DUCK!!

밥 모두 몸을 숙여!!

–and RELEASES IT. The giant metal arrow roars overhead and **drills** clean through the robot's body, coming out the other side. For a long moment nothing happens. Then the **gargantuan** machine **KEELS OVER** and EXPLODES. It's over. The family looks at each other, stunned.

– 그리고 그것을 놓는다. 거대한 금속 화살이 굉음을 내며 머리 위로 날아가서 로봇의 몸을 깨끗하게 뚫으며, 다른 쪽으로 나왔다. 긴 시간 동안 아무 일도 일어나지 않는다. 그러다가 엄청나게 거대한 기계가 쓰러지며 폭발한다. 이제 다 끝났다. 가족들이 놀란 얼굴로 서로를 쳐다본다.

---

give it all one's got 전력/혼신의 힘을 다하다
a safe spot 안전한 곳
aim at ~을 향해 겨냥/조준하다
directly 곧장, 똑바로
underbelly (공격에) 가장 취약한 부분
drill 드릴. (드릴로) 구멍을 뚫다
gargantuan 엄청난, 거대한
keel over 쓰러지다, 넘어지다

❶ **We're not going anywhere!**
우린 아무 데도 안 갈 거야!
우린 절대 아무 데도 가지 않고 여기에 머무를 것이라는 의지를 표명하는 문장이에요. 주어를 You로 바꿔서 You're not going anywhere! 이라고 하면 '넌 절대 아무 데도 못 가!'라는 뜻으로 어디 가지 말고 가만히 있으라고 위협/협박하는 어조의 표현이 된답니다.

Frozone starts to **chuckle**. Bob smiles as he looks at his Super family. It feels like his best memories... only better. The seemingly empty city begins to **come to life**, as people emerge from their hiding places, **converging** in the street. People begin to **spontaneously** CHEER the heroes, welcoming the Supers' return. Two ELDERLY GENTLEMEN stand together in the crowd. One **nudges** the other.

FRANK   See that? **That's the way you do it.**[1] That's Old School.

OLLIE   Yup. No school like the Old School.

ON A NEARBY ROOFTOP
SYNDROME comes to. Looks over the edge to the streets below to find the battle over and the masses cheering– not for him, but for the group of Supers. He DARKENS.

SYNDROME   No–!

WITH FROZONE AND THE INCREDIBLES
They drink in the cheers as the **adoring** crowd gathers around them.

FROZONE   Just like old times.

BOB   Just like old times...

프로존이 웃기 시작한다. 밥이 그의 가족들을 보며 미소 짓는다. 그의 가장 좋았던 추억과 같은 느낌이다… 오히려 그것보다 더 좋다. 숨어 있던 곳에서 사람들이 나오며 길거리로 모여들자 아무도 없는 것 같던 도시에 생기가 넘친다. 사람들이 마음에서 우러나와서 영웅들을 환호하며 그들의 귀환을 환영한다. 노신사 두 명이 군중들 속에 함께 서 있다. 한 신사가 다른 신사를 쿡 찌른다.

프랭크 저거 봤어? 저런 식으로 하는 거야. 저게 바로 예전 방식이지.

올리 맞아. 예전 방식만한 게 없다니까.

근처의 옥상
신드롬이 의식을 되찾는다. 아래 펼쳐진 길거리 모퉁이를 둘러보니 싸움은 끝나고 사람들이 환호하고 있는데 – 그를 향한 것이 아닌, 다른 슈퍼히어로들을 향한 환호이다. 그의 얼굴이 어두워진다.

신드롬 안 돼–!

프로존과 인크레더블 가족
군중들이 그들 주변으로 모여 그들을 숭배하며 환호하는 것을 그들이 즐긴다.

프로존 옛날하고 똑같네.

밥 옛날하고 똑같지…

Bob slaps Frozone on the back, a little too hard. Frozone **shakes** it **off**.

FROZONE   Yeah. Hurt then, too.

밥이 프로존의 등을 치는데, 조금 세게 친다. 프로존이 몸을 움직여 훌훌 털어낸다.

프로존 그래. 그때도 아팠어.

---

chuckle 빙그레/싱긋 웃다
come to life 소생하다, 살아 움직이다
converge (사람/차량이) 모여들다, 집중되다
spontaneously 자발적으로, 즉흥적으로
nudge (팔꿈치로 살짝) 쿡 찌르다
old school 구식의, 전통적인
adore 흠모/사모하다, 아주 좋아하다
shake off ~을 털어내다/떨치다, 뿌리치다

❶ That's the way you do it.
저런 식으로 하는 거야.
That's the way ~는 '그런/저런 식이야', '그런/저런 식으로 ~을 해'라고 말할 때 쓰는 패턴이에요. 예를 들어, That's the way she talks. '그녀는 그런 식으로 말해', 또는 That's the way I am. '난 그런 식이야' 이렇게 쓰이죠.

The Best Vacation Ever

생애 최고의 휴가

🎧 29.mp3

EXT. CITY STREETS – MOVING – DUSK
A long, black **LIMO cruises** down the street.

INSIDE THE LIMO – CONTINUOUS
Bob sits proudly with his family as Rick Dicker **debriefs** them. Everyone is enjoying the moment, **save for** Helen, who has already **clicked back into** "mother-mode" and is using the car phone to get messages.

DICKER	We've **frozen all his assets**. If Syndrome even sneezes we'll be there with a **hanky** and a pair of handcuffs. The people of this country are **indebted** to you. **We'll make good on it.**❶
BOB	Does this mean we can come out of hiding?
DICKER	Let the politicians figure that one out. But I've been asked to assure you that we'll take care of everything else. You did good, Bob.

Dash plays with the electric windows as Helen retrieves messages from the car phone. Window up, window down...

KARI'S VOICE	(beep) Hello, Mrs. Parr. Everything's fine, but there's something– unusual about Jack-Jack. Can you call me, okay?

...window up, up, down, up. Finally Helen snaps.

HELEN	(to Dash) Come on! We're in a limo!

외부, 도시의 거리 – 이동 중 – 일몰
긴 검은 리무진 차량이 거리를 천천히 달리고 있다.

리무진 내부 – 계속
릭 딕커가 상황보고를 하는 가운데 밥이 가족과 함께 자랑스럽게 앉아있다. 모두가 이 순간을 만끽하고 있는데, 이미 엄마 모드로 전환한 헬렌만이 그 순간을 즐기지 못하고 전화 메시지를 확인하기 위해 차 안에 설치된 전화를 사용하고 있다.

딕커 그의 자산을 모두 동결시켰네. 신드롬이 재채기라도 하면 우리가 손수건과 수갑 한 짝을 들고 그를 찾아갈 거야. 이 나라의 국민들은 당신에게 빚졌네. 우리가 꼭 그 빚을 갚아줄 거야.

밥 그러면 우리가 더 이상 숨어 살지 않아도 된다는 얘긴가요?

딕커 그 문제는 정치인들에게 맡겨보자고. 하지만 나머지 일은 우리가 다 알아서 할 것이니 안심해도 될 거야. 자네는 훌륭한 일을 했어, 밥.

헬렌이 자동차 전화로 메시지를 듣는 동안 대쉬는 전기로 작동되는 창문을 가지고 장난하고 있다. 창문을 올렸다가 내렸다가…

카리의 목소리 (삐– 소리) 여보세요, 파 부인. 다른 건 다 괜찮은데, 잭잭이 좀 평소와 달라요. 전화해주시겠어요, 네?

…창문 올리고, 올리고, 내리고, 올리고, 결국 헬렌이 짜증을 낸다.

헬렌 (대쉬에게) 좀! 우린 리무진을 타고 있잖아!

---

limo 리무진 (=limousine)
cruise 천천히 달리다, 유람선 여행
debrief (방금 수행한 임무에 대해) 보고를 듣다
save for ~을 제외하고는
click back into 원래의 상태로 돌리다/돌아가다
freeze one's assets ~의 자산을 동결하다
hanky 손수건 (=handkerchief)
indebt ~에게 빚을 지게 하다

❶ **We'll make good on it.**
우린 이 은혜/빚을 꼭 갚을 거야.

make good on something은 은혜나 빚을 꼭 갚거나 약속을 꼭 지킨다는 의미로 쓰이는 관용표현이에요. 예를 들어, I'll make good on my debts. '난 빚을 꼭 갚겠다', 또는 Bill couldn't make good on his promise. '빌은 약속을 지키지 못했다' 이렇게 씁니다.

Bob is looking **appreciatively** at Violet.

밥이 고마워하는 표정으로 바이올렛을 보고 있다.

BOB	You're **wearing your hair back.**❶	밥 머리를 뒤로 넘겼구나.

VIOLET	Huh? Oh, yeah. I just... yeah.	바이올렛 네? 아. 네. 난 그냥… 네.

BOB	It looks good.	밥 보기 좋아.

VIOLET	(**blushing**) Thanks, Dad.	바이올렛 (얼굴이 빨개지며) 고마워요, 아빠.

바로 이 장면!*

DASH	(to Bob) That was so cool when you threw that car.	대쉬 (밥에게) 아빠가 그 차 던졌을 때 정말 멋졌어요.

BOB	Not as cool as you running on water.	밥 네가 물 위를 뛰어가는 것만큼 멋지진 않았어.

DASH	And Mom when she– hey, Mom! That was sweet when you **snagged** that bad guy with your arm and kinda like **whiplashed** him into the other guy–	대쉬 그리고 엄마가 말이에요 – 여기요, 엄마! 엄마가 악당 놈을 팔로 걸어서 다른 놈한테 마치 무슨 채찍질하듯이 던져버렸을 때 정말 장난 아니었어요 –

HELEN	I'm trying to listen to messages, honey...	헬렌 엄마 지금 전화 메시지 듣고 있잖니, 얘야…

DASH	And we totally **aced those guys** that tried to kill us! That was the best vacation ever! I love our family.	대쉬 우릴 죽이려고 한 놈들을 우리가 완전히 무찔렀어요! 내 생애 최고의 휴가였어요! 난 우리 가족이 너무 좋아요.

KARI'S VOICE	(beep) It's me! Jack-Jack's still fine but I'm really getting **weirded out**!! WHEN ARE YOU COMING BACK??	카리의 목소리 (삐 – 소리) 저예요! 잭잭이 아직 괜찮긴 한데, 뭔가 좀 되게 이상해요!! 언제 돌아오실 거예요??

HELEN	(nudges Bob, shares phone) Bob, listen to this–	헬렌 (밥을 쿡 찌르며, 전화를 같이 들으려고 한다) 밥, 이것 좀 들어봐요 –

Helen is listening to the last message as the limo slows to a stop in front of their home–

리무진이 그들의 집 앞에 서려고 천천히 가는 동안 헬렌이 마지막 메시지를 듣고 있다 –

---

appreciatively 바른 안목으로, 감지하여

blush 얼굴을 붉히다. 얼굴이 빨개지다

snag 잡아채다, 걸리다

whiplash 채찍질하다

ace someone ~에게 이기다

weird out 정신이 나가다/나가게 하다

❶ **wear one's hair back**
뒤로 넘긴 머리를 하다
머리를 뒤로 묶거나 넘기거나 하는 것을 표현할 때 one's hair back으로 묘사해요. tie one's hair back은 '머리를 뒤로 묶다', comb one's hair back은 '머리를 뒤로 빗어 넘기다'라는 의미로 쓰이는데, 앞의 동사만 상황에 맞게 바꿔주면 된답니다.

DICKER	Here we are...	딕커 이제 다 왔군…
KARI'S VOICE	(through phone, calmer) Hi, this is Kari. Sorry for **freaking out**. But your baby **has special needs**. Anyway, thanks for sending a **replacement** sitter–	카리의 목소리 (전화 상, 더 차분하게) 안녕하세요, 카리예요. 호들갑 떨어서 죄송해요. 그런데 부인의 아기는 특별한 도움이 필요한 아이인 것 같네요. 아무튼, 대체 베이비시터를 보내주셔서 감사해요.
HELEN	(looks at Bob, alarmed) "Replacement"...? I didn't call for a replacement!	헬렌 (밥을 본다. 놀라며) "대체"…? 전 대체할 사람 안 불렀어요!

Bob's eyes widen. He and Helen jump from the car, followed by the kids. They cross the lawn and burst through the front door to REVEAL–

밥의 눈이 커진다. 그와 헬렌이 차에서 뛰어내리고 아이들도 뒤이어 바로 뛰어내린다. 그들이 잔디밭을 가로질러 현관문을 박차고 들어가는데–

SYNDROME who SPINS, hitting the family with his ZERO-POINT RAY. **Cradling** a sleeping Jack-Jack in his arms, he grins.

한 자리에서 회전하고 있는 신드롬이 제로 포인트 광선으로 가족을 저격한다. 잠들어 있는 잭잭을 두 팔에 고이 안고 그가 씨익 웃는다.

SYNDROME	Shh. The baby's sleeping.	신드롬 쉬이. 아기가 자고 있어요.

He **CACKLES**. The Incredibles are frozen and helpless in the grasp of the **ZERO-POINT**. Only their eyes betray their **desperation**.

그가 낄낄대며 웃는다. 인크레더블 가족이 제로 포인트에 갇혀 얼어붙어 아무것도 할 수 없는 상황이다. 오직 그들의 눈에 절박함이 보일 뿐이다.

SYNDROME	You took away my future. I'm simply **returning the favor**. Don't worry. I'll be a good **mentor**; **supportive**, **encouraging**. Everything you weren't. And **in time**, who knows? He might **make a good sidekick**...	신드롬 당신들이 내 미래를 앗아갔어. 난 그저 은혜를 갚고 있는 거야. 걱정 마. 난 좋은 멘토가 될 거야. 잘 지원해 주고 격려해 주면서 말이야. 당신들이 못 해준 걸 다 해 줄 거라고. 그리고 나중에 말이야. 혹시 알아? 얘가 아주 훌륭한 내 조수가 될지도.

Syndrome FLINGS the family into the bookcase. He points his power band toward the roof and blows a huge hole in it, revealing his MANTA JET hovering high above. Syndrome fires his jet-boots and TAKES OFF toward the jet.

신드롬이 가족을 책장으로 날려버린다. 그가 손목에 찬 파워 밴드를 지붕으로 향해 지붕에 구멍을 뚫자 공중 위 높은 곳에서 그의 맨타 제트기가 맴돌고 있다. 신드롬이 제트부츠에 시동을 걸어 제트기를 향해 이륙한다.

HELEN	He's getting away, Bob! We have to do something! We have to do something now!	헬렌 그가 도망가고 있어요. 밥! 뭔가를 해야만 해요! 지금 당장 뭔가를 해야만 한다고요!

---

freak out 몹시 흥분하다, 자제력을 잃다

have special needs 특수 요구를 지니다

replacement 교체, 대체

cradle 요람, 아기침대, (아기를) 부드럽게 잡다

cackle 낄낄 웃다

desperation 자포자기, 필사적임, 절박함

return the favor 은혜를 갚다

mentor 멘토, 유경험자, 선배

supportive 지원하는, 도와주는

encouraging 힘을 북돋아 주는, 격려/장려의

in time 시간 맞춰, 늦지 않게, 이윽고

make a good ~ (미래에) 좋은 ~이 되다

sidekick 조수, 보조역할을 하는 사람

ASCENDING WITH SYNDROME & JACK-JACK – DUSK
JACK-JACK awakens to the sight of his family and home **receding** beneath him. He CRIES, reaching out for them. Syndrome nears the MANTA JET. JACK-JACK'S crying turns angry and suddenly he BURSTS INTO FLAMES. Syndrome shrieks. Jack-Jack's fire goes out, revealing that the baby has turned to METAL. Syndrome DROPS with the sudden weight. His jet-boots **compensate**, but Syndrome is struggling to stay aloft. The baby's flesh **reverts** to normal, but the baby begins to **VIBRATE fiercely**. Syndrome can barely **keep hold of** him.

ON THE GROUND
Helen turns to Bob, panicked.

HELEN   Something's happening! What's happening??

RESUME SYNDROME & JACK-JACK
The vibrating baby begins to **REDDEN**, TRANSFORMING **abruptly** into mini-MONSTER.

The Jack-Jack monster throws a **headlock** around Syndrome, laughing **maniacally** and starts to **RIP APART** Syndrome's Jet-boots!

ON THE GROUND
Bob and Helen watch helplessly.

HELEN   We have to stop him! Throw something!

BOB   I can't! I might hit Jack-Jack!

HELEN   (realization, softly) Throw me...

WITH SYNDROME AND JACK-JACK
Jack-Jack RIPS a **valve** from Syndrome's jet-boots, which **PROPELS** him upward, slamming his head into the jet's wing. He loses hold of Jack-Jack, who FALLS–

신드롬과 잭잭이 위로 올라간다 – 일몰
잭잭이 잠에서 깨어나 그의 가족과 집이 점점 멀어지고 있는 모습을 본다. 그가 울면서 그들에게 손을 뻗는다. 신드롬이 맨타 제트기에 거의 다 왔다. 잭잭의 울음소리가 분노로 바뀌더니 갑자기 그가 활활 불타오른다. 신드롬이 꽥 소리를 지른다. 잭잭의 몸에서 불이 꺼지더니 그의 몸이 쇠로 변한다. 갑자기 불어난 체중 때문에 신드롬이 밑으로 떨어진다. 그의 제트부츠의 힘으로 추락이 보완되지만, 신드롬이 힘겹게 하늘 위에 떠 있다. 아기의 몸이 정상으로 되돌아오지만 격하게 진동하기 시작한다. 신드롬이 간신히 그를 잡고 있다.

땅 위에서
헬렌이 충격에 빠져 밥에게로 돌아선다.

헬렌 뭔가 일어나고 있어요! 무슨 일이 일어나고 있는 거죠??

다시 신드롬과 잭잭
진동하던 아기가 벌게지기 시작하다가 갑자기 작은 괴물로 변한다.

잭잭 괴물이 신드롬에게 헤드록을 걸고, 미친 듯이 웃으며 신드롬의 제트부츠를 뜯어버리기 시작한다.

땅 위에서
밥과 헬렌이 무력하게 지켜보고 있다.

헬렌 그를 멈춰야만 해요! 뭔든 던져요!

밥 그럴 순 없어요! 잭잭이 맞을 수도 있다고요!

헬렌 (깨달음, 조용히) 나를 던져요…

신드롬과 잭잭의 모습
잭잭이 신드롬을 위쪽으로 올려주는 그의 제트부츠에 달린 밸브를 뜯어내고, 신드롬의 머리가 제트기의 날개에 쾅 하고 부딪힌다. 신드롬이 잭잭을 놓치고, 잭잭이 떨어지는데 –

---

recede (서서히) 물러나다/멀어지다, 약해지다

compensate 보상하다, 벌충하다

flesh 살, 피부, 고기

revert (본래 상태, 습관, 신앙으로) 되돌아가다

vibrate 진동하다, 흔들리다

fiercely 맹렬하게, 사납게, 지독하게

keep hold of ~을 붙잡고 놓지 않다

redden 빨개지다, 붉어지다

abruptly 갑자기, 불쑥

headlock (레슬링) 헤드록

maniacally 광적으로, 열광적으로

rip apart ~을 갈가리 찢다

valve 밸브

propel 나아가게 하다

ON THE GROUND
Helen SEES THIS, turns to Bob–

HELEN   Bob– THROW ME!!

Helen leaps into Bob's arms, forming into a **SPEAR** shape. BOB takes aim and FLINGS HER toward the falling baby.

IN THE SKY
HELEN **SOARS**– and GRABS JACK-JACK! She quickly **BLOOMS** into a **parachute**.

INT./EXT. MANTA JET
SYNDROME **regains** control. He successfully **docks** with the hovering Manta Jet. He stands at the docking doors, his cape blowing **dramatically** upwards...

SYNDROME   THIS ISN'T THE END OF IT!!**❶**

땅 위에서
헬렌이 그것을 보고, 밥에게 말한다–

헬렌   밥– 날 던져요!!

헬렌이 밥의 두 팔로 뛰어올라 창의 형태로 변신한다. 밥이 조준을 하고 떨어지고 있는 아기를 향해 그녀를 내던진다.

하늘에서
헬렌이 솟아오른다– 그리고 잭잭을 잡는다! 그녀가 재빨리 낙하산으로 변한다.

내부/외부 맨타 제트기
신드롬이 제어력을 되찾는다. 그가 상공을 맴돌고 있던 맨타 제트기에 성공적으로 올라탄다. 그가 도킹 문에 서 있고, 그의 망토가 드라마틱하게 위쪽으로 날리고 있다…

신드롬   이걸로 끝이 아니!!

---

spear 창
soar 치솟다
bloom 꽃, 꽃을 피우다
parachute 낙하산
regain 되찾다, 회복하다
dock 두 우주선이 결합하다, 도킹하다
dramatically 극적으로

❶ This isn't the end of it!
그게 끝이 아니야!
the end of~는 '~의 끝/말미'라는 뜻으로
the end of the month/year/war/book
등 다양한 단어를 넣어 활용할 수 있습니다.
That's the end of it. 는 '끝이다'라는 의미
외에 '(아니면) 그만이다'라는 뉘앙스도 담고
있습니다.

Different Violet

달라진 바이올렛

🎧 30.mp3

ON THE GROUND
Bob looks around wildly for a way to get at Syndrome, and spies his sports car. Regret flashes across his face–

EXT. MANTA JET

SYNDROME   I WILL GET YOUR SON!! I'LL– oh no…

Syndrome's eyes go wide. BOB'S CAR is soaring toward him, tumbling **end over end** towards the MANTA JET. Syndrome jumps back as the **crafts** COLLIDE, blowing him **off his feet** and up over the wing, toward the **turbines**. Clawing madly to find purchase, he LOOKS over his shoulder in time to see the end of his CAPE **sucked into** the **intake**. Syndrome SCREAMS as he's YANKED OUT OF FRAME–

ON THE GROUND
BOB, DASH & VI react as the MANTA JET EXPLODES.
DESCENDING WITH HELEN AND JACK-JACK
Helen cradles Jack-Jack facing upwards, his back toward the ground. He looks at her, giggling and cooing.

HELEN   Look at Mommy, honey. Don't look down, Mommy's got you. Everything's alright…

But Jack-Jack sees burning wreckage coming toward them and starts to SHRIEK, pointing upwards. Helen turns to see it as— WRECKAGE CRASHES ON TOP OF THEM, DESTROYING THE PARR HOME. HELEN & JJ ARE SAVED. VI AND HELEN EXCHANGE **A MEANINGFUL LOOK**:

HELEN   That's my girl.❶

땅 위에서
밥이 신드롬을 공격할 방법을 찾아 미친 듯이 주위를 두리번거리다가 그의 스포츠카를 본다. 그의 얼굴에 안타까움이 스친다–

외부. 맨타 제트기

신드롬 당신 아들을 데려갈 거야!! 내가 할– 오 안 돼…

신드롬의 눈이 커진다. 밥의 차가 그를 향해 솟아오르며 빙글빙글 돌며 맨타 제트기를 향해 굴러간다. 차와 제트기가 충돌하고 신드롬은 뒤로 뛰다가 다리가 붕 뜨면서 날개 쪽에 있는 터빈/엔진쪽으로 날아간다. 붙잡을 수 있을 만한 것을 찾아 미친 듯이 손톱으로 긁으면서 어깨너머로 보니 바로 그때 그의 망토가 흡입구에 빨려들어갔다. 신드롬이 비명을 지르며 휙 하고 장면에서 사라진다–

땅 위에서
밥, 대쉬, 그리고 바이가 맨타 제트기가 폭발하는 모습에 반응한다.
헬렌과 잭잭이 하강하는 모습
얼굴은 위쪽으로 등은 땅 쪽으로 향하고 있는 잭잭을 헬렌이 품에 안고 어르고 있다. 잭잭이 킥킥거리고 옹알이를 하며 그녀를 바라본다.

헬렌 엄마를 봐, 아가야. 밑에 보지 말고, 엄마가 잘 잡고 있어. 아무 문제가 없단다…

하지만 잭잭은 불타고 있는 비행기의 잔해가 그들을 향해 날아오고 있는 것을 본 잭잭이 위쪽을 가리키며 끼악약 소리를 지르기 시작한다. 헬렌이 몸을 돌려 보니–불에 탄 비행기의 잔해가 그들 위로 떨어지면서, 파의 집을 무너뜨린다. 헬렌과 잭잭은 안전하게 내려왔다. 바이와 헬렌이 의미심장한 눈빛을 교환하고 있다:

헬렌 역시 우리 딸이야.

---

one's eyes go wide (놀라서) 눈이 커지다
end over end 빙글빙글 회전하여
craft 공예, 배, 보트, 항공기, 우주선
off one's feet 발판을 잃은
turbine 터빈 (비행기의 터빈 엔진)
suck into ~에 휘말리게 하다, 빨려들게 하다
intake (기계의) 흡입/유입구
a meaningful look 의미 있는 표정/눈빛

❶ **That's my girl.**
역시 우리 딸이야.
상대방, 특히 딸이 뭔가를 아주 잘 해냈을 때, '바로 그거야! / 잘했어! / 훌륭해!' 와 같은 의미로 쓰는 표현이에요. 아들의 경우에는 That's my boy! 라고 한답니다.

DASH   Does this mean we have to move again?

대쉬 이렇게 되면 우리 또 이사야야 하는 건가요?

Everyone chuckles at this. The smoke begins to clear, REVEALING a **lone witness** to this **cataclysmic** event– –the Big Wheel KID, whose eyes are as big as dinner plates.

모두가 다 이 말을 듣고 빙그레 웃는다. 연기가 사라지기 시작하고 이 천지개벽할 사건의 유일한 목격자가 보인다. – –만찬 접시들만큼 눈이 휘둥그레진 큰 바퀴 자전거를 탄 아이의 모습.

KID   Ooohh, man, THAT WAS TOTALLY **WICKED**!

아이 우와, 맙소사, 초대박 사건!

FADE TO BLACK.

희미해지며 암전.

EXT. PARKER STADIUM – DAY – THREE MONTHS LATER
The stadium **parking lot** is about half full on a beautiful cloudless day. The **marquee** announces **JUNIOR HIGH TRACK FINALS**.

외부, 파커 경기장 – 오후 – 3개월 후
구름 한 점 없는 화창한 날, 경기장의 주차장이 반쯤 찼다. 대형천막에 중등부 육상 결승전이라고 쓰여 있다.

INSIDE THE STADIUM
Young runners **loosen up** at the starting line of the hundred-yard **dash**. Dash is among them. He waves to the **stands**.

경기장 안
1000야드 (약 90미터) 달리기의 출발선에서 어린 선수들이 몸을 풀고 있다. 대쉬도 그들 사이에 끼어 있다. 그가 관중석을 향해 손을 흔든다.

IN THE STANDS
Bob, Helen and Jack-Jack **wave back**. Coming down the steps is none other than Violet's **crush**, TONY RYDINGER. He waves cooly at some friends and heads toward the **concession stand**... PAUSING when he sees Violet and a friend talking nearby. He approaches them.

관중석에서
밥, 헬렌, 그리고 잭잭이 대쉬에게 손을 흔들며 화답한다. 계단에서 내려오고 있는 사람은 다름 아닌 바로 바이올렛이 반한 그 남자, 토니 라이딘저이다. 그가 친구들에게 쿨하게 손을 흔들며 구내 매점 쪽으로 향한다… 그가 바이올렛과 한 친구가 근처에서 이야기하는 것을 보고 잠시 걸음을 멈춘다. 그가 그들에게 다가간다.

바로 이장면!*

TONY   (to Violet) Hey.

토니 (바이올렛에게) 안녕.

VIOLET   Hey.

바이올렛 안녕.

TONY   You're... Violet, right?

토니 네가… 바이올렛이지, 맞지?

With a smile, Vi's friend **exits**.

미소를 지으며, 바이의 친구는 다른 곳으로 간다.

VIOLET   That's me.

바이올렛 응, 맞아.

lone 혼자인, 단독의
witness 목격자, 증인
cataclysmic 격변하는, 천지개벽하는
wicked 사악한, 강력한, 아주 좋은
parking lot 주차장, 주차 지역
marquee 대형 천막, 차양
junior high 중학교
track finals 육상 결승전

loosen up 긴장을 풀다, 몸/~부위를 풀어주다
dash 황급히/맹렬히 달려감, 질주
stand (경기장의) 관중석
wave back 손을 흔들어 답하다
crush 홀딱 반한 상대, 사랑
concession stand 구내 매점
exit 나가다, 떠나다

177

TONY	You look... different.	토니 너 좀 다르게… 보인다.
VIOLET	I feel different. Is different okay...?	바이올렛 기분도 달라졌어. 다르다는 게 괜찮은 건가…?
TONY	Different is great. Would you... uh...	토니 다른 건 정말 좋은 거지. 너 혹시… 음…
VIOLET	Yeah...?	바이올렛 응…?
TONY	Do you... want...	토니 너 혹시… 할 수…
VIOLET	Yeah...	바이올렛 응…
TONY	Maybe... we, uh... could–	토니 어쩌면… 우리가, 어… 할 수도–

Violet silences Tony with a single finger on his lips. Tony stares at her **in shock** and **wonder**.

바이올렛이 한 손가락을 토니의 입술에 가져다 대며 그의 입을 막는다. 토니가 당황하고 궁금해하며 그녀를 응시한다.

VIOLET	I like movies. I'll buy the popcorn. (then, gently) Okay...?	바이올렛 난 영화 보는 거 좋아해. 팝콘은 내가 살게. (그리고는, 부드럽게) 괜찮지…?
TONY	Yeah. Good. A movie. Okay. Friday?	토니 응. 좋아. 영화. 좋지. 금요일?
VIOLET	(big smile) Friday.	바이올렛 (활짝 웃으며) 금요일.

ON THE FIELD
The starter **pistol** FIRES and the runners take off. Dash jogs **well behind the pack** in a confident, easy **trot**. In the stands Bob, Helen, and Violet cheer Dash on.

필드 위
출발을 알리는 총성이 울리고 선수들이 출발한다. 대쉬가 자신감 있고 태평스러운 걸음으로 전체 무리보다 훨씬 더 뒤에 처져서 천천히 조깅하듯 뛰고 있다. 관중석에서 밥, 헬렌, 그리고 바이올렛이 대쉬를 응원하고 있다.

BOB, HELEN & VIOLET   Go!! Go, Dash, GO!! Run. Run! RUN!! (etc.)

밥, 헬렌, 그리고 바이올렛 개! 가, 대쉬, 가라개! 달려, 달려라! 뛰라고! (등등)

Dash hears them and looks toward the stands.

대쉬가 그들의 목소리를 듣고 관중석을 본다.

BOB & HELEN GO, DASH, GO! **POUR IT ON**, SON! **HIT THE GAS!**[1] (etc.)

밥과 헬렌 가, 대쉬, 가라! 힘껏 뛰어, 아들아! 속력을 내라고! (등등)

---

in shock 충격 상태에 빠진
in wonder 놀라서, 감탄하여
pistol 권총, 피스톨
well behind 꽤 많이 뒤에 있는
the pack (경주/시합에서 뒤에 있는) 무리(집단)
trot 빨리 걷다, 속보로 가다, 속보, 빠른 걸음
pour it on (운동 경기) 전력을 다해 열심히 하다

❶ Hit the gas!
속력을 올려!
운전자에게 '가속페달을 밟아!'라고 외치는 표현이에요. 빨리 가라고 종용하는 외침이지요. 앞 장에서 나왔던 Step on it! 혹은 Step on the gas! 와 같은 의미의 표현이랍니다.

Dash, his eyes still on his family, accelerates a little and quickly moves toward the front of the pack...

여전히 그의 가족을 보고 있는 대쉬가 조금 속력을 내니 금세 무리 앞쪽으로 나아간다.

BOB & HELEN –BUT NOT TOO MUCH!! **PULL** IT **BACK**! PULL IT BACK!! **EASE UP**! Slow down a little!!

밥과 헬렌 –하지만 너무 많이는 안 돼! 뒤로 빠져! 뒤로 빠지라고! 천천히 해! 조금 더 천천히 뛰어!!

Dash, clearly confused now, **furrows his brows** as he again **drops back**. The family shouts LOUDER–

무척 혼란스러워진 대쉬가 다시 뒤로 빠지며, 눈썹을 찡그린다. 가족이 더 크게 소리친다–

BOB & HELEN But don't give up!! Make it **close**– SECOND!! **GO FOR** SECOND! A CLOSE SECOND!!

밥과 헬렌 하지만 포기하면 안 돼! 아슬아슬하게 해야 돼– 2등!! 2등을 노려! 아슬아슬한 2등!!

Understanding, Dash accelerates just enough to scare the leader, crossing the finish line **inches behind** him.

그 말을 이해한 대쉬가 1등이 살짝 겁먹을 정도로만 속력을 올려서 그의 바로 뒤로 결승선을 통과한다.

IN THE STANDS
the Incredibles are **ecstatic**. They cheer and laugh and **jostle** each other as if Dash had won Olympic gold. Dash stands in the cluster of **panting**, red-faced boys, not even **winded**, and **beams at** his proud family.

관중석에서
인크레더블 가족이 열광한다. 그들이 마치 대쉬가 올림픽 금메달을 따기라도 한 것처럼 환호하고 웃으며 서로를 밀친다. 숨을 헐떡거리며 얼굴이 벌게진 아이들 사이에서 전혀 숨도 차지 않은 모습으로 서서 그의 자랑스러운 가족을 향해 활짝 웃는다.

BOB (O.S.) That's my boy!!

밥 (화면 밖) 역시 내 아들이야!!

STADIUM PARKING LOT – MINUTES LATER
The family crosses the parking lot, Dash sitting atop Bob's shoulders, **clutching** his **second-place** trophy. Everyone is happy and together.

경기장 주차장 – 몇 분 후
인크레더블 가족이 주차장을 건너가고 있고, 밥의 어깨에 올라탄 대쉬가 2등 트로피를 움켜잡고 있다. 모두가 다 같이 행복하고 함께이다.

HELEN You were great out there, honey. We're so proud of you.

헬렌 정말 잘했어, 아들아. 너무 자랑스럽구나.

DASH I saw you in the stands. I didn't know what the heck you wanted me to do...

대쉬 관중석에 계신 거 봤어요. 근데 도대체 내가 어떻게 하기를 원하시는 건지 모르겠더라고요…

---

pull back 후퇴하다, 물러나다

ease up (운행) 속도를 줄이다

slow down (속도, 진행을) 늦추다

furrow one's brows (미간을/이맛살을) 찡그리다

drop back 후퇴하다, 퇴각하다

close (경주대회/선거) 우열을 가리기 힘든, 막상막하의

go for ~을 노리다/시도하다, ~을 좋아하다

inches behind 몇 인치 정도 뒤에, 바로 뒤에

ecstatic 황홀해 하는, 열광하는, 도취된

jostle (많은 사람들 사이에서) 거칠게 밀치다

pant (숨을) 헐떡이다

winded 숨이 찬, 호흡이 가쁜

beam at ~을 보며 활짝 웃다

clutch (꽉) 움켜잡다

second-place 2등

The ground begins to **QUAKE**. The INCREDIBLES stop as the low RUMBLE grows louder. On the far side of the lot, cars begin to be thrown into the air, tossed about like toys. A GARGANTUAN DRILL spirals out of the ground, throwing dirt and chunks of **asphalt in all directions**. People run screaming as the enormous metallic vehicle **crests** and crashes to earth. A door opens on top and a **hulking** figure in dirty **overalls** emerges atop a rising platform. His **ragged** voice **amplified** through a loudspeaker, the UNDERMINER speaks–

UNDERMINER   BEHOLD THE UNDERMINER! I'M ALWAYS BENEATH YOU, BUT NOTHING IS BENEATH ME! I HEREBY DECLARE WAR ON PEACE AND HAPPINESS! ALL WILL **TREMBLE** BEFORE ME! (etc.)

CAMERA **pans** off Bob as he glances at his family. They've already **donned** their masks, ready as they'll ever be. CAMERA returns to Bob, revealing that he too has put on his mask. He turns toward their new nemesis and SMILES, RIPS his shirt OPEN TO REVEAL the "i" **insignia** on the chest of his Supersuit underneath, the logo of– – THE INCREDIBLES.

THE END

땅이 마구 진동하기 시작한다. 낮은 우르르 소리가 점점 커지면서 인크레더블 가족이 멈춰 선다. 주차장의 저편에서 차들이 장난감처럼 팅팅 튕기며 공중으로 던져지기 시작한다. 엄청나게 거대한 드릴이 사방으로 아스팔트 덩어리와 흙을 날리며 땅에서 소용돌이치며 나온다. 거대한 쇳덩이 차량이 땅에 올라와 요란한 굉음을 내자 사람들이 비명을 지르며 달린다. 위쪽에서 문이 열리며 더러운 작업복을 입은 덩치 큰 인간이 높은 단 위로 나타난다. 그의 거친 목소리가 확성기를 통해 증폭된다. 언더마이너가 말한다 –

언더마이너   언더마이너를 주시하라! 나는 항상 너희들 밑에 있다. 하지만 내 밑에는 아무것도 없다! 난 이로써 평화와 행복에 대한 전쟁을 선포한다! 내 앞에선 모두가 공포에 떨 것이다! (등등)

카메라가 밥이 그의 가족을 잠깐 보는 모습을 파노라마 형식으로 보여준다. 그들은 이미 모두 복면을 쓰고 싸움에 임할 만반의 준비가 되어있다. 카메라가 다시 밥을 비추고, 그 역시도 복면을 쓰고 있다. 그가 그들의 새로운 적을 향해서 미소 지으며 그의 셔츠를 찢어, 안에 입은 슈퍼히어로 의상에 새겨진 ⅰ 휘장을 드러낸다. 인크레더블 영웅들의 로고이다.

끝

---

quake (공포, 긴장감) 몸을 떨다. 마구 흔들리다

asphalt 아스팔트

in all directions 사방팔방으로

crest 산마루, 물마루, 꼭대기/정상에 이르다

hulking (불안감을 줄 정도로) 거대한

overalls 작업복

ragged 누더기가 된, 다 해진, 거친

amplify 증폭시키다

behold 〈격식〉 (바라)보다

hereby (법률 문서 등에서) 이에 의하여, 이로써

declare 선언/선포/공표하다

tremble (몸을) 떨다/떨리다, 떨림, 전율

pan (파노라마적 효과) 카메라를 상하/좌우로 회전하다

don (옷 등을) 입다/쓰다/신다

insignia 휘장, 배지

THE INCREDIBLES

30장면으로 끝내는
스크린 영어회화 - 코코

전 세계 '코코 신드롬'을 일으킨
디즈니-픽사 신작

국내 유일!
전체 대본 수록

30장면으로 끝내는
스크린 영어회화

전체 대본과 해설을 실은
스크립트북

30장면 집중훈련
워크북

디즈니 추천 성우의
mp3 CD

구성
· 전체 대본
· 훈련용 워크북
· mp3 CD

라이언 강 해설 | 372면 | 18,000원

국내 유일! 〈코코〉 전체 대본 수록!

기억해줘♬ 전 세계는 지금 '코코' 열풍!
〈코코〉의 30장면만 익히면 영어 왕초보도 영화 주인공처럼 말할 수 있다!

난이도	첫걸음 | 초급 | 중급 | 고급	기간	30일
대상	영화 대본으로 재미있게 영어를 배우고 싶은 독자	목표	30일 안에 영화 주인공처럼 말하기

30장면으로 끝내는
스크린 영어회화 – 인크레더블 2

슈퍼히어로 가족의
화려한 귀환!

국내 유일!
전체 대본 수록

30장면으로 끝내는
스크린 영어회화
인크레더블 2

구성
· 전체 대본
· 훈련용 워크북
· mp3 CD

스크립트북 워크북 mp3 CD

라이언 강 해설 | 368면 | 18,000원

국내 유일! 〈인크레더블 2〉 전체 대본 수록!

슈퍼히어로 가족의 화려한 귀환!
〈인크레더블 2〉의 30장면만 익히면 영어 왕초보도 영화 주인공처럼 말할 수 있다!

| 난이도 | 첫걸음 \| 초급 중급 \| 고급 | 기간 | 30일 |
| 대상 | 영화 대본으로 재미있게 영어를 배우고 싶은 독자 | 목표 | 30일 안에 영화 주인공처럼 말하기 |

인크레더블

THE INCREDIBLES

〈인크레더블〉의 30장면만 익히면
영어 왕초보도 영화 주인공처럼 말할 수 있다!

영어 고수들은 영화로 영어 공부한다!
재미는 기본! 생생한 구어체 표현과 정확한 발음까지 익힐 수 있는
최고의 영어 학습법! 영화 한 편으로 영어 고수가 된다!

하루 한 장면, 30일 안에 영화 한 편을 정복한다!
필요 없는 장면은 걷어내고 실용적인 표현이 가득한 30장면만 공략한다!
30일이면 영어 왕초보도 영화 주인공처럼 말할 수 있다!

디즈니 애니메이션으로 현지에서 쓰는 생생한 표현을 익힌다!
슈퍼히어로 가족의 탄생! 〈인크레더블〉 대본으로
미국 현지에서 쓰는 생생한 표현을 익힌다!

©2018 Disney/Pixar

구성 | 스크립트북 + 워크북 + mp3 CD 1장   값 **18,000원**

ISBN 979-11-5924-184-0

슈퍼히어로 가족의 탄생!

30장면으로 끝내는
스크린 영어회화

Disney PRESENTS A PIXAR FILM
인크레더블

전체 대본과 해설을 실은
스크립트북

30장면 집중훈련
워크북

디즈니 추천 성우의
mp3 CD

길벗
이지:톡

30장면으로 끝내는
스크린 영어회화

Disney PRESENTS A PIXAR FILM
인크레더블

해설 라이언 강

이 책은 스크립트 북과 워크북, 전 2권으로 구성되어 있습니다. 이 책은 워크북으로 전체 대본에서 뽑은 30장면을 집중 훈련할 수 있습니다.

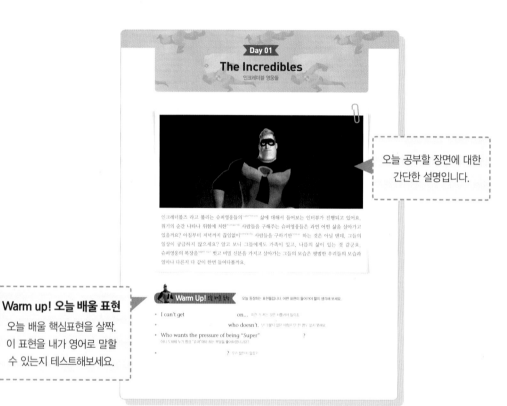

> 오늘 공부할 장면에 대한
> 간단한 설명입니다.

Warm up! 오늘 배울 표현

오늘 배울 핵심표현을 살짝.
이 표현을 내가 영어로 말할
수 있는지 테스트해보세요.

바로 이 장면!

스크립트북에서 뽑은
30장면을 제시합니다. 전체
대본에서 유용한 표현이 가장
많은 30장면을 엄선했습니다.

장면 파헤치기

'바로 이 장면!'에서 뽑은
핵심 표현들을 친절한
설명과 유용한 예문을 통해
깊이 있게 알아봅니다.

영화 속 패턴 익히기

영화에 나오는 패턴을 활용하여
다양한 표현을 만들 수 있습니다.
Step1에서 기본 패턴을 익히고,
Step2에서 패턴을 응용하고,
Step3에서 실생활 대화에서
패턴을 적용하는 훈련을 합니다.

확인학습

오늘 배운 표현과 패턴을
확인해 보는 코너입니다.
문제를 풀며 표현들을 완벽히
내 것으로 만드세요.

차례

Day 01 **The Incredibles** · · · · 7
인크레더블 영웅들

Day 02 **Incrediboy or Buddy?** · · · · 12
인크레디보이인가 아니면 버디인가?

Day 03 **Be True to Yourself!** · · · · 17
스스로에게 진실해져라!

Day 04 **Bob & Helen's Wedding** · · · · 22
밥과 헬렌의 결혼식

Day 05 **Dash, an Incredibly Competitive Boy** · · · · 27
경쟁심이 넘치는 소년, 대쉬

Day 06 **Naughty Dash** · · · · 32
개구쟁이 대쉬

Day 07 **Being Normal** · · · · 37
정상으로 산다는 것

Day 08 **Performing a Public Service** · · · · 42
공공의 이익을 위한 행위

Day 09 **Who Is Bob Helping?** · · · · 47
밥은 누구를 돕고 있나?

Day 10 **Those Days Are Over!** · · · · 52
옛 시절은 이미 지났다네!

Day 11 **Going to a Conference? Really?** · · · · 57
콘퍼런스를 간다고? 정말?

Day 12 **Someone Who Is Attracted to Power** · · · · 62
힘에 매료된 사람

Day 13 **A New Suit for Mr. Incredible** · · · · 67
미스터 인크레더블을 위한 새로운 의상

Day 14 **A New Assignment for Mr. Incredible** · · · · 72
미스터 인크레더블의 새로운 임무

Day 15 **An Important Lesson for Buddy** · · · · 77
버디가 배운 중요한 교훈

Day 16 **Helen Does Not Know**
헬렌은 모른다 · · · · 82

Day 17 **Violet in Charge**
책임을 맡은 바이올렛 · · · · 87

Day 18 **Mr. Incredible Calling for Help**
도움을 요청하는 미스터 인크레더블 · · · · 92

Day 19 **Get a Grip!**
정신 바짝 차려! · · · · 97

Day 20 **Run as Fast as You Can!**
최대한 빠른 속력으로 뛰어! · · · · 102

Day 21 **Mom and Dad in Jeopardy**
위기에 처한 엄마와 아빠 · · · · 107

Day 22 **The Encounter Between Mirage and Helen** · · · · 112
미라지와 헬렌의 만남

Day 23 **I'm Just Happy You Are Alive**
난 당신이 살아있어서 그저 기쁠 뿐이에요 · · · · 117

Day 24 **The Greatest Adventure of Mr. Incredible** · · · · 122
미스터 인크레더블의 가장 위대한 모험

Day 25 **The Greater Good**
공공의 이익 · · · · 127

Day 26 **Strap Yourselves Down!**
안전벨트를 꽉 매라! · · · · 132

Day 27 **I Can't Lose You Again!**
난 또다시 당신을 잃을 수는 없어! · · · · 137

Day 28 **Just Like Old Times**
옛 시절과 똑같이 · · · · 142

Day 29 **The Best Vacation Ever**
생애 최고의 휴가 · · · · 147

Day 30 **Different Violet**
달라진 바이올렛 · · · · 152

The Incredibles

인크레더블 영웅들

인크레더블즈 라고 불리는 슈퍼영웅들의^{superheroes} 삶에 대해서 들어보는 인터뷰가 진행되고 있어요. 위기의 순간 나타나 위험에 처한^{in jeopardy} 사람들을 구해주는 슈퍼영웅들은 과연 어떤 삶을 살아가고 있을까요? 아침부터 저녁까지 끊임없이^{constantly} 사람들을 구하기만^{rescue} 하는 것은 아닐 텐데, 그들의 일상이 궁금하지 않으세요? 알고 보니 그들에게도 가족이 있고, 나름의 삶이 있는 것 같군요. 슈퍼영웅의 복장을^{super-suit} 벗고 비밀 신분을 가지고 살아가는 그들의 모습은 평범한 우리들의 모습과 얼마나 다른지 다 같이 한번 들여다볼까요.

 **Warm Up!** 오늘 배울 표현   오늘 등장하는 표현들입니다. 어떤 표현이 들어가야 할지 생각해 보세요.

* **I can't get** _____ **on...** 이런 거 켜는 것은 서툴러서 말이죠…

* _____ **who doesn't.** 난 그렇지 않은 사람은 단 한 명도 알지 못해요.

* **Who wants the pressure of being "Super"** _____?
아니 도대체 누가 항상 "슈퍼"여야 하는 부담을 좋아하겠냐고요?

* _____? 무슨 말인지 알죠?

7

MR. INCREDIBLE
인크레더블

Is this on? I can break through walls but I can't get **one of these things** on...❶

이거 켜진 건가요? 내가 벽은 뚫을 수 있는데 이런 거 켜는 것은 서툴러서 말이죠…

INTERVIEWER
인터뷰 진행자

So, Mr. Incredible, do you have a secret identity?

그렇다면, 미스터 인크레더블, 당신도 비밀 신분이 있나요?

MR. INCREDIBLE
인크레더블

Every superhero has a secret identity. **I don't know a single one who doesn't.**❷ Who wants the pressure of being "Super" **all the time?**❸

모든 슈퍼히어로들은 비밀 신분이 있지요. 그게 없는 슈퍼히어로는 단 한 명도 없을걸요. 아니 도대체 누가 항상 "슈퍼"여야 하는 부담을 좋아하겠냐고요?

ELASTIGIRL
엘라스티걸

Of course I have a secret identity. Who'd want to go shopping as ELASTIGIRL, **you know what I mean?**❹

당연히 내겐 비밀 신분이 있죠. 엘라스티걸 복장을 하고 쇼핑을 갈 수는 없잖아요. 그렇지 않아요?

FROZONE
프로존

Super ladies always want to tell you their secret identity; think it'll strengthen the relationship or something. I say, "Girl, I don't want to know about your mild-mannered alter ego or anything like that. You tell me you're "Super Mega Ultra Lightning Babe"... that's alright with me. I'm good, I'm good.

여성 슈퍼히어로들은 항상 자신의 비밀 신분을 노출하고 싶어 하죠; 그렇게 하면 이성 관계가 더 잘될 거로 생각하면서 말이에요. 저는 이렇게 말하고 싶네요. "이 봐요, 난 당신의 온순한 제2의 자아, 뭐 그딴 것을 알고 싶지 않아요. 내게 말해줘요 당신은 "엄청나게 대단한 극단의 번개녀"라고… 아 괜찮아요. 걱정 마세요, 괜찮아요.

---

❶ I can't get one of these things on... 이런 거 켜는 것은 서툴러서 말이죠…

무엇인가를 지칭할 때 정확하게 명칭이 생각나지 않거나 특별히 명칭을 붙여서 표현하기 모호할 때는 one of these things 라는 표현을 쓰는데, '이러한 것 중 하나', 더 간단하게 '이런 거'라고 해석하면 좋아요. these를 those로 바꿔서 one of those things '저런 거'라고 쓰는 경우도 많고요.

* I want to have **one of those things**. 나도 그런 거 하나 가지고 싶어.
* Where can you get **one of these things**? 이런 건 어디 가면 구할 수 있나요?

---

❷ I don't know a single one who doesn't. 난 그렇지 않은 사람은 단 한 명도 알지 못해요.

single은 특정한 사람, 사물 등 단 하나만을 말하며 강조할 때 쓰는데, 부정문에서 쓰이면 '단 하나의 ~도 아닌/없는'이라는 의미로 쓰인답니다.   ★ 영화 속 패턴 익히기

---

❸ Who wants the pressure of being "Super" all the time? 아니 도대체 누가 항상 "슈퍼"여야 하는 부담을 좋아하겠냐고요?

all the time은 always와 같은 의미로 구어체에서 쓰이는 표현인데, '늘, 줄곧, 내내' 또는 '아주 자주'라는 의미예요. 우리말로 '맨날'하고 아주 비슷한 어감이에요.

* You say that **all the time**. 넌 맨날 그렇게 말하더라.
* Scott is late **all the time**. 스콧은 맨날 늦어.

---

❹ You know what I mean? 무슨 말인지 알죠?

어떤 말을 한 후 상대의 동의를 구하거나 이해를 확인할 때 구어체에서 가장 흔히 쓰는 표현 중의 하나예요. 내가 더 이상 얘기하지 않아도 네가 알아들었을 거라며 습관처럼 자주 쓰는 말이지요. '알지?', '그지?', '그렇지 않니?', '무슨 말인지 알겠지?', '이해하지?'와 같은 의미로 해석할 수 있겠네요.

* No one is better than him, **you know what I mean?** 그보다 더 잘하는 사람은 없어. 그지?
* You've got to give her a chance, **you know what I mean?** 그녀에게 기회를 한번 줘야지. 안 그래?

🎧 01-2.mp3

not a single + 명사
단 하나의 ～도 없다.

Step 1 기본 패턴 연습하기

1 I **don't have a single friend**. 난 친구가 단 한 명도 없어.

2 She **didn't say a single word**. 그녀는 단 한마디도 안 했다.

3 There's **not a single moment** I don't miss you. 난 단 한 순간도 널 그리워하지 않는 때가 없어.

4 Frank _____ without his smartphone. 프랭크는 스마트폰 없이는 단 하루도 못 살아.

5 _____ was injured or killed. 다치거나 죽은 사람은 단 한 명도 없다.

Step 2 패턴 응용하기   Every single + 명사

1 She comes here **every single day**. 그녀는 여기에 하루도 빠짐없이 매일 와.

2 Don't write down **every single word** I say. 내가 하는 말을 일일이 다 쓰지는 마.

3 It happens **every single second**. 이 일은 매초 일어난다.

4 _____ matters. 너희들 모두 단 한 명도 빠짐없이 소중해.

5 I need you _____ my life. 난 단 하루도 빠짐없이 매일 매일 당신이 필요해요.

Step 3 실생활에 적용하기

A How many people showed up at the meeting?

B 단 한 명도 안 왔어.

A Oh, no.

A 모임에 사람들 몇 명 왔니?

B Not a single person.

A 오, 이런.

정답   Step 1 4 can't live a single day 5 Not a single person Step 2 4 Every single one of you 5 every single day of

확인학습

문제를 풀며 오늘 배운 표현을 완벽히 내 것으로 만드세요.

A | 영화 속 대화를 완성해 보세요.

MR. INCREDIBLE
Is this on? I can break through walls but I can't get
❶ _____ on... 이거 켜진 건가요? 내가 벽은 뚫을 수 있는데 이런 거 켜는 것은 서툴러서 말이죠…

INTERVIEWER
So, Mr. Incredible, do you ❷ _____?
그렇다면, 미스터 인크레더블씨, 당신도 비밀 신분이 있나요?

MR. INCREDIBLE
❸ _____ has a secret identity.
❹ _____ who doesn't. ❺ _____
_____ of being "Super" ❻ _____?
모든 슈퍼히어로들은 비밀 신분이 있지요. 그게 없는 슈퍼히어로는 단 한 명도 없을걸요. 아니 도대체 누가 항상 "슈퍼"여야 하는 부담을 좋아하겠냐고요?

ELASTIGIRL
Of course I have a secret identity. Who'd want to
❼ _____ as ELASTIGIRL, ❽ _____
_____? 당연히 내겐 비밀 신분이 있죠. 일레스티걸 복장을 하고 쇼핑을 갈 수는 없잖아요. 그렇지 않아요?

FROZONE
Super ladies always want to tell you their secret identity; think it'll ❾ _____ the relationship or something. I say, "Girl, I don't want to know about your mild-mannered alter ego or ❿ _____. You tell me you're "Super Mega Ultra Lightning Babe"... that's alright with me. I'm good, I'm good. 여성 슈퍼히어로들은 항상 자신의 비밀신분을 노출하고 싶어 하죠; 그렇게 하면 이성 관계가 더 잘될 거로 생각하면서 말이에요. 저는 이렇게 말하고 싶어요. "이 봐, 난 당신의 온순한 제2의 자아, 뭐 그딴 것을 알고 싶지 않아. 나에게 말해줘요. 당신은 "엄청나게 대단한 극단의 번개녀"라고… 아 괜찮아요. 걱정 마세요. 괜찮아요.

정답 A

❶ one of these things
❷ have a secret identity
❸ Every superhero
❹ I don't know a single one
❺ Who wants the pressure
❻ all the time
❼ go shopping
❽ you know what I mean
❾ strengthen
❿ anything like that

B | 다음 빈칸을 채워 문장을 완성해 보세요.

1 난 친구가 단 한 명도 없어.
I _____.

2 그녀는 단 한마디도 안 했다.
She _____.

3 난 단 한 순간도 널 그리워하지 않는 때가 없어.
There's _____ I don't miss you.

4 내가 하는 말을 일일이 다 쓰지는 마.
Don't write down _____ I say.

5 난 단 하루도 빠짐없이 매일 매일 당신이 필요해요.
I need you _____ my life.

정답 B

1 don't have a single friend
2 didn't say a single word
3 not a single moment
4 every single word
5 every single day of

11

Incrediboy or Buddy?

인크레디보이인가 아니면 버디인가?

열렬한^{passionate} 미스터 인크레더블의 팬, 인크레디보이. 미스터 인크레더블처럼 멋진 슈퍼히어로가 되고 싶은 꿈 많은 소년인데, 미스터 인크레더블에게는 그저 수많은 팬들^{just one of many fans} 중에 유난히 그를 성가시게 하는^{pester} 팬일 뿐이죠. 팬클럽에서 봤던 버디라는 꼬마라는 것을 기억하고는 다른 팬들보다 사인도 훨씬 더 많이 해 주고 사진도 찍어줬으니 이제 그만 좀 귀찮게^{annoy} 하라고 합니다. 미스터 인크레더블의 입장도 이해는 가지만, 버디가 어린 나이에 상처를 받지는^{get hurt} 않을까 걱정이 되네요.

 **Warm Up!** 오늘 배울 표현 오늘 등장하는 표현들입니다. 어떤 표현이 들어가야 할지 생각해 보세요.

* Who   be? 넌 대체 누구니?
*   the fan club. 넌 팬클럽에서 봤던 그 애잖아.
* You don't   worry about training me. 절 가르치는 것에 대해서라면 걱정하실 필요 없어요.
* I know all your   . 난 당신의 모든 동작들을 다 알고 있어요.

MR. INCREDIBLE
인크레더블

Who **are you supposed to** be?❶
넌 대체 누구니?

BOY
소년

Well... I'm INCREDIBOY!
흠… 전 인크레디보이예요!

BOB
밥

No, no. **You're that kid from** the fan club.❷ B... Bro-phy, Bud... BUDDY! Buddy??
아냐, 아냐, 넌 팬클럽에서 봤던 그 애잖아. 브… 브로–피, 버드… 버디! 버디??

BUDDY
버디

My name is INCREDIBOY!
제 이름은 인크레디보이예요!

BOB
밥

Look, I've been nice. I've stood for photos, signed every scrap of paper you've pushed at me, but this is a bit—
애야, 난 친절하게 대해줬잖니. 사진도 찍어줬고 네가 들이미는 종이 한 장 한 장에 모두 다 사인도 해 줬는데, 이건 좀 너무 한 것 아닌가—

BUDDY
버디

You don't **hafta** worry about training me,❸ I know all your **moves,**❹ your crimefighting style, favorite catchphrases, everything! I'm your number one fan!
절 가르치는 것에 대해서라면 걱정하실 필요 없어요. 전 아저씨의 모든 동작들도 다 알고, 범죄와 싸우는 스타일, 제일 좋아해서 밀고 있는 유행어를 비롯한 모든 것을 알고 있으니까요! 전 아저씨의 최고 팬이라고요!

장면 파헤치기 구문 설명과 예문으로 이 장면의 핵심 표현을 완벽히 이해하세요.

❶ Who are you supposed to be? 넌 대체 누구니?

⟨be동사 + supposed to ~⟩는 규칙이나 관습 등에 따르면 '~하기로 되어 있다, ~해야 한다'는 의미로 쓰이는 숙어예요. 위 문장을 직역하면 '너를 누구라고 받아들여야 하니?'가 됩니다. 여기에서는 be supposed to가 의문사와 같이 쓰였을 때 어떻게 활용이 되는지 패턴 문장으로 살펴보도록 할게요. ★ 영화 속 패턴 익히기

❷ You're that kid from the fan club. 넌 팬클럽에서 봤던 그 애잖아.

어디에선가 본 적이 있던 것 같은 누군가를 알아본 순간, '아 넌/그는/그녀는 ~에서 봤던 그 사람이잖아?'라고 할 때 쓰는 패턴이에요.

* **You're that guy from** the fitness center. 당신은 헬스클럽에서 봤던 그 사람이네요.
* **She's that girl from** TV. 저 사람은 TV에서 봤던 그 여자네.

❸ You don't hafta worry about training me. 절 가르치는 것에 대해서라면 걱정하실 필요 없어요.

have to를 구어체에서 빨리 발음하면 hafta처럼 된답니다. 뒤에 붙은 t가 성대의 울림 없이 터지듯이 나는 무성 파열음이라서 그런 현상이 일어난답니다. 단 이것은 비격식적인 표기법이니까 글을 쓸 때는 꼭 have to라고 써야 해요.

* I **hafta** go now. See ya later. 난 가봐야 해. 나중에 보자.
* Did you really **hafta** do that? 너 정말 그렇게 했어야만 했니?

❹ I know all your moves. 난 당신의 모든 동작들을 다 알고 있어요.

운동선수들이 움직이는 동작이나 춤 동작과 같은 것을 표현할 때 move를 명사로 쓸 수가 있어요. 몸으로 하는 동작이 아닌 이성을 유혹하거나 누군가를 현혹시킬 때 쓰는 '작업 기술'과 같은 것을 묘사할 때도 이 단어가 쓰인답니다.

* **That was an awesome move.** 아주 멋진 동작이었어.
* **Show me some of your moves.** 네가 잘하는 동작 몇 개만 보여줘 봐.

오늘 배운 장면에서 뽑은 핵심 패턴으로 다양한 표현을 만들어 보세요.

🎧 02-2.mp3

의문사 + be동사 + you supposed to ~? ~하기로 되어 있는 거야? / ~해야 하는 거야?

Step 1 기본 패턴 연습하기

1 **What am I supposed to** do? 내가 뭘 해야 하는 거야?

2 **Where is he supposed to** be? 그가 어디에 있어야 하는 거야?

3 **When are we supposed to** finish this by? 이거 언제까지 끝내야 하는 거죠?

4 .... trust? 그들은 누구를 믿어야 하는 거죠?

5 .... compete with you? 그녀가 어떻게 너와 경쟁할 수 있겠니?

Step 2 패턴 응용하기 주어 + be동사 + (not) supposed to ~

1 **I'm supposed to** be home by 9. 난 9시까지 집에 가야 해.

2 I think **you are supposed to** know what it is. 이게 뭔지 네가 알고 있어야만 하는 것 같은데.

3 **They are not supposed to** tell anyone about this. 그들은 이것에 대해서 아무에게도 얘기해서는 안 된다.

4 .... meet today. 우린 오늘 만나기로 되어 있다.

5 Lance .... eat meat. 랜스는 고기를 먹으면 안 돼.

Step 3 실생활에 적용하기

A You are so in trouble.

B Oh, no. 내가 어떻게 해야 하는 거지?

A There's nothing you can do about it.

A 넌 이제 큰일 났다.

B 오, 안돼. What am I supposed to do?

A 뭘 해도 소용없어.

정답 Step 1 4 Who are they supposed to 5 How is she supposed to   Step 2 4 We are supposed to 5 is not supposed to

15

문제를 풀며 오늘 배운 표현을 완벽히 내 것으로 만드세요.

A | 영화 속 대화를 완성해 보세요.

MR. INCREDIBLE   Who ❶ .... be? 넌 대체 누구니?

BOY   Well... I'm INCREDIBOY! 흠... 전 인크레디보이예요!

BOB   No, no. ❷ .... the fan club. B... Bro-phy, Bud... BUDDY! Buddy??
아냐. 아냐. 넌 팬클럽에서 봤던 그 애잖아. 브… 브로–피, 버드… 버디! 버디??

BUDDY   ❸ .... INCREDIBOY! 제 이름은 인크레디보이예요!

BOB   Look, I've ❹ .... I've stood for photos, signed every scrap of paper you've ❺ .... , but this is a bit— 얘야. 난 친절하게 대해줬잖니. 사진도 찍어줬고 네가 들이미는 종이 한 장 한 장에 모두 다 사인도 해 줬는데. 이건 좀 너무 한 것 아닌가—

BUDDY   You don't ❻ .... worry ❼ .... , I know all your ❽ .... , your crimefighting style, ❾ .... , everything! I'm your ❿ .... ! 절 가르치는 것에 대해서라면 걱정하실 필요 없어요. 전 아저씨의 모든 동작들도 다 알고, 범죄와 싸우는 스타일, 제일 좋아해서 밀고 있는 유행어를 비롯한 모든 것을 알고 있으니까요! 전 아저씨의 최고 팬이라고요!

B | 다음 빈칸을 채워 문장을 완성해 보세요.

1   내가 뭘 해야 하는 거야?

.... do?

2   이거 언제까지 끝내야 하는 거죠?

.... finish this by?

3   그들은 누구를 믿어야 하는 거죠?

.... trust?

4   난 9시까지 집에 가야 해.

.... be home by 9.

5   우린 오늘 만나기로 되어 있다.

.... meet today.

Be True to Yourself!

스스로에게 진실해져라!

여전히 미스터 인크레더블에게서 넉살 좋게 붙어 있는 버디. 자기는 다른 슈퍼히어로들처럼 초능력은 없지만, 자신의 발명품인^{invention} 로켓 부츠를 신으면 하늘을 날아다닐 수 있다며 미스터 인크레더블을 도와 범죄자들을 소탕하겠다고^{root out} 하네요. 도저히 더 이상은 어린아이 장난으로 봐줄 수 없겠다고 판단한 미스터 인크레더블은 그에게 역정을 내는데^{lose one's temper}, 버디는 아랑곳하지 않고^{nonchalantly} 잽싸게 경찰을 불러오겠다고 합니다. 그런데, 버디가 날아오르는 그 순간 그의 몸에 폭탄이 함께 딸려 올라가네요. 미스터 인크레더블이 버디를 구하기 위해 버디의 망토를^{cape} 잡고 따라 올라가고 있어요.

 **Warm Up!** 오늘 배출 표현   오늘 등장하는 표현들입니다. 어떤 표현이 들어가야 할지 생각해 보세요.

* _____ ? 우리 얘기 좀 할까요?

* _____. 스스로에게 진실해져라.

* And now you've officially _____. 넌 이제 공식적으로 너무 도가 지나쳤어.

* I'll _____. 가서 경찰을 불러올게요.

17

BUDDY
버디

Can we talk?[1] You always ALWAYS tell people, "**Be true to yourself,**"[2] but you never say which part of yourself to be true to! Well, I've finally figured out who I am and I'm your ward. IncrediBoy!

우리 얘기 좀 할까요? 당신은 항상. 항상 사람들에게 말하죠. "스스로에게 진실해져라", 하지만 당신은 자신의 어떤 부분에 대해서 진실해야 하는지는 절대 얘기하지 않는다고요! 전 이제 드디어 내가 누군지 깨달았어요, 전 당신의 수호자예요. 인크레디보이라고요!

BOB
밥

And now you've officially **carried it too far**, Buddy.[3]

넌 이제 공식적으로 너무 도가 지나쳤어, 버디.

BUDDY
버디

It's because I don't have powers, isn't it? Not every hero has powers, you know! You can be Super without them—

그건 내가 초능력이 없기 때문인 거죠. 그죠? 히어로라고 모두가 다 초능력이 있는 건 아니라고요! 초능력 없이도 특별해질 수 있다고요—

BUDDY
버디

I invented these. I can fly! Can YOU fly?

이거 내가 발명한 거예요. 난 날 수 있다고요! 당신은 날 수 있나요?

MR. INCREDIBLE
미스터. 인크레더블

Fly HOME, Buddy. I work alone.

날아서 집으로 가거라. 버디. 난 혼자 일한단다.

BOMB VOYAGE
밤 보아지

Yes! And your outfit is ridiculous!

맞아! 그리고 너 의상도 너무 형편없구나!

BUDDY
버디

Just give me one chance. I'll show you, I'll **go get the police**-[4]

딱 한번만 저에게 기회를 줘보세요, 제가 보여드릴게요, 가서 경찰 불러올게요 –

MR. INCREDIBLE
인크레더블

Buddy-- DON'T--!

버디— 안 돼—!

BUDDY
버디

It'll only take a second, really!

정말 빨리 다녀 올 수 있다니까요, 정말로요!

MR. INCREDIBLE
인크레더블

No-- STOP! THERE'S A BOMB--

안 돼— 멈춰! 폭탄이 있다고—

❶ Can we talk? 우리 얘기 좀 할까요?

상대방과 무언가 긴요한 이야기를 할 필요가 있다고 느낄 때 쓰는 표현이에요. 이 문장의 뒤에 for a minute를 넣어서 '잠깐 얘기 좀 할까?'라는 의미로 쓸 수도 있어요.

* **Can we talk** for a minute? 우리 잠깐 얘기 좀 할까?
* **Can we talk?** I hope you are not too busy. 우리 얘기 좀 할까? 너무 바쁜 건 아니었으면 좋겠네.

❷ Be true to yourself! 스스로에게 진실해져라!

'자신에게 진실해라' 라는 말은 남들 눈이나 생각을 너무 신경 쓰지 말고 스스로가 진정으로 원하는 것이 무엇인지를 찾으라는 의미가 아닐까 해요. 비슷한 의미로 Be honest with yourself! '스스로에게 정직해져라!'라는 표현도 있어요.

* A: How can I be happy in life? 어떻게 하면 행복해질 수 있을까요?
* B: **Be true to yourself!** 네 자신에게 진실해지거라!

❸ And now you've officially carried it too far. 넌 이제 공식적으로 너무 도가 지나쳤어.

carry something too far는 무엇인가를 너무 지나치게/과하게 하는 경우에 쓰는 표현이에요. 특히 유쾌하지 못한 것을 과하게 하는 것을 나무랄 때 자주 쓰이지요.

* **You've carried** the joke **too far**. 그 장난은 너무 도가 지나쳤어.
* Let's not **carry it too far**. 너무 오버하지는 말자고.

❹ I'll go get the police. 가서 경찰 불러올게요.

'go + 동사'는 '가서 ~을 하다'라는 의미인데, 원래 go와 동사 사이에 and가 들어가는 것인데, 구어체에서는 이 표현을 쓸 때 대부분 and는 생략하고 씁니다. 간혹 이 표현이 'go and + 동사'가 아닌 'go to + 동사'인 줄 아는 경우가 있는데, go to가 아닌 go and라는 것을 잊지 말아 주세요.

★ 영화 속 패턴 익히기

🎧 03-2.mp3

Go (and) get ~

가서 ~을 가져오다/찾다/하다.

Step 1 기본 패턴 연습하기

1 **Go get** a pen. 가서 펜 좀 가져와.

2 I'll **go get** my ball. 가서 내 공 가져올게.

3 Why don't you **go get** the tool box? 공구 박스를 가져다줄래?

4 Let's ＿＿＿＿＿＿＿＿＿. 점심 먹으러 가자.

5 ＿＿＿＿＿＿＿＿＿ some sleep. 가서 잠 좀 자라.

Step 2 패턴 응용하기   Go (and) + 동사 ~

1 **Go talk** to your friends. 가서 네 친구들에게 얘기해 봐.

2 I'm going to **go ask** him if that's true. 그게 사실인지 그에게 가서 물어볼 거야.

3 **Go tell** everyone. 가서 모두에게 전해라.

4 You need to ＿＿＿＿＿＿＿＿＿ those documents. 가서 그 문서들을 가져와야 해.

5 ＿＿＿＿＿＿＿＿＿ a difference in the world. 가서 세상을 바꿔라.

Step 3 실생활에 적용하기

A It's raining out. We need an umbrella.

B 제가 가져올게요.

A Bring a big one.

A 밖에 비 오네. 우산이 필요하겠다.

B I'll go get it.

A 큰 걸로 가져와라.

정답 Step 1 4 go get lunch 5 Go get   Step 2 4 go get 5 Go make

20

확인학습

문제를 풀며 오늘 배운 표현을 완벽히 내 것으로 만드세요.

A | 영화 속 대화를 완성해 보세요.

BUDDY
❶ _____? You always ALWAYS tell people, ❷ _____," but you never say which part of yourself to be true to! Well, I've finally figured out who I am and I'm your ward. IncrediBoy!   우리 얘기 좀 할까요? 당신은 항상, 항상 사람들에게 말하죠. "스스로에게 진실해져라", 하지만 당신은 자신의 어떤 부분에 대해서 진실해져야 하는지는 절대 얘기하지 않는다고요! 전 이제 드디어 내가 누군지 깨달았어요, 전 당신의 수호자예요. 인크레디보이라고요!

BOB
And now you've officially ❸ _____, Buddy.   넌 이제 공식적으로 너무 도가 지나쳤어, 버디.

BUDDY
It's because I don't ❹ _____, isn't it? Not every hero has powers, you know! You can be Super without them—   그건 내가 초능력이 없기 때문인 거죠, 그죠? 히어로라고 모두가 다 초능력이 있는 건 아니라고요! 초능력 없이도 특별해질 수 있다고요—

BUDDY
I ❺ _____ these. I can fly! Can YOU fly?   이거 내가 발명한 거예요. 난 날 수 있다고요! 당신은 날 수 있나요?

MR. INCREDIBLE
Fly HOME, Buddy. I ❻ _____.   날아서 집으로 가거라, 버디. 난 혼자 일한단다.

BOMB VOYAGE
Yes! And your outfit is ❼ _____!   맞아! 그리고 너 의상도 너무 형편없구나!

BUDDY
Just give me one chance. I'll show you, I'll ❽ _____-   딱 한번만 저에게 기회를 줘보세요, 제가 보여드릴게요, 가서 경찰 불러올게요—

MR. INCREDIBLE
Buddy-- DON'T--!   버디— 안 돼—!

BUDDY
It'll ❾ _____, really!   정말 빨리 다녀 올 수 있다니까요, 정말로요!

MR. INCREDIBLE
No-- STOP! ❿ _____-- 안 돼— 멈춰! 폭탄이 있다고—

정답 A
❶ Can we talk
❷ Be true to yourself
❸ carried it too far
❹ have powers
❺ invented
❻ work alone
❼ ridiculous
❽ go get the police
❾ only take a second
❿ THERE'S A BOMB

B | 다음 빈칸을 채워 문장을 완성해 보세요.

1 가서 펜 좀 가져와.
_____ a pen.

2 점심 먹으러 가자.
Let's _____.

3 그게 사실인지 그에게 가서 물어볼 거야.
I'm going to _____ if that's true.

4 가서 모두에게 전해라.
_____ everyone.

5 가서 그 문서들을 가져와야 해.
You need to _____ those documents.

정답 B
1 Go get
2 go get lunch
3 go ask him
4 Go tell
5 go get

Bob & Helen's Wedding

밥과 헬렌의 결혼식

오늘은 미스터 인크레더블, 밥과 엘라스티걸, 헬렌의 결혼식 날이에요. 그런데, 신부는^{bride} 있는데, 신랑이^{groom} 보이질 않네요. 자기 결혼식이 있는 이 순간까지도 공공의 안전을^{public safety} 위협하는^{threat} 악당들을 물리치느라 밥은 아슬아슬하게^{narrowly} 시간에 맞춰 결혼식장에 도착합니다. 새 신부 헬렌이 밥에게 한마디 합니다. 미스터 인크레더블로서의 삶도 중요하지만, 한 가정의 가장으로서의 삶 역시 그에 못지않게 중요하니 앞으로 잘하라고요. 밥은 그 약속을 잘 지킬 수 있을까요?

 **Warm Up!** 오늘 배울 표현 　　오늘 등장하는 표현들입니다. 어떤 표현이 들어가야 할지 생각해 보세요.

* 　　　　　　　. 좀 간당간당한 것 같군요.

* You need to be more... "　　　　　　　." 당신은 좀 더 말이죠… "유연"해질 필요가 있어요.

* If we're going to make this 　　　　　, you've gotta be more than Mr. Incredible.
  우리가 결혼생활을 제대로 하려면 당신은 미스터 인크레더블로만 있어서는 안 돼요.

* 　　　　　　　 happens. 어떤 일이 있더라도.

REVEREND
목사

Robert Parr, will you have this woman to be your lawful wedded wife?

로버트 파, 그대는 이 여성을 아내로 맞이 하겠습니까?

HELEN/ELASTIGIRL
헬렌/엘라스티걸

Cutting it kind of close, don'cha think?❶

좀 간당간당한 것 같군요. 안 그래요?

BOB/MR. INCREDIBLE
밥/인크레더블

You need to be more... "**flexible.**"❷

당신은 좀 더 말이죠… "유연"해질 필요가 있어요.

HELEN/ELASTIGIRL
헬렌/엘라스티걸

I love you, but if we're going to make this **work**, you've gotta be more than Mr. Incredible.❸ You know that, don't you?

난 당신을 사랑해요. 하지만 우리가 결혼생활을 제대로 하려면 당신은 미스터 인크레더블로만 있어서는 안 돼요. 그거 알죠. 안 그래요?

REVEREND
목사

--as long as you both shall live?

–삶을 다하는 날까지?

BOB/MR. INCREDIBLE
밥/인크레더블

I do.

서약합니다.

HELEN
헬렌

As long as we both shall live. **No matter what** happens.❹

우리의 삶이 다하는 날까지. 어떤 일이 있더라도.

BOB
밥

We're superheroes. What could happen?

우리는 슈퍼히어로들이라고요. 대체 무슨 일이 생길 리 없잖아요?

❶ Cutting it kind of close. 좀 간당간당한 것 같군요.

cut it close는 '시간이 촉박한 상황에서 너무 급하게, 서둘러서, 가까스로 무엇을 하다'라는 의미의 관용표현이에요. 무엇을 할 때 여유 있게 하지 못하고 시간에 쫓기어 겨우, 간당간당하게 할 경우에 쓰인답니다.

* He left home at 10:50, which was **cutting it close** for his 11 o'clock class.
  그는 11시 수업에 겨우 늦지 않을 정도로 집에서 10시 50분에 나갔다.

* Thankfully, we ended up getting on the plane, but we really **cut it close**.
  다행히도, 우리가 결국 비행기를 타긴 했는데, 정말 간당간당하게 들어갔어.

❷ You need to be more... "flexible." 당신은 좀 더 말이죠… "유연"해질 필요가 있어요.

몸이 유연한 것을 표현할 때도 flexible을 쓰지만, 생각이나 태도가 융통성이 있고 유연하다고 할 때도 이 단어를 쓸 수 있어요.

* Mark has a **flexible** management style. 마크의 경영 스타일은 융통성이 있다.

* Become a more **flexible** thinker. 더 유연하게 생각하는 사람이 되어라.

❸ If we're going to make this work, you've gotta be more than Mr. Incredible.
우리가 결혼생활을 제대로 하려면 당신은 미스터 인크레더블로만 있어서는 안 돼요.

주로 '일하다'라는 의미로 쓰이는 동사 work는 생각보다 훨씬 더 다양한 의미로 쓰인답니다. 수많은 work의 의미 중에 꽤 자주 쓰이는 것이 '작동되다/기능하다'예요. 어떤 일이 문제 없이 제대로 진행되는 것을 표현할 때 쓰인답니다.

* This isn't going to **work** if you keep yelling at me.
  네가 계속 나한테 소리를 지르면 이 일은 잘 해결되지 않을 것이야.

* It might **work** in theory but it doesn't work in practice.
  이게 이론상으로는 될 수 있을지 몰라도, 실제로는 안 된다.

❹ No matter what happens. 어떤 일이 있더라도.

No matter what은 '비록 무엇이 ~일지라도, ~하더라도 상관없이, ~한 일이 있더라도'의 의미로 쓸 수 있는 표현이에요. what 대신에 다른 의문사를 넣어서 '비록 누가/어느 것이/언제/어떻게/어디 ~일지라도'의 의미로 활용하는 연습도 같이 해 볼게요. ★영화 속 패턴 익히기

영화 속 패턴 익히기

오늘 배운 장면에서 뽑은 핵심 패턴으로 다양한 표현을 만들어 보세요.

🎧 04-2.mp3

No matter what ~   ~한 일이 있더라도/~하더라도 상관없이

Step 1 기본 패턴 연습하기

1 We have to get it done by tonight, **no matter what**. 무슨 일이 있더라도 이건 오늘 밤까지 끝내야만 해.

2 My daughter won't listen to me, **no matter what** I say. 내가 무슨 말을 해도 내 딸은 들을 생각을 안 해.

3 **No matter what** you do, I will always be with you. 네가 무엇을 하든 상관없이 난 항상 너와 함께 할 거야.

4 Keep smiling, _____. 무슨 일이 있더라도 계속 미소를 잃지 마라.

5 I will be successful, _____ it takes. 난 꼭 성공할 거야. 그 어떤 대가를 치르더라도.

Step 2 패턴 응용하기   no matter + 의문사

1 You'll never be better than me, **no matter how** hard you try.
네가 아무리 열심히 노력한다고 해도 넌 절대 나보다 더 잘할 수는 없을 거야.

2 Keep this in mind, **no matter where** you go. 어디를 가든지 이것을 꼭 기억해라.

3 **No matter how** old you are, age is just a number.
당신의 나이가 몇 살이건 간에, 나이는 단지 숫자일 뿐이에요.

4 Don't be intimidated, _____ may be. 그들이 누구이건 간에 겁먹지 말아라.

5 _____ way you go, it is your way. 네가 어느 쪽으로 가든지, 그 길이 네 길이야.

Step 3 실생활에 적용하기

A Will you still remember me when you're famous?

B 그 무슨 일이 있더라도 난 항상 당신을 기억할 거예요.

A Thank you for saying that.

A 당신이 유명해져도 여전히 나를 기억해 주실 건가요?

B I will always remember you, no matter what.

A 그렇게 말해주시니 고마워요.

정답   Step 1 4 no matter what happens 5 no matter what   Step 2 4 no matter who they 5 No matter which

확인학습

문제를 풀며 오늘 배운 표현을 완벽히 내 것으로 만드세요.

A | 영화 속 대화를 완성해 보세요.

REVEREND   Robert Parr, **❶**_____ this woman to be your lawful wedded wife? 로버트 파. 그대는 이 여성을 아내로 맞이 하겠습니까?

HELEN/ELASTIGIRL   **❷**_____, don'cha think?
좀 간당간당한 것 같군요, 안 그래요?

BOB/MR. INCREDIBLE   **❸**_____ be more... **❹**_____."
당신은 좀 더 말이죠... "유연"해질 필요가 있어요.

HELEN/ELASTIGIRL   I love you, but if we're going to make this **❺**_____, you've gotta be **❻**_____ Mr. Incredible. **❼**_____, don't you?
난 당신을 사랑해요, 하지만 우리가 결혼생활을 제대로 하려면 당신은 미스터 인크레더블로만 있어서는 안 돼요. 그거 알죠, 안 그래요?

REVEREND   --**❽**_____ both shall live?
– 삶을 다하는 날까지?

BOB/MR. INCREDIBLE   I do. 서약합니다.

HELEN   As long as we both shall live. **❾**_____ happens.
우리의 삶이 다하는 날까지. 어떤 일이 있더라도.

BOB   We're superheroes. **❿**_____?
우리는 슈퍼히어로들이라고요. 대체 무슨 일이 생길 리 없잖아요?

B | 다음 빈칸을 채워 문장을 완성해 보세요.

1 무슨 일이 있더라도 이건 오늘 밤까지 끝내야만 해.
We have to get it done by tonight, _____.

2 네가 무엇을 하던 상관없이 난 항상 너와 함께 할 거야.
_____ you do, I will always be with you.

3 무슨 일이 있더라도 계속 미소를 잊지 마라.
Keep smiling, _____.

4 어디를 가든지 이것을 꼭 기억해라.
Keep this in mind, _____ you go.

5 당신의 나이가 몇 살이건 간에, 나이는 단지 숫자일 뿐이에요.
_____ old you are, age is just a number.

정답 A

❶ will you have
❷ Cutting it kind of close
❸ You need to
❹ flexible
❺ work
❻ more than
❼ You know that
❽ as long as you
❾ No matter what
❿ What could happen

정답 B

1 no matter what
2 No matter what
3 no matter what happens
4 no matter where
5 No matter how

Dash, an Incredibly Competitive Boy

경쟁심이 넘치는 소년, 대쉬

밥과 헬렌의 아들 대쉬는 엄청나게 빠른 속도로 움직일 수 있는 초능력을 가지고 있어요. 그가 마음먹고 초능력을 발휘하면^{exercise superhuman power} 너무 빨라서 사람들 눈에 그가 움직이는 게 보이지 않을 정도지요. 그런데, 자신의 숨겨진 끼와 능력을 어딘가에 발산하고^{release} 싶은데, 감추고만 있어야 하니 답답할 노릇이네요. 스포츠 팀에라도 들어가서 그 답답함을^{frustration} 해소하고 싶은데 엄마는 극구 만류합니다. 아들의 초능력이 사람들의 눈에 띄어 문제가 될 게 뻔하니까요. 대쉬는 절대 눈에 띄지 않게^{without being noticed} 잘 조절해가며 친구들의 수준에 맞춰 운동하겠다고 하지만, 그에게 그만한 절제의^{self-control} 능력이 있었다면 이미 엄마가 허락했겠죠.

Warm Up! 오늘 배울 표현

오늘 등장하는 표현들입니다. 어떤 표현이 들어가야 할지 생각해 보세요.

* You need to find a better   . 넌 에너지를 발산할 더 좋은 방법을 찾을 필요가 있어.

* You are an incredibly   boy. 넌 경쟁심이 넘치는 아이야.

*   temptation. 게다가 잘난 척도 조금 하잖니. 너에겐 유혹이 가장 경계할 대상이야.

* Right now, honey, the world just wants us to   .
지금은 말이지, 아들아, 세상은 우리가 그냥 그들과 어울려지기만을 바란단다.

27

HELEN
헬렌

Dash. This is the third time this year you've been sent to the office. You need to find a better **outlet**. A more constructive outlet.

대쉬. 교장실에 불려간 게 올해 벌써 세 번째네. 넌 에너지를 발산할 더 좋은 방법을 찾을 필요가 있어. 좀 더 건설적인 배출구 말이야.

DASH
대쉬

Maybe I could. If you'd let me go out for sports.

어쩌면 그럴 수도 있겠죠. 엄마가 나를 스포츠 팀에 들어가게 해준다면 말이죠.

HELEN
헬렌

Honey. You know why we can't do that.

얘야. 그게 안 되는 이유는 너도 알잖니.

DASH
대쉬

But I promise I'll slow up! I'll only be the best by a little bit...

조금 천천히 하겠다고 약속할게요! 아주 조금 차이로만 최고가 될 거라고요…

HELEN
헬렌

Dashiell Robert Parr, you are an incredibly **competitive** boy. And a bit of a show-off. **The last thing you need is** temptation.

대쉬엘 로버트 파. 넌 경쟁심이 넘치는 아이야. 게다가 잘난 척도 조금 하잖니. 너에겐 유혹이 가장 경계할 대상이야.

DASH
대쉬

You always say, "Do your best," but you don't really mean it. Why can't I do the best that I can do?

엄만 항상 그러시죠. "최선을 다해라"라고. 하지만 그건 진심이 아니에요. 난 왜 내가 할 수 있는 만큼 최선을 다하면 안 되는 거죠?

HELEN
헬렌

Right now, honey, the world just wants us to **fit in**. And to fit in we must be like everyone else.

지금은 말이지, 아들아. 세상은 우리가 그냥 그들과 어우러지기만을 바란단다. 그리고 어우러지려면 우린 다른 사람들과 똑같아져야 해.

DASH
대쉬

But Dad always said our powers were nothing to be ashamed of, our powers made us special.

하지만 아빠는 항상 우리의 초능력은 부끄러워할게 아니라고. 우리의 초능력이 우리를 특별하게 만든 거라고 하셨어요.

HELEN
헬렌

Everyone's special, Dash...

사람들은 모두가 다 특별하단다. 대쉬…

DASH
대쉬

Which is another way of saying no one is.

그 얘기는 결국 아무도 특별하지 않다는 뜻이네요.

❶ You need to find a better outlet. 넌 에너지를 발산할 더 좋은 방법을 찾을 필요가 있어.

우리에게 익숙한 outlet은 '할인점/아울렛'이지요? 엉이로도 outlet을 상설할인 매장/몰의 의미로 많이 써요. 하지만, 이 단어가 주로 쓰이는 다른 의미가 있는데, 그것은 '감정, 생각, 에너지의 (바람직한) 발산/배출 수단' 또는 '(액체, 기체의) 배출구'에요.

* Music has always been Hanna's emotional **outlet**. 음악은 늘 한나의 감정을 발산할 수 있는 수단이었어.
* I use SNS as an **outlet** to express how I feel. 난 내가 어떻게 생각하는지를 표현하는 수단으로 SNS를 이용하지.

❷ You are an incredibly competitive boy. 넌 경쟁심이 넘치는 아이야.

competitive는 '경쟁력 있는, 경쟁심이 강한, 경쟁이 치열한'이라는 의미로 쓰이는 형용사예요. 우리말로 자연스럽게 해석하면 '승부욕이 강한'이라는 의미도 됩니다.

* Brian is too **competitive** at work. 브라이언은 직장에서 너무 승부욕이 심해.
* Marketing online is a highly **competitive** industry. 온라인 홍보 시장은 경쟁이 매우 치열하다.

❸ The last thing you need is temptation. 너에겐 유혹이 가장 경계할 대상이야.

가장 바람직하지 않은 것, 좋지 않은 것, 불필요한 것 등을 표현할 때 주어구를 'The last thing you need'로 쓰는데, 상대방이 아닌 자신이나 제3자에 대해 이야기할 때는 'The last thing I/he/she/we/they need(s)'로 쓸 수 있어요. 이 명사구는 문장의 시작 부분에 올 수도 있지만 맨 뒤에 올 수도 있어요. 패턴 문장을 통해 연습해 보도록 할게요.

★영화 속 패턴 읽기

❹ Right now, honey, the world just wants us to fit in.
지금은 말이지, 아들아, 세상은 우리가 그냥 그들과 어우러지기만을 바란단다.

fit in은 튀지 않고 다른 사람들과 자연스럽게 '~와 어울리다/맞다, 어우러지다'라는 의미로 쓰는 표현이에요. 옷이 몸에 잘 맞는 것을 표현할 때도 쓰지만, 지금 문맥에서는 '어우러지다'의 뜻으로 쓰였네요.

* Eddie has difficulty **fitting in** with the others. 에디는 다른 사람들과 어울리기를 힘들어한다.
* You don't need to **fit in** to be liked. 다른 사람들에게 호감을 얻기 위해 꼭 그들과 어우러질 필요는 없어.

영화 속 패턴 익히기

오늘 배운 장면에서 뽑은 핵심 패턴으로 다양한 표현을 만들어 보세요.

🎧 05-2.mp3

The last thing you need is ~ 네가 가장 필요로 하지 않는 것(좋지 않은 것)이 ~이야.

Step 1 기본 패턴 연습하기

1 **The last thing you need is** a diet. 네게 가장 좋지 않은 것이 다이어트야.

2 **The last thing you need is** caffeine. 네게 가장 좋지 않은 것이 카페인이야.

3 **The last thing you need is** stress. 네게 가장 불필요한 것이 스트레스야.

4 _____ more work. 네게 가장 좋지 않은 것이 일을 더 하는 거야.

5 _____ another cookie. 네게 가장 필요하지 않은 것이 쿠키 하나만 더야.

Step 2 패턴 응용하기 ~ is the last thing + 사람 + need(s)

1 Sympathy **is the last thing she needs**. 그녀가 가장 원하지 않는 것이 타인의 동정이야.

2 This **is the last thing I need** right now. 지금 내게 가장 필요 없는 것이 이거야.

3 Another exam **is the last thing they need**. 그들이 가장 원하지 않는 것이 또 시험 보는 거야.

4 _____. 그에게 가장 필요 없는 것이 더 많은 돈이다.

5 A new relationship _____. 그에게 가장 필요 없는 것이 누구를 새로 사귀는 거야.

Step 3 실생활에 적용하기

A Would you care for a cup of tea or something?

B 지금 내게 가장 필요 없는 것이 차 한 잔 더 마시는 거예요.

A Oh, you must've been drinking a lot of tea today, huh?

A 차라도 한 잔 줄까요?

B The last thing I need now is another cup of tea.

A 아, 오늘 차 진짜 많이 드셨나 보네요, 그죠?

정답 Step 1 4 The last thing you need is 5 The last thing you need is Step 2 4 More money is the last thing he needs 5 is the last thing he needs

확인학습

문제를 풀며 오늘 배운 표현을 완벽히 내 것으로 만드세요.

A | 영화 속 대화를 완성해 보세요.

HELEN Dash. This is ❶_____ this year you've been ❷_____. You need to find a better ❸_____. A more constructive outlet. 대쉬. 교장실에 불려간 게 올해 벌써 세 번째네. 넌 에너지를 발산할 더 좋은 방법을 찾을 필요가 있어. 좀 더 건설적인 배출구 말이야.

DASH Maybe I could. If you'd let me ❹_____. 어쩌면 그럴 수도 있겠죠. 엄마가 나를 스포츠 팀에 들어가게 해준다면 말이죠.

HELEN Honey. You know ❺_____. 얘야. 그게 안 되는 이유는 너도 알잖니.

DASH But I promise I'll slow up! I'll only be the best by a little bit... 조금 천천히 하겠다고 약속할게요! 아주 조금 차이로만 최고가 될 거라고요…

HELEN Dashiell Robert Parr, you are an incredibly ❻_____ boy. And a bit of a show-off. ❼_____ temptation. 대쉬엘 로버트 파. 넌 경쟁심이 넘치는 아이야. 게다가 잘난 척도 조금 하잖니. 너에겐 유혹이 가장 경계할 대상이야.

DASH You always say, "Do your best," but you don't ❽_____. Why can't I do the best that I can do? 엄만 항상 그러시죠. "최선을 다해라"라고. 하지만 그건 진심이 아니에요. 난 왜 내가 할 수 있는 만큼 최선을 다하면 안 되는 거죠?

HELEN Right now, honey, the world just wants us to ❾_____. And to fit in we must be like everyone else. 지금은 말이지. 아들아. 세상은 우리가 그냥 그들과 어우러지기만을 바란단다. 그리고 어우러지려면 우린 다른 사람들과 똑같아져야 해.

DASH But Dad always said our powers were ❿_____, our powers made us special. 하지만 아빠는 항상 우리의 초능력은 부끄러워할 게 아니라고. 우리의 초능력이 우리를 특별하게 만든 거라고 하셨어요.

HELEN Everyone's special, Dash... 사람들은 모두가 다 특별하단다. 대쉬…

DASH Which is another way of saying no one is. 그 얘기는 결국 아무도 특별하지 않다는 뜻이네요.

B | 다음 빈칸을 채워 문장을 완성해 보세요.

1 네게 가장 좋지 않은 것이 다이어트야.

_____ a diet.

2 네게 가장 불필요한 것이 스트레스야.

_____ stress.

3 네게 가장 좋지 않은 것이 일을 더 하는 거야.

_____ more work.

4 지금 내게 가장 필요 없는 것이 이거야.

This _____ right now.

5 그에게 가장 필요 없는 것이 더 많은 돈이다.

_____ .

정답 A

❶ the third time

❷ sent to the office

❸ outlet

❹ go out for sports

❺ why we can't do that

❻ competitive

❼ The last thing you need is

❽ really mean it

❾ fit in

❿ nothing to be ashamed of

정답 B

1 The last thing you need is

2 The last thing you need is

3 The last thing you need is

4 is the last thing I need

5 More money is the last thing he needs

31

Naughty Dash
개구쟁이 대쉬

장난꾸러기^{naughty boy} 대쉬는 가끔 심한 장난을 쳐서 학교에서 부모님 호출이 있곤 합니다. 오늘은 또 어떤 사고를 쳐서 교무실로 불려 갔을까요? 선생님 의자에 몰래 압정을 올려놔^{put a tack} 선생님을 화나게^{upset} 만들었어요. 선생님은 당연히 대쉬가 한 짓이라고 단정 짓고 교장 선생님과^{principal} 대쉬의 엄마, 헬렌이 있는 데서 감시 카메라를^{surveillance camera} 돌려 보지만 영상 속의 대쉬는 꿈적도 하지 않고 있습니다. 심증만 있고 물증은 없는 가운데 선생님만 이상한 사람이 되어 버렸네요. 하지만 그 장난을 대쉬가 정말 쳤는지는 본인과 엄마만이 알 수 있겠죠.

 **Warm Up!** 오늘 배출 표현   오늘 등장하는 표현들입니다. 어떤 표현이 들어가야 할지 생각해 보세요.

*   ? 무엇 때문에?

* You   see it on the tape. 동영상에서도 거의 안 보였다고요.

* They caught you on tape and you still   it?
  그들이 영상을 확보했는데도 안 걸렸다는 거야?

* Whoa…   booking! 우와… 네가 진짜 빨랐나 보구나!

BOB
밥

What for?[1]
무엇 때문에?

DASH
대쉬

Nothing.
아무 일도 아니에요.

HELEN
헬렌

He put a tack on the teacher's chair. During class.
선생님 의자에 압정을 올려놓았다는 군요. 수업 시간에.

DASH
대쉬

Nobody saw me. You **could barely** see it on the tape.[2]
아무도 못 봤어요. 동영상에서도 거의 안 보였다고요.

BOB
밥

They caught you on tape and you still **got away with** it?[3] Whoa... **you must've been** booking![4] How fast do you think you were--
그들이 영상을 확보했는데도 안 걸렸다는 거야? 우와… 네가 진짜 빨랐나 보구나! 도대체 얼마나 빨리할 수 있었던 거니—

HELEN
헬렌

Bob, we are not encouraging this--
밥, 이런 건 격려할 일이 아닌 것 같은데요—

BOB
밥

I'm not encouraging, I'm just asking how fast he was--
격려하는 게 아니라, 그냥 얼마나 빨리 했는지 물어보는 것 뿐이에요—

HELEN
헬렌

Honey!!
여보!!

33

❶ What for? 무엇 때문에?

상대방에게 '왜 그런 행동을 하느냐?'라고 물을 때, 같은 의미로 '무엇 때문에 그런 행동을 하느냐?'라고 물을 때도 있듯이, Why?를 대체해서 What for?를 활용할 수도 있습니다. 때때로 단어 순서를 바꿔서 For what? 이라고 쓰는 경우도 있어요. 물론, 의미는 둘 다 같아요.

* **What** are you doing that **for?** 너 무엇 때문에 그걸 하는 거니?
* You invited Ashley to the party? **What for?** 애슐리를 파티에 초대했어? 왜?

❷ You could barely see it on the tape. 동영상에서도 거의 안 보였다고요.

barely는 '간신히, 빠듯하게, 가까스로'라는 의미의 부사예요. 조동사 can과 함께 많이 쓰이는데, 이 경우에는 '간신히/겨우/가까스로 ~할 수 있다', '거의 ~할 수 없다'는 의미가 되지요. 여기에서는 'be동사 + barely' 형식과 'can barely' 형식을 패턴으로 공부해 볼게요.

★영화 속 패턴 익히기

❸ They caught you on tape and you still got away with it? 그들이 영상을 확보했는데도 안 걸렸다는 거야?

get away with는 '(벌 따위를) 교묘히 모면하다, ~을 훔쳐 달아나다'라는 의미인데, 나쁜 짓을 하고도 걸리지 않고 아무 일도 없었다는 듯 넘어갈 때 이 표현을 쓴답니다.

* Did you really think you could **get away with** this? 너 정말 이런 짓을 하고도 안 걸리고 그냥 넘어갈 줄 알았니?
* How did you **get away with** stealing from work? 직장에서 절도하고도 어떻게 안 걸리고 넘어갔어?

❹ Whoa... you must've been booking! 우와… 네가 진짜 빨랐나 보구나!

우선, 여기에서 쓰인 book은 속어로 '빨리 뛰다, 질주하다'라는 의미예요. You must've been의 형식은 상대방의 상태/모습을 보며 '너 ~했나 보구나'라고 짐작하듯 말하는 것이에요.

* **You must've been** tired. 네가 정말 피곤했나 보구나.
* **She must've been** very busy. 그녀가 정말 많이 바빴나 봐.

영화 속 패턴 익히기

오늘 배운 장면에서 뽑은 핵심 패턴으로 다양한 표현을 만들어 보세요.

🎧 06-2.mp3

can/could barely + 동사

거의 ~할 수 없다, 가까스로/겨우 ~할 수 있다.

Step 1   기본 패턴 연습하기

1   I **can barely** breathe. 숨쉬기도 힘들 정도야.

2   She **can barely** speak English. 그녀는 영어를 겨우 조금 한다.

3   Phillip **could barely** contain himself. 필립은 겨우 자신을 감정을 억눌렀다.

4   _____ make it. 우린 간신히 그것을 해낼 수 있었어.

5   Can you speak up a little? _____ hear you.
　　조금만 더 크게 말해줄래? 네 목소리가 거의 안 들려.

Step 2   패턴 응용하기   be동사 + barely

1   Nancy **is barely** distinguishable from her older sister. 낸시는 그녀의 언니와 거의 구별하기 어렵다.

2   He **was barely** able to stand. 그는 가까스로 서 있었다.

3   The company wages **are barely** rising. 그 회사의 임금은 거의 오르지 않고 있다.

4   They _____ alive. 그들은 가까스로 살아있었어.

5   I _____ when that incident happened. 그 일이 발생했을 때 난 겨우 16살밖에 안 됐었어.

Step 3   실생활에 적용하기

A Can you turn on the light?

B Why do you need the light on?

A 어두워서 거의 아무것도 안 보이니까 그렇지.

A 불 좀 켜줄래?

B 불을 왜 켜라는 거야?

A I can barely see anything in the dark.

정답   Step 1 4 We could barely 5 I can barely   Step 2 4 were barely 5 was barely 16

35

확인학습

문제를 풀며 오늘 배운 표현을 완벽히 내 것으로 만드세요.

A | 영화 속 대화를 완성해 보세요.

BOB ❶ _____? 무엇 때문에?

DASH ❷ _____. 아무 일도 아니에요.

HELEN He ❸ _____ on the teacher's chair. During class. 선생님 의자에 압정을 올려놓았다는 군요. 수업 시간에.

DASH ❹ _____. You ❺ _____ see it on the tape. 아무도 못 봤어요. 동영상에서도 거의 안 보였다고요.

BOB They ❻ _____ on tape and you still ❼ _____ it? Whoa... ❽ _____ booking! How fast ❾ _____ you were-- 그들이 영상을 확보했는데도 안 걸렸다는 거야? 우와… 네가 진짜 빨랐나 보구나! 도대체 얼마나 빨리할 수 있었던 거니——

HELEN Bob, we are not encouraging this-- 밥, 이런 건 격려할 일이 아닌 것 같은데요——

BOB I'm not encouraging, I'm just ❿ _____ he was-- 격려하는 게 아니라, 그냥 얼마나 빨리 했는지 물어보는 것 뿐이에요——

HELEN Honey!! 여보!!

B | 다음 빈칸을 채워 문장을 완성해 보세요.

1 숨쉬기도 힘들 정도야.

　I _____ breathe.

2 그녀는 영어를 겨우 조금 한다.

　She _____ speak English.

3 조금만 더 크게 말해줄래? 네 목소리가 거의 안 들려.

　Can you speak up a little? _____ hear you.

4 그는 가까스로 서 있었다.

　He _____ able to stand.

5 그 일이 발생했을 때 난 겨우 16살밖에 안 됐었어.

　I _____ when that incident happened.

Being Normal

정상으로 산다는 것

대쉬가 교장실에^{Principal's office} 불려간 일에 대해서 엄마는 아빠가 돌아오면 다시 얘기하자고 하는데, 대쉬는 억울해합니다. 다른 아이들도 다들 교장실에 불려가는데 왜 자기에게만 이렇게 호되게 대하는지 모르겠다고요. 엄마는 초능력이 있기 때문에 우리 가족은 더 조심해야 한다고, 하지만 네가 억울해하는 것이 정상적인 반응이라고^{normal reaction} 공감해^{empathize} 주네요. 그런데, '정상'이라는 말을 듣자마자 큰딸 바이올렛이 발끈하네요.^{fly into a rage} '정상'이 아닌데 '정상'이라고 하니 많이 억울한가 봐요. 이 집안에 '정상'인 사람은 아직 대소변도 못 가리는^{not toilet-trained} 이 집의 막내 아기 '잭잭' 뿐이라면서 말이죠.

 **Warm·Up!** 오늘 배울 표현   오늘 등장하는 표현들입니다. 어떤 표현이 들어가야 할지 생각해 보세요.

* **Your father and I are still going to**   **.** 네 아빠와 그것에 대해 다시 얘기할 거야.

*   **'s been sent to the office, y'know.**
  나만 교장실에 불려가는 건 아니잖아요. 아시면서.

* **Now it's**   **for you to feel--** 네가 그렇게 느끼는 것이 완전히 정상이긴 해 그런데—

*   **normal?** 정상이란 것에 대해서 엄마가 뭘 안다고 그러세요?

HELEN
헬렌

Don't think that you've avoided talking about your trip to the Principal's office, young man. Your father and I are still going to **discuss it.**❶

교장실에 갔었던 얘기를 아무 일 없이 잘 넘겼다고 생각하지 마라, 이 녀석. 네 아빠와 그것에 대해 다시 얘기할 거야.

DASH
대쉬

I'm not the only kid who's been sent to the office, y'know.❷

나만 교장실에 불려가는 건 아니잖아요. 아시면서.

HELEN
헬렌

Other kids don't have Superpowers. Now it's **perfectly normal** for you to feel--❸

다른 아이들은 초능력이 없잖니. 네가 그렇게 느끼는 것이 완전히 정상이긴 해 그런데—

VIOLET
바이올렛

Normal? **What do you know about** normal?❹ What does anyone in our family know about normal? The only normal one is Jack-Jack.

정상이요? 정상이란 것에 대해서 엄마가 뭘 안다고 그러세요? 우리 식구 중에 정상에 대해서 제대로 아는 사람이 있기는 하나요? 우리 식구 중에 정상인 사람은 잭잭이 유일하다고요.

HELEN
헬렌

Now, wait a minute, young lady--

자, 잠시만, 꼬마 아가씨─

VIOLET
바이올렛

We ACT normal! I want to BE normal! The only normal one is Jack-Jack, and he's not even toilet-trained!

우린 정상인 것처럼 연기한다고요! 난 연기가 아니라 정말 정상이 되고 싶어요! 유일하게 잭잭만 정상인데 얘는 아직 똥오줌도 못 가리잖아요!

DASH
대쉬

Lucky. Uh, I meant about being normal.

행운이지. 어, 그러니까 내 말은 정상이라서 행운이라는 거예요.

38

❶ **Your father and I are still going to discuss it.** 네 아빠와 그것에 대해 다시 얘기할 거야.

discuss가 '~에 대해서 이야기를 나누다, 토론하다'라는 의미인 것은 다 아시죠? 그런데, 이 단어를 쓸 때 유의할 점이 있어요. 이 단어는 뒤에 전치사 about이 따라오지 않는답니다. '~에 대해서 이야기를 하다/토론하다'라는 의미라면 about이 올 것 같지만, discuss 안에 about이 이미 내포되어 있다고 보는 게 좋겠어요.

* We'll **discuss it** later. 나중에 다시 얘기하자.
* Let's **discuss** business. 일 얘기 합시다.

❷ **I'm not the only kid who's been sent to the office, y'know.**
나만 교장실에 불려가는 건 아니잖아요. 아시면서.

상대방이 나를 질책하거나 나무라서 억울할 때 '나만 그런 것도 아닌데…'라는 뉘앙스로 쓰는 패턴이에요. 직접적인 의미는 '~한 사람이 나뿐만은 아니다'라는 뜻이에요. 긍정문으로 바꿔서 not을 빼면, '~한 사람은 나뿐이다'가 된답니다. 여기에서는 부정문과 긍정문을 같이 공부해 볼게요.

★영화 속 패턴 익히기

❸ **Now it's perfectly normal for you to feel—** 네가 그렇게 느끼는 것이 완전히 정상이긴 해 그런데—

우리말로 '지극히 정상이다'라는 의미의 표현인 perfectly normal은 두 단어가 같이 잘 붙어 다녀요. 발음할 때 유의할 점이 있는데, perfectly '퍼f액틀리'가 아닌 '퍼f액클리'라고 해주셔야 해요. −fectly 부분에서 ct 사이에 멈춤 소리가 두 개가 겹쳐서 '틀리'가 아니고 '클리'로 변한답니다.

* It's **perfectly normal** for your baby to sleep more than 15 hours a day.
  아기가 하루에 15시간 이상 자는 건 지극히 정상이에요.
* It's **perfectly normal** for a child to be stubborn. 어린아이가 고집 피우는 건 지극히 정상이에요.

❹ **What do you know about normal?** 정상이란 것에 대해서 엄마가 뭘 안다고 그러세요?

'~에 대해서 무엇을 아니?'라고 단순히 정보를 구하는 표현으로도 쓸 수 있지만, 상대방에게 시비조로 '네가 ~에 대해서 뭘 안다고 그래?'라고 표현할 때도 이 형식을 씁니다.

* **What do you know about** love? 네가 사랑에 대해서 뭘 안다고 그래?
* **What do you know about** being a writer? 네가 작가의 삶에 대해 뭘 안다고 그래?

🎧 07-2.mp3

I'm not the only + 사람 + who ~ ～한 사람이 나뿐만은 아니다.

Step 1 기본 패턴 연습하기

1 **I'm not the only one who** grew up this way. 이런 식으로 성장한 건 나뿐만이 아니야.

2 **I'm not the only girl who** fell for him. 그를 좋아한 건 나뿐만이 아니야.

3 **I'm not the only girl who** dreams of her wedding day.
자신의 결혼식에 대해 꿈꾸는 여자가 나뿐인 건 아니야.

4 ＿＿＿＿＿＿＿＿＿＿＿＿＿ has considered taking a semester off.
한 학기를 휴학하는 것에 대해 고려하는 학생이 나뿐만이 아니다.

5 I'm so relieved that ＿＿＿＿＿＿＿＿＿＿＿ feels this way.
이렇게 생각하는 사람이 나뿐만이 아니라서 정말 안심이야.

Step 2 패턴 응용하기   I'm the only + 사람 + who ~

1 **I'm the only one who** truly loves her. 그녀를 진정으로 사랑하는 사람은 나뿐이야.

2 **I'm the only man who** knows about this. 이것에 대해서 알고 있는 남자는 나뿐이다.

3 **I'm the only child who** lives with my parents. 자녀들 중에 부모님과 같이 사는 자녀는 나뿐이야.

4 ＿＿＿＿＿＿＿＿＿＿＿ cares about the students. 학생들에 대해 관심이 있는 선생님은 나뿐이야.

5 ＿＿＿＿＿＿＿＿＿＿＿ can get the job done. 일을 제대로 해낼 수 있는 사람은 나뿐이군.

Step 3 실생활에 적용하기

A Did you go to the conference yesterday?

B Yes, I did. 우리 사무실에서 콘퍼런스에 참석한 사람은 나밖에 없더라고요.

A Your boss must love you.

A 어제 콘퍼런스 갔어요?

B 네, 갔지요. And I was the only one who attended the conference from our office.

A 상사가 아주 좋아하시겠어요.

정답   Step 1 4 I'm not the only student who 5 I'm not the only person who   Step 2 4 I'm the only teacher who 5 I'm the only one who

A | 영화 속 대화를 완성해 보세요.

HELEN Don't think that you've ❶........................ about your trip to the Principal's office, young man. Your father and I are still going to ❷................. 교장실에 갔던 얘기를 아무 일 없이 잘 넘겼다고 생각하지 마라, 이 녀석. 네 아빠와 그것에 대해 다시 얘기할 거야.

DASH ❸........................'s been sent to the office, y'know. 나만 교장실에 불려가는 건 아니잖아요. 아시면서.

HELEN Other kids don't have Superpowers. Now it's ❹................ .... for you to feel-- 다른 아이들은 초능력이 없잖니. 네가 그렇게 느끼는 것이 완전히 정상이긴 해 그런데—

VIOLET Normal? ❺........................ normal? What does ❻........................ know about normal? The only normal one is Jack-Jack. 정상이요? 정상이란 것에 대해서 엄마가 뭘 안다고 그러세요? 우리 식구 중에 정상에 대해서 제대로 아는 사람이 있기는 하나요? 우리 식구 중에 정상인 사람은 잭잭이 유일하다고요.

HELEN Now, ❼........................, young lady-- 자, 잠시만, 꼬마 아가씨-

VIOLET We ACT normal! I want to BE normal! ❽................ .... is Jack-Jack, and he's not even ❾................ ....! 우린 정상인 것처럼 연기한다고요! 난 연기가 아니라 정말 정상이 되고 싶어요. 유일하게 잭잭만 정상인데 얘는 아직 똥오줌도 못 가리잖아요!

DASH Lucky. Uh, I meant ❿........................ . 행운이지. 어, 그러니까 내 말은 정상이라서 행운이라는 거예요.

정답 A

❶ avoided talking
❷ discuss it
❸ I'm not the only kid who
❹ perfectly normal
❺ What do you know about
❻ anyone in our family
❼ wait a minute
❽ The only normal one
❾ toilet-trained
❿ about being normal

B | 다음 빈칸을 채워 문장을 완성해 보세요.

1 그녀를 좋아한 건 나뿐만이 아니야.
.... fell for her.

2 한 학기를 휴학하는 것에 대해 고려하는 학생이 나뿐만이 아니다.
.... has considered taking a semester off.

3 그녀를 진정으로 사랑하는 사람은 나뿐이야.
.... truly loves her.

4 이것에 대해서 알고 있는 남자는 나뿐이다.
.... knows about this.

5 학생들에 대해 관심이 있는 선생님은 나뿐이야.
.... cares about the students.

정답 B

1 I'm not the only guy who
2 I'm not the only student who
3 I'm the only one who
4 I'm the only man who
5 I'm the only teacher who

Performing a Public Service

공공의 이익을 위한 행위

슈퍼히어로 활동이 법적으로 금지된[legally prohibited] 가운데 자신들이 슈퍼히어로임을 철저히 숨기고 사는 인크레더블 가족. 하지만, 아무리 불법이라고[illegal] 해도 미스터 인크레더블은 좀이 쑤셔서 집안에 가만히 있을 수가 없답니다. 공공의 이익을 위한답시고 몰래 나가서[sneak out] 사건사고가 일어나는 현장을 찾아가 끼어들어[butt in] 나름 자신의 소임을 다하고 돌아오지요. 물론 아무도 모르게 말이에요. 아무리 아무도 모르게 한다고는 하지만, 그의 아내마저 속일 수는 없지요. 그가 몸에 사고 현장의 돌부스러기를[rubble] 묻히고 들어온 것을 본 헬렌이 그에게 당부합니다. 제발, 우리의 정체가 발각되어 또다시 다른 지역으로 쫓겨가는 신세를 만들지는 말아달라고요.

 **Warm Up!** 오늘 배울 표현   오늘 등장하는 표현들입니다. 어떤 표현이 들어가야 할지 생각해 보세요.

* _____ that, Bob!   그런 거 내가 정말 싫어하는 거 알잖아요, 밥!

* We just got _____!   우리 이제야 자리 잡았는데!

* It was _____!   거기에 불이 났었어요!

* _____ that's a bad thing!   당신은 마치 그게 나쁜 것처럼 행동하는군요!

바로 이 장면! 오디오 파일을 듣고 3번 따라 말해보세요. 🎧 08-1.mp3

HELEN
헬렌

Is this... rubble?

이거… 돌 부스러기인가요?

BOB
밥

It was just a little workout, just to stay loose--

그냥 운동한 거예요. 몸 좀 풀려고—

HELEN
헬렌

You know how I feel about that, Bob!❶ Darn you!! We just got **settled!**❷ We can't blow cover again!!

그런 거 내가 정말 싫어하는 거 알잖아요, 밥! 어떻게 이럴 수가 있어요!! 우리 이제야 자리 잡았는데! 또다시 우리의 정체를 들킬 수는 없어요!!

BOB
밥

--the building was coming down anyway--

—그 건물은 어차피 무너질 거였다고요—

HELEN
헬렌

Wha--? You KNOCKED DOWN A BUILDING??

뭐라—? 건물을 넘어뜨렸다고요??

BOB
밥

It was **on fire!**❸ Structurally unsound! It was coming down anyway!

그 건물에 불이 났어요! 구조적으로 불안정한 상태였다고요! 어차피 무너질 건물이었어요!

HELEN
헬렌

Tell me it's not the police scanner again-

설마 또 경찰 스캐너 가지고 장난친 건 아니겠죠-

BOB
밥

I performed a public service. **You act like** that's a bad thing!❹

난 공공의 유익을 위해 나선 거예요. 당신은 마치 그게 나쁜 것처럼 행동하는군요!

HELEN
헬렌

It is a bad thing, Bob!! Uprooting our family, again, because you had to relive the glory days is a very bad thing!!

그건 나쁜 거예요, 밥!! 당신의 예전 영광스럽던 시절을 재현하기 위해서 우리 가족을 또다시 다른 곳으로 옮겨가게 만드는 것, 그건 아주 나쁜 거라고요!!

BOB
밥

Hey, reliving the glory days is better than acting like they didn't happen!!

이봐요, 영광스럽던 날들을 다시 재현하는 것이 마치 그런 일이 아예 없었던 것처럼 행동하는 것보다는 낫다고요!!

❶ **You know how I feel about that, Bob!** 그런 거 내가 정말 싫어하는 거 알잖아요, 밥!

상대방에게 '~에 대해 내가 어떻게 생각하는지/느끼는지를 잘 알고 있지 않느냐'고 하며 나무랄 때 또는 동조를 구할 때 쓰는 표현이에요. 동사가 think가 아니라 feel이라는 것에 유의해 주세요. ★영화 속 패턴 읽기

❷ **We just got settled!** 우리 이제야 자리 잡았는데!

settle은 '논쟁 등을 해결하다/끝내다', '마침내 결정하다/정리하다'라는 의미로 쓰이는 동사예요. 새로운 곳으로 이사를 하거나 직장을 옮길 때 '정착하다, 자리를 잡다'라는 의미로 settle down을 쓰는데 이 문맥에서는 settle이 settle down의 뜻으로 쓰였네요.

✦ We tried to **settle** the dispute. 우리는 논쟁을 해결하려고 애썼다.
✦ After getting married, they **settled** in Chicago. 결혼하고 그들은 시카고에 자리를 잡았다.

❸ **It was on fire!** 거기에 불이 났었어요!

화재가 일어났거나 무엇인가에 불이 붙은 모습을 묘사할 때, 〈be동사 + on fire〉라는 형식을 쓰는데, 이 표현은 시합이나 콘테스트 등에서 경쟁을 할 때 아주 특별하게 잘하고 있는 선수/경쟁자에 대해 '완전 불 붙었네, 뜨겁네'라고 말할 때도 쓴답니다.

✦ Your house is **on fire!** 너희 집에 불났어!
✦ Choo has hit three home runs in a game. He's **on fire.**
추가 한 게임에서 홈런 세 방을 몰아쳤어. 요즘 완전 불붙었다니까.

❹ **You act like that's a bad thing!** 당신은 마치 그게 나쁜 것처럼 행동하는군요!

〈주어 + act like〉는 '마치 ~처럼 행동하다'라는 의미예요. act가 '연기하다'라는 의미로 쓰이기도 하지만, like와 같이 쓰이면 '행동하다'의 의미가 되지요.

✦ **You act like** I did something horrible. 마치 내가 아주 끔찍한 일이라도 한 것처럼 행동하네요.
✦ **You act like** you just saw a ghost. 너 행동하는 게 마치 유령이라도 본 것 같구나.

영화 속 패턴 익히기

오늘 배운 장면에서 뽑은 핵심 패턴으로 다양한 표현을 만들어 보세요.

🎧 08-2.mp3

You know how I feel about ~ ~에 대해서 내가 어떻게 느끼는지 잘 알잖니.

Step 1 기본 패턴 연습하기

1 **You know how I feel about** you, don't you? 내가 너에 대해 어떻게 생각하는지 알잖니. 안 그래?

2 **You know how I feel about** you talking back to me.
네가 나에게 말대꾸하는 것에 대해서 내가 어떻게 느끼는지 알잖니.

3 **You know how I feel about** coincidences. 우연의 일치에 대해 내가 어떻게 생각하는지 알잖니.

4 _____. 정치에 대해서 내가 어떻게 생각하는지 알잖니.

5 _____ fortune telling. 점보는 것에 대해서 내가 어떻게 생각하는지 알잖니.

Step 2 패턴 응용하기 You know how + 주어 + feel(s) about ~

1 **You know how she feels about** being selfish. 이기적인 것에 대해서 그녀가 어떻게 생각하는지 알잖아.

2 **You know how Mr. Jackson feels about** what happened.
잭슨 씨가 이번 일에 대해서 어떻게 생각하는지 알잖아.

3 **You know how your father feels about** kissing in public.
공공장소에서 키스하는 것에 대해서 너희 아빠가 어떻게 생각하는지 너도 알잖니.

4 _____ the way you laugh.
네 웃는 소리에 대해서 사람들이 어떻게 생각하는지 알잖니.

5 _____ each other. 우리가 서로에 대해서 어떻게 생각하는지 알잖아.

Step 3 실생활에 적용하기

A 너도 제이슨에 대한 내 감정이 어떤지 잘 알잖아.

B No, I don't. Tell me how you feel about him.

A I'll tell you only if you can keep it a secret.

A You know how I feel about Jason.

B 모르는데. 그에 대한 네 감정이 어떤지 얘기해 줘.

A 네가 비밀을 지킬 수만 있다면 얘기해 줄게.

정답 Step 1 4 You know how I feel about politics 5 You know how I feel about Step 2 4 You know how people feel about
5 You know how we feel about

45

A | 영화 속 대화를 완성해 보세요.

HELEN Is this... ❶_____? 이거… 돌 부스러기인가요?

BOB It was just a ❷_____, just to stay loose--
그냥 운동한 거예요. 몸 좀 풀려고—

HELEN ❸_____ that, Bob! Darn
you!! We just got ❹_____! We can't blow cover
again!! 그런 거 내가 정말 싫어하는 거 알잖아요. 밥! 어떻게 이럴 수가 있어요!! 우리 이제야
자리 잡았는데! 또다시 우리의 정체를 들킬 수는 없어요!!

BOB --the building was coming down anyway--
——그 건물은 어차피 무너질 거였다고요—

HELEN Wha--? You ❺_____ A BUILDING??
뭐라—? 건물을 넘어뜨렸다고요??

BOB It was ❻_____! Structurally unsound! It was
❼_____!
그 건물에 불이 났었어요! 구조적으로 불안정한 상태였다고요! 어차피 무너질 건물이었어요!

HELEN Tell me it's not the police scanner again-
설마 또 경찰 스캐너 가지고 장난친 건 아니겠죠-

BOB I performed a public service. ❽_____
that's a bad thing!
난 공공의 유익을 위해 나선 거예요. 당신은 마치 그게 나쁜 것처럼 행동하는군요!

HELEN It is a bad thing, Bob!! Uprooting our family, again,
because you had to ❾_____ days is a
very bad thing!! 그건 나쁜 거예요. 밥!! 당신의 예전 영광스럽던 시절을 재현하기 위해서
우리 가족을 또다시 다른 곳으로 옮겨가게 만드는 것, 그건 아주 나쁜 거라고요!!

BOB Hey, reliving the glory days is ❿_____
like they didn't happen!! 이봐요. 영광스럽던 날들을 다시 재현하는 것이 마치
그런 일이 아예 없었던 것처럼 행동하는 것보다는 낫다고요!!

B | 다음 빈칸을 채워 문장을 완성해 보세요.

1 내가 너에 대해 어떻게 생각하는지 알잖니. 안 그래?
_____ you, don't you?

2 정치에 대해서 내가 어떻게 생각하는지 알잖니.
_____.

3 점보는 것에 대해서 내가 어떻게 생각하는지 알잖니.
_____ fortune telling.

4 이기적인 것에 대해서 그녀가 어떻게 생각하는지 알잖아.
_____ being selfish.

5 우리가 서로에 대해서 어떻게 생각하는지 알잖아.
_____ each other.

Who Is Bob Helping?

밥은 누구를 돕고 있나?

슈퍼히어로로서의 정체를 숨기고, 남들처럼 평범하게 직장생활을 하고 있는 밥. 그는 보험회사에서 _{insurance company} 일을 하고 있는데, 천성이^{nature} 워낙 착하고 여려서 고객들이 곤경에 처한 이야기를 들으면 보험회사에는 손해가^{damage} 되더라도 그들이 어떻게든 보험금을 받아가도록 도와주네요. 이를 보다 못한 그의 상사, 허프가 그를 찾아와 도대체 뭐 하는 짓이냐며 다그칩니다^{grill him}. 사람들한테 다 퍼주면 우리는 뭘 먹고 사느냐는 거죠. 허프와의 갈등이^{conflict} 점점 커지는 가운데, 밥의 직장생활이 위기를 맞습니다.

 **Warm Up!** 오늘 배울 표현 오늘 등장하는 표현들입니다. 어떤 표현이 들어가야 할지 생각해 보세요.

* _____ , Bob. 구체적으로 말해 보게, 밥.

* Complaints _____ . 불만 사항 정도라면 감당할 수 있지.

* _____ ? 제가 뭐 불법이라도 저질렀나요?

* _____ we shouldn't help our customers? 우리의 고객들을 돕지 말아야만 한다고 말씀하시는 건가요?

HUPH
허프

Sit down, Bob. I'm not happy, Bob. Not happy. Ask me why.

앉게, 밥. 난 기분이 좋지 않네, 밥. 안 좋다고. 왜 그런지 물어봐 주게.

BOB
밥

Okay. Why?

네. 왜 그러신 거죠?

HUPH
허프

Why what? **Be specific**, Bob. ❶

뭐가 왜지? 구체적으로 말해 보게, 밥.

BOB
밥

Why are you unhappy?

왜 기분이 안 좋으시죠?

HUPH
허프

Your customers make me unhappy.

자네의 고객들이 날 기분 나쁘게 만드네.

BOB
밥

You've gotten complaints?

불만 사항이라도 들으셨어요?

HUPH
허프

Complaints **I can handle**. ❷ What I can't handle is your customers' inexplicable knowledge of Insuricare's inner workings. They're experts! Experts, Bob! Exploiting every loophole, dodging every obstacle-- they're penetrating the bureaucracy!

불만 사항 정도라면 감당할 수 있지. 내가 감당할 수 없는 것은 자네 고객들의 납득되지 않는 수준의 인슈리케어의 내부정보에 대한 지식이야. 아주 다 전문가들이라고! 전문가들, 밥! 모든 허점을 파고들고 장애물을 다 피해간단 말이야— 그들이 체계를 침투하고 있다고!

BOB
밥

Did I do something illegal? ❸

제가 뭐 불법이라도 저질렀나요?

HUPH
허프

No...

아니…

BOB
밥

Are you saying we shouldn't help our customers? ❹

우리의 고객들을 돕지 말아야만 한다고 말씀하시는 건가요?

HUPH
허프

The law requires that I answer no.

규정에 의하면 난 그 질문에 대해 '아니'라고 대답해야 하네.

BOB
밥

We're supposed to help people.

우린 사람들을 원래 도와줘야 하는 거잖아요.

HUPH
허프

We're supposed to help OUR people! Starting with our stockholders, Bob. Who's helping them out, huh?

우리 동료들을 도와야 하는 거지! 우선 우리 주주들부터 말이야, 밥. 그들은 누가 도와주지, 응?

❶ Be specific, Bob. 구체적으로 말해 보게, 밥.

'구체적인'이라는 의미로 쓰이는 형용사로 concrete 또는 elaborate이라는 단어들이 있지만, 구어체에서는 모호하게 말하지 말고 더 정확하게 구체적으로 말해달라고 할 때는 형용사를 specific을 써서 위와 같이 명령형으로 Be specific!이라는 표현을 많이 쓴답니다.

* You'll need to **be** more **specific** than that. 그것보다는 조금 더 구체적으로 말해야 해.
* Where can I find more **specific** information about this program?
  이 프로그램에 대해서 조금 더 구체적인 정보는 어디에서 찾을 수 있을까요?

❷ Complaints I can handle. 불만 사항 정도라면 감당할 수 있지.

handle은 어떤 상황이나 사람, 작업, 감정 등을 '다루다, 처리하다, 대처하다', 또는 차량, 동물, 기구 등을 '다루다'라는 의미로도 쓰이는 동사예요. 우리말로 해석할 때 문맥에 따라서는 '감당하다'라고 하면 아주 적절한 경우가 많아요.

* Finally, this is something **I can handle.** 마침내, 이건 내가 감당할 수 있는 일이네.
* This much **I can handle.** 이 정도는 내가 감당할 수 있어.

❸ Did I do something illegal? 제가 뭐 불법이라도 저질렀나요?

부정적인 뉘앙스로 '내가 뭐 ~한 짓이라도 했니?'라는 의미로 쓰는 표현이에요. 뒤에 따라오는 형용사 illegal '불법적인'을 다른 형용사로 대체해서 문장을 만들어보면 좋겠네요.

* **Did I do something wrong?** 내가 뭘 잘못했나?
* **Did I say something offensive?** 내가 뭐 기분 나쁜 말이라도 했나?

❹ Are you saying we shouldn't help our customers? 우리의 고객들을 돕지 말아야만 한다고 말씀하시는 건가요?

Are you saying ~?은 상대방에게 '너 지금 ~이라고 말하는 거니?'라고 할 때 쓰는 패턴이에요. 조금 더 의역하면 '그러니까 네 말인즉슨 ~라는 거니?' 정도로 이해하면 더 자연스럽게 활용할 수 있을 거예요. ★영화 속 패턴 읽기

49

영화 속 패턴 익히기

오늘 배운 장면에서 뽑은 핵심 패턴으로 다양한 표현을 만들어 보세요.

🎧 09-2.mp3

Are you saying (that) ~?

당신은 ~라고 말하는 건가요?

Step 1 기본 패턴 연습하기

1 **Are you saying that** I'm not good enough? 내가 이 일을 하기엔 능력이 부족하다는 뜻인가요?

2 **Are you saying** you're not interested? 당신은 관심이 없다는 말인가요?

3 **Are you saying that** we should do nothing? 우리가 아무것도 하지 말아야 한다는 건가요?

4 .... he's not coming? 그가 오지 않을 거라는 말씀이세요?

5 .... you are better than me? 네가 나보다 더 잘났다는 말이니?

Step 2 패턴 응용하기   be동사 + 주어 + saying (that) ~

1 **Are they saying that** they can beat us? 쟤네 자기들이 우리한테 이길 거라고 하는 거니?

2 **Is she saying that** she has feelings for me? 그녀가 지금 날 좋아한다고 말하는 거니?

3 **Is he saying** I'm good? 그가 나보고 잘한다고 하는 거예요?

4 .... he's going to pay for everything? 카일이 지금 이거 다 내겠다고 하는 거예요?

5 .... she's going to quit her job? 린이 직장을 그만두겠다고 하는 건가요?

Step 3 실생활에 적용하기

A I wish I could be like you.

B 그 얘기는 내가 너의 롤모델이라는 얘기니?

A No, that's not what I meant.

A 나도 너처럼 될 수 있으면 얼마나 좋을까.

B Are you saying that I'm your role model?

A 아니, 그런 의미로 한 말은 아니야.

정답   Step 1 4 Are you saying 5 Are you saying that   Step 2 4 Is Kyle saying that 5 Is Lynn saying

확인학습

문제를 풀며 오늘 배운 표현을 완벽히 내 것으로 만드세요.

A | 영화 속 대화를 완성해 보세요.

HUPH Sit down, Bob. I'm not happy, Bob. Not happy. ❶_____
_____. 앉게, 밥. 난 기분이 좋지 않네, 밥. 안 좋다고. 왜 그런지 물어봐 주게.

BOB Okay. Why? 네, 왜 그러신 거죠?

HUPH Why what? ❷_____, Bob. 뭐가 왜지? 구체적으로 말해 보게, 밥.

BOB Why are you unhappy? 왜 기분이 안 좋으시죠?

HUPH Your customers ❸_____. 자네의 고객들이 날 기분 나쁘게 만드네.

BOB You've ❹_____? 불만 사항이라도 들으셨나요?

HUPH Complaints ❺_____. What I can't handle
is your customers' inexplicable knowledge of Insuricare's
inner workings. ❻_____! Experts, Bob!
Exploiting every loophole, dodging every obstacle--
they're penetrating the bureaucracy! 불만 사항 정도라면 감당할 수 있지.
내가 감당할 수 없는 것은 자네 고객들의 납득되지 않는 수준의 인슈리케어의 내부정보에 대한 지식이야.
아주 다 전문가들이라고! 전문가들, 밥! 모든 허점을 파고들고 장애물을 다 피해간단 말이야— 그들이
체계를 침투하고 있다고!

BOB ❼_____? 제가 뭐 불법이라도 저질렀나요?

HUPH No... 아니…

BOB ❽_____ we shouldn't help our customers?
우리의 고객들을 돕지 말아야만 한다고 말씀하시는 건가요?

HUPH The ❾_____ that I answer no.
규정에 의하면 난 그 질문에 대해 '아니'라고 대답해야 하네.

BOB We're supposed to help people. 우린 사람들을 원래 도와줘야 하는 거잖아요.

HUPH We're supposed to ❿_____! Starting with
our stockholders, Bob. Who's helping them out, huh?
우리 동료들을 도와야 하는 거지! 우선 우리 주주들부터 말이야, 밥. 그들은 누가 도와주지, 응?

B | 다음 빈칸을 채워 문장을 완성해 보세요.

1 당신은 관심이 없다는 말인 건가요?
_____ you're not interested?

2 그가 오지 않을 거라는 말씀이세요?
_____ he's not coming?

3 네가 나보다 더 잘났다는 말이니?
_____ you are better than me?

4 그가 나보고 잘한다고 하는 거예요?
_____ I'm good?

5 린이 직장을 그만두겠다고 하는 건가요?
_____ she's going to quit her job?

정답 A

❶ Ask me why
❷ Be specific
❸ make me unhappy
❹ gotten complaints
❺ I can handle
❻ They're experts
❼ Did I do something illegal
❽ Are you saying
❾ law requires
❿ help OUR people

정답 B

1 Are you saying
2 Are you saying
3 Are you saying that
4 Is he saying
5 Is Lynn saying

Those Days Are Over!

옛 시절은 이미 지났다네!

밥이 직장 상사 허프 씨에게 호되게 꾸지람을 ^{scolding} 듣고 있는 가운데, 창밖에 강도를 당하고 있는 ^{getting mugged} 사람이 눈에 들어옵니다. 지금 당장 그를 돕지 않으면 그가 아주 위험한 상황이란 걸 감지한 밥이 그를 도우러 나가려고 하지만, 허프는 누가 강도를 당하건 말건 안중에도 없고 ^{not give a fig for it}. 밥에게 지금 나가면 무조건 해고라고 ^{fire} 엄포를 놓네요. 이런 비인간적인 상황을 더 이상 참을 수 없게 된 밥이 힐크와 같은 힘으로 몸집이 작은 허프 씨를 내던져 버리고 맙니다. 전치 몇 주인지 몇 달인지 알 수 없을 정도로 만신창이가 되어 버린 허프 씨가 병원에 누워있고, 슈퍼히어로 담당 비밀요원 딕커가 밥을 찾아와서 사고 수습 얘기를 나눕니다.

 **Warm Up!** 오늘 배울 표현

오늘 등장하는 표현들입니다. 어떤 표현이 들어가야 할지 생각해 보세요.

* Someone was _____ . 누군가가 곤경에 처해 있었어요.

* We appreciate what you did _____ . 예전에 자네가 했던 일들은 정말 고맙네.

* From now on, you're _____ . 이제부터는 자네가 혼자 알아서 살아가야 해.

* Maybe I could relocate you, _____ .
어쩌면 내가 자네를 이전시켜 줄 수 있을지도 몰라, 옛정 생각해서.

52

BOB
밥

Someone was **in trouble**...❶
누군가가 곤경에 처해 있었어요…

DICKER
딕커

Someone's always in trouble.
곤경에 처한 사람은 항상 있을 수밖에 없지.

BOB
밥

I had to do something...
뭔가 해야만 했어요…

DICKER
딕커

Yeah. Every time you say those words, it means a month and a half of trouble for me, Bob. Minimum. It means hundreds of thousands of taxpayer dollars...
그렇지. 자네가 매번 그렇게 말을 할 때마다, 난 한 달 반 동안 고생해야만 한다네, 밥. 최소가 한 달 반이야. 수십만 달러에 이르는 세금을 써야 한다는 말이기도 하고…

BOB
밥

I know.
저도 알아요.

DICKER
딕커

We gotta pay to keep the company quiet. We gotta pay damages, erase memories, relocate your family. Every time it gets harder. Money money money. We can't keep doing this, Bob. We appreciate what you did **in the old days**, but those days are over.❷ From now on, you're **on your own**.❸
회사 사람들이 소문내지 않도록 돈으로 입막음을 해야 해. 손해배상금도 지급해야 하고, 기억도 지워야 하고, 자네 가족도 다른 곳으로 이전시켜야 하지. 매번 점점 더 힘들어져. 돈 돈 돈 모든 게 다 돈이야. 계속 이럴 수는 없어, 밥. 예전에 자네가 했던 일들은 정말 고맙네만 그때는 이미 지나갔어. 이제부터는, 자네가 혼자 알아서 살아가야 해.

DICKER
딕커

Listen, Bob... maybe I could relocate you, **for old times' sake**...❹
잘 들어, 밥… 어쩌면 내가 자네를 이전시켜 줄 수 있을지도 몰라. 옛정 생각해서…

BOB
밥

No. I can't do that to my family again. We just got settled. It'll be alright. I'll make it work. Thanks.
안 돼요. 우리 가족에게 또다시 그런 짓을 할 수는 없어요. 이제야 겨우 정착했는데. 괜찮을 거예요. 어떻게든 제가 알아서 해 볼게요. 감사해요.

❶ Someone was in trouble. 누군가가 곤경에 처해 있었어요.

in trouble은 '곤경에 처한, 힘든 상황에 처한, 큰 일이 난'이라는 의미의 숙어예요. 더 강조해서 심각한 문제가 생겼다고 할 때는 deep이나 serious와 같은 형용사를 써서, in deep/serious trouble이라고 표현한답니다.

* We are **in trouble**. 우린 큰일 났다.
* You'll get **in trouble** if you tell her the truth. 그녀에게 사실대로 얘기하면 넌 곤경에 처할 거야.

❷ We appreciate what you did in the old days. 예전에 자네가 했던 일들은 정말 고맙네.

old days는 '옛날, 예전'이라는 의미의 명사구예요. 이미 지난 옛날이야기를 할 때 '옛날에는, 예전에는'이라는 의미로 in the old days라고 쓴답니다.

* People used to use this kind of typewriter **in the old days**. 옛날에는 사람들이 이렇게 생긴 타자기를 쓰곤 했어.
* **In the old days**, we didn't have mobile phones. 예전에는 휴대폰이 없었어.

❸ From now on, you're on your own. 이제부터는 자네가 혼자 알아서 살아가야 해.

on one's own은 '혼자서, 단독으로'라는 뜻의 숙어예요. 이제 도와줄 사람이 없으니 앞으로는 혼자서 자력으로 일/삶을 헤쳐나가야 한다고 할 때, You're on your own! 이라고 말해요. 문맥에 따라서 '혼자서'라는 의미로 해석해도 괜찮지만, '혼자 알아서'라고 해석하는 게 더 좋을 때도 있답니다. ★영화 속 패턴 읽기

❹ Maybe I could relocate you, for old times' sake.
옛날 정도 있고 하니까 어쩌면 내가 자네를 이전시켜 줄 수 있을지도 몰라.

for something's sake는 '(~의 가치, 이익)을 위해서'라는 의미의 숙어예요. 그 안에 'old times'를 넣어서 for old times' sake라고 하면 '옛날/옛정을 생각해서/위해서'라는 의미가 된답니다. 이 조합은 관용표현으로 많이 쓰여요.

* Dan and I had a talk together **for old times' sake**. 옛정을 생각하며 댄과 나는 함께 대화했다.
* Lend me some money **for old times' sake**. 옛정을 생각해서 돈 좀 빌려줘라.

영화 속 패턴 익히기
오늘 배운 장면에서 뽑은 핵심 패턴으로 다양한 표현을 만들어 보세요.

🎧 10-2.mp3

on your own
네가 혼자서/알아서

Step 1 기본 패턴 연습하기

1 You are **on your own**. 넌 혼자야.

2 You need to do it **on your own**. 너 혼자서 알아서 해야 해.

3 You should be able to tie your shoes **on your own**. 네가 혼자서 신발끈은 묶을 줄 알아야만 해.

4 You shouldn't be out _____ at this time of night.
이렇게 야심한 시간에 혼자 밖에 돌아다니면 안 돼.

5 Aren't you afraid to travel _____? 혼자서 여행 다니려면 두렵지 않으세요?

Step 2 패턴 응용하기 on one's own

1 I felt a little weird going there **on my own**. 나 혼자서 거기 가려니 조금 이상하더라.

2 We'll do it **on our own** next time. 다음번엔 우리끼리 할게요.

3 The kids were sitting **on their own**. 아이들이 자기들끼리 앉아있었다.

4 Sally lives _____. 샐리는 혼자 산다.

5 He made it all _____. 그가 이걸 혼자서 다 만들었어.

Step 3 실생활에 적용하기

A Do you need any help with your homework?

B No, thanks. 내가 혼자 해 볼게요.

A Okay, I'll be here in case you need any help.

A 숙제 좀 도와줄까?

B 고맙지만, 괜찮아요. I'll try to do it on my own.

A 그래, 여기 있을 테니까 혹시 도움 필요하면 말해.

정답 Step 1 4 on your own 5 on your own Step 2 4 on her own 5 on his own

55

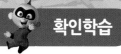

A | 영화 속 대화를 완성해 보세요.

BOB   Someone was ❶_____...   누군가가 곤경에 처해 있었어요…

DICKER   Someone's always in trouble.   곤경에 처한 사람은 항상 있을 수밖에 없지.

BOB   ❷_____ something...   뭔가 해야만 했어요…

DICKER   Yeah. ❸_____ say those words, it means a month and a half of trouble for me, Bob. Minimum. It means ❹_____ of taxpayer dollars...   그렇지. 자네가 매번 그렇게 말을 할 때마다, 난 한 달 반 동안 고생해야만 한다네, 밥. 최소가 한 달 반이야. 수십만 달러에 이르는 세금을 써야 한다는 말이기도 하고…

BOB   I know.   저도 알아요.

DICKER   We gotta pay to ❺_____ quiet. We gotta pay damages, erase memories, relocate your family. Every time it gets harder. Money money money. We can't keep doing this, Bob. We appreciate what you did ❻_____, but those days are over. From now on, you're ❼_____.   돈으로 입막음을 해야 해. 손해배상금도 지급해야 하고, 기억도 지워야 하고, 자네 가족도 다른 곳으로 이전시켜야 하지. 매번 점점 더 힘들어져. 돈 돈 돈 모든 게 다 돈이야. 계속 이럴 수는 없어, 밥. 예전에 자네가 했던 일들은 정말 고맙네만 그때는 이미 지나갔어. 이제부터는 자네가 혼자 알아서 살아가야 해.

DICKER   Listen, Bob... maybe I could relocate you, ❽_____...   잘 들어, 밥… 어쩌면 내가 자네를 이전시켜 줄 수 있을지도 몰라, 옛정 생각해서…

BOB   No. ❾_____ to my family again. We just got settled. It'll ❿_____. I'll make it work. Thanks.   안 돼요. 우리 가족에게 또다시 그런 짓을 할 수는 없어요. 이제야 겨우 정착했는데. 괜찮을 거예요. 어떻게든 제가 알아서 해 볼게요. 감사해요.

B | 다음 빈칸을 채워 문장을 완성해 보세요.

1   너 혼자서 알아서 해야 해.
   You need to do it _____.

2   네가 혼자서 신발끈은 묶을 줄 알아야만 해.
   You should be able to tie your shoes _____.

3   이렇게 야심한 시간에 혼자 밖에 돌아다니면 안 돼.
   You shouldn't be out _____ at this time of night.

4   다음번엔 우리끼리 할게요.
   We'll do it _____ next time.

5   그가 이걸 혼자서 다 만들었어.
   He made it all _____.

Going to a Conference? Really?

콘퍼런스를 간다고? 정말?

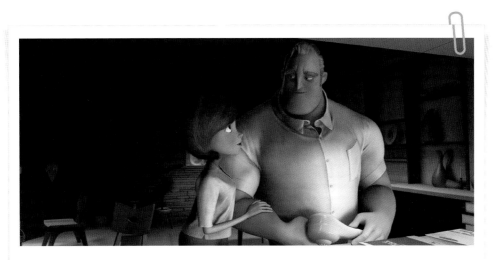

미지의^{unknown} 여인으로부터 수상한^{suspicious} 연락을 받고 어딘가로 떠나려 하는 밥. 헬렌은 밥의 이상한 행동이 그가 슈퍼히어로 시절을 그리워하는 것으로 생각하네요. 밥은 직장에서 해고된 것을 차마 헬렌에게 고백하지 못하고 그냥 콘퍼런스에 참석해야 한다고 둘러대는군요^{make up a story}. 이제껏 회사에서 단 한 번도 콘퍼런스 같은 것은 없어서 좀 이상한 느낌이 들긴 하지만, 헬렌은 의기소침해 보이는^{look depressed} 밥의 기를 살려주려고 오히려 긍정적으로^{positively} 이야기를 해 주네요. 이제야 회사에서 인정을 받고, 그게 아주 잘 됐다고 말이에요. 밥은 마음은 불편하지만, 헬렌이 이렇게 생각해 주니 안도합니다.

 **Warm Up!** 오늘 배울 표현   오늘 등장하는 표현들입니다. 어떤 표현이 들어가야 할지 생각해 보세요.

*   distracted guy. 당신은 정말 정신이 산만한 남자예요.

*   how much it means to me that you stay at it anyway.
  당신이 계속 직장에 붙어 있는 게 내겐 얼마나 중요한지 당신이 알았으면 해요.

* The company's sending me to a conference   .
  회사에서 콘퍼런스가 있다고 나보고 출장을 가라네요.

* You're   ...! 당신이 더 높이 올라가는 거예요…!

HELEN
헬렌

You're one distracted guy.❶

당신은 정말 정신이 산만한 남자예요.

BOB
밥

Hmn...? Am I? Don't mean to be.

흠…? 내가 그런가요? 그럴 의도는 아니었어요.

HELEN
헬렌

I know you miss being a hero... and your job is frustrating and... and **I just want you to know** how much it means to me that you stay at it anyway.❷

당신이 히어로 시절을 그리워하는 것 알아요… 그리고 직장에서 스트레스도 많고… 하지만 그럼에도 불구하고 당신이 계속 직장에 붙어 있는 게 내겐 얼마나 중요한지 당신이 알았으면 해요.

BOB
밥

Honey... about the job...

여보… 직장 말인데요…

HELEN
헬렌

What?

뭔데요?

BOB
밥

I-I... uh... something's happened—

내–내가… 어… 무슨 일이 있었는데—

HELEN
헬렌

Whaaat?

뭔데요?

BOB
밥

The company's sending me to a conference **out of town**.❸ I'll be gone for a few days.

회사에서 콘퍼런스가 있다고 나보고 출장을 가라네요. 며칠 동안 집에 못 올 것 같아요.

HELEN
헬렌

A conference? They've never sent you to a conference before.

콘퍼런스요? 지금껏 회사에서 단 한 번도 당신을 콘퍼런스에 보낸 적이 없잖아요.

HELEN
헬렌

This is good, isn't it?

좋은 일이네요, 안 그런가요?

BOB
밥

Yes.

맞아요.

HELEN
헬렌

You see? They're finally recognizing your talents. You're **moving up**...!❹ It's wonderful.

그것 봐요? 회사에서 당신의 재능을 이제야 알아본 거라고요. 당신이 더 높이 올라가는 거예요…! 아주 잘됐어요.

BOB
밥

Yes. Yes, it is...

맞아요. 맞아요, 그렇네요…

❶ You're one distracted guy. 당신은 정말 정신이 산만한 남자예요.

상대방에 대한 평을 하면서 강조하거나 혹은 비아냥댈 때 '정말이지 넌 ~이다', '정말 넌 못 말리는 ~로구나'와 같은 뉘앙스로 표현을 할 때 You are one으로 문장을 시작한답니다. distract는 '집중이 안 되게 하다, 산만/산란하게 하다'라는 의미의 동사이고요.

* **You are one** heck of a guy! 너도 참 대단한 남자로구나!
* **Sasha is one** energetic girl! 사샤는 정말 에너지가 넘치는 여자아이야!

❷ I just want you to know how much it means to me that you stay at it anyway.
당신이 계속 직장에 붙어 있는 게 내겐 얼마나 중요한지 당신이 알았으면 해요.

상대방에게 무엇에 대해 좀 알아달라고 할 때 쓰는 표현으로, '난 단지/그저 네가 ~을 알았으면 한다/좋겠다'라는 의미로 쓰는 패턴이에요. just를 빼고 써도 되는데, 그 경우엔 해석할 때 '단지/그저'를 빼 주세요. ★영화 속 패턴 익히기

❸ The company's sending me to a conference out of town.
회사에서 콘퍼런스가 있다고 나보고 출장을 가라네요.

출장을 가거나 타지로 멀리 떠나있는 경우에 out of town이라고 해요. 어딘가 멀리 가서 당분간은 집/직장에 돌아오지 않을 거라는 의미로 주로 쓰이는 표현이지요.

* I'll be **out of town** this weekend. 이번 주말에는 타지에 있을 거예요.
* My parents are going **out of town** for a while. 우리 부모님은 한동안 멀리 여행 가서.

❹ You're moving up...! 당신이 더 높이 올라가는 거예요…!

move up은 직역하면 '위로 올라가다, 상승하다'라는 의미인데, 직장/일에 대해서 이야기 할 때는 '승진/출세하다'라는 뜻으로 쓰이기도 한답니다.

* I was **moved up** to the position of manager. 난 관리자 직급으로 승진했다.
* If you are good enough for the position, we'll **move you up**.
  자네가 그 직급을 맡을만한 능력이 된다면, 그 자리로 올려줄 거야.

59

영화 속 패턴 익히기

오늘 배운 장면에서 뽑은 핵심 패턴으로 다양한 표현을 만들어 보세요.

🎧 11-2.mp3

I just want you to know ~   난 단지/그저 네가 ~을 알았으면 해/좋겠어.

Step 1 기본 패턴 연습하기

1 **I just want you to know** I'm sorry. 난 그저 네가 내가 미안해한다는 것만 알았으면 해.

2 **I just want you to know** what you mean to me. 난 단지 네가 나에게 네가 얼마나 큰 의미인지를 알았으면 해.

3 **I just want you to know** how much I miss you. 난 단지 네가 내가 널 얼마나 그리워하는지 알았으면 해.

4 _____ you are really special. 난 그저 네가 얼마나 특별한 사람인지 네가 알았으면 해.

5 _____ we can still be friends.
난 그저 우리가 여전히 친구가 될 수 있다는 걸 네가 알았으면 해.

Step 2 패턴 응용하기   want + 사람 + to know

1 **I want her to know** how much I love her. 내가 그녀를 얼마나 사랑하는지 그녀가 알았으면 좋겠어.

2 **I want him to know** that it's okay to cry. 울어도 괜찮다는 걸 그가 알았으면 좋겠어.

3 **I want them to know** that it's not as easy as it looks. 보기처럼 쉽지 않다는 걸 그들이 알았으면 해.

4 _____ he hurt me. 그가 나에게 상처를 줬다는 걸 오웬이 알았으면 좋겠어.

5 _____ there is something she can do with her life.
그녀의 인생에서 뭔가 할 일이 있다는 걸 셜리가 알았으면 해.

Step 3 실생활에 적용하기

A I'm not in the mood to do anything.

B 연인과 이별한 사람들은 누구나 다 그런
기분이라는 것을 알았으면 좋겠구나.

A Well, that doesn't help much.

A 하고 싶은 게 아무것도 없네.

B I just want you know that that's how
everyone feels when they break up.

A 글쎄, 그 말이 그리 도움이 되진 않네.

정답 Step 1 4 I just want you to know that 5 I just want you to know that   Step 2 4 I want Owen to know that 5 I want Shirley
to know

확인학습

문제를 풀며 오늘 배운 표현을 완벽히 내 것으로 만드세요.

A | 영화 속 대화를 완성해 보세요.

HELEN ❶ _____ distracted guy. 당신은 정말 정신이 산만한 남자예요.

BOB Hmn...? Am I? Don't ❷ _____ be.
흠…? 내가 그런가요? 그럴 의도는 아니었어요.

HELEN I know you ❸ _____ a hero... and your job is frustrating and... and ❹ _____ how much it means to me that you stay at it anyway. 당신이 히어로 시절을 그리워하는 것 알아요… 그리고 직장에서 스트레스도 많고… 하지만 그럼에도 불구하고 당신이 계속 직장에 붙어 있는 게 내겐 얼마나 중요한지 당신이 알았으면 해요.

BOB Honey... about the job... 여보… 직장 말인데요…

HELEN What? 뭔데요?

BOB I-I... uh... ❺ _____ --
내–내가… 어… 무슨 일이 있었는데—

HELEN Whaaat? 뭔데요?

BOB The company's sending me to a conference ❻ _____. I'll be gone ❼ _____.
회사에서 콘퍼런스가 있다고 나보고 출장을 가라네요. 며칠 동안 집에 못 올 것 같아요.

HELEN A conference? They've ❽ _____ to a conference before. 콘퍼런스요? 지금껏 회사에서 단 한 번도 당신을 콘퍼런스에 보낸 적이 없잖아요.

HELEN This is good, isn't it? 좋은 일이네요. 안 그런가요?

BOB Yes. 맞아요.

HELEN You see? They're ❾ _____ your talents. You're ❿ _____...! It's wonderful. 그것 봐요? 회사에서 당신의 재능을 이제야 알아본 거라고요. 당신이 더 높이 올라가는 거예요…! 아주 잘됐어요.

BOB Yes. Yes, it is... 맞아요. 맞아요. 그렇네요…

B | 다음 빈칸을 채워 문장을 완성해 보세요.

1 난 그저 네가 내가 미안해한다는 것만 알았으면 해.
_____ I'm sorry.

2 난 단지 네가 내가 널 얼마나 그리워하는지 알았으면 해.
_____ how much I miss you.

3 난 그저 네가 얼마나 특별한 사람인지 네가 알았으면 해.
_____ you are really special.

4 내가 그녀를 얼마나 사랑하는지 그녀가 알았으면 좋겠어.
_____ how much I love her.

5 보기처럼 쉽지 않다는 걸 그들이 알았으면 해.
_____ that it's not as easy as it looks.

Someone Who Is Attracted to Power

힘에 매료된 사람

미지의 여인, 미라지가 초대한 곳으로 오게 된 미스터 인크레더블. 이곳은 육지로부터^{mainland} 아주 멀리 떨어진 고립된^{isolated} 섬이에요. 게다가, 화산까지^{volcano} 있네요. 본부에 도착하니, 비서인 미라지만 있고, 그에게 슈퍼히어로로서의 임무를 맡긴 책임자는 보이지 않네요. 미라지가 그는 오늘 사정이 있어서 이 자리에 올 수 없었다고 양해를 구합니다. 미스터 인크레더블에게 일을 맡기려고 하는 사람은 누구일까요? 그리고, 그는 왜 모습을 드러내지^{reveal} 않는 걸까요? 미라지의 말에 의하면, 그는 힘에 매료된^{attracted to power} 사람이라고 하네요.

 **Warm Up!** 오늘 배울 표현 오늘 등장하는 표현들입니다. 어떤 표현이 들어가야 할지 생각해 보세요.

* Am I _____ ? 제가 너무 과하게 차려 입었나요?

* _____ our host is— 호스트께서는 아마도 못 오시는—

* I usually _____ know who I'm working for.
  일반적으로 전 반드시 날 고용한 사람이 누군지 확인하긴 하지만요.

* _____ … 궁금한 게 있는데요…

BOB
밥

Am I **overdressed?**①
제가 너무 과하게 차려 입었나요?

MIRAGE
미라지

Actually, you look rather dashing.
솔직히 말하면 정말 멋지군요.

BOB
밥

I take it our host is—②
호스트께서는 아마도 못 오시는—

MIRAGE
미라지

I'm sorry. He's not able to dine with us tonight. He hopes you'll understand.
미안해요. 그는 오늘 밤 같이 식사를 할 수가 없답니다. 당신이 이해해주길 바라고 계세요.

BOB
밥

Of course. I usually **make it a point to** know who I'm working for.③
물론이죠. 일반적으로 전 반드시 날 고용한 사람이 누군지 확인하긴 하지만요.

MIRAGE
미라지

He prefers a certain amount of anonymity. Surely you of all people understand that.
그는 어느 정도의 익명성을 선호해요. 당연히 그건 그 누구보다도 당신이 더 잘 이해하실 테죠.

BOB
밥

I was just wondering...④ of all the places to settle down, why live--
궁금한 게 있는데요… 여기 말고도 자리를 잡을 만한 좋은 곳이 많을 텐데 왜 하필 굳이—

MIRAGE
미라지

--with a volcano? He's attracted to power. So am I. It's a weakness we share.
—화산이 있는 곳이냐고요? 그는 힘에 매료된 분이에요. 저도 그렇고요. 우린 둘 다 약하기 때문이죠.

BOB
밥

Seems a bit unstable.
좀 불안정해 보이는군요.

MIRAGE
미라지

I prefer to think of it as misunderstood.
그건 오해라고 생각하고 싶네요.

BOB
밥

Aren't we all?
우린 모두 오해받고 살고 있지 않나요?

MIRAGE
미라지

Volcanic soil is among the most fertile on earth. Everything at the table was grown right here. How does it compare?
화산토는 지구상에서 가장 비옥한 토양 중에 하나예요. 이 식탁에 놓인 모인 것들은 다 여기서 재배한 거랍니다. 맛이 어떠세요?

BOB
밥

Everything's delicious.
모두 너무 훌륭합니다.

❶ Am I overdressed? 제가 너무 과하게 차려 입었나요?

overdressed는 '상황에 맞지 않게 옷을 지나치게 차려입은'이라는 의미로, 놀이동산을 가는데 드레스를 입고 온다거나, 동네 편의점에 가는데 한껏 차려입고 나간다거나 하는 사람을 묘사할 때 쓰는 형용사예요. 이와 반대로, 상황에 맞지 않게 지나치게 간소하게 입은 경우에는 underdressed라고 표현을 하죠.

* You are way too **overdressed** for a blind-date. 소개팅 자리에 너무 옷을 과하게 입었다.
* Being underdressed is much better than being **overdressed**.
  옷을 지나치게 과하게 입을 바에는 지나치게 간소하게 입는 편이 훨씬 더 낫다.

❷ I take it our host is— 호스트께서는 아마도 못 오시는—

상대방이 처한 상황이나 입장을 추정하며 '(보아하니) 아마도 ~인 것 같군요', '아마도 ~한 상황인 것 같네요'라고 말할 때 쓰는 표현이에요. 예를 들어, I take it you are new here. '여긴 처음이신가 보군요' 이런 식으로 쓸 수 있답니다. 패턴 문장을 통해 더 익숙해지세요.

★ 영화 속 패턴 익히기

❸ I usually make it a point to know who I'm working for.
일반적으로 전 반드시 날 고용한 사람이 누군지 확인하긴 하지만요.

make it a point to는 '반드시 ~하다', '~하는 것을 강조/중시하다'라는 의미로 무엇을 할 때 의식적으로 어떤 부분에 대해서 중요하게 여기고, 특별히 신경을 쓴다고 말할 때 쓰는 표현이에요.

* I **make it a point to** treat my children equally.
  난 우리 아이들을 모두 동등하게 대하는 것에 대해 아주 중요하게 생각해요.
* She has always **made a point to** listen to what her students have to say.
  학생들이 하고자 하는 말을 들어주는 것을 그녀는 늘 중요하게 여겼다.

❹ I was just wondering... 그런데 궁금한 게 있는데요…

질문을 할 때 너무 직접 I have a question. 또는 Can I ask you a question?이라고 하기보다는, I was just wondering을 적절히 잘 활용하면 영어를 훨씬 더 고급스럽고 자연스럽게 쓸 수 있답니다. 굳이 '궁금해했다'라고 해석하지 말고 문맥에 맞게 '혹시 ~했나요/~인지 모르겠네요' 등으로 해석하면 좋겠어요.

* **I was just wondering** if you could help me out with this. 혹시 저 좀 도와주실 수 있을지 모르겠네요.
* **I was just wondering** if you have received my email. 혹시 제가 보낸 이메일을 받으셨는지 궁금해서요.

영화 속 패턴 익히기
오늘 배운 장면에서 뽑은 핵심 패턴으로 다양한 표현을 만들어 보세요.

🎧 12-2.mp3

I take it (that) ~
아마도 ~한 상황인 것/~인 것 같네요.

Step 1 기본 패턴 연습하기

1 **I take it that** you are single. 당신은 아마도 싱글이신 것 같군요.

2 **I take it** you've all seen the video. 너희들 모두 동영상을 보았으리라 생각한다.

3 **I take it that** you already know. 이미 알고 계신 것 같네요.

4 .... we are eating out again. 우리 또 외식하러 가나 보네.

5 .... they are not interested in our offer. 그들이 우리의 제안에 관심이 없는 것 같네.

Step 2 패턴 응용하기   I assume (that) ~

1 **I assume that** you can swim. 네가 수영은 할 수 있을 거라 짐작하네.

2 **I assume** that's a joke. 그건 아마도 농담일 거라 생각해.

3 **I assume that** everyone agrees with me. 모두가 다 내 의견에 동의하는 것으로 짐작하네만.

4 .... we are about the same age. 우리 나이가 비슷한 것 같은데.

5 .... I don't need to explain this to you. 이걸 굳이 너에게 설명할 필요는 없을 것 같다만.

Step 3 실생활에 적용하기

A 호주에서 오셨죠?

B How did you know that?

A I can tell by your accent.

A I take it you are from Australia?

B 어떻게 알았어요?

A 말투를 들어보면 알 수 있어요.

정답 Step 1 4 I take it 5 I take it that Step 2 4 I assume 5 I assume that

65

확인학습   문제를 풀며 오늘 배운 표현을 완벽히 내 것으로 만드세요.

A | 영화 속 대화를 완성해 보세요.

BOB   Am I ❶_____? 제가 너무 과하게 차려 입었나요?

MIRAGE   Actually, you look rather dashing. 솔직히 말하면 정말 멋지군요.

BOB   ❷_____ our host is— 호스트께서는 아마도 못 오시는—

MIRAGE   I'm sorry. He's ❸_____ dine with us tonight. He hopes ❹_____.
미안해요.. 그는 오늘 밤 같이 식사를 할 수가 없답니다. 당신이 이해해주길 바라고 계세요.

BOB   Of course. I usually ❺_____ know who I'm working for. 물론이죠. 일반적으로 전 반드시 날 고용한 사람이 누군지 확인하긴 하지만요.

MIRAGE   He prefers ❻_____ anonymity. Surely you of all people understand that.
그는 어느 정도의 익명성을 선호해요. 당연히 그건 그 누구보다도 당신이 더 잘 이해하실 테죠.

BOB   ❼_____ of all the places to ❽_____, why live-- 궁금한 게 있는데요… 여기 말고도 자리를 잡을 만한 좋은 곳이 많을 텐데 왜 하필 굳이—

MIRAGE   --with a volcano? He's attracted to power. So am I. It's a weakness we share. —화산이 있는 곳이냐고요? 그는 힘에 매료된 분이에요. 저도 그렇고요. 우린 둘 다 약하기 때문이죠.

BOB   Seems a bit unstable. 좀 불안정해 보이는군요.

MIRAGE   I prefer to think of it as ❾_____. 그건 오해라고 생각하고 싶네요.

BOB   Aren't we all? 우린 모두 오해받고 살고 있지 않나요?

MIRAGE   Volcanic soil is ❿_____ fertile on earth. Everything at the table was grown right here. How does it compare? 화산토는 지구상에서 가장 비옥한 토양 중에 하나예요. 이 식탁에 놓인 모인 것들은 다 여기서 재배한 거랍니다. 맛이 어떠세요?

BOB   Everything's delicious. 모두 너무 훌륭합니다.

정답 A

❶ overdressed

❷ I take it

❸ not able to

❹ you'll understand

❺ make it a point to

❻ a certain amount of

❼ I was just wondering

❽ settle down

❾ misunderstood

❿ among the most

B | 다음 빈칸을 채워 문장을 완성해 보세요.

1   이미 알고 계신 것 같네요.

_____ you already know.

2   우리 또 외식하러 가나 보네.

_____ we are eating out again.

3   그들이 우리의 제안에 관심이 없는 것 같네.

_____ they are not interested in our offer.

4   그건 아마도 농담일 거라 생각해.

_____ that's a joke.

5   우리 나이가 비슷한 것 같은데.

_____ we are about the same age.

정답 B

1   I take it that

2   I take it

3   I take it that

4   I assume

5   I assume

A New Suit for Mr. Incredible

미스터 인크레더블을 위한 새로운 의상

새로운 임무 수행을^{carry out a mission} 위해 예전 슈퍼히어로 의상을 꺼낸 밥. 그런데 의상에 구멍이 났네요. 구멍 난 옷을 수선하기^{mend clothes} 위해 오래전 그의 의상을 만들어 줬던 슈퍼히어로 의상 전문 디자이너 에드나 선생님을 찾아갑니다. 아주 오랜만에^{in ages} 밥과 만난^{have an encounter} 에드나 선생님은 그의 변한 모습을 보고 적잖이 놀랍니다. 그리고 그가 가져온 구멍 난 옛날 의상을 보며 슈퍼히어로가 이런 누더기를^{rag} 입고 다니게 할 수는 없다며 새로운 의상을 만들어주겠다고 하는군요.

 **Warm Up!** 오늘 배울 표현   오늘 등장하는 표현들입니다. 어떤 표현이 들어가야 할지 생각해 보세요.

* ＿＿＿＿＿＿＿＿＿＿, Robert?   도대체 뭘 하고 다닌 거야, 로버트?

* This is a hobo suit, you ＿＿＿＿＿＿＿ in this.   이건 거지 옷이야. 네가 이런 걸 입고 다니게 할 수는 없지.

* I never ＿＿＿＿＿＿＿, darling.   난 과거를 되돌아보지 않아, 자기야.

* ＿＿＿＿＿ would I get—   제가 어딜 가서 그런 걸 구할 수가—

67

BOB
밥
E, I just need a patch job.

E, 난 그냥 옷에 구멍이 나서 덧댔으면 해서 온 거예요.

E
E
This is megamesh, outmoded but very sturdy, and you've torn right through it. **What have you been doing**, Robert?[1] Moonlighting hero work?

이거 메가메시잖아. 유행은 지났지만 아주 건고한 건데 네가 이걸 빵꾸 냈네. 도대체 뭘 하고 다닌 거야, 로버트? 밤에 몰래 영웅일 하고 다닌 거야?

BOB
밥
Must've happened a long time ago.

아마 분명히 오래전에 그렇게 됐을 거예요.

E
E
I see. This is a hobo suit, you **can't be seen** in this.[2] I won't allow it. Fifteen years ago, maybe. But now...

알겠어. 이건 거지 옷이야. 네가 이런 걸 입고 다니게 할 수는 없지. 절대 안 돼. 15년 전이라면 모를까. 하지만 지금은…

BOB
밥
What do you mean? You designed it.

무슨 말씀이세요? 당신이 디자인 한 옷이잖아요.

E
E
I never **look back**, darling.[3] It distracts from the now. You need a new suit. That much is certain.

난 과거를 되돌아보지 않아, 자기야. 현재에 집중하지 못하게 하니까. 너에겐 새로운 옷이 필요해. 그것만은 확실해.

BOB
밥
A new suit? **Where the heck** would I get—[4]

새로운 옷이라고요? 제가 어딜 가서 그런 걸 구할 수가—

E
E
You can't! It's impossible, I'm far too busy so ask me now, before I again become sane.

못 구하지! 불가능해. 내가 너무 심하게 바쁘니까 지금 당장 요청해. 내가 제정신으로 돌아오기 전에.

BOB
밥
You... want to make me a suit?

당신이… 제 옷을 만들고 싶으시다고요?

E
E
You push too hard, darling-- but I accept. It will be bold. Dramatic! Heroic!

너무 심하게 압박을 주네, 자기야— 하지만 받아들일게. 아주 과감한 스타일로 만들 거야. 드라마틱하고! 영웅스럽게!

❶ **What have you been doing, Robert?** 도대체 뭘 하고 다닌 거야, 로버트?

상대방에게 단순히 무엇을 했느냐고 물을 때는 What did you do?라고 말하지만, 상대방의 모습/상태가 많이 지쳐 보이거나 평소와 뭔가 달라 보일 때, '너 뭘 했길래 (모습/상태가) 이러니?'라는 뉘앙스로 물을 때는 What have you been doing?이라고 말한답니다.

✻ **What have you been doing?** You look exhausted. 도대체 뭘 하고 있었던 거니? 너 정말 피곤해 보여.
✻ **What have you been doing** all day? 너 온종일 뭘 하고 있었니?

❷ **This is a hobo suit, you can't be seen in this.** 이건 거지 옷이야, 네가 이런 걸 입고 다니게 할 수는 없지.

can't be seen은 사람들 앞에 보이고 싶지 않은 모습에 대해서 말할 때 쓰는 표현이에요. 추한 모습이나 몰골을 드러내고 싶지 않음을 나타내지요.

✻ I just **can't be seen** with you. 너하고 같이 있는 모습을 들키면 안 돼.
✻ The movie star feels that she **can't be seen** without makeup.
그 영화배우는 자신이 화장을 안 하고 다닐 수는 없다고 생각한다.

❸ **I never look back, darling.** 난 과거를 되돌아보지 않아, 자기야.

look back은 '되돌아보다'라는 의미예요. 주로 뒤에 on이 따라와서 '~을 되돌아보다'라는 의미로 쓰이지요. 예를 들어, 과거를 되돌아본다고 할 때는 look back on the past라고 하고, 어린 시절을 되돌아본다고 할 때는 look back on one's childhood라고 표현해요.

✻ You shouldn't **look back** on the past. 과거를 되돌아보지 않아야 해.
✻ I don't like **looking back**. 난 과거를 되돌아보는 것을 좋아하지 않아.

❹ **Where the heck would I get—** 제가 어딜 가서 그런 걸 구할 수가~

영어권 액션 영화를 보면 다소 과격하게 What the hell~ 이라고 외치는 장면이 나오죠. 의문사 뒤에서 감정을 격하게 나타내는 표현인데, '도대체~' 정도로 해석할 수 있습니다. 이것은 비속어라서 가능한 사용하지 않는게 좋겠고요, hell 대신 heck으로 대체해서 쓸 수 있습니다.

★영화속패턴익히기

영화 속 패턴 익히기

오늘 배운 장면에서 뽑은 핵심 패턴으로 다양한 표현을 만들어 보세요.

🎧 13-2.mp3

Where the heck ~

도대체 어디서/어디에 ~

Step 1 기본 패턴 연습하기

1 **Where the heck** is my wallet? 내 지갑이 도대체 어디 간 거지?

2 **Where the heck** did you put the car keys? 내 차 열쇠를 도대체 어디에다 뒀니?

3 **Where the heck** are we? 우리 지금 도대체 어디에 있는 거예요?

4 ———————————— going to store it in the house?
   도대체 집안 구석 어디에다가 이걸 보관하겠다는 거니?

5 ———————————— find this article? 이 기사를 도대체 어디서 찾은 거니?

Step 2 패턴 응용하기 의문사 + the heck

1 **What the heck** is going on? 도대체 무슨 일이야?

2 **Who the heck** is she? 그녀가 도대체 누구야?

3 **How the heck** did he get in here? 그가 도대체 여기에 어떻게 들어온 거야?

4 ———————————— going to fix this? 이거 도대체 언제 고치려고 하는 거니?

5 ———————————— wrong with you? 너 도대체 뭐가 잘못된 거니?

Step 3 실생활에 적용하기

A 도대체 우리 어디 가는 거야?

B You'll know when we get there.

A You are driving me crazy.

A Where the heck are we going?

B 도착하면 알게 될 거야.

A 너 때문에 내가 미치겠다.

정답 Step 1 4 Where the heck are you 5 Where the heck did you   Step 2 4 When the heck are you 5 What the heck is

70

확인학습

문제를 풀며 오늘 배운 표현을 완벽히 내 것으로 만드세요.

A | 영화 속 대화를 완성해 보세요.

BOB E, I just need a patch job. E, 난 그냥 옷에 구멍이 나서 덧댔으면 해서 온 거예요.

E This is megamesh, outmoded but ❶_____, and you've torn right through it. ❷_____, Robert? Moonlighting hero work? 이거 메가메시잖아, 유행은 지났지만 아주 견고한 건데 네가 이걸 빵꾸 냈네. 도대체 뭘 하고 다닌 거야, 로버트? 밤에 몰래 영웅일 하고 다닌 거야?

BOB Must've ❸_____. 아마 분명히 오래전에 그렇게 됐을 거예요.

E I see. This is a hobo suit, you ❹_____ in this. I won't ❺_____. Fifteen years ago, maybe. But now... 알겠어. 이건 거지 옷이야, 네가 이런 걸 입고 다니게 할 수는 없지. 절대 안 돼. 15년 전이라면 모를까. 하지만 지금은…

BOB ❻_____? You designed it. 무슨 말씀이세요? 당신이 디자인 한 옷이잖아요.

E I never ❼_____, darling. It distracts from the now. You need a new suit. That much is certain. 난 과거를 되돌아보지 않아. 자기야. 현재에 집중하지 못하게 하니까. 너에겐 새로운 옷이 필요해. 그것만은 확실해.

BOB A new suit? ❽_____ would I get— 새로운 옷이라고요? 제가 어딜 가서 그런 걸 구할 수가—

E You can't! It's ❾_____, I'm far too busy so ask me now, before I again become sane. 못 구하지! 불가능해. 내가 너무 심하게 바쁘니까 지금 당장 요청해. 내가 제정신으로 돌아오기 전에.

BOB You... want to make me a suit? 당신이… 제 옷을 만들고 싶으시다고요?

E You push too hard, darling-- but ❿_____. It will be bold. Dramatic! Heroic! 너무 심하게 압박을 주네, 자기야— 하지만 받아들일게. 아주 과감한 스타일로 만들 거야. 드라마틱하고! 영웅스럽게!

정답A

❶ very sturdy
❷ What have you been doing
❸ happened a long time ago
❹ can't be seen
❺ allow it
❻ What do you mean
❼ look back
❽ Where the heck
❾ impossible
❿ I accept

B | 다음 빈칸을 채워 문장을 완성해 보세요.

1 내 지갑이 도대체 어디 간 거지?

_____ is my wallet?

2 내 차 열쇠를 도대체 어디에다 뒀니?

_____ did you put the car keys?

3 도대체 무슨 일이야?

_____ is going on?

4 그녀가 도대체 누구야?

_____ is she?

5 그가 도대체 여기에 어떻게 들어온 거야?

_____ did he get in here?

정답B

1 Where the heck
2 Where the heck
3 What the heck
4 Who the heck
5 How the heck

A New Assignment for Mr. Incredible

미스터 인크레더블의 새로운 임무

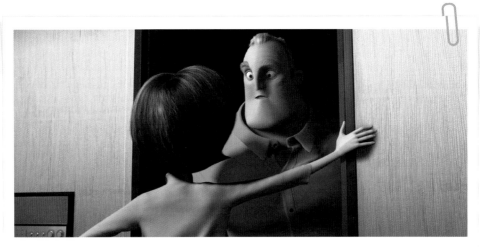

첫 번째 임무를 마친 후, 한동안 연락이 없던^{have not contacted in a while} 미라지에게서 다시 연락이 왔습니다. 새로운 임무를 맡아달라는 요청이네요. 오랜만에 자기의 능력을 알아주는 사람들과 함께 일하게 되니 미스터 인크레더블의 가슴에 바람이 잔뜩 들어갔나 봐요. 들뜬 밥은 이번엔 한 치의 망설임도 없이^{without hesitation} 그 임무를 수락하고, 헬렌에게는 콘퍼런스를 간다고 거짓말합니다. 밥과 미라지의 통화를 엿들은^{listen in} 헬렌은 의심쩍은^{suspicious} 마음을 감출 수 없네요. 하지만 아무렇지도 않은 척^{casually}, 남편을 배웅합니다.

Warm Up! 오늘 배울 표현

오늘 등장하는 표현들입니다. 어떤 표현이 들어가야 할지 생각해 보세요.

* **Don't**   **it, honey.** 전화 받지 말아요, 여보.

*   . 갑작스러운 통보라서.

*   . 일이니까 해야죠.

*   **I land.** 도착하면 전화할게요.

BOB
밥
I got it! Don't **answer** it, honey,[1] I got it!
내가 받을게요! 받지 말아요, 여보. 내가 받을게요!

BOB
밥
Hello?
여보세요?

MIRAGE
미라지
We have a new assignment for you.
당신에게 새로운 임무가 생겼어요.

MIRAGE
미라지
How soon can you get here?
얼마나 빨리 오실 수 있으신가요?

BOB
밥
I'll leave tomorrow morning.
내일 아침에 출발할게요.

BOB
밥
I understand. Goodbye.
알겠어요. 안녕히 계세요.

HELEN
헬렌
Who was that, honey? The office?
누구 전화예요, 여보? 사무실?

BOB
밥
Another conference. **Short notice,**[2] but-- **duty calls.**[3]
또 콘퍼런스가 있대요. 갑작스러운 통보라서, 하지만― 일이니까 해야죠.

HELEN
헬렌
Bob--
밥―

BOB
밥
Hmn? What is it, honey?
응? 왜 그래요, 여보?

HELEN
헬렌
Have a nice trip.
출장 잘 다녀와요.

BOB
밥
Thanks, honey. **Call you when** I land.[4]
고마워요, 여보. 도착하면 전화할게요.

❶ **Don't answer it, honey.** 전화 받지 말아요, 여보.

answer은 질문에 대답한다는 뜻으로 주로 쓰이지만, 상황에 따라서는 '전화를 받다' 또는 '(현관/문)에 누군가가 찾아와서 응대하러 나가다'라는 의미로도 쓰인답니다.

* **Answer** the phone! 전화 받아!
* I went to **answer** the door. 문 앞에 누가 와서 응대하러 갔다.

❷ **Short notice.** 갑작스러운 통보라서.

notice는 '통보, 알림, 공고'라는 의미로 많이 쓰이는 명사인데, 그 앞에 short를 붙이면 '촉박한 통보, 예고 없이 갑자기 하는 통보'라는 의미가 된답니다.

* He called the meeting on such **short notice**. 그가 너무 촉박하게 회의를 소집했다.
* We are sorry for the **short notice**. 촉박한 통보에 대해서는 죄송해요.

❸ **Duty calls.** 일이니까 해야죠.

해야만 할 일이 있다고 말할 때 또는 어떤 일로 인해 내가 할 일이 있음을 알게 되었다고 할 때 쓰는 표현이에요. 예를 들어, 엄마가 TV를 보고 있는데 갑자기 아이가 잠에서 울기 시작할 때, 엄마가 하는 말이 Duty calls. 이랍니다.

* I wish I could chat with you a little longer, but **duty calls**.
  조금 더 이런저런 이야기를 나누고 싶지만, 제가 볼일이 있어서요.
* Ah, **duty calls**. I'm sorry but I've got to go now. 아, 볼일이 생겼네요. 미안하지만 전 지금 가야겠어요.

❹ **Call you when I land.** 도착하면 전화할게요.

이 문장은 완전하게 쓰면 I will call you when I land.인데 I will을 생략한 거예요. 대본에서는 비행기가 착륙하는 특정한 상황으로 동사를 land라고 했지만, 일반적으로 '도착하면 연락할게'라고 말하는 상황에서는 I'll call you when I get there. 이렇게 표현하는 경우가 많답니다. ★영화 속 패턴 익히기

🎧 14-2.mp3

I'll call you when ~
~하면 전화할게.

Step 1 기본 패턴 연습하기

1 **I'll call you when** I get there. 도착하면 전화할게.

2 **I'll call you when** I get home. 집에 도착하면 전화할게.

3 **I'll call you when** we're done. 끝나면 연락할게.

4 _____ dinner is ready. 저녁이 다 준비되면 전화할게.

5 _____ to the hotel. 호텔 도착하면 전화할게요.

Step 2 패턴 응용하기   Call me when you ~

1 **Call me when you** get a chance. 기회가 생기면 전화해요.

2 **Call me when you** are ready. 준비되면 전화주세요.

3 **Call me when you** are available to talk. 얘기할 여유가 될 때 연락주세요.

4 _____ wake up. 깨면 전화해라.

5 _____ get this. 이거 받으면 전화해.

Step 3 실생활에 적용하기

A 도착하면 전화할게.

B Leave me a text message if you can't reach me.

A Will do.

A I'll call you when I arrive.

B 연락이 안 되면 문자로 남겨.

A 그럴게.

정답   Step 1 4 I'll call you when 5 I'll call you when I get   Step 2 4 Call me when you 5 Call me when you

75

확인학습

문제를 풀며 오늘 배운 표현을 완벽히 내 것으로 만드세요.

A │ 영화 속 대화를 완성해 보세요.

BOB I got it! Don't ❶_____ it, honey, I got it!
내가 받을게요! 받지 말아요, 여보, 내가 받을게요!

BOB Hello? 여보세요?

MIRAGE We have a ❷_____ for you.
당신에게 새로운 임무가 생겼어요.

MIRAGE ❸_____ get here?
얼마나 빨리 오실 수 있으신가요?

BOB I'll leave ❹_____.
내일 아침에 출발할게요.

BOB I understand. Goodbye. 알겠어요. 안녕히 계세요.

HELEN ❺_____, honey? The office?
누구 전화예요, 여보? 사무실?

BOB Another conference. ❻_____, but--
❼_____.
또 컨퍼런스가 있는데요. 갑작스러운 통보라서, 하지만— 일이니까 해야죠.

HELEN Bob-- 밥—

BOB Hmn? ❽_____, honey? 응? 왜 그래요, 여보?

HELEN ❾_____. 출장 잘 다녀와요.

BOB Thanks, honey. ❿_____ I land.
고마워요, 여보. 도착하면 전화할게요.

B │ 다음 빈칸을 채워 문장을 완성해 보세요.

1 집에 도착하면 전화할게.
_____ I get home.

2 끝나면 연락할게.
_____ we're done.

3 호텔 도착하면 전화할게요.
_____ to the hotel.

4 애기할 여유기 될 때 연락주세요.
_____ are available to talk.

5 깨면 전화해라.
_____ wake up.

An Important Lesson for Buddy

버디가 배운 중요한 교훈

미라지가 초대한 섬에서 임무를 수행하기 위해 이제껏 대적해 본 그 어떤 상대보다 강한 로봇과 맞서는 미스터 인크레더블. 점점 수세에 몰리다가^{be cornered} 막다른 지경에^{dead end} 이르게 됩니다. 로봇에게 완전히 제압당한^{be overpowered} 상황에, 갑자기 어디선가 들리는 귀 익은^{familiar} 목소리, 그는 다름 아닌 오래전 자신의 광팬이라며 그를 귀찮게 했던 버디입니다. 요란한 사자머리의 버디가 슈퍼히어로 의상을 입고 그의 앞에 나타나 자기 힘을 과시합니다^{show off}. 과거 미스터 인크레더블이 자기를 무시했던 것에 대한 대가를 치르라며^{pay the price} 큰소리칩니다.

 **Warm Up!** 오늘 배울 표현   오늘 등장하는 표현들입니다. 어떤 표현이 들어가야 할지 생각해 보세요.

* _____ . 그건 다 옛날 얘기야.

* _____ **help you.** 난 단지 당신을 돕고 싶을 뿐이었다고.

* **You can't** _____ **anyone.** 아무도 믿으면 안 된다.

* _____ **treat you that way.** 널 그런 식으로 대한 건 내가 잘못한 거야.

BOB
밥

Buddy...?
버디…?

BUDDY
버디

My name's not BUDDY!
내 이름은 버디가 아니야!

BUDDY
버디

And it's not "IncrediBoy" either. **That ship has sailed.**[1] **All I wanted was to** help you.[2] I only wanted to help! And what did you say to me??
그리고 "인크레디보이" 또한 아니지. 그건 다 옛날 얘기야. 난 단지 당신을 돕고 싶은 뿐이었다고. 난 돕고 싶었을 뿐이라고! 그런데 당신이 나에게 뭐라고 했는지 알아??

MR. INCREDIBLE
인크레더블

Go home, Buddy. I work alone.
집에 가라, 버디. 난 혼자 일한다고.

BUDDY
버디

It tore me apart. But you taught me an important lesson: you can't **count on** anyone...[3]
내 심장이 갈기갈기 찢어졌지. 당신은 나에게 중요한 교훈을 줬어: 아무도 믿으면 안 된다는…

BUDDY
버디

...especially your heroes.
…특히 자신의 영웅들은.

MR. INCREDIBLE
인크레더블

I was wrong to treat you that way.[4] I'm sorry.
널 그런 식으로 대한 건 내가 잘못한 거야. 미안해.

78

장면 파헤치기
구문 설명과 예문으로 이 장면의 핵심 표현을 완벽히 이해하세요.

❶ That ship has sailed. 그건 다 옛날 얘기야.

기회를 잃고 미련을 못 버리는 상대방에게 '(이미) 버스는 떠났어'라고 하는 우리말 표현이 있잖아요? The ship has sailed는 그것과 같은 뉘앙스로 쓰는 영어표현이에요. 중간에 already를 넣어서 That ship has already sailed. 라고 할 수도 있지요.

* A: Please, give me another chance. 저에게 한 번만 더 기회를 주세요.
* B: No way. **That ship has sailed.** 절대 안 돼. 이미 버스는 떠났다고.

❷ All I wanted was to help you. 난 단지 당신을 돕고 싶을 뿐이었다고.

상대방이 나를 오해하거나 나의 바람을 온전히 이해해 주지 않을 때 섭섭해하는 말투로 자주 쓰는 표현이에요. 해석은 '내가 원했던 것은 (단지/오직/오로지) ~뿐이었어'라고 하면 가장 자연스러워요. 현재형으로 쓰면 '내가 원하는 것은 (단지/오직/오로지) ~뿐이야'로 해석할 수 있겠네요.

★영화 속 패턴 익히기

❸ You can't count on anyone 아무도 믿으면 안 된다.

count on something/someone은 '~을 믿다, ~을 확신하다, ~에게 기대하다'라는 의미로 쓰이는 숙어예요. 누군가가 믿음을 져버리지 않고 기대에 부응해 주기를 바랄 때 많이 쓰인답니다.

* We are **counting on** you. 우린 너에게 기대하고 있어.
* I'll see what I can do. Don't **count on** it, though. 내가 뭘 할 수 있을지 한번 볼게. 그렇지만 기대는 하지 마.

❹ I was wrong to treat you that way. 널 그런 식으로 대한 건 내가 잘못한 거야.

자신이 한 일에 대해서 잘못했다고 시인하거나 자신을 책망할 때 〈I was wrong to + 동사〉 조합을 쓸 수 있어요. 반대로, '~한 건 내가 옳았어'라고 할 때는 〈I was right to + 동사〉를 쓸 수 있답니다.

* **I was wrong to** trust him. 내가 그를 믿은 게 잘못이지.
* **I was wrong to** let you go. 너와 헤어진 건 내 잘못이야.

영화 속 패턴 익히기

오늘 배운 장면에서 뽑은 핵심 패턴으로 다양한 표현을 만들어 보세요.

🎧 15-2.mp3

All I wanted was to + 동사　내가 원했던 것은 (오로지/오직) ~하려던 것뿐이다.

Step 1　기본 패턴 연습하기

1　**All I wanted was to** be a singer. 내가 원했던 것은 가수가 되는 것뿐이야.

2　**All I wanted was to** be happy. 내가 원했던 것은 오직 행복이었다고.

3　**All I wanted was to** be believed. 난 그저 신뢰를 받고 싶었다고.

4　_____ myself. 내가 원했던 건 오직 내 자신답게 행동하는 것뿐이었어.

5　_____ you feel good. 내가 원했던 것의 전부는 널 기분 좋게 하는 것이었어.

Step 2　패턴 응용하기　All I want is to + 동사

1　**All I want is to** be slim. 난 마르고 싶을 뿐이야.

2　**All I want is to** be with my children. 난 우리 아이들과 같이 있고 싶을 뿐이에요.

3　**All I want is to** move out of my parents' home. 난 단지 우리 부모님 집에서 나가 살고 싶을 뿐이야.

4　_____ in peace. 내가 원하는 건 평화롭게 사는 것뿐이야.

5　_____ rich enough to buy a house.
난 그저 내 집 하나 장만할 정도의 돈만이라도 있었으면 좋겠어.

Step 3　실생활에 적용하기

A　Would you ever consider going out with me?

B　I'm sorry, but I don't think that's going to happen.

A　I see. Well, 난 그냥 내가 널 좋아하고 있다는 걸 말해주고 싶었어.

A　혹시라도 네가 나하고 사귈 수가 있을까?

B　미안하지만, 그럴 일은 없을 것 같아.

A　그렇구나. 흠, all I wanted was to let you know that I have feelings for you.

정답　Step 1　4 All I wanted was to be　5 All I wanted was to make　Step 2　4 All I want is to live　5 All I want is to be

80

문제를 풀며 오늘 배운 표현을 완벽히 내 것으로 만드세요.

A | 영화 속 대화를 완성해 보세요.

BOB   Buddy...? 버디…?

BUDDY   My name's not BUDDY! 내 이름은 버디가 아니야!

BUDDY   And it's not "IncrediBoy" either. ❶_____.
❷_____ help you. I only ❸_____
_____! And what ❹_____? 그리고
"인크레디보이" 또한 아니지. 그건 다 옛날 얘기야. 난 단지 당신을 돕고 싶을 뿐이었다고. 난
돕고 싶었을 뿐이라고! 그런데 당신이 나에게 뭐라고 했는지 알아??

MR. INCREDIBLE   ❺_____, Buddy. I work alone. 집에 가라, 버디.
난 혼자 일한다고.

BUDDY   It ❻_____. But you taught me an
❼_____: you can't ❽_____
anyone... 내 심장이 갈기갈기 찢어졌지. 당신은 나에게 중요한 교훈을 줬어: 아무도
믿으면 안 된다는…

BUDDY   ...❾_____ your heroes. …특히 자신의 영웅들을.

MR. INCREDIBLE   ❿_____ treat you that way. I'm sorry.
널 그런 식으로 대한 건 내가 잘못한 거야. 미안해.

B | 다음 빈칸을 채워 문장을 완성해 보세요.

1   내가 원했던 것은 가수가 되는 것뿐이야.
_____ be a singer.

2   내가 원했던 것은 오직 행복이었다고.
_____ be happy.

3   내가 원했던 건 오직 내 자신답게 행동하는 것뿐이었어.
_____ myself.

4   난 우리 아이들과 같이 있고 싶을 뿐이에요.
_____ be with my children.

5   내가 원하는 건 평화롭게 사는 것뿐이야.
_____ in peace.

Helen Does Not Know

헬렌은 모른다

밥의 슈퍼히어로로 의상이 깔끔히 수선된 것을 보고 수상히 여긴 헬렌은 이 의상을 수선해^{to patch} 줄 수 있는 사람은 에드나 밖에 없다고 결론짓습니다^{come to a conclusion}. 오랜만에 연락을 하니 에드나가 무척 반가워하네요^{pleased}. 에드나의 집을 방문한 헬렌은 그녀가 미스터 인크레더블의 의상뿐만 아니라 자기와 자녀의 의상까지 모두 디자인해 둔 것을 보고 깜짝 놀랍니다. 결국 에드나를 통해 그동안 밥이 자기 몰래^{secretly} 뭔가 숨기고^{hiding something} 있었다는 것을 알게 됩니다.

 **Warm Up!** 오늘 배출 표현   오늘 등장하는 표현들입니다. 어떤 표현이 들어가야 할지 생각해 보세요.

* _____ ? 어떻게 생각해?

* **You helped my husband resume secret hero work** _____ ?
당신이 나 몰래 내 남편이 영웅 일을 다시 할 수 있도록 도왔다는 건가요?

* _____ **he keep secrets from you?** 근데 왜 네 남편이 너한테 뭘 숨기는 거지?

* _____ **weakness.** 쉽게 약해지는 경향이 있다.

E
E

Your suit can stretch as far as you can without injuring yourself and still retain its shape.

네 옷은 네가 다치지 않고 늘어날 수 있는 최대범주까지 늘어날 수 있고 그러면서도 모양은 그대로 유지되지.

E
E

Virtually indestructible, yet it breathes like Egyptian cotton. As an extra feature, each suit contains a homing device, giving you the precise global location of the wearer at the touch of a button.

실질적으로 파괴할 수 없고, 그러면서도 이집트 무명처럼 부드럽지. 그리고 또 다른 기능으로 각각의 옷들에는 자동 유도 장치가 들어 있어서 어디를 가든지 버튼 하나만 누르면 이 옷을 입고 있는 사람의 정확한 위치를 파악할 수 있지.

E
E

Well, darling? **What do you think?**❶

자, 자기야? 어떻게 생각해?

HELEN
헬렌

What do I think?? Bob is retired! I'm retired! Our family is underground! You helped my husband resume secret hero work **behind my back**??❷

어떻게 생각하냐고요? 밥은 은퇴했어요! 저도 은퇴했고요! 우리 가족은 숨어 살고 있어요! 당신이 나 몰래 내 남편이 영웅 일을 다시 할 수 있도록 도왔다는 건가요??

E
E

I assumed you knew, darling! **Why would** he keep secrets from you?❸

난 네가 알고 있는 줄 알았지, 자기야! 근데 왜 네 남편이 너한테 뭘 숨기는 거지?

HELEN
헬렌

He wouldn't! He didn't-- doesn't!

그가 숨길 리가 없죠! 안 숨겼어요— 안 숨긴다고요!

E
E

Men at Robert's age are often unstable. **Prone to** weakness.❹

로버트 나이 때의 남자들은 불안정할 때가 많아. 쉽게 약해지고.

HELEN
헬렌

What are you saying...?

무슨 말을 하려는 거죠...?

E
E

Do you know where he is...?

그가 어디에 있는지 아나…?

HELEN
헬렌

Of course.

당연하죠.

E
E

Do you KNOW where he is?

그가 어디에 있는지 진짜 알아?

❶ What do you think? 어떻게 생각해?

상대방에게 어떻게 생각하느냐고 의견을 물을 때 쓰는 표현이에요. 우리말로 '어떻게'를 영어로 주로 How로 쓰다 보니 이 상황에서 How do you think?라고 쓰는 사람들이 많은데, 그것은 옳지 않습니다. 꼭 How가 아닌 What을 넣어서 What do you think?라고 해야 합니다.

* **What do you think** of this? 이것에 대해서 어떻게 생각하니?
* Your salary will go up by $1,000 per year. **What do you think?**
  당신의 연봉은 매년 천달러씩 오를 거예요. 어떻게 생각하세요?

❷ You helped my husband resume secret hero work behind my back?
당신이 나 몰래 내 남편이 영웅 일을 다시 할 수 있도록 도왔다는 건가요?

behind one's back은 '~의 등 뒤에 숨어서, ~의 등 뒤에서 몰래'라는 뜻으로 남몰래 그 사람에 대해서 험담을 하거나 좋지 않은 행동을 할 때 쓰는 표현이에요. 믿고 있었다가 배신당한 기분일 때 이 표현을 많이 쓰지요.

★영화 속 패턴 읽기

❸ Why would he keep secrets from you? 근데 왜 네 남편이 너한테 뭘 숨기는 거지?

상대방에게 단순하게 ~을 왜 했냐고 물을 때는 'Why did you'로 문장을 시작하지만, 도대체 왜 그런 행동/말을 하는 건지 이해하기가 어려울 때는 did 대신 would를 넣어서 'Why would you'로 시작합니다. 물론, 주어는 you뿐만 아니라 바꿔가면서 다양하게 쓸 수 있어요.

* **Why would** he do that to me? 근데 그가 나한테 왜 그런 짓을 하려는 거지?
* **Why would** she not like me? 근데 그녀가 대체 왜 나를 안 좋아하는 거지?

❹ Prone to weakness. 쉽게 약해지는 경향이 있다.

prone to는 '~의 경향이 있는'이라는 의미인데 여기에서 prone은 형용사예요. 그래서, 문장으로 쓸 때는 prone 앞에 be동사가 있어야 하고 prone 뒤에는 명사/동명사가 따른답니다. 같은 의미의 쓰이는 표현 중에 tend to가 있는데, tend to에서 tend는 동사이기 때문에 앞에 be동사가 오지 않고 to 뒤에는 동사가 따라오죠. 예를 들어, He tends to make a lot of mistakes. '그는 실수를 많이 하는 경향이 있어' 이렇게요.

* My mom is **prone to** anger when my room is messy. 내 방이 지저분하면 우리 엄마가 분노하는 경향이 있어.
* Tim is **prone to** giving up when things get too hard. 상황이 너무 힘들어지면 팀은 포기하려는 경향이 있어.

영화 속 패턴 익히기

오늘 배운 장면에서 뽑은 핵심 패턴으로 다양한 표현을 만들어 보세요.

🎧 16-2.mp3

~ behind my back

내 등 뒤에 숨어서/내 등 뒤에서 몰래

Step 1 기본 패턴 연습하기

1 It happened **behind my back**. 난 모르게 내 등 뒤에서 이 일이 발생했다.

2 You shouldn't talk **behind my back**. 내 등 뒤에서 몰래 내 얘기하지마.

3 How could you sell my car **behind my back**? 너 어떻게 나 몰래 내 차를 팔 수가 있니?

4 I heard you were gossiping about me _____.
네가 내 등 뒤에서 몰래 나에 대한 가십을 하고 다녔다는 얘기 들었어.

5 I can't believe they already made the decision _____.
그들이 내 등 뒤에서 몰래 이미 결정을 했다니 믿을 수가 없어.

Step 2 패턴 응용하기   behind one's back

1 Your coworkers laugh at you **behind your back**. 네 등 뒤에서 네 동료들이 널 비웃는다.

2 Don't talk about Judy **behind her back**. 주디 없을 때 그녀에 대한 이야기하지 마라.

3 Ray has been arranging all this **behind her back**. 레이는 그녀의 등 뒤에서 몰래 이 모든 것을 준비했다.

4 Don't worry about what people say _____!
사람들이 네 등 뒤에서 몰래 하는 얘기에 대해선 신경 쓰지 말아라!

5 I feel guilty about going _____ and complaining to the teacher.
그의 등 뒤로 몰래 선생님에게 불만을 토로한 것에 대해서 죄책감을 느껴.

Step 3 실생활에 적용하기

A 너 나 없을 때 나에 대해서 나쁘게 얘기하고
돌아다녔다며.

B Who told you that?

A That's not important. Did you really do
that?

A I heard you talked bad about me
behind my back.

B 누가 그래?

A 그건 중요하지 않아. 너 정말 그랬니?

정답　Step 1 4 behind my back 5 behind my back Step 2 4 behind your back 5 behind his back

확인학습 문제를 풀며 오늘 배운 표현을 완벽히 내 것으로 만드세요.

A | 영화 속 대화를 완성해 보세요.

E Your suit can stretch ❶_____ without injuring yourself and still retain its shape. 네 옷은 네가 다치지 않고 늘어날 수 있는 최대범주까지 늘어날 수 있고 그러면서도 모양은 그대로 유지되지.

E Virtually ❷_____, yet it breathes like Egyptian cotton. As an extra feature, each suit contains a homing device, giving you the precise global location of the wearer at the ❸_____. 실질적으로 파괴할 수 없고, 그러면서도 이집트 무명처럼 부드럽지. 그리고 또 다른 기능으로 각각의 옷에는 자동 유도 장치가 들어 있어서 어디를 가든지 버튼 하나만 누르면 이 옷을 입고 있는 사람의 정확한 위치를 파악할 수 있지.

E Well, darling? ❹_____? 자, 자기야? 어떻게 생각해?

HELEN What do I think?? Bob is retired! I'm retired! Our family is ❺_____! You helped my husband resume secret hero work ❻_____?? 어떻게 생각하냐고요? 밥은 은퇴했어요! 저도 은퇴했고요! 우리 가족은 숨어 살고 있어요! 당신이 나 몰래 내 남편이 영웅 일을 다시 할 수 있도록 도왔다는 건가요??

E I assumed you knew, darling! ❼_____ he keep secrets from you? 난 네가 알고 있는 줄 알지, 자기야! 근데 왜 네 남편이 너한테 뭘 숨기는 거지?

HELEN He wouldn't! He didn't-- doesn't! 그가 숨길 리가 없죠! 안 숨겼어요— 안 숨긴다고요!

E Men at Robert's age are often unstable. ❽_____ weakness. 로버트 나이 때의 남자들은 불안정할 때가 많아. 쉽게 약해지고.

HELEN ❾_____...? 무슨 말을 하려는 거죠…?

E Do you know where he is...? 그가 어디에 있는지 아나…?

HELEN Of course. 당연하죠.

E Do you KNOW ❿_____? 그가 어디에 있는지 진짜 알아?

B | 다음 빈칸을 채워 문장을 완성해 보세요.

1 내 등 뒤에서 몰래 내 얘기하지마.
   You shouldn't talk _____.

2 어떻게 나 몰래 내 차를 팔 수가 있니?
   How could you sell my car _____?

3 네가 내 등 뒤에서 몰래 나에 대한 가십을 하고 다녔다는 얘기 들었어.
   I heard you were gossiping about me _____.

4 네 등 뒤에서 네 동료들이 널 비웃는다.
   Your coworkers laugh at you _____.

5 주디 없을 때 그녀에 대한 이야기하지 마라.
   Don't talk about Judy _____.

Violet in Charge

책임을 맡은 바이올렛

에드나가 인크레더블의 옷에 설치한^{installed} 자동 유도 장치로^{homing device} 인해, 남편이 어디에 있는지 알게 된 헬렌. 정확하게 알 수는 없지만, 그에게 뭔가 큰 문제가 생겼음을 직감하고^{have a hunch} 그녀는 남편이 있는 곳으로 떠날 채비를 합니다. 불안한 예감에 헬렌은 에드나가 새로 만들어준 엘라스티걸 의상도 챙깁니다. 바이올렛에게 엄마가 어디 좀 갔다가 밤늦게 돌아올 것 같으니 동생들을 잘 챙기라고^{take care of} 당부하니, 바이올렛은 뭔가 불안한 분위기를 감지합니다^{feel anxious}. 그런데 개구쟁이 대쉬는 엄마의 눈을 요리조리 피해가며 히어로 의상을 잽싸게 입어 보네요^{dressed in suit}.

 **Warm Up!** 오늘 배울 표현   오늘 등장하는 표현들입니다. 어떤 표현이 들어가야 할지 생각해 보세요.

* _____   Dash does his homework. 대쉬가 반드시 숙제를 하게 해.

* You can be _____ that long, can't you? 그때까지는 네가 책임 맡아줄 수 있지, 못 하려나?

* Dad _____? 아빠가 문제라는 거예요?

* You come back _____! 지금 당장 돌아와!

HELEN
헬렌

There's lots of leftovers you can reheat. **Make sure** Dash does his homework and both of you get to bed on time. ❶ I should be back tonight, late. You can be **in charge** that long, can't you? ❷

데워 먹으면 되는 남은 음식이 많아. 대쉬가 숙제하는 거 잊지 않게 하고 너희 둘 다 제 시간에 취침해야 해. 오늘 밤에 돌아올 거야. 좀 늦겠지만. 그때까지는 네가 책임 맡아줄 수 있지, 못 하려나?

VIOLET
바이올렛

Yeah... but why am I in charge again?

네… 근데 또 왜 내가 책임을 맡게 되는 거죠?

HELEN
헬렌

Nothing. Just a little trouble with Daddy.

별것 아냐. 그냥 아빠와 관련된 문제가 조금 있어서.

VIOLET
바이올렛

You mean Dad's in trouble? Or... Dad **is the trouble**? ❸

아빠에게 문제가 생겼다는 거예요? 아니면… 아빠가 문제라는 거예요?

HELEN
헬렌

I mean either he's in trouble... ...or he's going to be.

내 얘기는 그러니까 아빠에게 문제가 생겼거나… …아니면 그렇게 될 거라는 얘기야.

DASH
대쉬

Hey what's THAT? Where'd you get that, Mom?

엄마 그거 뭐예요? 그거 어디에서 난 거예요, 엄마?

DASH
대쉬

You made a cool outfit? Hey, are those for us?? We all get cool outfits?

그 멋진 걸 엄마가 만든 거예요? 엄마, 그거 우리 거예요?? 우리 다 멋진 의상을 입는 거예요?

HELEN
헬렌

Wait a— DASH! You come back **THIS MOMENT**! ❹

잠시만— 대쉬! 지금 당장 돌아와!

❶ **Make sure Dash does his homework.** 대쉬가 반드시 숙제를 하게 해.

'반드시/꼭/확실히 ~을 해라'라고 할 때 Make sure로 문장을 시작해서 명령형으로 씁니다. make sure가 꼭 명령형 문장에서만 쓰이는 것은 아니지만, 여기에서는 명령형 문장에만 집중해 볼게요. Make sure 대신 be sure를 써도 같은 의미가 된답니다.

★ 영화 속 패턴 익히기

❷ **You can be in charge that long, can't you?** 그때까지는 네가 책임 맡아줄 수 있지, 못 하려나?

in charge는 '~을 맡은, ~의 담당인'이라는 뜻으로, 어떤 일에 대한 책임을 맡은 사람 또는 직책에 대해서 이야기할 때 많이 쓰이는 표현이에요.

✶ Who's **in charge** here? 여기 담당자가 누군가요?
✶ William is **in charge** of hiring. 윌리엄이 고용담당자입니다.

❸ **Dad is the trouble?** 아빠가 문제라는 거예요?

in trouble은 '문제가 생긴, 곤란한 상황에 있는, 곤경에 처한'이라는 뜻인데, 위의 문장에서처럼 in이 빠지고 그냥 trouble만 있을 경우엔, trouble이 '말썽, 문제, 골칫거리'라는 의미로 쓰이지요.

✶ That **is the trouble** we are facing today. 그것이 오늘날 우리가 마주한 문제입니다.
✶ I knew you **were trouble**. 난 네가 골칫거리일 줄 알았다.

❹ **You come back THIS MOMENT!** 지금 당장 돌아와!

상대방을 다그치며 '지금 당장' 무엇을 하라고 할 때 들어가는 표현이 this moment예요. 지체 없이 지금 이 순간 바로 무엇을 하겠다는 의미로 많이 쓰이는데, this moment 앞에 right를 넣으면 한층 더 뉘앙스가 강해져요.

✶ Bring it back, **this moment**! 다시 가져와, 당장!
✶ I want to talk to him right **this moment**! 지금 당장 그와 이야기해야겠어!

오늘 배운 장면에서 뽑은 핵심 패턴으로 다양한 표현을 만들어 보세요.

🎧 17-2.mp3

Make sure (that) ~   ~을 확실히/반드시 ~을 해라.

Step 1 기본 패턴 연습하기

1 **Make sure that** no one is left behind. 그 누구도 뒤에 처져 있지 않도록 확실히 해라.

2 **Make sure** you get enough sleep tonight. 꼭 오늘 밤에 충분히 자도록 해라.

3 **Make sure that** everyone knows I'm in charge. 내가 여기 책임자라는 것을 모두가 확실히 알 수 있도록 해라.

4 _____ the crowd can see my face. 반드시 사람들이 내 얼굴을 볼 수 있도록 해라.

5 _____ get there before they do. 그들이 도착하기 전에 반드시 우리가 먼저 도착하게 해라.

Step 2 패턴 응용하기   Be sure (that) ~

1 **Be sure** you are ready for it. 반드시 준비되어 있어야만 해.

2 **Be sure that** the address is correct. 주소가 맞는지 확실하게 해라.

3 **Be sure** the students bring their textbooks. 반드시 학생들이 교재를 가져오게 해라.

4 _____ you'll be there in time. 반드시 시간 안에 도착하도록 해라.

5 _____ are comfortable with the program you're using.
당신이 사용하는 프로그램이 자신에게 편해야만 해요.

Step 3 실생활에 적용하기

A Is there anything else I should remember?

B Yes, there's one more thing. 이건 꼭 안전한 곳에 보관해야 해.

A Yes, sir!

A 또 제가 뭐 기억해야 할 것이 있나요?

B 응, 하나 더 있네. Make sure you keep it in a safe place.

A 네, 알겠습니다!

정답 Step 1 4 Make sure 5 Make sure we Step 2 4 Be sure that 5 Be sure that you

확인학습 문제를 풀며 오늘 배운 표현을 완벽히 내 것으로 만드세요.

A | 영화 속 대화를 완성해 보세요.

HELEN There's lots of ❶_____ you can reheat. ❷_____
_____ Dash does his homework and both of you get
to bed on time. I should be ❸_____, late. You
can be ❹_____ that long, can't you? 데워 먹으면
되는 남은 음식이 많아. 대쉬가 숙제하는 거 잊지 않게 하고 너희 둘 다 제 시간에 취침해야 해. 오늘
밤에 돌아올 거야, 좀 늦겠지만. 그때까지는 네가 책임 맡아줄 수 있지, 못 하려나?

VIOLET Yeah... but ❺_____ I in charge again?
네… 근데 또 왜 내가 책임을 맡게 되는 거죠?

HELEN Nothing. Just a little trouble with Daddy.
별것 아냐. 그냥 아빠와 관련된 문제가 조금 있어서.

VIOLET You mean Dad's in trouble? Or... Dad ❻_____?
아빠에게 문제가 생겼다는 거예요? 아니면… 아빠가 문제라는 거예요?

HELEN I mean either he's in trouble... ...or he's ❼_____.
내 얘기는 그러니까 아빠에게 문제가 생겼거나… …아니면 그렇게 될 거라는 얘기야.

DASH Hey what's THAT? ❽_____, Mom?
엄마 그거 뭐예요? 그거 어디에서 난 거예요, 엄마?

DASH You made a cool outfit? Hey, ❾_____??
We all get cool outfits? 그 멋진 걸 엄마가 만든 거예요? 엄마, 그거 우리 거예요??
우리 다 멋진 의상을 입는 거예요?

HELEN Wait a— DASH! You come back ❿_____!
잠시만— 대쉬! 지금 당장 돌아와!

정답A

❶ leftovers
❷ Make sure
❸ back tonight
❹ in charge
❺ why am I
❻ is the trouble
❼ going to be
❽ Where'd you get that
❾ are those for us
❿ THIS MOMENT

B | 다음 빈칸을 채워 문장을 완성해 보세요.

1 꼭 오늘 밤에 충분한 수면을 취하도록 하거라.
_____ you get enough sleep tonight.

2 반드시 사람들이 내 얼굴을 볼 수 있도록 해라.
_____ the crowd can see my face.

3 그들이 도착하기 전에 반드시 우리가 먼저 도착하게 해라.
_____ get there before they do.

4 주소가 맞는지 확실하게 해라.
_____ the address is correct.

5 반드시 시간 안에 도착하도록 해라.
_____ you'll be there in time.

정답B

1 Make sure
2 Make sure
3 Make sure we
4 Be sure that
5 Be sure that

Mr. Incredible Calling for Help

도움을 요청하는 미스터 인크레더블

헬렌이 제트기를 타고 신드롬의 본부가 있는 섬으로 출발합니다. 그곳이 악당들의 소굴이라는^{den of villains} 사실을 전혀 모르는 헬렌이 섬 관제센터에^{control center} 착륙^{landing} 허가 신호를 보냅니다. 미스터 인크레더블을 구하러 온 것을 눈치챈 신드롬은 그에게 그사이 어디에 도움을 요청한 것이냐고 다그칩니다. 한때 자신의 영웅이었던 미스터 인크레더블이 불쌍하게 도움이나 요청하고^{ask for help} 있다면서 도저히 눈 뜨고 보고 있을 수가 없다며 한심해 하네요.^{lame} 이에 미스터 인크레더블은 당황하며 그런 적이 없다고 부인합니다.^{deny} 신드롬은 헬렌의 제트기를 무사히 착륙시키게 허가해 줄까요?

 **Warm Up!** 오늘 배울 표현   오늘 등장하는 표현들입니다. 어떤 표현이 들어가야 할지 생각해 보세요.

*   lame lame lame LAME! 한심해, 한심해, 한심, 한심, 한심하다고!
*   last night at 23:07 hours. 어젯밤 23시 7분에 대해서 얘기하는 거야.
* You were   . 네가 여기저기 기웃거렸잖아.
* I didn't   a plane. 난 비행기를 보내 달라고 요청하지 않았어.

SYNDROME
신드롬

You, Sir, truly are "Mr. Incredible"... You know, I was right to idolize you. I always knew you were tough. But tricking the probe by hiding under the bones of another Super? Ohhhh, MAN!! I'm still geeking out about it... Then you had to go and just-- ruin the ride. I mean, Mr. Incredible calling for help? "Help me!" **Lame lame lame lame lame LAME!**[1] Alright, who did you contact?

이봐, 신사 양반, 역시 "미스터 인크레더블"이군... 그래, 내가 당신을 우상화할 만했어. 난 항상 당신이 얼마나 터프한지 알고 있었다고. 하지만 다른 슈퍼의 유골 밑에 숨어서 탐사 로봇을 속여? 오오, 젠장!! 아직도 치가 떨리네... 그리고는 나가서 비행기를 망가뜨리고. 내 말은, 미스터 인크레더블이 도움을 요청해? "도와줘요!" 한심해, 한심해, 한심, 한심, 한심하다고! 좋아, 누구한테 연락한 거지?

BOB
밥

Contact? What are you talking about?

연락? 그게 무슨 말이지?

SYNDROME
신드롬

I'm referring to last night at 23:07 hours,[2] while you were **snooping around,**[3] you sent out a homing signal--

어젯밤 23시 7분에 네가 여기저기 기웃거리다가 자동 유도 장치 신호를 보냈던 것에 대해서 얘기하는 거야—

BOB
밥

I didn't know... about the homing device--

난 몰랐다고... 자동 유도 장치에 대해서는—

SYNDROME
신드롬

--and now a government plane is requesting permission to land here! WHO DID YOU CONTACT?

—그리고 지금 정부 비행기가 여기에 착륙하겠다고 허가를 요청하고 있다고! 누구한테 연락한 거야?

BOB
밥

...I didn't **send for**... a plane--[4]

...난 부르지 않았어... 비행기를—

SYNDROME
신드롬

Play the transmission.

전송장치 재생해 봐.

HELEN'S VOICE
헬렌의 목소리

Island approach, India Golf Niner niner checking in, VFR on top--

섬에 근접한다, 인디아 골프 나이너 나이너 확인 중, 위에는 VFR—

BOB
밥

Helen...!

헬렌...!

SYNDROME
신드롬

So you do know these people. Well, then, I'll send them a little greeting...

그래 이 사람들을 아는구먼. 자, 그럼, 내가 환영 인사를 좀 해줘야겠네...

93

❶ Lame lame lame lame LAME! 한심해, 한심해, 한심, 한심, 한심하다고!

한심하고 딱하고 썰렁한 것을 묘사할 때 lame이라고 해요. lame의 기본 의미는 '(사람이나 동물이) 다리를 저는, 절뚝거리는'인데, 구어체에서는 변명이나 해명 또는 파티나 농담 등이 시원찮고 변변찮고 한심해 보일 때 많이 쓰는 단어랍니다.

* The party was so **lame**. 그 파티는 정말 썰렁했어.
* That was a **lame** joke. 정말 썰렁한 농담이었어.

❷ I'm referring to last night at 23:07 hours. 어젯밤 23시 7분에 대해서 얘기하는 거야.

refer to는 우리가 잘 아는 talk about과 같은 의미로 자주 쓰이는 표현인데, talk about보다는 조금 더 고급스러운 표현이지요. '~에 대해 언급/거론/말하다'라고 해석하면 되겠어요.

* Are you **referring to** what happened last weekend? 너 지난 주말에 있었던 일에 대해서 얘기하는 거니?
* Who are you **referring to**? 누구에 대해서 이야기하는 거니?

❸ You were snooping around. 네가 여기저기 기웃거렸잖아.

snoop around는 '기웃거리며 돌아다니다'라는 뜻으로 남의 방이나 물건을 기웃거리며 몰래 염탐하는 것에 대해서 말할 때 쓰는 표현이에요. snoop 뒤에 전치사를 around 대신 on을 넣어서 '~을 염탐하다'는 의미로 쓸 수 있답니다.

★영화 속 패턴 익히기

❹ I didn't send for a plane. 난 비행기를 보내 달라고 요청하지 않았어.

send for는 '~를 부르다'라는 의미인데, 특히 '도움을 청하기 위해 연락하여 ~를 부르다'라고 이해하면 더 정확한 의미로 쓸 수 있을 거예요.

* Did you **send for** me? 나에게 도움을 청한 거니?
* Why did you **send for** the police? 왜 경찰을 불렀니?

영화 속 패턴 익히기

오늘 배운 장면에서 뽑은 핵심 패턴으로 다양한 표현을 만들어 보세요.

🎧 18-2.mp3

snoop around

(특히 염탐하기 위해) ~을 기웃거리며 돌아다니다.

Step 1   기본 패턴 연습하기

1   Why are you **snooping around** my house? 왜 내 집을 기웃거리고 있니?

2   I'm not **snooping around**. 기웃거리는 거 아니야.

3   I think someone's been **snooping around** my office. 누군가 내 사무실을 기웃거렸던 것 같아.

4   Stop _____. 그만 기웃거리며 돌아다녀라.

5   Don't _____! 내 방 주변에서 기웃거리지 마!

Step 2   패턴 응용하기   snoop on

1   Why are you **snooping on** me? 왜 날 염탐하는 거니?

2   I think Tom is **snooping on** you. 내 생각엔 톰이 널 염탐하는 것 같아.

3   I hear the company hired people to **snoop on** employees.
그 회사가 직원들을 염탐하려고 사람들을 고용했다고 하더라.

4   Government agencies have been _____ for months.
정부기관에서 수개월 동안 우리를 염탐해 왔어.

5   Many parents _____ children's cell phones.
많은 부모들이 자녀들의 휴대전화를 염탐한다.

Step 3   실생활에 적용하기

A 왜 내 방에서 기웃거리고 있는 거니?

B I wasn't snooping around. I was cleaning your room.

A Why would you clean my room without my consent? You are so lying.

A Why are you snooping around my room?

B 기웃거리는 거 아냐. 네 방 청소하고 있었어.

A 왜 내 허락도 없이 내 방을 청소해? 완전 거짓말하고 있네.

정답   Step 1 4 snooping around 5 snoop around my room   Step 2 4 snooping on us 5 snoop on their

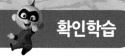

A | 영화 속 대화를 완성해 보세요.

SYNDROME You, Sir, ❶_____ "Mr. Incredible"... You know, I was ❷_____ idolize you. I always knew you were tough. But tricking the probe by hiding under the bones of another Super? Ohhhh, MAN!! I'm still geeking out about it... Then you had to go and just-- ❸_____. I mean, Mr. Incredible calling for help? "Help me!" ❹_____ lame lame lame LAME! Alright, who did you contact? 이봐, 신사 양반, 역시 "미스터 인크레더블"이군… 그래, 내가 당신을 우상화할 만했어. 난 항상 당신이 얼마나 터프한 지 알고 있었다고. 하지만 다른 슈퍼의 유골 밑에 숨어서 탐사 로봇을 속여? 오오, 젠장!! 아직도 치가 떨리네… 그리고는 나가서 비행기를 망가뜨리고. 내 말은, 미스터 인크레더블이 도움을 요청해? "도와줘요!" 한심해, 한심해, 한심, 한심, 한심하다고! 좋아, 누구한테 연락한 거지?

BOB Contact? What are ❺_____? 연락? 그게 무슨 말이지?

SYNDROME ❻_____ last night at 23:07 hours, while you were ❼_____, you sent out a homing signal-- 어젯밤 23시 7분에 네가 여기저기 기웃거리다가 자동 유도 장치 신호를 보냈던 것에 대해서 얘기하는 거야—

BOB I didn't know... about the homing device-- 난 몰랐다고… 자동 유도 장치에 대해서는—

SYNDROME --and now a ❽_____ is requesting permission to land here! WHO DID YOU CONTACT? —그리고 지금 정부 비행기가 여기에 착륙하겠다고 허가를 요청하고 있다고! 누구한테 연락한 거야?

BOB ...I didn't ❾_____... a plane-- …난 부르지 않았어… 비행기를—

SYNDROME Play the transmission. 전송장치 재생해 봐.

HELEN'S VOICE Island approach, India Golf Niner niner checking in, VFR on top-- 섬에 근접한다. 인디아 골프 나이너 나이너 확인 중. 위에는 VFR—

BOB Helen...! 헬렌…!

SYNDROME So you ❿_____. Well, then, I'll send them a little greeting... 그래 이 사람들을 아는구먼. 자, 그럼, 내가 환영 인사를 좀 해줘야겠네…

B | 다음 빈칸을 채워 문장을 완성해 보세요.

1 왜 내 집을 기웃거리고 있니?
   Why are you _____ my house?

2 누군가 내 사무실을 기웃거렸던 것 같아.
   I think someone's been _____ my office.

3 내 방 주변에서 기웃거리지 마!
   Don't _____!

4 정부기관에서 수개월 동안 우리를 염탐해왔어.
   Government agencies have been _____ for months.

5 많은 부모들이 자녀들의 휴대전화를 염탐한다.
   Many parents _____ children's cell phones.

Get a Grip!

정신 바짝 차려!

아이들은 집에 두고 홀로 미스터 인크레더블을 구하러 나섰던 엘라스티걸의 제트기에 아이들이 몰래 타고 있었네요. 이제 아이들까지 신경 써야 해서 마음이 더 복잡해집니다^{complicated}. 그런데, 갑자기 섬 쪽에서 엘라스티걸과 아이들이 타고 있는 제트기를 향해 미사일이 날아드네요. 헬렌의 조종으로 가까스로^{narrowly} 피했지만, 계속된 미사일 공격에 결국엔 제트기가 타격받아 폭발하고^{explode} 맙니다. 이 모든 상황을 지켜본 미스터 인크레더블은 엄청난 충격에 분노를 터뜨립니다^{burst out rage}. 바다에 떨어진^{splashdown} 헬렌과 아이들은 과연 무사할까요?

Warm Up! 오늘 배출 표현

오늘 등장하는 표현들입니다. 어떤 표현이 들어가야 할지 생각해 보세요.

* Now both of you will _____. 너희 둘 다 정신 바짝 차려.

* _____ I'll ground you for a month! 너희들을 한 달 동안 반드시 외출금지 시킬 거야!

* That way is _____. 저쪽이 가장 확률이 높아.

* You _____ us to swim there? 우리가 거기까지 수영해서 가길 기대하는 거예요?

VIOLET
바이올렛
Omigod... omigod... ! The plane! It blew up!
맙소사… 맙소사…! 비행기! 폭발했어!

DASH
대쉬
We're dead! We're dead! We survived but we're dead!
우린 죽었어! 우린 죽었다고! 살아남았지만 우린 죽은 목숨이야!

HELEN
헬렌
STOP IT!!!!
그만해!!!

HELEN
헬렌
We are NOT going to die! Now both of you will **GET A GRIP**❶ or **so help me** I'll ground you for a month!❷ Understand???
우린 죽지 않을 거야! 너희 둘 다 정신 바짝 차려, 안 그러면 한 달 동안 외출금지 시킬 거야! 알겠어???

HELEN
헬렌
Those were short-range missiles. Land-based. That way is **our best bet.**❸
저것들은 단거리 미사일들이었어. 육상기지에서 발사한 거지. 저쪽이 가장 확률이 높아.

DASH
대쉬
You want to go toward the people that tried to kill us??
우리를 죽이려고 했던 사람들 방향으로 가고 싶다고요??

HELEN
헬렌
If it means land... yes.
그곳이 육지라면… 응.

VIOLET
바이올렛
You **expect** us to swim there?❹
우리가 거기까지 수영해서 갈 기대하는 거예요?

HELEN
헬렌
I expect you... to trust me.
난 너희들에게 기대한다… 엄마를 믿기를.

❶ Now both of you will GET A GRIP. 너희 둘 다 정신 바짝 차려.

너무 들떠서 혹은 자신감에 넘쳐서 심하게 흥분한 상대방에게 '정신 (바짝) 차려!'라고 말할 때 쓰는 표현이에요. 감정을 억제하라는 의미랍니다. 의미는 변함없이 뒤에 on yourself를 연결해서 Get a grip on yourself!라고 하는 경우가 많아요.

* **Get a grip**, you are a professional! 정신 차려. 넌 프로라고!
* Stop panicking and **get a grip** on yourself! 혼비백산하지 말고 정신 차려!

❷ So help me I'll ground you for a month! 너희들을 한 달 동안 반드시 외출금지 시킬 거야!

자신이 하는 말을 꼭 지키겠다는 다짐을 하듯 쓰는 표현, so help me는 '맹세합니다, 정말입니다'라는 뜻인데, 특히 법정에서 '신께 맹세코 정말입니다, 맹세합니다'라고 말할 때 쓰입니다. 원래 so help me God라는 표현인데, God를 생략하고 so help me만 쓰는 경우가 많아요.

* **So help me**, I'll punch you in the face. 난 반드시 네 얼굴에 펀치를 날릴 거야.
* **So help me**, I didn't know what I was doing. 난 정말이지 내가 뭘 하고 있는지 모르고 한 거예요.

❸ That way is our best bet. 저쪽이 가장 확률이 높아.

best bet은 '가장 안전하고 확실한 방책/수단'이라는 의미로 앞에 관사 the를 붙이거나 소유격 one's를 붙여서 써요. bet은 원래 도박이나 내기를 할 때 '거는 돈'을 뜻하는데, best bet을 직역하면 '걸면 딸 수 있는 확률이 최고로 높은 배팅'이라는 의미네요.

* Taking the subway is **your best bet** if you want to get there on time.
  거기에 정시에 도착하고 싶으면 지하철을 타고 가는 게 가장 확률이 높아.
* I think **our best bet** is to ask a local. 이 지역주민에게 물어보는 게 가장 확실할 것 같네.

❹ You expect us to swim there? 우리가 거기까지 수영해서 가길 기대하는 거예요?

'예상하다, 기대하다'라는 의미를 가진 expect를 써서 의문문을 만들면 '~가 ~하리라고 기대하니?'라는 의미가 됩니다. 여기에서 expect의 '기대하다'라는 뜻은 '이렇게 되었으면 좋겠다'라고 하는 간절한 바람, 희망 사항을 표현하는 hope와는 다르답니다. '아마 ~일 것이라고 생각/예상/기대하다'의 의미로 어떤 일의 진행 과정을 짐작하며 아마도 그렇게 되리라고 기대한다는 뜻이에요.

★영화 속 때턴 익히기

영화 속 패턴 익히기

오늘 배운 장면에서 뽑은 핵심 패턴으로 다양한 표현을 만들어 보세요.

🎧 19-2.mp3

You expect me to ~?

내가 ~하길 기대하는 거니?

Step 1   기본 패턴 연습하기

1   **You expect me to** believe that? 나보고 그걸 믿으라고?

2   **You expect me to** eat that? 나보고 그걸 먹으라고?

3   **You expect me to** read all that? 그걸 다 읽으라는 거예요?

4   .... feel sorry for you? 내가 너를 동정해 줄 기대하는 거니?

5   .... fit in that? 넌 이게 나한테 맞을 거라고 생각하니?

Step 2   패턴 응용하기   You expect + 사람 + to ~?

1   **You expect her to** be nice to you? 그녀가 너에게 잘 대해 주기를 기대하니?

2   **You expect him to** be good at it? 그가 이걸 잘할 거라고 기대하니?

3   **You expect them to** cooperate? 그들이 협력할 거라고 기대하니?

4   .... that? 우리가 그걸 살 거라고 기대하는 거예요?

5   .... take care of you? 당신의 자녀들이 당신을 돌봐주기를 기대해요?

Step 3   실생활에 적용하기

A   I saw a UFO last night up on the rooftop of my house.

B   나보고 그런 말도 안 되는 소리를 믿으라고?

A   I'm telling you the truth.

A   어젯밤에 우리 집 옥상에서 UFO를 봤어.

B   You expect me to believe that nonsense?

A   진짜라니까.

정답   Step 1 **4** You expect me to **5** You expect me to   Step 2 **4** You expect us to buy **5** You expect your children to

문제를 풀며 오늘 배운 표현을 완벽히 내 것으로 만드세요.

A | 영화 속 대화를 완성해 보세요.

VIOLET Omigod... omigod... ! The plane! It ❶_____!
맙소사… 맙소사…! 비행기! 폭발했어!

DASH We're dead! We're dead! ❷_____ but we're dead! 우린 죽었어! 우린 죽었다고! 살아남았지만 우린 죽은 목숨이야!

HELEN STOP IT!!!! 그만해!!!

HELEN We are NOT going to die! Now both of you will ❸_____ _____ or ❹_____ I'll ground you for a month! Understand??? 우린 죽지 않을 거야! 너희 둘 다 정신 바짝 차려, 안 그러면 한 달 동안 외출금지 시킬 거야! 알겠어???

HELEN Those were ❺_____ missiles. Land-based. That way is ❻_____.
저것들은 단거리 미사일들이었어. 육상기지에서 발사한 거지. 저쪽이 가장 확률이 높아.

DASH You want to ❼_____ that tried to kill us?? 우리를 죽이려고 했던 사람들 방향으로 가고 싶다고요??

HELEN ❽_____ land... yes. 그곳이 육지라면… 응.

VIOLET You ❾_____ us to swim there?
우리가 거기까지 수영해서 가길 기대하는 거예요?

HELEN I expect you... ❿_____.
난 너희들에게 기대한다… 엄마를 믿기를.

B | 다음 빈칸을 채워 문장을 완성해 보세요.

1 나보고 그걸 믿으라고?
_____ believe that?

2 그걸 다 읽으라는 거예요?
_____ read all that?

3 내가 너를 동정해 주길 기대하는 거니?
_____ feel sorry for you?

4 그들이 협력할 거라고 기대하니?
_____ cooperate?

5 우리가 그걸 살 거라고 기대하는 거예요?
_____ that?

Run as Fast as You Can!

최대한 빠른 속력으로 뛰어!

제트기가 폭발하고 헬렌과 아이들은 추락하는데 이때 슈퍼히어로이자 세상에서 가장 강한 엄마, 헬렌이 아이들을 안고^{brace} 몸으로 낙하산을 만들어^{form into a parachute} 바다로 무사히 착수합니다^{splashdown}. 공포와 충격에 빠진 아이들을 달래는 것도 역시 엄마, 헬렌은 미사일이 발사된 곳을^{missiles' origin} 향해 이동하려고 합니다. 바다에 떨어져 작은 보트도 없는데 섬까지 어떻게 가냐고요? 헬렌이 몸을 늘려 고무보트로 변신하고^{transform} 빛처럼 빠른 대쉬의 발을 모터로^{outboard motor} 이용해 그들은 섬에 도착하는 데 성공합니다. 몸을 보트와 모터 삼아 혹사한 그들은 섬에 도착해서 완전 기진맥진하지만^{totally exhausted} 남편을 구하려면 마냥 쉬고 있을 수는 없어요. 엄마가 돌아올 때까지 얌전히 있으라는 당부와 함께 만약 뭔가 잘못되면 초능력을 쓰라고^{use powers} 합니다.

 **Warm Up!** 오늘 배울 표현   오늘 등장하는 표현들입니다. 어떤 표현이 들어가야 할지 생각해 보세요.

* _____. 이거 써라.

* _____! 내가 무슨 말 했는지는 나도 알아!

* I want you to run _____. 젖 먹던 힘까지 다해서 전속력으로 달려라.

* I'll _____ morning. 아침까지는 돌아올게.

HELEN
헬렌

Put these on.❶ Your identity is your most valuable possession. Protect it. If anything goes wrong, use your powers.

이거 써라. 너희들의 정체가 가장 소중한 자산이야. 그것을 보호해라. 혹시라도 뭔가 잘못되면, 초능력을 쓰도록 해.

VIOLET
바이올렛

But you said we should never—

하지만 엄마가 절대로 하면 안 된다고—

HELEN
헬렌

I KNOW WHAT I SAID!❷

내가 무슨 말 했는지는 나도 알아!

HELEN
헬렌

Remember the bad guys on those shows you used to watch on Saturday morning? Well, these guys are not like those guys. They won't exercise restraint because you're children. They will kill you if they get the chance. Do NOT give them that chance. Vi, I'm counting on you...

토요일 아침에 너희들이 보던 TV에 나오던 악당들 기억하지? 음, 이놈들은 그놈들하고는 달라. 이놈들은 너희들이 아이라고 해서 봐 주고 그러지 않아. 기회만 있으면 너희를 죽일 거야. 그들에게 그런 기회를 주면 안 돼. 바이, 널 믿을게…

VIOLET
바이올렛

Mom, I—

엄마, 전—

HELEN
헬렌

I'm counting on you. Be strong. Dash, if anything goes wrong, I want you to run **as fast as you can**...❸

널 믿을게. 강해져야 해. 대쉬, 혹시라도 뭔가 잘못되면 젖 먹던 힘까지 다해서 전속력으로 달려라.

DASH
대쉬

As fast as I can??

전속력으로요??

HELEN
헬렌

As fast as you can. Stay hidden. Keep each other safe. I'll **be back by morning.**❹

전속력으로. 숨어있어. 서로를 안전하게 지켜주고. 아침까지는 돌아올게.

❶ Put these on. 이거 써라.

put something on '(옷, 신발, 안경, 장갑 따위를) 입다/신다/쓰다/끼다/착용하다'의 뜻으로, 구어체적 표현이에요. wear와 동의표현으로 쓰인다고 생각할 수도 있겠지만, wear는 옷을 입는 행위를 나타내는 것이 아닌 '(옷/신발/안경 장갑 등을) 입고 있다'는 의미의 상태동사랍니다. 예를 들어, She was wearing glasses. '그녀는 안경을 끼고 있었다' 이런 식으로 말이죠.

* You need to **put on your shoes**. 신발을 신어야만 해.
* **Put these shades on** and you'll look cool. 이 선글라스를 쓰세요 그러면 멋져 보일 거예요.

❷ I KNOW WHAT I SAID! 내가 무슨 말 했는지는 나도 알아!

내가 한 말은 누구보다 내가 더 잘 아니까 상대방에게 나한테 굳이 내가 했던 말을 반복해서 알려줄 필요는 없다고 역정 낼 때 쓰는 표현이에요. 말대꾸하지 말라는 뜻으로 볼 수 있겠네요.

* A: But you told me to stay home. 하지만 나보고 집에 있으라고 했잖아요.
* B: **I know what I said!** 내가 뭐라고 했는지는 나도 알아!

❸ I want you to run as fast as you can. 젖 먹던 힘까지 다해서 전속력으로 달려라.

as fast as you can은 '최대한 빠른 속력으로/전속력으로'라는 의미인데, fast를 다른 형용사로 바꿔서 〈as + 형용사 + as you can〉 형식으로 쓰면 '최대한 노력해서/가능한 한 전력을 다해 ~하게'라는 의미로 쓸 수 있답니다. 패턴 문장으로 공부하기 딱 좋은 표현이군요. 형용사만 바꿔가며 예문을 통해 익혀볼게요. ★영화 속 패턴 익히기

❹ I'll be back by morning. 아침까지는 돌아올게.

be back by는 '~까지 돌아오다'라는 의미의 표현이에요. 뒤에 시간이 올 수도 있고, 요일이나 날짜가 올 수도 있답니다. 해석이 '~까지'라고 해서 by 대신에 until을 넣으면 안 돼요. 기한/마감 시한 등을 나타낼 때 또는 '(늦어도) ~까지는/쯤에는'이라는 의미로 쓸 때는 until이 아닌 by를 써야 한다는 것 잊지 마세요.

* **I'll try to be back by** noon. 정오까지 돌아오도록 노력해볼게.
* We'll **be back by** Friday. 우리 금요일까지는 돌아올 거야.

🎧 20-2.mp3

~ as fast as you can!

최대한 빠른 속도로 ~해라!

Step 1 기본 패턴 연습하기

1 Type **as fast as you can**! 최대한 빠른 속도로 타이핑해라!

2 Click **as fast as you can**! 최대한 빠른 속도로 클릭해라!

3 Press those buttons **as fast as you can**! 최대한 빠른 속도로 그 버튼들을 누르세요!

4 Play the guitar _____! 최대한 빠른 속도로 기타를 쳐라!

5 _____! 최대한 빠른 속도로 운전해라!

Step 2 패턴 응용하기 as + 형용사 + as you can!

1 Call me **as soon as you can**! 될 수 있는 한 최대한 빨리 전화주세요!

2 Practice **as much as you can**! 최대한 많이 연습해라!

3 Push it **as hard as you can**! 최대한 세게 눌러라!

4 Throw the ball _____! 공을 최대한 높게 던져!

5 Move _____! 최대한 먼 거리까지 이동해라!

Step 3 실생활에 적용하기

A How close do you want me to be?

B 가능한 한 최대한 가까이 가봐!

A This is the closest I can get.

A 얼마나 가까이 가길 원하는 거예요?

B Get as close as you can!

A 더 이상은 가까이 갈 수가 없어요.

정답 Step 1 4 as fast as you can 5 Drive as fast as you can Step 2 4 as high as you can 5 as far as you can

확인학습

문제를 풀며 오늘 배운 표현을 완벽히 내 것으로 만드세요.

A │ 영화 속 대화를 완성해 보세요.

HELEN ❶_____. Your identity is your ❷_____
_____. Protect it. If ❸_____, use
your powers. 이거 써라. 너희들의 정체가 가장 소중한 자산이야. 그것을 보호하라. 혹시라도
뭔가 잘못되면, 초능력을 쓰도록 해.

VIOLET But you said we should never— 하지만 엄마가 절대로 하면 안 된다고—

HELEN ❹_____! 내가 무슨 말 했는지는 나도 알아!

HELEN Remember the bad guys on those shows you
❺_____ on Saturday morning? Well, these
guys are not like those guys. They won't exercise restraint
❻_____. They will kill you if they
❼_____. Do NOT give them that chance.
Vi, I'm counting on you... 토요일 아침에 너희들이 보던 TV에 나오던 악당들
기억하지? 음. 이놈들은 그놈들하고는 달라. 이놈들은 너희들이 아이라고 해서 봐 주고 그러지 않아.
기회만 있으면 너희를 죽일 거야. 그들에게 그런 기회를 주면 안 돼. 바이, 널 믿을게…

VIOLET Mom, I— 엄마, 전—

HELEN I'm counting on you. Be strong. Dash, if anything goes
wrong, I want you to run ❾_____...
널 믿을게. 강해져야 해. 대쉬, 혹시라도 뭔가 잘못되면 젖 먹던 힘까지 다해서 전속력으로 달려라.

DASH As fast as I can?? 전속력으로요??

HELEN As fast as you can. ❾_____. Keep each
other safe. I'll ❿_____ morning.
전속력으로. 숨어있어. 서로를 안전하게 지켜주고. 아침까지는 돌아올게.

정답 A

❶ Put these on
❷ most valuable possession
❸ anything goes wrong
❹ I KNOW WHAT I SAID
❺ used to watch
❻ because you're children
❼ get the chance
❽ as fast as you can
❾ Stay hidden
❿ be back by

B │ 다음 빈칸을 채워 문장을 완성해 보세요.

1 최대한 빠른 속도로 클릭해라!
Click _____!

2 최대한 빠른 속도로 그 버튼들을 누르세요!
Press those buttons _____!

3 최대한 빠른 속도로 운전해라!
_____!

4 공을 최대한 높게 던져!
Throw the ball _____!

5 최대한 먼 거리까지 이동해라!
Move _____!

정답 B

1 as fast as you can
2 as fast as you can
3 Drive as fast as you can
4 as high as you can
5 as far as you can

Mom and Dad in Jeopardy

위기에 처한 엄마와 아빠

엘라스티걸이 미스터 인크레더블을 구하러 간 사이, 아이들은 단 둘이서^{the two of them alone} 동굴에 숨어 모닥불을^{campfire} 피우며 추위를 피하고 있네요. 평소에도 늘 토닥대던 바이올렛과 대쉬는 동굴에서도 티격태격하고^{bicker} 있군요. 대쉬가 가만히 앉아 있으려니 따분하다고 하면서 좀 둘러보고^{look around} 오겠다고 하고, 바이올렛은 지금 우리가 놀러 온 건 줄 아냐며 동생을 꾸짖습니다. 아빠, 엄마가 위험에 처해 있는데 별로 걱정도 안 되는 듯 행동하는 대쉬가 못내 못마땅한가^{displeased} 봐요. 대쉬는 바이올렛이 자신에게 어른처럼 구는 것이 마음에 안 드는 것 같고요.

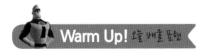 **Warm Up!** 오늘 배울 표현   오늘 등장하는 표현들입니다. 어떤 표현이 들어가야 할지 생각해 보세요.

* _____ this isn't fun... 이게 재미없는 건 아니지만…

* You think we're on vacation _____ ? 우리가 무슨 놀러 온 건 줄 아니?

* Mom and Dad's lives could be _____ . 엄마와 아빠의 목숨이 위태로울 수도 있어.

* _____ . 그만하자.

DASH
대쉬

Welp, **not that** this isn't fun... but I'm gonna go look around. ❶

뭐, 이게 재미없는 건 아니지만… 난 가서 주변 좀 살피고 올게.

VIOLET
바이올렛

What do you think is going on here? You think we're on vacation **or something?** ❷ Mom and Dad's lives could be **in jeopardy.** ❸ Or worse... their marriage.

너 지금 우리가 뭘 하고 있다고 생각하고 있는 거니? 우리가 무슨 놀러 온 건 줄 아니? 엄마와 아빠의 목숨이 위태로울 수도 있어. 그 정도가 아니라… 그들의 결혼 생활이.

DASH
대쉬

Their marriage? So... the bad guys are trying to wreck Mom's and Dad's marriage??

그들의 결혼 생활? 그러니까… 악당들이 엄마와 아빠의 결혼 생활을 망쳐놓으려고 한단 말이야??

VIOLET
바이올렛

Forget it. ❹ You're so immature.

그만하자. 넌 정말 철이 없구나.

DASH
대쉬

Okay, I'm gonna go look around.

알았어. 난 주변 좀 돌아보고 올게.

VIOLET
바이올렛

Mom said to stay hidden.

엄마가 숨어있으라고 했어.

DASH
대쉬

I'm not gonna leave the cave. Sheesh!

동굴 밖으로는 안 나갈 거야. 쳇!

❶ **Not that this isn't fun...** 이게 재미없는 건 아니지만…

〈not that + 부정문〉은 '~가 아닌 것은 아니지만'이라는 뜻으로 쓰는 문장이에요. 원래는 not that 앞에 It's가 붙어서 It's not that으로 시작하는 문장인데, 구어체에서는 It's가 생략되는 경우가 많답니다. Not that 뒤에 긍정문이 오면 '~한/인 것은 아니지만'이라고 해석할 수 있어요. 어떻게 활용되는지는 패턴 문장으로 더 자세히 살펴볼게요.

★ 영화 속 패턴 익히기

❷ **You think we're on vacation or something?** 우리가 무슨 놀러 온 건 줄 아니?

휴가 중인 것을 표현할 때는 on (a) vacation이라고 표현해요. 전치사가 on이라는 것을 잊지 마세요. 그리고 문장의 끝에 or something이 들어가면 '뭐 그런 거 (비슷한 거)' 정도로 해석할 수 있어요. or something 뒤에 like that을 붙여서 or something like that이라고 해도 같은 의미가 된답니다.

＊ Are you okay? Do you need help **or something**? 괜찮으세요? 뭐 혹시 도움이 필요하시거나 그런 건가요?
＊ The girl's name was Jenny or Jamie **or something** like that.
  그 여자아이 이름이 제니였나 제이미였나 뭐 그런 이름 비슷한 거였어.

❸ **Mom and Dad's lives could be in jeopardy.** 엄마와 아빠의 목숨이 위태로울 수도 있어.

jeopardy는 '위험/위기/위태로운 상황'이라는 의미로, 앞에 in을 넣어, in jeopardy라고 표현할 때가 많은데, 이 표현은 '위기에 처한'이라는 뜻으로 해석할 수 있겠어요. Jeopardy의 철자가 어려우니 틀리지 않게 유의해서 외워주세요. 비슷한 상황에서 in danger '위험에 처한'이라고 쓸 수도 있답니다.

＊ Our future is **in jeopardy**. 우리의 미래가 위태로워.
＊ Their marriage is **in jeopardy**. 그들의 결혼 관계가 위태로워.

❹ **Forget it.** 그만하자.

중요하지 않으니 걱정하지 말라는 뜻이나 상대방이 말을 못 알아들어 답답해서 더 이상 얘기 나누기 힘드니 그만두자고 할 때 '됐어!', '관두자!'라는 의미로 Forget it! 이라는 표현을 쓴답니다.

＊ **Forget it.** I don't need your help. 됐다. 네 도움은 필요 없다.
＊ **Forget it.** We'll never make it in time. 그만 됐다. 어차피 시간 안에 절대 못 도착할 거야.

🎧 21-2.mp3

(It's) not that + 부정문

~가 아닌 것은 아니지만

Step 1 기본 패턴 연습하기

1 **Not that I don't** like it, but don't you think it's a little too much?
마음에 안 든다는 건 아니지만, 이건 조금 너무 심한 것 같지 않아요?

2 **It's not that this isn't** good, but it's just not good enough.
이게 안 좋다는 건 아닌데, 만족스러울 정도로 좋지는 않네.

3 **Not that you're not** smart, but I don't think you're experienced enough for the job. 네가 똑똑하지 않다는 건 아닌데, 아무래도 이 일을 하기엔 네가 경험이 충분한 것 같지가 않네.

4 .... trust you, it's just we have to make sure that this program is safe. 당신을 못 믿는 건 아니지만, 우리는 단지 이 프로그램이 안전한지 확실하게 확인해야 해서요.

5 .... like you, but it's just that he doesn't trust anyone.
그가 널 좋아하지 않는 건 아니지만, 그가 지금은 아무도 못 믿어서 그래.

Step 2 패턴 응용하기   not that + 긍정문

1 **Not that this is** bad, but it's just not what I wanted. 이게 나쁜 건 아니지만, 내가 원했던 것이 아니라서.

2 **It's not that you are** wrong, but we need more information.
네가 틀렸다는 얘기는 아니지만, 우린 정보가 좀 더 필요해.

3 **Not that they asked**, but I'd like to give them some advice.
그들이 요청하진 않았지만, 내가 그들에게 조언을 좀 해주고 싶네.

4 .... bossy, but somehow I have a hard time getting along with her. 그녀가 권위적인 것은 아닌데, 왠지 같이 잘 지내기가 힘드네.

5 .... thrilled to be single, but he's not really looking for a relationship, either. 그는 싱글인 것을 즐기는 것은 아닌데, 누구를 사귀려고 하지도 않아.

Step 3 실생활에 적용하기

A I thought you wanted this prize.

B 원하지 않는 것은 아닌데, 내가 그걸 받을 자격이 없는 것 같아서 그래.

A Trust me, you do deserve it.

A 난 네가 이 상을 받고 싶어 하는 줄 알았는데.

B Not that I don't want it, it's just that I don't think I deserve it.

A 내 말 믿어, 넌 충분히 자격이 있어.

정답　Step 1 4 Not that we don't 5 It's not that he doesn't　Step 2 4 Not that she is 5 Not that he is

110

확인학습

문제를 풀며 오늘 배운 표현을 완벽히 내 것으로 만드세요.

A | 영화 속 대화를 완성해 보세요.

DASH Welp, ❶_____ this isn't fun... but I'm gonna go ❷_____. 뭐, 이게 재미없는 건 아니지만… 난 가서 주변 좀 살피고 올게.

VIOLET What do you think is ❸_____? You think we're on vacation ❹_____? Mom and Dad's lives could be ❺_____. Or worse... their marriage.
너 지금 우리가 뭘 하고 있다고 생각하고 있는 거니? 우리가 무슨 놀러 온 건 줄 아니? 엄마와 아빠의 목숨이 위태로울 수도 있어. 그 정도가 아니라… 그들의 결혼 생활이.

DASH Their marriage? So... the bad guys are ❻_____ Mom's and Dad's marriage??
그들의 결혼 생활? 그러니까… 악당들이 엄마와 아빠의 결혼 생활을 망쳐놓으려고 한단 말이야??

VIOLET ❼_____. You're so ❽_____.
그만하자. 넌 정말 철이 없구나.

DASH Okay, I'm gonna go look around. 알았어. 난 주변 좀 돌아보고 올게.

VIOLET ❾_____ stay hidden. 엄마가 숨어있으라고 했어.

DASH I'm not gonna ❿_____. Sheesh! 동굴 밖으로는 안 나갈 거야. 쳇!

B | 다음 빈칸을 채워 문장을 완성해 보세요.

1 마음에 안 든다는 건 아니지만, 이건 조금 너무 심한 것 같지 않나요?
_____ like it, but don't you think it's a little too much?

2 이게 안 좋다는 건 아닌데, 만족스러울 정도로 좋지는 않네.
_____ good, but it's just not good enough.

3 네가 똑똑하지 않다는 건 아닌데, 아무래도 이 일을 하기엔 네가 경험이 충분한 것 같지가 않네.
_____ smart, but I don't think you're experienced enough for the job.

4 이게 나쁜 건 아니지만, 내가 원했던 것이 아니라서.
_____ bad, but it's just not what I wanted.

5 그들이 요청하진 않았지만, 내가 그들에게 조언을 좀 해주고 싶네.
_____, but I'd like to give them some advice.

The First Encounter Between Mirage and Helen

미라지와 헬렌의 첫 번째 만남

엘라스티걸이 미스터 인크레더블이 갇혀 있는^{confined} 곳에 우여곡절 끝에 도착했습니다. 그때 미스터 인크레더블이 미라지를 안고 있는 모습을 목격하고 엘라스티걸은 미라지의 턱을 강타합니다^{cracks across her jaw}. 목숨 걸고 남편을 구하러 왔는데 그런 모습을 보니 화가 날 만하죠. 그런데 사실은^{as a matter of fact} 이건 작은 오해였네요. 가족이 죽은 줄만 알았던 미스터 인크레더블이 미라지를 공격하려는데, 그녀가 가족이 무사하다는 사실을 알려주자 기쁨에 겨워 안은^{embrace} 상황이었답니다. 오해를 풀고 재회의 기쁨을 맛보는 것도 잠시, 아이들이 위험에 빠졌다는 사실에 엄마 아빠는 급히 그들을 구하러 달려갑니다.

 **Warm Up!** 오늘 배울 표현   오늘 등장하는 표현들입니다. 어떤 표현이 들어가야 할지 생각해 보세요.

* _____ Mrs. Incredible's wife.   당신이 미스터 인크레더블의 아내로군요.
* _____ me.   이거 놔요.
* They _____ triggered the alert.   그들이 경보장치를 작동되게 했을 수도 있어요.
* _____ get going.   어서 가보셔야 해요.

BOB
밥

Helen--?

헬렌—?

MIRAGE
미라지

Hello! **You must be** Mrs. Incr—❶

안녕하세요! 당신이 미스터 인크레-

BOB
밥

She was helping me to escape—

그녀는 내가 탈출할 수 있도록 돕고 있었어요—

HELEN
헬렌

No, that's what I was doing!

아니요, 그건 내가 하고 있던 일이죠!

HELEN
헬렌

Let go of me—❷ LET GO-- you lousy, lying, unfaithful, creep, I—

이거 놔요— 놓으라고요— 이런 못된, 거짓말하고, 바람 피는, 재수 없는 놈. 난—

BOB
밥

How could I betray the perfect woman?

이렇게 완벽한 여자를 내가 어떻게 배신하겠어요?

HELEN
헬렌

Oh, you're referring to me now...

오, 지금 내 얘기하는 거예요…

BOB
밥

Where are the kids?

아이들은 어디 있어요?

MIRAGE
미라지

They **might've** triggered the alert.❸ Security's been sent into the jungle. **You'd better** get going.❹

아이들이 경보장치를 작동하게 했을 수도 있어요. 보안 요원들이 정글에 투입됐어요. 어서 가보셔야 해요.

HELEN
헬렌

What?? Now our kids are in danger??

뭐라고?? 이젠 우리 아이들이 위험에 처했다는 거야??

BOB
밥

If you suspected danger, why'd you bring them?

위험을 예상했다면 아이들은 왜 데려온 거예요?

HELEN
헬렌

I didn't bring them; they stowed away! And I don't think you're striking the proper tone here–

내가 데려온 게 아니에요, 게네들이 몰래 탄 거라고요! 그리고 당신 말투가 좀 불손한 것 같군요–

❶ You must be Mrs. Incredible's wife. 당신이 미스터 인크레더블의 아내로군요.

처음 만난 사람이지만 친구나 지인을 통해 이미 상대방에 대한 이야기를 들어서 이름을 알고 있을 때는 〈You must be + 이름〉을 쓴답니다. '당신이 ~(씨)로군요'라고 해석하면 되겠어요.

* A: Hi, **you must be** Judie. 안녕, 네가 주디로구나.
* B: Hi, **you must be** Helen. 안녕, 네가 헬렌이로구나.

❷ Let go of me. 이거 놔요.

let go of something/someone은 '(쥐고 있던 것을, 손에 쥔 것을) 놓다'라는 뜻이에요. '~을 놔라'라는 뜻으로 주로 명령형으로 많이 쓰이지요.

* **Let go of** my son's hand! 내 아들의 손을 놔라!
* **Let go of** my shirt! 내 셔츠 놔라!

❸ They might've triggered the alert. 그들이 경보장치를 작동하게 했을 수도 있어요.

문장에서 〈might have + 과거분사〉가 나오면 '(아마도) ~했을 수도 있다' 또는 '~였을/했을 지도 모르겠다'는 뜻으로 해석할 수 있겠어요. 축약형으로 might have를 might've로 표기하는 경우가 많은데, 발음할 때는 '마이르브'로 해주세요.

* That **might've** been the sign. 그게 신호였을 수도 있어요.
* I **might've** missed your email. 당신이 보낸 이메일을 제가 못 봤을 수도 있어요.

❹ You'd better get going. 어서 가보셔야 해요.

이 문장의 시작 부분에 있는 You'd better에서 ~'d 부분은 had를 줄인 것이에요. 〈had better + 동사〉 패턴은 꼭 그래야 한다는 의도를 담아 '~하는 것이 좋을 거야'라는 의미로 쓰이는 표현이지요. 예를 들어, You'd better go home. '집에 가는 게 좋을 거야' 이렇게 쓸 수 있답니다. 뒤에 not을 넣어 You'd better not ~이라고 하면 '~하지 않는 게 좋을 거야'라는 뜻이 되고요.

★영화 속 패턴 익히기

영화 속 패턴 익히기

오늘 배운 장면에서 뽑은 핵심 패턴으로 다양한 표현을 만들어 보세요.

🎧 22-2.mp3

You'd better ~   ~하는 것이 좋을 거야.

Step 1 기본 패턴 연습하기

1 **You'd better** believe it. 이걸 믿는 게 좋을 거야.

2 **You'd better** show up. 거기에 나타나는 게 좋을 거야.

3 **You'd better** take it more seriously. 이걸 좀 더 진지하게 받아들이는 게 좋을 거야.

4 _____ this at night than in the morning. 이건 오전보다는 밤에 마셔야 해요.

5 _____ that file. 그 파일을 삭제하는 게 좋을 거야.

Step 2 패턴 응용하기   You'd better not

1 **You'd better not** cry. 울지 않는 게 좋을 거야.

2 **You'd better not** say anything. 아무 말도 안 하는 게 좋을 거야.

3 **You'd better not** tell her about it. 그녀에게 이 얘긴 안 하는 게 좋을 거야.

4 _____ mess with me. 나한테 까불지 않는 게 좋을 거야.

5 _____ him any more money. 그에게 더 이상은 돈을 빌려주지 않는 것이 좋을 거야.

Step 3 실생활에 적용하기

A 내 여동생에게 잘하는 게 좋을 거야.

B No worries. I'm always nice to her.

A Don't be too nice!

A You'd better be good to my little sister.

B 걱정 마요. 난 항상 그녀에게 잘해주니까요.

A 너무 잘해주진 말고!

정답 Step 1 4 You'd better drink 5 You'd better delete   Step 2 4 You'd better not 5 You'd better not lend

115

확인학습

문제를 풀며 오늘 배운 표현을 완벽히 내 것으로 만드세요.

A | 영화 속 대화를 완성해 보세요.

BOB Helen--? 헬렌—?

MIRAGE Hello! ❶_____ Mrs. Incr— 안녕하세요! 당신이 미스터 인크레-

BOB She was ❷_____— 그녀는 내가 탈출할 수 있도록 돕고 있었어요—

HELEN No, that's ❸_____! 아니요, 그건 내가 하고 있었던 일이죠!

HELEN ❹_____ me— LET GO-- you lousy, lying, ❺_____, creep, I— 이거 놔요— 놓으라고요— 이런 못된, 거짓말하고, 바람 피는, 재수 없는 놈, 난—

BOB How could I betray the ❻_____? 이렇게 완벽한 여자를 내가 어떻게 배신하겠어요?

HELEN Oh, you're referring to me now... 아이고, 지금 내 얘기하는 거예요…

BOB Where are the kids? 아이들은 어디 있어요?

MIRAGE They ❼_____ triggered the alert. Security's been sent into the jungle. ❽_____ get going. 아이들이 경보장치를 작동되게 했을 수도 있어요. 보안 요원들이 정글에 투입됐어요. 어서 가보셔야 해요.

HELEN What?? Now our kids are ❾_____?? 뭐라고?? 이젠 우리 아이들이 위험에 처했다는 거야??

BOB If you suspected danger, why'd you bring them? 위험을 예상했다면 아이들은 왜 데려온 거예요?

HELEN I didn't bring them; they ❿_____! And I don't think you're striking the proper tone here– 개네들이 몰래 탄 거라고요! 그리고 당신 말투가 좀 불손한 것 같군요–

정답 A

❶ You must be

❷ helping me to escape

❸ what I was doing

❹ Let go of

❺ unfaithful

❻ perfect woman

❼ might've

❽ You'd better

❾ in danger

❿ stowed away

B | 다음 빈칸을 채워 문장을 완성해 보세요.

1 이걸 믿는 게 좋을 거야.

_____ believe it.

2 이걸 좀 더 진지하게 받아들이는 게 좋을 거야.

_____ take it more seriously.

3 그 파일을 삭제하는 게 좋을 거야.

_____ that file.

4 울지 않는 게 좋을 거야.

_____ cry.

5 그녀에게 이 얘긴 안 하는 게 좋을 거야.

_____ tell her about it.

정답 B

1 You'd better

2 You'd better

3 You'd better delete

4 You'd better not

5 You'd better not

I'm Just Happy You Are Alive

난 당신이 살아있어서 그저 기쁠 뿐이에요

감금된 곳에서 탈출해^{break free} 아이들을 찾기 위해 정글을 뛰어다니는 엘라스티걸과 미스터 인크레더블. 함께 뛰면서 밥이 헬렌에게 자기가 해고당한 것을 미리 말하지^{tell he in advance} 못해서 미안하다고 사과합니다. 걱정을 끼치고 싶지 않아서였다고 털어놓네요. 헬렌은 걱정을 끼치기 싫어하는 사람이 지금 이 고생을 하게^{go through hardships} 만드냐고 투덜댑니다. 밥은 헬렌은 아무리 시비 걸고^{pick a fight} 잔소리해도 그녀가 살아있다는 사실이 너무나도 감사하고 행복할 따름이에요.

 **Warm Up!** 오늘 배울 표현   오늘 등장하는 표현들입니다. 어떤 표현이 들어가야 할지 생각해 보세요.

*   **Mom said?** 엄마가 했던 말 기억해?

*   **I was fired.** 난 해고 당했다고 당신에게 얘기를 했어야만 했어요.

* **And now we're running for our lives through some**   **jungle!**
  그래서 지금 우리가 이런 끔찍한 정글 속에서 살아남기 위해 뛰고 있는 거잖아요!

* **You keep trying to**   . 당신은 계속 시비를 걸려고 하고 있다.

VIOLET 바이올렛	Dash. **Remember what** Mom said?❶ 대쉬. 엄마가 했던 말 기억해?
DASH 대쉬	What...? 뭘…?
LEAD GUARD 경비 대장	Stop talking! 말하지 마!
VIOLET'S VOICE 바이올렛의 목소리	Dash!! RUN!! 대쉬!! 뛰어!!
GUARD #2 경비 #2	They're SUPERS! 슈퍼히어로들이다!
LEAD GUARD 경비 대장	GET THE BOY! 꼬마 녀석을 잡아!
LEAD GUARD 경비 대장	Show yourself! 모습을 드러내라!
DASH 대쉬	AGGCCHH!!! 으아아아!!!
DASH 대쉬	Achpppt!! PtTHWAAAGH! PTHPT! 에퉤퉤퉤!! 프퉤웩! 페퉤!
BOB 밥	**I should've told you** I was fired, I admit it, but I didn't want you to worry--❷ 해고 당했다고 당신에게 얘기를 했어야만 했어요, 나도 인정해요, 하지만 당신에게 걱정을 끼치고 싶지 않았어요—
HELEN 헬렌	You didn't want me to worry?? And now we're running for our lives through some **godforsaken** jungle!❸ 걱정을 끼치고 싶지 않았다고요?? 그래서 지금 우리가 이런 끔찍한 정글 속에서 살아남기 위해 뛰고 있는 건가요!
BOB 밥	You keep trying to **pick a fight**, but I'm still just happy you're alive--❹ 당신은 계속 시비를 걸려고 하고 있지만, 난 당신이 살아있다는 것에 그저 행복할 뿐이에요—

❶ **Remember what Mom said?** 엄마가 했던 말 기억해?

구어체에서 '~했던 거 기억해/기억나?'라고 할 때는 문장을 Remember로 시작해요. 완전한 문장으로 쓰면 Do you remember로 시작해야 하지만 Do you가 없어도 문장을 이해하는 데 전혀 지장을 주지 않기 때문에 구어체에서는 생략해서 쓰는 경우가 아주 많답니다.

* **Remember what** happened last night at the party? 어젯밤에 파티에서 일어났던 일 기억나?
* **Remember what** we did last summer? 지난여름에 우리가 했던 일 기억나?

❷ **I should've told you I was fired.** 난 해고 당했다고 당신에게 얘기를 했어야만 했어요.

'should've + 과거분사'는 '~을 했어야만 했다'라는 의미로 일어나지 않은 일 또는 하지 못한 일에 대한 후회나 유감을 드러낼 때 쓰는 표현이에요. 이 표현을 패턴으로 연습해 볼 텐데, 너무 광범위할 수 있으니 여기에서는 I should've told you '난 너에게 ~을 말해줬어야만 했다'와 You should've told me '넌 나에게 ~을 말해줬어야만 했다' 형식을 집중적으로 연습하도록 할게요.

★ 영화 속 패턴 익히기

❸ **And now we're running for our lives through some godforsaken jungle!**
그래서 지금 우리가 이런 끔찍한 정글 속에서 살아남기 위해 뛰고 있는 건가요!

godforsaken은 '신도 버린, 재미없는, 우울한'이라는 의미의 형용사예요. 이 단어의 뒷부분에 있는 forsake는 격식 차린 표현으로 '(특히 책임져야 할 대상을) 져버리다, 버리다'라는 의미랍니다. God와 합쳐지면서 '신도 버린'이라는 뜻이 되고, 결과적으로 그만큼 재미없고, 우울하고, 참혹하고, 끔찍한 것을 묘사할 때 쓰는 단어랍니다.

* I can't stand living in this **godforsaken** city. 이 우울한 도시에서 난 더 이상 못 살겠다.
* I regret having wasted my valuable time watching that **godforsaken** TV show.
  그 하나도 재미없는 방송을 보느라 내 소중한 시간을 낭비한 게 후회된다.

❹ **You keep trying to pick a fight.** 당신은 계속 시비를 걸려고 하고 있다.

pick a fight는 '싸움/시비를 걸다'라는 뜻이에요. 관용적으로 쓰는 표현이니 pick을 '걸다'라고 따로 외울 생각은 하지 마세요. 같은 의미로 start a fight라고 쓰는 경우도 있답니다.

* Are you trying to **pick a fight** with me? 너 나한테 시비 거는 거니?
* It looks like he's trying to **pick a fight**. 그가 시비를 걸려고 하는 것 같네.

영화 속 패턴 익히기 오늘 배운 장면에서 뽑은 핵심 패턴으로 다양한 표현을 만들어 보세요.

🎧 23-2.mp3

I should've told you ~

내가 ~라고 너에게 말해줬어야 했다.

Step 1 기본 패턴 연습하기

1 **I should've told you** about Roger. 내가 로저에 대해서 너에게 말해줬어야만 했는데.

2 **I should've told you** about that sooner. 그것에 대해서 좀 더 일찍 너에게 말해줬어야 하는 건데.

3 **I should've told you** beforehand. 미리 너에게 말했어야 하는 건데.

4 _____ how I feel. 내 감정에 대해서 너에게 말했어야 하는 건데.

5 This is _____ long ago.
이건 지금보다 훨씬 더 전에 너에게 이미 말했어야 하는 이야기야.

Step 2 패턴 응용하기 You should've told me ~

1 **You should've told me** earlier. 더 일찍 나에게 말했어야지.

2 **You should've told me** I was wrong. 내가 틀렸다고 말해줬어야 했어.

3 **You should've told me** he was here. 그가 여기에 있다고 말해줬어야지.

4 _____ weren't happy. 네가 행복하지 않다고 내게 말했어야 했어.

5 _____ want to go. 가고 싶지 않다고 얘기했어야지.

Step 3 실생활에 적용하기

A Why didn't tell me that you had a girlfriend?

B I'm sorry. 진작에 너한테 말을 했어야 하는 건데.

A Oh, no.

A 너 여자친구 있다고 왜 말을 안 했니?

B 미안해. I should've told you about that sooner.

A 오, 이런.

정답 Step 1 4 I should've told you 5 something I should've told you Step 2 4 You should've told me you 5 You should've told me you didn't

120

문제를 풀며 오늘 배운 표현을 완벽히 내 것으로 만드세요.

A | 영화 속 대화를 완성해 보세요.

VIOLET	Dash. ❶_____ Mom said?
	대쉬. 엄마가 했던 말 기억해?
DASH	What...? 뭘…?
LEAD GUARD	❷_____! 말하지 마!
VIOLET'S VOICE	Dash!! RUN!! 대쉬!! 뛰어!!
GUARD #2	They're SUPERS! 슈퍼히어로들이다!
LEAD GUARD	❸_____! 꼬마 녀석을 잡아!
LEAD GUARD	❹_____! 모습을 드러내라!
DASH	AGGCCHH!!! 으아아아!!!
DASH	Achpppt!! PtTHWAAAGH! PTHPT! 에퉤퉤페!! 프뛰웩! 페퉤!
BOB	❺_____ I was fired, ❻_____ _____, but I didn't want you to worry--
	해고 당했다고 당신에게 얘기를 했어야만 했어요. 나도 인정해요. 하지만 당신에게 걱정을 끼치고 싶지 않았어요—
HELEN	You didn't ❼_____?? And now we're ❽_____ our lives through some ❾_____ jungle! 걱정을 끼치고 싶지 않았다고요?? 그래서 지금 우리가 이런 끔찍한 정글 속에서 살아남기 위해 뛰고 있는 건가요!
BOB	You keep trying to ❿_____, but I'm still just happy you're alive-- 당신은 계속 시비를 걸려고 하고 있지만, 난 당신이 살아있다는 것에 그저 행복할 뿐이에요—

정답 A

❶ Remember what
❷ Stop talking
❸ GET THE BOY
❹ Show yourself
❺ I should've told you
❻ I admit it
❼ want me to worry
❽ running for
❾ godforsaken
❿ pick a fight

B | 다음 빈칸을 채워 문장을 완성해 보세요.

1 내가 로저에 대해서 너에게 말해줬어야만 했는데.

_____ about Roger.

2 그것에 대해서 좀 더 일찍 너에게 말해줬어야 하는 건데.

_____ about that sooner.

3 내 감정에 대해서 너에게 말했어야 하는 건데.

_____ how I feel.

4 네가 행복하지 않다고 내게 말했어야 했어.

_____ weren't happy.

5 가고 싶지 않다고 얘기했어야지.

_____ want to go.

정답 B

1 I should've told you
2 I should've told you
3 I should've told you
4 You should've told me you
5 You should've told me you didn't

121

The Greatest Adventure of Mr. Incredible

미스터 인크레더블의 가장 위대한 모험

인크레더블 가족이 신드롬에게 결국 붙잡혀 감금실에 모두 꼼짝없이 매달려 있어요^{dangle}. 잠시 신드롬이 나간 사이 미스터 인크레더블이 회한에 젖어^{become remorseful} 자기 행동이 얼마나 어리석었는지^{how foolish he was} 과거의 영광에^{the glory of the past} 대한 미련을 못 버려서 그동안 가족에게 더 관심을 두지 못하고 모두를 위험에 빠트린 것을 후회합니다^{regret}. 아이들이 자신에게 가장 위대한 모험인데^{greatest adventure} 그것을 깨닫지 못하고 다른 곳에서 자기 삶의 의미를 찾으려고 했다고 말이에요. 가족 모두 묶여있는 상태라 이제 구해 줄 사람도 없는데, 인크레더블 가족은 이 위기를 극복할 수 있을까요?

Warm Up! 오늘 배울 표현

오늘 등장하는 표현들입니다. 어떤 표현이 들어가야 할지 생각해 보세요.

* I was so _____ being undervalued that I undervalued all of you.
  내가 스스로 저평가되고 있다는 생각에 사로잡혀서 너희들 모두를 저평가했어.

* I was so _____ the past. 내가 너무 과거에 얽매였었어.

* _____ I'm gonna get us out of this. 맹세코 내가 우리 가족을 여기서 구해낼 거야.

* _____ wind down now. 이젠 좀 멈춰야 할 때야.

BOB
밥

I'm sorry.

미안하구나.

BOB
밥

This is my fault. I've been a lousy father. Blind... to what I have.

내 잘못이야. 난 형편없는 아버지였어. 보지 못했어… 내가 가진 것을.

BOB
밥

So **obsessed with** being undervalued that I undervalued all of you. ❶

스스로 저평가되고 있다는 생각에 사로잡혀서 너희들 모두를 저평가했어.

DASH
대쉬

Dad—

아빠—

HELEN
헬렌

Sh! Don't interrupt.

쉿! 말씀하시는데 끊지 마.

BOB
밥

So **caught up in** the past that I, I— you are my greatest adventure. And I almost missed it. ❷

과거에 너무 얽매여서 내가, 내가— 너희들이 나의 가장 위대한 모험이야. 그런데 난 그걸 거의 잊고 살았어.

BOB
밥

I swear I'm gonna get us out of this if-- ❸

맹세코 내가 우리 가족을 여기서 구해낼 거야 만약—

VIOLET
바이올렛

Well. I think Dad has made some excellent progress today. But **it's time to** wind down now-- ❹

음. 제 생각에 아빠가 오늘 아주 많이 발전하셨네요. 그런데 이제 좀 슬슬 멈춰 주셔야겠는데요—

BOB
밥

We need to get back to the mainland.

육지로 돌아가야 해.

HELEN
헬렌

I saw an aircraft hangar on my way in. Straight ahead, I think--

이쪽으로 들어오다가 비행기 격납고를 봤어요. 쭉 직진하면 나올 것 같아요—

BOB
밥

Where are all the guards? Go... go!

경비들이 다 어디 간 거지? 가… 가라고!

❶ **I was so obsessed with being undervalued that I undervalued all of you.**
내가 스스로 저평가되고 있다는 생각에 사로잡혀서 너희들 모두를 저평가했어.

be obsessed with something/someone은 '~에 집착하다/사로잡히다'라는 의미예요. obsess라는 단어가 눈에
띄는데, 이 동사를 명사로 쓰면 obsession '집착'이 됩니다.

✵ I think you are **obsessed with** your dog. 넌 네 강아지에게 집착하는 것 같아.

✵ Don't waste your life being **obsessed with** material things! 물질적인 것에 집착하며 인생을 허비하지 말아라!

❷ **I was so caught up in the past.**   내가 너무 과거에 얽매였었어.

〈be/get + caught up in ~〉은 ~에 휘말린/사로잡힌/휩쓸린/얽매인'이라는 의미로 쓰이는 표현이에요. 예를
들어, Jack is caught up in a fantasy. '잭은 환상에 사로잡혔다' 이렇게 쓸 수 있어요. 상황과 문맥에 맞추어 조금
더 확장해서 보면 '~에 꽉 붙잡히다/갇히다/푹 빠지다' 등의 의미로 해석해야 더 자연스러운 경우도 많아요.

★ 영화 속 패턴 익히기

❸ **I swear I'm gonna get us out of this.**   맹세코 내가 우리 가족을 여기서 구해낼 거야.

swear를 '욕(설)하다'라고 알고 있는 사람들도 많겠지만, 그 의미 이외로 swear는 '맹세하다, 서약하다'라는 뜻으로도
자주 쓰여요. '맹세코 난 ~했다'라고 할 때, 'I swear + that절'을 쓰는데, that은 생략하는 경우가 많답니다.

✵ **I swear** I didn't tell him. 맹세코 그에게 말하지 않았어.

✵ **I swear** I mean it. 맹세코 진심이야.

❹ **It's time to wind down now.**   이젠 좀 멈춰야 할 때야.

상대방에게 '이제 ~할 시간/때가 되었다'고 알리거나 경고할 때 〈It's time to + 동사〉 형식의 문장을 써요. 뒤에
명사형을 붙여서 It's time for bed. '잠잘 시간이야', 또는 It's time for dinner '저녁 먹을 시간이야'와 같이 표현할
수도 있어요.

✵ **It's time to** go to bed now. 이제 잠자리에 들 시간이야.

✵ **It's time to** call it a day. 이제 오늘 일정을 마무리할 때야.

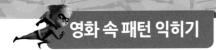

영화 속 패턴 익히기

오늘 배운 장면에서 뽑은 핵심 패턴으로 다양한 표현을 만들어 보세요.

🎧 24-2.mp3

be동사 + caught up in ~

~에 휘말리다/푹 빠지다.

Step 1 기본 패턴 연습하기

1 Chris **is caught up in** his work. 크리스는 직장 일에 붙잡혔어.

2 My parents **are caught up in** a new TV drama series. 우리 부모님께서는 새 TV 드라마에 푹 빠지셨어.

3 We **were caught up in** a heavy storm. 우린 거센 폭풍우에 휘말렸었다.

4 ------------------------------ the turmoil in China. 그들은 중국의 혼란한 상황에 휘말렸다.

5 ------------------------------ a nasty lawsuit. 그 배우는 끔찍한 소송에 휘말렸어.

Step 2 패턴 응용하기 get caught up in ~

1 I **got caught up in** traffic. 난 교통체증에 꼼짝 못 하고 갇혔어.

2 Don't **get caught up in** your feelings! 감정에 얽매이지 말아라!

3 Don't **get too caught up in** the details! 사소한 세부사항에 너무 얽매이지 말아라!

4 ------------------------------ a confrontation between protesters and police.
   우리는 시위대와 경찰의 대치 상황에 갇혔다.

5 ------------------------------ the moment and didn't realize what they were doing.
   그들은 순간 기분에 휩쓸려서 자신들이 뭘 하고 있는지 깨닫지 못했다.

Step 3 실생활에 적용하기

A I wish I studied harder in school.

B 과거에 얽매이지 말아라!

A You're right. I should focus on today.

A 학교 다닐 때 더 열심히 공부할걸.

B Don't get caught up in the past!

A 네 말이 맞아. 현재에 집중해야지.

정답 Step 1 4 They are caught up in 5 That actor is caught up in Step 2 4 We got caught up in 5 They got caught up in

A | 영화 속 대화를 완성해 보세요.

BOB I'm sorry. 미안하구나.

BOB This is ❶_____. I've been a ❷_____. Blind... to what I have. 내 잘못이야. 난 형편없는 아버지였어, 보지 못했어… 내가 가진 것을.

BOB So ❸_____ being undervalued that I undervalued all of you. 스스로 저평가되고 있다는 생각에 사로잡혀서 너희들 모두를 저평가했어.

DASH Dad— 아빠—

HELEN Sh! ❹_____. 쉬! 말씀하시는데 끊지 마.

BOB So ❺_____ the past that I, I-- --you are my greatest adventure. And I almost missed it. 과거에 너무 얽매여서 내가, 내가 ——너희들이 나의 가장 위대한 모험이야. 그런데 난 그걸 거의 잊고 살았어.

BOB ❻_____ I'm gonna get us out of this if-- 맹세코 내가 우리 가족을 여기서 구해낼 거야 만약—

VIOLET Well. I think Dad has made some ❼_____ today. But ❽_____ wind down now-- 음. 제 생각에 아빠가 오늘 아주 많이 발전하셨네요. 그런데 이제 좀 슬슬 멈춰 주셔야겠는데요—

BOB We need to get back to the ❾_____. 육지로 돌아가야 해.

HELEN I saw an aircraft hangar on my way in. ❿_____, I think-- 이쪽으로 들어오다가 비행기 격납고를 봤어요. 쭉 직진하면 나올 것 같아요—

BOB Where are all the guards? Go... go! 경비들이 다 어디 간 거지? 가… 가라고!

B | 다음 빈칸을 채워 문장을 완성해 보세요.

1 우리 부모님께서는 새 TV 드라마에 푹 빠지셨어.
My parents _____ a new TV drama series.

2 우린 거센 폭풍우에 휘말렸었다.
We _____ a heavy storm.

3 그 배우는 끔찍한 소송에 휘말렸어.
_____ a nasty lawsuit.

4 사소한 세부사항에 너무 얽매이지 말아라!
Don't _____ the details!

5 그들은 순간 기분에 휩쓸려서 자신들이 뭘 하고 있는지 깨닫지 못했다.
_____ the moment and didn't realize what they were doing.

The Greater Good

공공의 이익

인크레더블 가족이 신드롬의 화산섬에서^{volcanic island} 아직 벗어나지 못한 가운데, 신드롬은 자기가 만든 거대로봇^{gigantic robot} 옴니드로이드를 이용해 시내에서 마구 건물을 부수고 사람들을 공격하며 난동을 부리고^{rampage} 다닙니다. 미스터 인크레더블의 친구인 슈퍼히어로 프로존이 그 모습을 보고 출동준비를 하네요. 오늘은 아내와 두 달 전부터 계획했던 데이트가 있는 날인데, 그것이 지금 그의 머리에 들어올 리가 없죠. 프로존의 아내는 오늘 데이트 약속은 절대 포기할 수 없다며 출동을 만류합니다. 그는 공공의 이익을^{the greater good} 위한 것이라며 이보다 더 중요한 일은 없다고 하고, 아내는 세상에 자신의 아내보다 더 중요한 게 어디에 있냐며 화를 냅니다^{be infuriated}.

 **Warm Up!** 오늘 배울 표현   오늘 등장하는 표현들입니다. 어떤 표현이 들어가야 할지 생각해 보세요.

* I _____ ! 내가 치워버렸어요!
* _____ this dinner for two months! 오늘 저녁은 두 달 동안이나 계획했던 거예요!
* _____ is in danger! 사람들이 위험에 처했다고요!
* We're talking about _____ ! 공공의 이익에 관해 얘기하는 거라고요!

바로 이 장면!

오디오 파일을 듣고 3번 따라 말해보세요.

🎧 25-1.mp3

FROZONE
프로즌
Where's my supersuit?
내 슈퍼히어로 옷 어디에 있어요?

HONEY'S VOICE
허니의 목소리
What?
뭐라고요?

FROZONE
프로즌
WHERE. IS. MY. SUPER. SUIT?!
어디. 있냐고. 나의. 슈퍼히어로. 옷!

HONEY'S VOICE
허니의 목소리
I **put it away!** ❶
내가 치워버렸어요!

FROZONE
프로즌
WHERE?!
어디에다?!

HONEY'S VOICE
허니의 목소리
Why do you need to know?
왜 그걸 알려고 하는데요?

FROZONE
프로즌
I NEED it!
옷이 필요해요!

HONEY'S VOICE
허니의 목소리
Huh-uh! You better not be thinking about doing no derring-do! **We've been planning** this dinner for two months! ❷
허-어! 용감한 짓은 할 생각 말아요! 오늘 저녁은 두 달 동안이나 계획했던 거예요!

FROZONE
프로즌
The public is in danger! ❸
사람들이 위험에 처했다고요!

HONEY'S VOICE
허니의 목소리
My evening's in danger!
내 저녁 시간이 위험에 처했네요!

FROZONE
프로즌
Tell me where my suit is, woman! We're talking about **the greater good!** ❹
마누라, 내 옷 어디에 있는지 말해요! 공공의 이익에 관한 거라고요!

HONEY'S VOICE
허니의 목소리
"Greater good"?! I am your wife! I am the greatest good you are ever going to get!
"공공의 이익"이라고요?! 전 당신의 아내예요! 당신에게 세상 그 무엇보다 더 중요한 것은 바로 나라고요!

128

---

❶ **I put it away!** 내가 치워버렸어요!

put something away는 '~을 다른 곳으로 치우다'라는 뜻으로 특히 다 쓰고 난 물건을 보관 장소 등에 '넣다/치우다'라는 의미랍니다. 대본에서는 안 보이는 곳에 깊숙이 '치워버렸다'는 의미로 쓰였네요.

* Adam **put his laptop away** and looked out the window. 아담이 노트북을 집어넣고 창밖을 바로 보았다.
* **Put your cell phones away!** 휴대전화를 치워라!

---

❷ **We've been planning this dinner for two months!** 오늘 저녁은 두 달 동안이나 계획했던 거예요!

특정 기간 동안/한동안 무엇을 계획해 왔다는 것을 말할 때 〈주어 + have been planning〉 형식으로 표현할 수 있어요. 문장의 뒤쪽에 for를 쓰고 기간을 넣어주면 문장이 완성되지요. 여기에서는 We've been planning something for ~ '우린 ~동안 ~을 계획해 왔다'는 것을 패턴으로 먼저 연습하고, 주어를 바꿔가면서 더 살펴보도록 할게요.

★영화 속 패턴 익히기

---

❸ **The public is in danger!** 사람들이 위험에 처했다고요!

the public은 '일반 사람들, 대중'을 뜻합니다. 정관사 the를 빼고 public만 쓰면 형용사로 '일반인의, 대중의, 공공의'라는 뜻이 되고요.

* **The public** is not ready for this technology. 대중은 이 기술을 맞을 준비가 되어 있지 않다.
* These policies are widely accepted by **the public**. 이 정책들은 대중들에게 널리 받아들여지고 있다.

---

❹ **We're talking about the greater good!** 공공의 이익에 관해 얘기하는 거라고요!

greater good은 사적인 이익보다는 대중이나 공공의 이익을 나타낼 때 쓰는 표현이에요. 어느 정도의 손해/피해를 감수할 수밖에 없더라도 꼭 지켜야 할 미덕이나 대의라고 이해해도 좋겠어요.

* You have to do this for **the great good**. 대의를 위해서 이것을 해야만 한다.
* We are fighting this war for **the greater good**. 대의를 위해 우리는 이 전쟁을 하는 거야.

영화 속 패턴 익히기

오늘 배운 장면에서 뽑은 핵심 패턴으로 다양한 표현을 만들어 보세요.

🎧 25-2.mp3

We've been planning ~ for + 기간 우리는 ~동안 ~을 계획했다/계획해 왔다.

Step 1 기본 패턴 연습하기

1 **We've been planning this for** years. 우리는 수년간 이것을 계획해 왔어.

2 **We've been planning our wedding for** a long time. 우리는 오랫동안 우리 결혼식을 계획해 왔어.

3 **We've been planning this party for** a month. 우린 한 달 동안 이 파티를 계획해 왔어.

4 .... a year. 우린 일 년간 이 여행을 계획해 왔어.

5 .... months. 우리는 이 행사를 수개월간 계획해 왔어.

Step 2 패턴 응용하기 주어 + have been planning ~ for + 기간

1 I **have been planning this for** three years. 이건 내가 3년 동안 계획한 일이야.

2 Ariel's parents **have been planning her first birthday party for** a year.
아리엘의 부모님은 그녀의 돌잔치를 위해 1년 동안 계획했다.

3 Tyler **has been planning this for** some time. 타일러는 이것을 꽤 오랫동안 계획해 왔다.

4 Organizers .... more than a year.
준비위원회가 동창회를 1년 넘게 계획해 왔다.

5 .... two full years. 그들은 2년 내내 콘퍼런스를 계획해 왔다.

Step 3 실생활에 적용하기

A It must have taken you quite a long time to plan this.

A 이거 계획하는 거 꽤 오래 걸렸겠는데.

B 이거 1년도 넘게 계획한 거야.

B I have been planning this for over a year.

A Wow, that's a long time.

A 우와, 진짜 오랫동안 준비했네.

정답 Step 1 4 We've been planning this trip for 5 We've been planning this event for   Step 2 4 have been planning the reunion for 5 They have been planning the conference for

확인학습

문제를 풀며 오늘 배운 표현을 완벽히 내 것으로 만드세요.

A | 영화 속 대화를 완성해 보세요.

FROZONE Where's ❶_____? 내 슈퍼히어로 옷 어디에 있어요?

HONEY'S VOICE What? 뭐라고요?

FROZONE WHERE. IS. MY. SUPER. SUIT?! 어디. 있냐고. 나의. 슈퍼히어로. 옷?!

HONEY'S VOICE I ❷_____! 내가 치워버렸어요!

FROZONE WHERE?! 어디에다가?!

HONEY'S VOICE Why ❸_____? 왜 그걸 알려고 하는데요?

FROZONE I NEED it! 옷이 필요해요!

HONEY'S VOICE Huh-uh! You better not be ❹_____ doing no ❺_____! ❻_____ this dinner for two months! 허-어! 용감한 짓은 할 생각 말아요! 오늘 저녁은 두 달 동안이나 계획했던 거예요!

FROZONE ❼_____ is in danger! 사람들이 위험에 처했다고요!

HONEY'S VOICE My evening's in danger! 내 저녁 시간이 위험에 처했네요!

FROZONE ❽_____ my suit is, woman! We're talking about ❾_____! 마누라, 내 옷 어디에 있는지 말해요! 공공의 이익에 관한 거라고요!

HONEY'S VOICE "Greater good"?! I am your wife! I am the greatest good you are ever ❿_____! "공공의 이익"이라고요?! 전 당신의 아내예요! 당신에게 세상 그 무엇보다 더 중요한 것은 바로 나라고요!

정답 A

❶ my supersuit
❷ put it away
❸ do you need to know
❹ thinking about
❺ derring-do
❻ We've been planning
❼ The public
❽ Tell me where
❾ the greater good
❿ going to get

B | 다음 빈칸을 채워 문장을 완성해 보세요.

1 우린 한 달 동안 이 파티를 계획해 왔어.
_____ a month.

2 우린 일 년간 이 여행을 계획해 왔어.
_____ a year.

3 우리는 이 행사를 수개월간 계획해 왔다.
_____ months.

4 이건 내가 3년 동안 계획한 일이야.
I _____ three years.

5 준비위원회가 동창회를 1년 넘게 계획해 왔다.
Organizers _____ more than a year.

정답 B

1 We've been planning this party for
2 We've been planning this trip for
3 We've been planning this event for
4 have been planning this for
5 have been planning the reunion for

131

Strap Yourselves Down!

안전벨트를 꽉 매라!

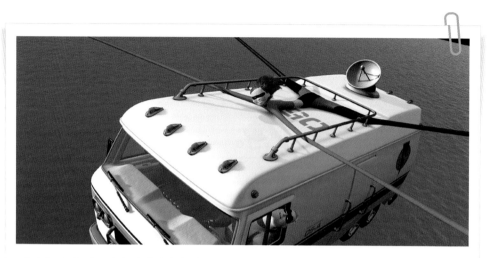

어떻게 하면 신드롬의 화산섬에서 탈출해서 육지로 가장 빨리 들어갈 수 있을까 고민하던 인크레더블 가족은 신드롬의 부하들이 타던 캠핑용 밴을 이용하기로 합니다. 로봇 거치대 원형 구멍에ᵃ ʰᵒˡᵉ ⁱⁿ ᵗʰᵉ ᵐⁱᵈᵈˡᵉ 엘라스티걸이 몸을 쫙 늘려ˢᵗʳᵉᵗᶜʰᵉᵈ 낙하산처럼 밴을 고정하는데ᶠᵃˢᵗᵉⁿ, 날개 역할을 하는 엄마의 고생이 이만저만이 아니네요ᵛᵉʳʸ ˢᵗʳᵉˢˢᵉᵈ. 섬을 출발해 바다 위를 나는 인크레더블 가족의 캠핑카 비행기는 육지에 무사히 안착하고, 드디어 신드롬과 옴니드로이드를 무찌르러 출격합니다.

 **Warm Up!** 오늘 배울 표현   오늘 등장하는 표현들입니다. 어떤 표현이 들어가야 할지 생각해 보세요.

*   **?** 아직도 더 가야 하나요?

*   **, HONEY?** 괜찮아요, 여보?

*   **, HONEY!** 자 이제 다 왔어요, 여보!

*   **BE ROUGH!** 좀 거친 운전이 될 거야!

DASH
대쉬

Are we there yet?①

아직도 더 가야 하나요?

BOB
밥

We get there when we get there!

그냥 도착하면 도착하는 줄 알아!

BOB
밥

HOW YOU DOING, HONEY???②

괜찮아요, 여보???

HELEN
헬렌

DO I HAVE TO ANSWER???

대답을 해야 하나요???

BOB
밥

KIDS? STRAP YOURSELVES DOWN LIKE I TOLD YOU!

애들아? 아빠가 말한 대로 안전벨트 꽉 매라!

BOB
밥

HERE WE GO, HONEY!③ Ready, Violet?

자 이제 다 왔어요, 여보! 준비됐니, 바이올렛?

BOB
밥

READY... NOW!!!

준비… 지금이야!!!

BOB
밥

THIS IS GOING TO BE ROUGH!④

좀 거친 운전이 될 거야!

BOB
밥

The robot's in the financial district. Which exit do I take?

금융가에 로봇들이 있어. 어느 길로 빠져야 하지?

HELEN
헬렌

Traction Avenue.

트랙션가.

BOB
밥

That'll take me downtown! I take Seventh, don't I?

그러면 다운타운으로 들어가게 돼요! 7번가 타야 되겠는데, 안 그래요?

HELEN
헬렌

DON'T TAKE SEVENTH!!!

7번가로 빠지지 말아요!!!

BOB
밥

Great! We missed it!!

오 이런! 놓쳤잖아!!

HELEN
헬렌

You asked me how to get there and I told you: exit at Traction!

어떻게 가는 건지 물어봐서 얘기해 줬잖아요: 트랙션에서 빠지라고!

장면 파헤치기 구문 설명과 예문으로 이 장면의 핵심 표현을 완벽히 이해하세요.

❶ Are we there yet? 아직도 더 가야 하나요?

어딘가 멀리 운전하고 갈 때 뒷좌석에서 따분해진 아이가 운전하고 있는 엄마/아빠에게 뒤에서 이렇게 징징거리듯 말하죠. '아직 멀었어요? / 아직 도착 안 했어요?' 그럴 때 쓰는 표현이 Are we there yet?이에요. 반복적으로 묻는 것에 짜증이 난 부모는 보채지 말라고 하면서 이렇게 대답하죠. We get there when we get there! '그냥 도착하면 도착하는 줄 알아!'

* **Are we there yet?** It's taking too long. 다 왔나요? 너무 오래 걸리네요.
* **Are we there yet?** When are we going to get there? 아직도 더 가야 하나요? 언제 도착해요?

❷ HOW YOU DOING, HONEY? 괜찮아요, 여보?

인사를 할 때 쓰는 'How are you?'라는 표현을 구어체에서는 How are you doing?이라고도 많이 써요. 그런데, 그것을 조금 더 비격식체로 친근하게 표현할 때는 be동사 are를 빼고 How you doing?이라고 한답니다.

* Hey, **how you doing**, baby? 이봐요. 안녕하신가요? 아가씨?
* **How you doing** today? 오늘 기분이 어떠니?

❸ HERE WE GO, HONEY! 자 이제 다 왔어요, 여보!

Here we go는 비격식적인 표현으로 문맥에 따라서 해석이 천차만별이에요. 주로 뭔가 위험하거나, 신나거나, 힘든 일을 하기 시작할 때 쓰는 표현으로 '자 이제 시작이군', '자 바로 이거야'와 같은 뜻으로 이해하면 가장 적절하겠어요.

* **Here we go.** We are finally here. 자 바로 여기야. 우리가 마침내 도착했네.
* **Here we go.** This is the moment! 자 이거야. 바로 이 순간이라고!

❹ THIS IS GOING TO BE ROUGH! 좀 거친 운전이 될 거야!

〈This is going to + 동사〉는 상대방에게 어떤 행위를 하려고 하는 순간, 또는 어떤 상황이 벌어지기에 앞서서 '~하게 될 거야 / ~한 상황이 될 거야'라고 주의, 경고 또는 흥미 유발을 하기 위해 쓰는 표현이에요. 정의를 보면서 이해하기엔 모호한 문장이니, 패턴 문장을 통해 자세히 들여다보도록 할게요. ★영화 속 패턴 익히기

영화 속 패턴 익히기

오늘 배운 장면에서 뽑은 핵심 패턴으로 다양한 표현을 만들어 보세요.

🎧 26-2.mp3

This is going to ~

~한 상황이 될 거야.

Step 1 기본 패턴 연습하기

1 **This is going to** hurt. 아플 거야.

2 **This is going to** be fun. 재미있을 거야.

3 **This is going to** be awesome. 아주 멋질 거야.

4 .... interesting. 흥미진진해질 거야.

5 .... loud. 시끄러워질 거야.

Step 2 패턴 응용하기   **This isn't going to ~**

1 **This isn't going to** hurt. 안 아플 거야.

2 **This isn't going to** work. 이건 잘 안 될 거야.

3 **This isn't going to** be easy. 쉽진 않을 거야.

4 .... pretty. 이제부터는 보기 좋은 상황은 아닐 거야.

5 .... well. 문제없이 끝나지 않을 것이야.

Step 3 실생활에 적용하기

A 좀 이상한 상황이 될 거야.

B What do you mean by weird?

A You'll see what I mean in a moment.

A This is going to get weird.

B 이상하다니 그게 무슨 뜻이야?

A 내 말이 무슨 뜻인지 금방 알게 될 거야.

정답 Step 1 4 This is going to get 5 This is going to get Step 2 4 This isn't going to be 5 This isn't going to end

확인학습

문제를 풀며 오늘 배운 표현을 완벽히 내 것으로 만드세요.

A | 영화 속 대화를 완성해 보세요.

DASH ❶ _____? 아직도 더 가야 하나요?

BOB We get there ❷ _____! 그냥 도착하면 도착하는 줄 알아!

BOB ❸ _____, HONEY??? 괜찮아요, 여보???

HELEN DO I ❹ _____??? 대답을 해야 하나요???

BOB KIDS? STRAP YOURSELVES DOWN LIKE I TOLD YOU!
애들아? 아빠가 말한 대로 안전벨트 꽉 매라!

BOB ❺ _____, HONEY! Ready, Violet?
자 이제 다 왔어요, 여보! 준비됐니, 바이올렛?

BOB READY... NOW!!! 준비… 지금이야!!!

BOB ❻ _____ TO BE ROUGH! 좀 거친 운전이 될 거야!

BOB The robot's in the financial district. ❼ _____ I take? 금융가에 로봇들이 있어. 어느 길로 빠져야 하지?

HELEN Traction Avenue. 트랙션가.

BOB That'll ❽ _____ downtown! I take Seventh, don't I? 그러면 다운타운으로 들어가게 돼요! 7번가 타야 되겠는데, 안 그래요?

HELEN DON'T TAKE SEVENTH!!! 7번가로 빠지지 말아요!!!

BOB Great! We ❾ _____!! 오 이런! 놓쳤잖아!!

HELEN You asked me ❿ _____ there and I told you: exit at Traction! 어떻게 가는 건지 물어봐서 얘기해 줬잖아요: 트랙션에서 빠지라고!

B | 다음 빈칸을 채워 문장을 완성해 보세요.

1 재미있을 거야.
_____ be fun.

2 아주 멋질 거야.
_____ be awesome.

3 흥미진진해질 거야.
_____ interesting.

4 안 아플 거야.
_____ hurt.

5 쉽진 않을 거야.
_____ be easy.

I Can't Lose You Again!

난 또다시 당신을 잃을 수는 없어!

미스터 인크레더블이 엘라스티걸에게 옴니드로이드와의 싸움에는 자기 혼자 나서겠다고^{fight alone} 합니다. 엘라스티걸에게는 아이들을 돌보고 있으라고 하면서 말이에요. 이를 그냥 받아드릴^{accept without complaint} 엘라스티걸이 절대 아니죠. 그녀가 화를 내며 도대체 왜 혼자 싸우려고 하냐고, 혼자 슈퍼스타가 되려고 그러는 거냐고 따지자, 미스터 인크레더블이 머뭇거립니다^{hesitate}. 인크레더블은 조용히 자기는 그렇게 강한 사람이 아니라고^{not strong enough}, 그리고 또다시 가족을 잃을 자신이 없다고 고백합니다.

 **Warm Up!** 오늘 배울 표현   오늘 등장하는 표현들입니다. 어떤 표현이 들어가야 할지 생각해 보세요.

* I watch helplessly   ?   난 옆에 멀찌감치 떨어져서 무력하게 지켜보고 있으라고요?

* And I'm telling you "   "   그리고 난 "절대 안 돼요" 라고 말하는 거예요.

*   . 좋을 때나 나쁠 때나.

*   workout? 이게 그거였어요? 근육 운동 같은 거?

BOB
밥
Wait here and stay hidden. I'm going in.
여기서 숨어서 기다려요. 내가 들어갈게요.

HELEN
헬렌
While what? I watch helplessly **from the sidelines**?① I don't think so.
뭐 하는 동안에요? 난 옆에 멀찌감치 떨어져서 무력하게 지켜보고 있는 동안에요? 그렇게는 안 되죠.

BOB
밥
I'm asking you to wait with the kids.
아이들과 함께 기다려달라고 부탁하는 거예요.

HELEN
헬렌
And I'm telling you "**not a chance.**"② You're my husband. I'm with you. **For better or worse.**③
그리고 난 "절대 안 돼요"라고 말하는 거예요. 당신은 내 남편이에요. 난 당신과 함께예요. 좋을 때나 나쁠 때나.

BOB
밥
I have to do this alone.
이 일은 나 혼자 해야만 하는 일이에요.

HELEN
헬렌
What is this to you? Playtime?
이게 당신에게 뭔데요? 노는 시간인가요?

BOB
밥
No.
아니요.

HELEN
헬렌
So you can be Mr. Incredible again??
그래서 뭐 당신이 또 미스터 인크레더블이 될 수 있게요??

BOB
밥
No!!
아니라고요!!

HELEN
헬렌
Then WHAT? What is it???
그러면 뭔데요? 뭐냐고요???

BOB
밥
I'm... I'm not--
난… 난 아니에요—

HELEN
헬렌
Not what??
뭐가 아니에요???

BOB
밥
--not strong enough!
—그렇게까지 강한 사람이 아니에요!

HELEN
헬렌
"Strong enough"?? And this will make you stronger??
"그렇게까지 강한"?? 그러면 이렇게 하면 당신이 더 강해지는 건가요?

BOB
밥
Yes— NO!!
네— 아니요!!

HELEN
헬렌
That's what this is? Some sort of workout?!!④
이게 그거였어요? 근육 운동 같은 거?!!

BOB
밥
I CAN'T LOSE YOU AGAIN!!!
난 또다시 당신을 잃을 자신이 없어요!!!

---

❶ I watch helplessly from the sidelines? 난 옆에 멀찌감치 떨어져서 무력하게 지켜보고 있으라고요?

on/from the sidelines는 직접 관여는 하지 않고 '옆에서 구경하는/지켜보는, 방관적 입장에서'라는 뜻으로 쓰이는 숙어예요. sideline은 직역하면 '옆 선'이라는 뜻인데, 이 단어는 테니스 시합을 할 때 선수 이외의 사람은 코트 밖에서 있으라고 그려 놓은 선이에요. on/from the sidelines는 직접 선수가 뛰는 코트가 아닌 코트 밖에서 방관하듯 지켜보는 것을 의미한다고 볼 수 있겠네요.

* They are staying **on the sidelines** and waiting until the fight is over.
  그들은 멀찌감치 떨어져서 싸움이 끝날 때까지 기다리고 있다.
* Hector was just watching **from the sidelines**, not taking part.
  헥터는 끼어들지 않고 옆에서 방관하며 지켜보고 있었다.

---

❷ And I'm telling you "not a chance." 그리고 난 "절대 안 돼요" 라고 말하는 거예요.

상대방의 말에 대한 부정적인 반응으로 '어림없다! / 전혀 가능성이 없다!'라는 뜻으로 쓰는 표현이에요. 같은 상황에서 Absolutely not! 또는 No way! 와 같은 표현들도 자주 쓰인답니다.

* A: Would you let me drive your car? 내가 네 차를 운전해 봐도 될까?
* B: **Not a chance.** 절대 안 되지.

---

❸ For better or worse. 좋을 때나 나쁠 때나.

결혼 서약을 할 때 우리말로 '기쁠 때나 슬플 때나'라는 표현이 있죠? 그와 똑같은 의미로 영어에서는 for better or worse라고 표현한답니다. 문맥에 따라서는 '좋건 나쁘건', 또는 '좋든 싫든' 정도로 해석하는 것이 더 자연스러울 수도 있어요.

* Jack and Jill have vowed to stay together, **for better or worse**.
  잭과 질은 기쁠 때나 슬플 때나 함께 있기로 서약했어.
* **For better or worse**, he's your husband. 좋건 나쁘건, 그는 네 남편이야.

---

❹ That's what this is? Some sort of workout? 이게 그거였어요? 근육 운동 같은 거?

sort of는 '일종의 ~, 어느 정도, 다소'라는 의미로 '~와 비슷한 것 / ~ 같은 것'이라고 해석할 수도 있지요. 많은 사람들이 kind of는 익숙한데, sort of는 생소해 하더라고요. 두 표현은 거의 동의표현이라고 볼 수도 있으니, 같이 외워두시면 좋을 것 같아요. ★영화속패턴 익히기

영화 속 패턴 익히기

오늘 배운 장면에서 뽑은 핵심 패턴으로 다양한 표현을 만들어 보세요.

🎧 27-2.mp3

의문문, some sort of ~?

의문문, ~ 비슷한 거야?/~같은 거야?

Step 1   기본 패턴 연습하기

1 What do you think this is? **Some sort of** game? 이게 뭐라고 생각하니? 무슨 게임 같은 건 줄 아니?

2 What do you think this is? **Some sort of** joke? 이게 뭐라고 생각하는 거야? 무슨 농담 같은 건 줄 알아?

3 What do you think I am? **Some sort of** savage? 날 뭐라고 생각하는 거야? 무슨 야만인처럼 생각하는 거야?

4 What is that? _____ scam? 그게 뭐야? 무슨 사기 같은 건가?

5 What is that? _____? 그게 뭐야? 무슨 속임수 같은 건가?

Step 2   패턴 응용하기   의문문, Some kind of ~?

1 What is that? **Some kind of** animal? 그게 뭐니? 무슨 동물 비슷한 거야?

2 What is that? **Some kind of** stone? 그게 뭐야? 무슨 돌 같은 거니?

3 What do you think this is? **Some kind of** competition?
이게 뭐라고 생각하는 거니? 무슨 경쟁 같은 거라고 생각해?

4 What do you think I am? _____? 내가 뭐라고 생각하는 거야? 무슨 광대인 줄 알아?

5 Who do you think you are? _____?
네가 누구라고 생각하는 거야? 무슨 슈퍼스타라도 되는 줄 아니?

Step 3   실생활에 적용하기

A Check this out. What do you think this is?

B Yuck! 이게 뭐야? 무슨 괴물이야?

A They are chocolate chip cookies I made for you. Try some.

A 이거 봐라. 이게 뭐 같아 보이니?

B 우엑! What is this? Some kind of monster?

A 내가 너를 위해 만든 초콜릿 칩 쿠키란다. 좀 먹어봐.

정답   Step 1 4 Some sort of 5 Some sort of trick   Step 2 4 Some kind of clown 5 Some kind of superstar

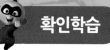

문제를 풀며 오늘 배운 표현을 완벽히 내 것으로 만드세요.

A | 영화 속 대화를 완성해 보세요.

BOB   Wait here and stay hidden. ❶_____.
여기서 숨어서 기다려요. 내가 들어갈게요.

HELEN   While what? I watch helplessly ❷_____?
I don't think so.
뭐 하는 동안에요? 난 옆에 멀찌감치 떨어져서 무력하게 지켜보고 있는 동안에요? 그렇게는 안 되죠.

BOB   I'm asking you to ❸_____.
아이들과 함께 기다려달라고 부탁하는 거예요.

HELEN   And I'm telling you "❹_____." You're my
husband. I'm with you. ❺_____.   그리고 난 "절대 안
돼요" 라고 말하는 거예요. 당신은 내 남편이에요. 난 당신과 함께예요. 좋을 때나 나쁠 때나.

BOB   I have to ❻_____.   이 일은 나 혼자 해야만 하는 일이에요.

HELEN   What is ❼_____? Playtime?   이게 당신에게 뭔데요? 노는 시간인가요?

BOB   No.   아니요.

HELEN   So you can be Mr. Incredible again??
그래서 뭐 당신이 또 미스터 인크레더블이 될 수 있게요??

BOB   No!!   아니라고요!!

HELEN   Then WHAT? ❽_____???   그러면 뭔데요? 뭐냐고요???

BOB   I'm... I'm not—   난… 난 아니에요—

HELEN   Not what??   뭐가 아니에요???

BOB   --not strong enough!   —그렇게까지 강한 사람이 아니에요!

HELEN   "Strong enough"?? And this will ❾_____??
"그렇게까지 강한"?? 그러면 이렇게 하면 당신이 더 강해지는 건가요?

BOB   Yes— NO!!   네— 아니요!!

HELEN   ❿_____ workout?!!
이게 그거였어요? 근육 운동 같은 거?!!

BOB   I CAN'T LOSE YOU AGAIN!!!   난 또다시 당신을 잃을 자신이 없어요!!!

B | 다음 빈칸을 채워 문장을 완성해 보세요.

1 이게 뭐라고 생각하는 거야? 무슨 농담 같은 건 줄 알아?
What do you think this is? _____ joke?

2 날 뭐라고 생각하는 거야? 무슨 야만인처럼 생각하는 거야?
What do you think I am? _____ savage?

3 그게 뭐야? 무슨 속임수 같은 건가?
What is that? _____?

4 내가 뭐라고 생각하는 거야? 무슨 광대인 줄 알아?
What do you think I am? _____?

5 네가 누구라고 생각하는 거야? 무슨 슈퍼스타라도 되는 줄 아니?
Who do you think you are? _____?

Just Like Old Times

옛 시절과 똑같이

신드롬의 거대로봇 옴니드로이드의 약점을^{weak point} 발견한 미스터 인크레더블과 엘라스티걸. 이제 옴니드로이드를 무력화시킬 수^{incapacitate} 있는 순간이 다가옵니다. 옴니드로이드가 프로존이 만들어놓은 얼음 장벽을^{walls of ice} 뚫으며 점점 더 다가오고 있어요. 리모컨을 누르기 위해 대기하고 있는 헬렌에게 밥이 버튼을 누르라고 하자, 헬렌이 외칩니다. 과녁이^{target} 가장 가까이 왔을 때 눌러야 한다고, 기회는 단 한 번뿐이라고요^{have only one shot}. 모두가 초 긴장한 가운데 바로 그 순간 헬렌이 버튼을 누르고, 옴니드로이드의 발톱 로켓이 자기 몸을 관통하고 마침내 쓰러집니다.

 **Warm Up!** 오늘 배울 표현   오늘 등장하는 표현들입니다. 어떤 표현이 들어가야 할지 생각해 보세요.

*   **kids!**   여기서 벗어나, 얘들아!

*   **!** 우린 아무 데도 안 갈 거예요!

*   **you do it.**   저런 식으로 하는 거야.

* Just like   . 옛날하고 똑같네.

FROZONE HELEN???
프로존 헬렌???

HELEN **Get outta here**, kids! ❶ Find a safe spot!
헬렌 여기서 벗어나, 얘들아! 안전한 곳으로 피해!

VIOLET **We're not going anywhere!** ❷
바이올렛 우린 아무 데도 안 갈 거예요!

BOB PRESS THE BUTTON!
밥 버튼을 눌러요!

HELEN NOT YET!
헬렌 아직 아니에요!

BOB WHAT'RE YOU WAITING FOR??!
밥 뭘 기다리고 있는 거예요??!

HELEN A CLOSER TARGET! YOU GOT ONE SHOT!
헬렌 과녁이 더 가까워질 때까지요! 기회는 딱 한 번뿐이라고요!

BOB EVERYBODY DUCK!!
밥 모두 몸을 숙여!!

FRANK See that? **That's the way** you do it. ❸ That's Old School.
프랭크 저거 봤어? 저런 식으로 하는 거야. 저게 바로 예전 방식이지.

OLLIE Yup. No school like the Old School.
올리 맞아. 예전 방식만한 게 없다니까.

SYNDROME No--!
신드롬 안 돼—!

FROZONE Just like **old times**. ❹
프로존 옛날하고 똑같네.

BOB Just like old times...
밥 옛날하고 똑같지…

143

❶ **Get outta here, kids!** 여기서 벗어나, 얘들아!

'여기에서 나가! / 저리 가! / 꺼져!'와 같은 말을 할 때 Get out of here! 이라고 하는데, 그것을 구어체에서는 Get outta here '겟 아우러 히얼'이라고 발음하는 경우가 많답니다. out of를 발음 나는 대로 붙여서 outta라고 표기한 것인데, 발음을 '아웃 오브'라고 하지 않고 '아우러'라고 해요.

* **Get outta here!** You are not welcomed here. 여기서 나가! 우린 네가 반갑지 않아!
* Let's **get outta here!** 여기서 벗어나자!

❷ **We're not going anywhere!** 우린 아무 데도 안 갈 거예요!

우린 절대 아무 데도 가지 않고 여기에 머무를 것이라는 의지를 표명하는 문장이에요. 주어를 You로 바꿔서 You're not going anywhere! 이라고 하면 '넌 절대 아무 데도 못 가!'라는 뜻으로 어디 가지 말고 가만히 있으라고 위협/협박하는 어조의 표현이 된답니다.

* **We're not going anywhere!** This is where we belong!
  우린 아무 데도 가지 않을 거야! 여기가 우리가 있을 곳이라고!
* **You're not going anywhere!** You're staying right here! 넌 아무 데도 못 가! 여기에 가만히 있어야 해!

❸ **That's the way you do it.** 저런 식으로 하는 거야.

That's the way ~는 '그런/저런 식이야', '그런/저런 식으로 ~을 해'라고 말할 때 쓰는 패턴이에요. 예를 들어, That's the way she talks. '그녀는 그런 식으로 말해', 또는 That's the way I am. '난 그런 식이야' 이렇게 쓰여요. That's the way 대신에 That's how를 써서 표현하기도 한답니다. ★영화속패턴읽기

❹ **Just like old times.** 옛날하고 똑같네.

old times는 '예전, 옛 시절'을 뜻하는 표현이에요. times에서 끝에 있는 s를 빼고 old time이라고 쓸 수도 있는데 그 경우엔 명사 앞에서 쓰이는 형용사로만 쓰여서 '옛날식의'라는 뜻이 된답니다. 예를 들어, old time hockey '옛날식 하키', 또는 old time dancing '옛날식 춤' 이런 식으로 쓰여요.

* I miss the **old times** when we were together. 우리가 함께했던 옛 시절이 그립네.
* Let's try to keep in touch like **old times**. 옛날처럼 연락하고 지내자.

영화 속 패턴 익히기

오늘 배운 장면에서 뽑은 핵심 패턴으로 다양한 표현을 만들어 보세요.

🎧 28-2.mp3

That's the way + 주어 + 동사   (원래) ~는 저런 식으로 하는 거야.

Step 1 기본 패턴 연습하기

1   **That's the way** it is. 원래 그런 거야.

2   **That's the way** the world goes round. 세상이 원래 그런 식으로 돌아가지.

3   **That's the way** the cookie crumbles. 원래 세상사가 다 그런 거야.

4   _____ it. 난 그런 식으로 들었어.

5   _____ was raised. 그는 그런 방식으로 성장했다.

Step 2 패턴 응용하기   That's how + 주어 + 동사

1   **That's how** I know. 그렇게 난 알고 있어.

2   **That's how** we met. 우린 그렇게 만났지.

3   **That's how** they do it. 사람들은 그런 식으로 해.

4   _____ it where I'm from. 우리 나라에서는 그런 식으로 해.

5   _____ each other in Italy. 이탈리아에서는 그런 식으로 인사를 해.

Step 3 실생활에 적용하기

A Your behavior is unacceptable.   A 넌 태도가 너무 불량해.

B Accept it. 난 원래 이래요.   B 받아들여요. That's the way I am.

A You're just impossible.   A 구제불능이로구나.

정답   Step 1 4 That's the way I heard 5 That's the way he   Step 2 4 That's how we do 5 That's how they greet

145

A | 영화 속 대화를 완성해 보세요.

FROZONE   HELEN???   헬렌???

HELEN   ❶ _____, kids! Find a ❷ _____!
여기서 벗어나, 얘들아! 안전한 곳으로 피해!

VIOLET   ❸ _____! 우린 아무 데도 안 갈 거예요!

BOB   ❹ _____! 버튼을 눌러요!

HELEN   NOT YET!   아직 아니에요!

BOB   WHAT'RE YOU ❺ _____??!
뭘 기다리고 있는 거예요??!

HELEN   A CLOSER TARGET! YOU ❻ _____!
과녁이 더 가까워질 때까지요! 기회는 딱 한 번뿐이라고요!

BOB   EVERYBODY ❼ _____!! 모두 몸을 숙여!!

FRANK   See that? ❽ _____ you do it. That's
❾ _____. 저거 봤어? 저런 식으로 하는 거야. 저게 바로 예전 방식이지.

OLLIE   Yup. No school like the Old School.   맞아. 예전 방식만한 게 없다니까.

SYNDROME   No--!   안 돼—!

FROZONE   Just like ❿ _____. 옛날하고 똑같네.

BOB   Just like old times... 옛날하고 똑같지…

정답 A

❶ Get outta here
❷ safe spot
❸ We're not going anywhere
❹ PRESS THE BUTTON
❺ WAITING FOR
❻ GOT ONE SHOT
❼ DUCK
❽ That's the way
❾ Old School
❿ old times

B | 다음 빈칸을 채워 문장을 완성해 보세요.

1   원래 그런 거야.

_____ it is.

2   세상이 원래 그런 식으로 돌아가지.

_____ the world goes round.

3   그는 그런 방식으로 성장했다.

_____ was raised.

4   우리 나라에서는 그런 식으로 해.

_____ it where I'm from.

5   이탈리아에서는 그런 식으로 인사를 해.

_____ each other in Italy.

정답 B

1 That's the way

2 That's the way

3 That's the way he

4 That's how we do

5 That's how they greet

The Best Vacation Ever

생애 최고의 휴가

옴니드로이드를 무찌르고^{defeat} 이제 모두 다 끝났구나 하고 안도하며^{feel relieved} 집으로 돌아가는 인크레더블 가족. 서로의 멋졌던 활약장면을 칭찬하며^{compliment} 무용담을 나누고 있어요. 대쉬는 자기 생애 최고의 휴가였다고 할 정도예요. 그런데, 헬렌은 집에 도착하기 직전, 막내 '잭잭'을 돌보고 있던 베이비시터의 전화 메세지를 듣습니다. 그녀는 잭잭이 보통 돌보기 어려운 아이가 아니라서 고생하고 있었는데, 자신을 대체할^{replace} 베이비시터를 보내줘서 고맙다고 하네요. 그런데, 헬렌은 대체 베이비시터를 보낸 적이 없어요. 이게 어찌 된 일일까요?^{What's going on?}

 **Warm Up!** 오늘 배울 표현   오늘 등장하는 표현들입니다. 어떤 표현이 들어가야 할지 생각해 보세요.

*   you threw that car.   아빠가 그 차 던졌을 때 정말 멋졌어요.

*   you running on water.   네가 물 위를 뛰어가는 것만큼 멋지진 않았어.

*   listen to messages, honey.   엄마 지금 전화 메시지 듣고 있잖니, 얘야.

* That was   !   내 생애 최고의 휴가였어요!

DASH
대쉬

That was so cool when you threw that car.❶

아빠가 그 차 던졌을 때 정말 멋졌어요.

BOB
밥

Not as cool as you running on water.❷

네가 물 위를 뛰어가는 것만큼 멋지진 않았어.

DASH
대쉬

And Mom when she-- hey, Mom! That was sweet when you snagged that bad guy with your arm and kinda like whiplashed him into the other guy--

그리고 엄마가 말이에요— 여기요, 엄마! 엄마가 악당 놈을 팔로 걸어서 다른 놈한테 마치 무슨 채찍질 하듯이 던져버렸을 때 정말 장난 아니었어요—

HELEN
헬렌

I'm trying to listen to messages, honey...❸

엄마 지금 전화 메시지 듣고 있잖니. 얘야…

DASH
대쉬

And we totally aced those guys that tried to kill us! That was **the best vacation ever!**❹ I love our family.

우릴 죽이려고 한 놈들을 우리가 완전히 무찔렀어요! 내 생애 최고의 휴가였어요! 난 우리 가족이 너무 좋아요.

KARI'S VOICE
카리의 목소리

It's me! Jack-Jack's still fine but I'm really getting weirded out!! WHEN ARE YOU COMING BACK??

저예요! 잭잭이 아직 괜찮긴 한데, 뭔가 좀 되게 이상해요!! 언제 돌아오실 거예요??

HELEN
헬렌

Bob, listen to this--

밥, 이것 좀 들어봐요—

DICKER
딕커

Here we are...

이제 다 왔군…

KARI'S VOICE
카리의 목소리

Hi, this is Kari. Sorry for freaking out. But your baby has special needs. Anyway, thanks for sending a replacement sitter--

안녕하세요, 카리예요. 호들갑 떨어서 죄송해요. 그런데 부인의 아기는 특별한 도움이 필요한 아이인 것 같네요. 아무튼, 대체 베이비시터를 보내주셔서 감사해요—

HELEN
헬렌

"Replacement"...? I didn't call for a replacement!

"대체"…? 전 대체할 사람 안 불렀어요!

❶ **That was so cool when you threw that car.** 아빠가 그 차 던졌을 때 정말 멋졌어요.

cool은 구어체에서 멋진 것을 표현할 때 쓰는 형용사에요. That was so cool when ~은 '~했을 때 정말 멋졌다'라는 의미로 활용할 수 있는 패턴이에요.

* **That was so funny when** you did the impersonation of the actress.
  네가 그 여배우의 흉내를 내는 거 정말 웃겼어.
* **That was so scary when** you slipped on the ice. 네가 얼음 바닥에 미끄러졌을 때 정말 무서웠어.

❷ **Not as cool as you running on water.** 네가 물 위를 뛰어가는 것만큼 멋지진 않았어.

이 표현은 상대방이 나의 행위/업적에 대해서 칭찬하면 난 그 사람을 더 치켜주며 서로 칭찬경합을 벌일 때 쓰여요. 〈Not as + 형용사 + as〉는 '~만큼 ~하지는 않은'이라는 의미지요.

* A: That was so impressive. 정말 멋있었어.
* B: **Not as impressive as** you making that last shot. 네가 마지막 슛을 넣은 것만큼 멋지진 않았지.

❸ **I'm trying to listen to messages, honey.** 엄마 지금 전화 메시지 듣고 있잖니, 애야.

내가 뭔가 집중해야 하는 상황일 때 주변에서 누군가 시끄럽게 하거나 어떤 행동 등으로 정신을 산란하게 만들 때 '내가 ~하고 있는 중이잖아'라는 의미로 'I'm trying to ~' 형식의 문장을 쓴답니다.

* **I'm trying to** concentrate here. 내가 지금 집중하려고 노력 중이잖아.
* Keep it down. **We're trying to** watch a movie. 조용히 좀 하자. 우리가 영화를 보려고 하잖니.

❹ **That was the best vacation ever!** 내 생애 최고의 휴가였어요!

최상급과 함께 뒤에 ever를 넣으면 최상급의 최상급 표현이라고 보면 된답니다. '역대/사상/생애 최고의 그 무엇'이라고 해석할 수 있겠어요. ever를 맨 뒤에 넣는 것 잊지 마시고, 여러 표현으로 활용을 해 볼게요. ★영화 속 패턴 익히기

오늘 배운 장면에서 뽑은 핵심 패턴으로 다양한 표현을 만들어 보세요.

🎧 29-2.mp3

The best + 명사 + ever

생애/사상 최고의 ~이다.

Step 1 기본 패턴 연습하기

1 This is **the best movie ever**! 이건 역대 최고의 영화야!

2 That was **the best time of my life ever**! 내 생애 최고의 시간이었어!

3 That was **the best steak ever**! 내가 지금껏 먹어본 스테이크 중에 최고야!

4 I've had ⎯⎯⎯⎯⎯⎯⎯⎯! 내 생애 최고의 날을 보냈어!

5 You are ⎯⎯⎯⎯⎯⎯⎯⎯! 당신은 사상 최고의 선생님이에요!

Step 2 패턴 응용하기 　최상급 + 명사 + ever

1 Steve is **the craziest guy ever**! 스티브는 세상에서 제일 미친 남자야!

2 That was **the most fantastic song ever**! 세상에서 가장 멋진 노래였어!

3 That is **the biggest lie ever**! 세상에서 가장 뻔뻔한 거짓말이로구나!

4 Who is ⎯⎯⎯⎯⎯⎯⎯⎯? 역대 최고의 미인은 누구인가?

5 This is ⎯⎯⎯⎯⎯⎯⎯⎯! 이건 역대 최고의 게임이야!

Step 3 실생활에 적용하기

A Did you like it?

B 지금까지 내가 타본 놀이기구 중에 최고야!

A I knew you would like it.

A 재미있었니?

B That was the coolest ride ever!

A 네가 좋아할 줄 알았어.

정답 　Step 1 　4 the best day ever 　5 the best teacher ever 　Step 2 　4 the most beautiful woman ever 　5 the coolest game ever

문제를 풀며 오늘 배운 표현을 완벽히 내 것으로 만드세요.

A | 영화 속 대화를 완성해 보세요.

DASH ❶_____ you threw that car.
아빠가 그 차 던졌을 때 정말 멋졌어요.

BOB ❷_____ you running on water.
네가 물 위를 뛰어가는 것만큼 멋지진 않았어.

DASH And Mom when she-- hey, Mom! That was sweet ❸_____ that bad guy with your arm and kinda like whiplashed him into the other guy-- 그리고 엄마가 말이에요—여기요. 엄마! 엄마가 악당 놈을 팔로 걸어서 다른 놈한테 마치 무슨 채찍질 하듯이 던져버렸을 때 정말 장난 아니었어요.

HELEN ❹_____ listen to messages, honey...
엄마 지금 전화 메시지 듣고 있잖니. 얘야…

DASH And we totally aced those guys that ❺_____! That was ❻_____! I love our family. 우릴 죽이려고 한 놈들을 우리가 완전히 무찔렀어요! 내 생애 최고의 휴가였어요! 난 우리 가족이 너무 좋아요.

KARI'S VOICE It's me! Jack-Jack's ❼_____ I'm really getting weirded out!! WHEN ARE YOU COMING BACK?? 저예요! 잭잭이 아직 괜찮긴 한데, 뭔가 좀 되게 이상해요!! 언제 돌아오실 거예요??

HELEN Bob, listen to this-- 밥, 이것 좀 들어봐요—

DICKER Here we are... 이제 다 왔군...

KARI'S VOICE Hi, this is Kari. Sorry for ❽_____. But your baby has ❾_____. Anyway, thanks for ❿_____ sitter-- 안녕하세요, 카리예요. 호들갑 떨어서 죄송해요. 그런데 부인의 아기가 특별한 도움이 필요한 아이인 것 같네요. 아무튼, 대체 베이비시터를 보내주셔서 감사해요—

HELEN "Replacement"...? I didn't call for a replacement!
"대체"…? 전 대체할 사람 안 불렀어요!

정답 A

❶ That was so cool when
❷ Not as cool as
❸ when you snagged
❹ I'm trying to
❺ tried to kill us
❻ the best vacation ever
❼ still fine but
❽ freaking out
❾ special needs
❿ sending a replacement

B | 다음 빈칸을 채워 문장을 완성해 보세요.

1 이건 역대 최고의 영화야!
 This is _____!

2 내 생애 최고의 날을 보냈어!
 I've had _____!

3 세상에서 가장 멋진 노래였어!
 That was _____!

4 역대 최고의 미인은 누구인가?
 Who is _____?

5 이건 역대 최고의 게임이야!
 This is _____!

정답 B

1 The best movie ever
2 the best day ever
3 the most fantastic song ever
4 the most beautiful woman ever
5 the coolest game ever

Different Violet

달라진 바이올렛

신드롬과 싸움이 정말 다 끝나고 인크레더블 가족은 일상으로^{everyday life} 돌아왔어요. 대쉬는 원하던 대로 학교에서 스포츠팀에 들어갔어요^{joined a school sports team}. 육상 대회에^{track and field tournament} 나갔는데 튀지 않기 위해 간발의 차이로^{by a close call} 2등만 하려고^{take the second place} 엄청 애를 쓰고 있어요. 2등으로 들어온 그에게 가족들이 정말 잘했다며 너무나도 자랑스러워하는군요^{so proud of him}. 바이올렛은 소극적이고 침울해 있던 예전의 모습에서 벗어나 생기발랄하고 자신감 있는 매력적인 소녀가 되었어요. 그런 그녀의 모습을 보고 그녀가 예전부터 좋아하던 토니가 다가와 수줍게 데이트 신청을 하네요.

Warm Up! 오늘 배울 표현 오늘 등장하는 표현들입니다. 어떤 표현이 들어가야 할지 생각해 보세요.

*   . 응, 맞아.

* You   . 너 좀 달라 보인다.

* I   . 달라진 느낌이야.

* I like   . 난 영화 보는 거 좋아해.

TONY
토니

Hey.
안녕.

VIOLET
바이올렛

Hey.
안녕.

TONY
토니

You're... Violet, right?
네가… 바이올렛이지, 맞지?

VIOLET
바이올렛

That's me. ❶
응, 맞아.

TONY
토니

You **look... different.** ❷
너 좀 다르게… 보인다.

VIOLET
바이올렛

I **feel different.** ❸ Is different okay...?
달라진 느낌이야. 다르다는 게 괜찮은 건가…?

TONY
토니

Different is great. Would you... uh...
다른 건 정말 좋은 거지. 너 혹시… 음…

VIOLET
바이올렛

Yeah...?
응…?

TONY
토니

Do you... want...
너 혹시… 할 수…

VIOLET
바이올렛

Yeah...
응…

TONY
토니

Maybe... we, uh... could--
어쩌면… 우리가, 음… 할 수도—

VIOLET
바이올렛

I like **movies.** ❹ I'll buy the popcorn. Okay...?
난 영화 보는 거 좋아해. 팝콘은 내가 살게. 괜찮지…?

TONY
토니

Yeah. Good. A movie. Okay. Friday?
응. 좋아. 영화. 좋지. 금요일?

VIOLET
바이올렛

Friday.
금요일.

장면 파헤치기 구문 설명과 예문으로 이 장면의 핵심 표현을 완벽히 이해하세요.

❶ That's me. 응, 맞아.

상대방이 나에게 '~한/했던 사람이 너니?'라고 묻는 것에 대한 대답으로 쓰는 표현이에요. I'm that person이라고 하는 것보다 이렇게 That's me. 라고 하는 게 더 자연스럽겠어요.

* A: Are you the guy who called me this morning? 오늘 아침에 전화했던 남자가 당신이었나요?
* B: Yup, **that's me**. 네, 저였어요.

❷ You look different. 너 좀 달라 보인다.

〈주어 + look different〉는 '(평소와/전과) 모습이 달라 보인다'라는 의미로 쓰는 표현이에요. 모습이 아닌 목소리가 다르게 들릴 때는 sound different라고 표현할 수 있겠고요. 참고로, '~과 다른'이라고 할 때 문법적으로 맞는 표현은 different from이지만, 구어체에서는 같은 상황에서 different than이라고 하는 사람들도 많답니다. 예를 들어, I'm different than everyone else. '나는 다른 사람들과는 달라' 이렇게 말이에요. ★ 영화 속 때턴 잃미

❸ I feel different. 달라진 느낌이야.

feel different는 '기분/느낌이 다르다'라는 뜻이에요. 평상시 또는 다른 때와 느껴지는 것이 다르다는 것이지요. 타인(들)과 내가 다른 느낌이 든다고 할 때도 쓸 수 있어요.

* I **feel different** from others. 난 다른 사람들하고 다른 것 같아.
* I **feel different** from yesterday. 어제와 기분이 달라.

❹ I like movies. 난 영화 보는 거 좋아해.

영화를 한 편만 보는 것이 아니기 때문에 여기에서는 a movie라고 하지 않고 I like movies라고 했네요. 달리 말하면, I like watching movies.라고 할 수도 있겠네요. 그리고, movies 앞에 the를 넣어서 the movies라고 하면 구어체에서 '영화관/극장'이라는 뜻으로 a movie theater와 같은 의미랍니다.

* Let's go to the **movies**. 영화관 가자.
* Watching **movies** is my favorite hobby. 영화 보는 게 내가 제일 좋아하는 취미야.

영화 속 패턴 익히기

오늘 배운 장면에서 뽑은 핵심 패턴으로 다양한 표현을 만들어 보세요.

🎧 30-2.mp3

주어 + look(s) different
~가 달라 보인다.

Step 1 기본 패턴 연습하기

1 The sky **looks different** today. 하늘이 오늘은 달라 보인다.

2 He **looks different** in person. 그는 직접 보니까 달라 보인다.

3 She **looks different** without makeup. 그녀는 화장을 안 하면 달라 보여.

4 _____ than before. 너 예전과 달라 보여.

5 Kendra _____ I remember. 캔드라가 내 기억하고 달라 보이네.

Step 2 패턴 응용하기 주어 + sound(s) different

1 You **sound different** on the phone. 넌 전화로는 목소리가 다르게 들리네.

2 He **sounds different** on the recording. 녹음하면 그의 목소리가 다르게 들린다.

3 The voice **sounds different** than before. 그 목소리가 전과는 다르게 들리는데.

4 Does this speaker _____ from the other speakers?
이 스피커가 여기에 있는 다른 스피커들과는 소리가 다르니?

5 I came down with a bad cold. I _____ today.
제가 심한 감기에 걸렸어요. 오늘 제 목소리가 좀 다를지도 몰라요.

Step 3 실생활에 적용하기

A 너 화장하니까 달라 보인다.

B Different in a good way or a bad way?

A In a good way.

A You look different with makeup.

B 좋게 달라 보이는 거야 아니면 안 좋게 달라 보이는 거야?

A 좋게.

정답 Step 1 **4** You look different **5** looks different than   Step 2 **4** sound different **5** might sound different

A | 영화 속 대화를 완성해 보세요.

TONY   Hey. 안녕.

VIOLET Hey. 안녕.

TONY   You're... Violet, ❶_____? 네가… 바이올렛이지, 맞지?

VIOLET ❷_____. 응. 맞아.

TONY   You ❸_____. 너 좀 다르게… 보인다.

VIOLET I ❹_____. Is different ❺_____...?
        달라진 느낌이야. 다르다는 게 괜찮은 건가…?

TONY   ❻_____. Would you... uh...
        다른 건 정말 좋은 거지. 너 혹시… 음…

VIOLET Yeah...? 응…?

TONY   ❼_____... want... 너 혹시… 할 수…

VIOLET Yeah... 응…

TONY   ❽_____... we, uh... could-- 어쩌면… 우리가, 음… 할 수도—

VIOLET I like ❾_____. I'll ❿_____. Okay...?
        난 영화 보는 거 좋아해. 팝콘은 내가 살게. 괜찮지…?

TONY   Yeah. Good. A movie. Okay. Friday? 응. 좋아. 영화. 좋지. 금요일?

VIOLET Friday. 금요일.

정답 A

❶ right
❷ That's me
❸ look different
❹ feel different
❺ okay
❻ Different is great
❼ Do you
❽ Maybe
❾ movies
❿ buy the popcorn

B | 다음 빈칸을 채워 문장을 완성해 보세요.

1 그는 직접 보니까 달라 보인다.
   He _____ in person.

2 그녀는 화장을 안 하면 달라 보여.
   She _____ without makeup.

3 너 예전과 달라 보여.
   _____ than before.

4 넌 전화로는 목소리가 다르게 들리네.
   You _____ on the phone.

5 제가 심한 감기에 걸렸어요. 오늘 제 목소리가 좀 다를지도 몰라요.
   I came down with a bad cold. I _____ today.

정답 B

1 looks different
2 looks different
3 You look different
4 sound different
5 might sound different

30장면으로 끝내는
스크린 영어회화 - 겨울왕국

구성
· 전체 대본
· 훈련용 워크북
· mp3 CD

강윤혜 지음 | 336쪽 | 18,000원

국내 유일! 〈겨울왕국〉 전체 대본 수록!

영어 고수들은 영화를 외운다!
하루 한 장면, 30일 안에 영화 한 편을 정복한다!

난이도	첫걸음	**초급**	**중급**	고급	기간	30일

대상	영화 대본으로 재미있게 영어를 배우고 싶은 독자	목표	30일 안에 영화 주인공처럼 말하기

30장면으로 끝내는
스크린 영어회화 - 미녀와 야수

클래스는 영원하다!

국내 유일!
전체 대본 수록

구성

· 전체 대본
· 훈련용 워크북
· mp3 CD

전체 대본과 해설을 실은
스크립트북

30장면 집중훈련
워크북

디즈니 추천 성우의
mp3 CD

라이언 강 해설 | 332면 | 18,000원

국내 유일! 〈미녀와 야수〉 전체 대본 수록!

디즈니 황금기를 이끈 전설의 애니메이션 〈미녀와 야수〉!
영화 속 30장면만 익히면 영어 왕초보도 영화 주인공처럼 말할 수 있다!

난이도	첫걸음	초급	중급	고급	기간	30일

대상 영화 대본으로 재미있게
영어를 배우고 싶은 독자

목표 30일 안에
영화 주인공처럼 말하기